多视角观察美国

怀成波 / 著

世界知识出版社

图书在版编目（CIP）数据

多视角观察美国 / 怀成波著. -- 北京：世界知识出版社，2019.1
ISBN 978-7-5012-5935-9

Ⅰ.①多… Ⅱ.①怀… Ⅲ.①美国对外政策－文集 Ⅳ.①D871.20-53

中国版本图书馆CIP数据核字（2019）第015408号

书　　名	多视角观察美国 Duoshijiao Guancha Meiguo
作　　者	怀成波
责任编辑	范景峰
责任出版	王勇刚
责任校对	马莉娜
出版发行	世界知识出版社
地址邮编	北京市东城区干面胡同51号（100010）
网　　址	www.ishizhi.cn
电　　话	010-65265923（发行）　010-85119023（邮购）
经　　销	新华书店
印　　刷	北京虎彩文化传播有限公司
开本印张	165×240毫米　1/16　32¼印张
字　　数	550千字
版次印次	2019年1月第1版　2019年1月第1次印刷
标准书号	ISBN 978-7-5012-5935-9
定　　价	80.00元

版权所有　侵权必究

前　言

《多视角观察美国》，是我上世纪70年代以来撰写的关于和围绕美国问题文章的结集。全书分四部分，共184篇，各部分的篇目均按时间顺序排列。文章体裁主要是评论，包括政论、专论、述评、短评、新闻分析和国际随笔、札记等。

本书收集的文章都是公开发表的，结集时只对少数文章进行了技术性处理，个别文章标题和内容作了稍许改动。

书名中的"多视角"，包含两层意思。一是地域概念。本人曾在美国、坦桑尼亚、以色列与巴勒斯坦和土耳其担任常驻记者，再加上中国，自然形成"多视角"。二是历史概念。本书涉及七届美国总统任期：福特（1974年就任）、卡特、里根、乔治·布什、克林顿、乔治·W.布什和奥巴马，前后绵延40多年，是一段不长也不短的历史，也构成了一个"多视角"。

关于"观察美国"。这个话题，说起来话长，可以追溯到中华人民共和国初期伟大的"抗美援朝、保家卫国"运动。我的老家辽宁兴城，位于辽西走廊的咽喉地带。1950年，我刚上小学一年级，亲眼目睹中国人民志愿军运兵车源源不断地从山海关里开赴鸭绿江东的朝鲜前线。他们当中包括我哥哥所在的中国人民解放军第46军的志愿军官兵。作为当年的小学生，自然成为宣传抗美援朝的骨干力量，参加游行、示威和集会，高唱中国人民志愿军战歌："抗美援朝打败美帝野心狼。"我们经常演出活报剧高呼"一二三四五，上山打老虎，老虎不吃人，专吃杜鲁门（当时的美国总统）"，来解恨。

抗美援朝对自己后来"美国观"的形成，影响是根深蒂固的，它也间接导致自己毕生成为一名国际问题爱好者。1959年，我上中学，《中国青年报》在全国举行国际时事测验比赛，我获得"优良"，报社赠送一本《列宁论和平与战争》（世界知识出版社）作为纪念。列宁提出的著名论断"帝国主义就是战争"，成为以后自己观察美国、研究美国的有力武器。1961年我高中毕业考入外交学院，系统学习了帝国主义论，成为后来"观察"美国的理论基础。

《多视角观察美国》的出版，是我多年追求的目标。在此，我要感谢外交学院的培养，给我打下了研究国际问题的基础。我更感谢新华社的培养给我提供了国际新闻采编、国际形势调研和国际问题写作的广阔空间。特别是退休后，我被返聘将近10年，先是回到国际部"国际观察"编辑室从事国际评论工作，2008年又到中央国家机关著名智库——新华社世界问题研究中心任研究员，主管美国问题。这个研究中心1992年创立时，就曾聘我为特约研究员。

我还要感谢这个时代，庆幸生活在一个不寻常的历史时期。历史的巨变和巨变的历史，为自己提供了盱衡世局、评说世事的历史机遇。

怀成波
2018年3月于北京放眼斋

目 录

第一部分　从美国观察美国

美国犹太人与白宫中东政策..3

美国中东外交面临考验..7

"我们都希望以色列—巴勒斯坦和平"
　　——记白宫外面的两场和平示威..9

老货色贴上新标签..11

布什外交将走向何方..13

不容乐观的美苏战略武器谈判..15

引人注目的交叉访问..17

人质危机与美伊关系..19

经济困难与政治现实..21

今日三里岛..23

美苏最高级会议的前奏
　　——美苏两国外长会谈展望..26

对中国人民的恣意挑衅
　　——评肯尼迪纪念基金会授予方励之"人权奖"……………29
从华盛顿看美苏首脑"非正式"会晤……………………………32
美苏首脑地中海会晤侧记…………………………………………35
科尔访美与两德统一………………………………………………39
苏联外长访美后记…………………………………………………41
美英"特殊关系"面临考验………………………………………43
美德首脑会谈与欧洲前途…………………………………………46
首脑会晤前的美苏关系……………………………………………48
冷战后的美苏首脑会谈……………………………………………50
美苏军控谈判的新成果……………………………………………55
西方七国首脑会议在休斯敦召开…………………………………57
美国调整海外军事基地网…………………………………………59
亚科卡能否再挽狂澜………………………………………………62
美苏经济合作走小步………………………………………………65
中美关系中的一次重要访问………………………………………68
美国有线电视蓬勃发展……………………………………………71
欧安会首脑会议面临的任务………………………………………74

白宫采访三十载
　　——合众国际社记者海伦·托马斯侧记……………………77
赏樱何须去东瀛……………………………………………………83

第二部分　从坦桑尼亚、以色列与巴勒斯坦、土耳其观察美国

美苏争霸西印度洋 ... 89

波谲浪恶印度洋 ... 94

美国主导中东和谈的新形势 ... 100

约以领导人的历史性会晤 ... 102

克里斯托弗中东之行意欲何为 ... 104

美国加大参与叙以和谈的力度 ... 106

克林顿推动叙以和谈 ... 108

好莱坞明星土耳其劳军的背后 ... 110

"头脑不能理解"的武器 ... 112

前度刘郎今又来 ... 114

醉翁之意不在酒 ... 116

说"怕" ... 118

失道寡助 ... 120

土耳其踏上美国的"反恐"战车 ... 122

土耳其担心美国"倒萨达姆"打破地区平衡 ... 126

美国压土耳其充当空袭基地 ... 128

美国向土耳其通报"倒萨计划" ... 131

土耳其极不情愿参战 ... 133

从安曼到安卡拉 ... 135

美国建立"北方战线"前景莫测……………………………137

鲍威尔访土与土美关系………………………………………139

土耳其人给美国人上课………………………………………141

从桑切斯将军实话实说说开去………………………………143

美国反华势力的喉舌…………………………………………145

土耳其应美国要求决定向伊拉克派遣维和部队……………147

第三部分　从中国观察美国（一）

美苏两霸在中东展开一轮新争夺……………………………151

"合作"还是争夺……………………………………………153

美国人质问题为何长期不得解决……………………………155

基辛格的中东"探路"之行…………………………………158

从首脑会晤延期看当前美苏关系……………………………160

美国"世界新秩序"设想刍议………………………………164

并非光彩的纪录………………………………………………168

罚款、讨账及其他……………………………………………169

巴黎空展的爆炸性新闻………………………………………170

当前美日关系面临的问题……………………………………171

基地与火山……………………………………………………174

美国又曝人质交易丑闻………………………………………175

难以摆脱的阴影………………………………………………177

莫斯科会晤与美苏"新关系" ... 178
中美围绕台湾问题的一场新斗争 ... 182
美苏加快核裁军步伐 ... 185
美使馆卖大钱 ... 187
"人权卫士"自打耳光 ... 188
美国"新孤立主义"探源 ... 189
从贝克来访看美国对华政策 ... 192
大有大的难处 ... 196
美国1991年有得有失喜忧参半 ... 197
角斗场上 ... 199
约翰逊的忠告与玩世者的不恭 ... 200
安理会首脑会议浅析 ... 201
"铁幕"新解 ... 205
投桃不报李 ... 206
何处更是珍珠港 ... 207
世界多极化趋向面面观 ... 209
不在其位，难谋其政 ... 213
亿万富翁的白宫梦 ... 214
西西矛盾呈加剧趋势 ... 215
洛杉矶事件说明了什么 ... 220
毒刺·芒刺·蒺藜刺 ... 223

美国厘定"冷战后"外交战略的大辩论……224

问鼎白宫的克林顿……228

福兮祸兮……232

美国大选和中美关系……233

对前景的几点估计……236

克里斯托弗：白宫新"大腕儿"……238

移民国家——美国……242

关于中美关系因应对策的思考……245

"中国威胁论"的背后……248

克林顿的一剂猛药……250

震惊美国的大卫派自焚惨剧……253

克林顿政府对华政策面临抉择……256

温哥华会晤与美俄关系的发展……260

山本怪论聒耳……263

海湾危机政治解决说明了什么……264

美国国务卿的尴尬……267

非不能也，实不为也……269

中东问题华盛顿首脑会谈未果……271

美国中东外交毛病出在哪里……274

阿拉伯国家为何与美国拉开距离……277

犹抱琵琶半遮面……280

巴以和谈死结难解......281

足球赛·橄榄枝及其他
　　——美伊关系新动向......285

抓住中东和平新机遇......288

从克林顿访以巴看美国中东政策走向......291

"超越遏制"与"和平瓦解"
　　——布什上台后的两次美苏最高级会晤......294

甩掉了"客观公正"的盖头......302

第四部分　从中国观察美国（二）

"世界警察"的尴尬......305

美国"大中东计划"少卖点......307

美国政府的难言之隐......309

大沙漠煮夹生饭......311

"人质武器"用不得......313

俄罗斯一票否决露峥嵘......315

美国人权的一面镜子......317

且看美国如何在中东"冒险"......319

美国将向伊拉克移交什么......321

联合国舞台不和谐的"二重奏"......322

伊拉克孕育新生......324

美国"交人"背后有玄机......326

解铃还须系铃人……328

美国反恐形象危机……330

乐观的预言与不乐观的现实……332

无奈的提醒……334

从基辛格的见解说起……336

加沙战争与奥巴马中东外交……338

奥巴马推行反恐新战略意味着什么……341

对奥巴马访华承诺宜听其言观其行……351

"拉登近照"丑闻与拉登实用价值……356

热词注解：战略性保障……360

以袭击国际救援船事件使美国陷入窘境……363

美俄关系的一个历史羁绊……366

关于"国家利益"与"国家核心利益"……370

美国撤军后伊拉克局势不容乐观……374

刘晓波事件发出的反华信号……379

奥巴马"不谋求遏制中国"承诺价值几何……382

年初看中美关系……386

美国急切要求恢复军事交流背后有玄机……391

怎样理解"国家核心利益"？……396

中东乱局牵制美国战略重心东移……398

美国担心用武力解决伊核问题将损害美国全局利益……402

中国如何应对俄日岛屿主权之争……404

关于利比亚战争的警示和思考……408

美国为何从利比亚退居"二线"……412

美国要求在伊拉克驻军长期化……416

奥巴马中东"新政"释放什么信号?……420

台湾问题是中美关系的重中之重
——驳"对台军售反应过度"论……423

北约为何压不服卡扎菲?……428

中国脸美国心
——美国新任驻华大使骆家辉……432

美借"反恐"打压中国露虚伪面目……434

美国在国际"反恐"中奉行"双重标准"……436

对伊朗动武,美以准备好了吗?……442

美国高调宣称"重返亚太"意在遏制中国……445

美国在东海地区对中国的安全威胁……447

美国全球战略重心东移与中美关系……452

奥巴马政府强化对我西化分化图谋……456

奥巴马政府急切同习近平交往凸显美国焦虑……459

美国对伊朗动武担心什么"风险"?……462

中国政府提升"周边外交"地位浅析
——读温家宝总理《政府工作报告》……466

美国为菲律宾挑衅中国壮胆……469

伊核六国巴格达会谈体现反对武力解决意愿……473

伊朗核危机谈判峰回路转..475

美中越在美"重返亚太"后的较量..................................479

美国为何不愿军事干预叙利亚......................................483

大使遇害事件告诉了美国什么？..................................487

"重要战略机遇期"遭遇美国战略重心东移..................491

美俄关系难"乐观"..497

第一部分
从美国观察美国

美国犹太人与白宫中东政策

一向毫无保留地支持和呼应以色列对外政策的美国犹太人,最近对以色列当局的现行中东政策的态度发生了微妙却是明显的变化。作为以色列在美国"代理人"的美国犹太人的向背,对美国和以色列的中东决策,乃至整个中东和平进程,都将产生深远的影响。这一事态的发展,引起中东问题观察家的极大兴趣。

美国犹太人是从20个世纪中叶开始,随着欧洲人口大迁移,来到北美这片被称作"铺满黄金"的沃土上。21世纪,美国资本主义迅速发展,两次世界大战中美国发了战争财,为犹太人的大量移入创造了条件。目前,美国犹太人的总数约有600万。犹太人在美国是一个很独特的民族,虽然同其他民族一样,存在不同的阶层和派别,却有很强的忧患意识和凝聚力。他们一般都信仰犹太教。在美国,犹太教分正统、保守、改革三大派。正统派拥有3000多个教堂,300多万信徒。保守派拥有600多个教堂,100多万信徒。改革派在政治上比较活跃,有教堂800多座,信徒100多万人。全国性的犹太人组织有300多个,比较有名的是一些筹募资金支持以色列以及进行犹太人国际活动的组织,如犹太人联合捐献委员会、美国犹太人委员会、美国犹太人代表大会等。80%的美国犹太人集中居住在大中城市,纽约市差不多就有200万,其次是洛杉矶、费城、芝加哥、迈阿密、波士顿和华盛顿。

美国犹太人虽然在大垄断财团中不占有显赫地位,但却控制着大部分银行,并操纵许多大城市的零售贸易网。例如,他们几乎包办了纽约的服装工业、房地产业、食品业、家具业、药品业等,经济实力雄厚。美国犹太人受教育程度很高,在全国知识界中占有特殊地位,在法律、科学、教育、医学等领域,人才济济;在文艺、高等教育、新闻传播界的影响和势力与他们所占美国人口的比例相比,要大得多。美国犹太人在工会中也拥有强大的势力。他们控制了拥有数十万成员的国际妇女服装工人工会。这个工会的创建人犹太人杜宾斯基也是美国产联的创建人之一，1955年产联、劳联合并后，又成为劳联—产联创建副主席之一，成为自艾森豪威尔以来历届美国总统移樽就教的对象。

在政治上，美国犹太人有很强的参与欲，这在大选中表现得最为突出。一般来讲，大选中，实际投票者只占选民总数一半多一些，而犹太人选民则90%以上都参加投票。这样，占美国人口总数不到3%的犹太人，投票人的比例却占投票人总数的7%，再加上其他亲以色列的选民票，大致可占选民总数的20%，从而形成一支举足轻重的力量。而在美国人口最多、竞选关键的加利福尼亚州和纽约州，也是犹太人最集中的两个州，犹太人在总统选举中的重要性就更大了。因此，美国总统候选人无不讨好犹太人，在职总统也不敢轻易开罪犹太人。

美国犹太人在经济、政治和社会生活各方面拥有强大势力，事实上形成一个"犹太帮"或犹太人"实力派"，通过"院外集团"和各种渠道对美国政府施加压力和影响，左右中东政策，使其对以色列有利。美国犹太人最重要的全国性政治团体是"犹太人组织会长会议"，1955年创立，宗旨是采取更为统一的集体行动来保护以色列在中东的地位。任何一个美国总统想同犹太领导人进行商谈，或者犹太领导人想同总统会谈，就由这个团体代表美国犹太人出面。在以美国国会为活动对象的犹太人"院外集团"中，最重要的是美国以色列事务委员会。

此外，美国犹太人不少在各级政府中身居高位，如福特总统任内，有三个内阁成员是犹太人：国务卿基辛格、国防部长施莱辛格和司法部长里维。经济顾问委员会主席格林斯潘、联邦储备银行董事长伯恩斯也都是犹太人。美国政府某些部门雇用大批犹太人，尤其是司法部、劳工部、卫生、教育和福利等部，已相沿成习。有不同背景的各种基金会和由这些基金会资助的外交政策研究机构，如北美—西欧—日本三边委员会、对外关系委员会、布鲁金斯学会等，都有不少身份显赫的犹太人。这些机构对美国外交政策的形成、制定有密切关系和影响。

以色列国内犹太人大资产阶级与美国垄断资本和美国犹太人集团有着不可分割的关系。以色列在军事上、经济上依赖美国。现在，美国每年对以色列的军援和经援高达30亿美元。1973年美国国会通过一项法律，禁止向国外提供无偿军事援助，但却规定这项法律不适用于以色列。以色列从美国获得的军援，一半是赠与。以色列还经常从美国得到最新式武器，有些武器甚至在美国部队开始配备以前就在以色列出现了。

美国《时代》周刊在一篇题为《美国犹太人与以色列》的文章中指出，"没有美国的支持，以色列不可能在1948年从英国统治的巴勒斯坦诞生出来。没有美国的支持和美国犹太人的捐助，以色列不可能生存下去。"

可是国际政坛风云变幻，时移势易。去年12月巴勒斯坦解放组织调整政策，宣布承认以色列的生存权利和摒弃恐怖主义，犹如"风乍起，吹皱一池春水"，在美国和以色列引起广泛反响。美国一些犹太人组织负责人不仅公开支持美国政府同巴解组织直接对话，而且对以色列当局施加压力，要求以色列正视巴勒斯坦人的外交挑战，提出自己的有创见的和平计划。以色列外长阿伦斯最近访美期间，同美国"犹太人组织会长会议"各位成员会见时发生了激烈争论，这是前所未有的。华盛顿的犹太人"国家安全事务研究会"的劳伦斯·戈德蒙茨当面顶撞这位以色列前驻美大使："我必须告诉你，（美国）政府人员不能把巴勒斯坦人称作'蝗虫'，不能把他们扼死，也不能捣毁他们的房屋，将他们赶走。"美国犹太人代表大会会长罗伯特·利夫顿断然表示，以色列政府要求美国犹太人敦促美国政府停止同巴解组织的会谈，那是办不到的。另一位保守的犹太人组织领导人沃尔夫·科尔曼要求阿伦斯拿出新的和平倡议，并指出，美国犹太人等待的耐心是有限度的。

在以色列里边，最近也吹起一股要求变革之风。最近的一次民意测验表明，55%的以色列犹太人支持同巴解组织直接谈判，以领土换和平。值得注意的是，以色列军队参谋长也主张同巴解组织直接打交道。以色列情报机关不久前向以色列当局提交的一份报告认为，只有同巴解组织谈判，才能终止约旦河西岸和加沙地带的巴勒斯坦人的起义。

布什政府上台后，已对外交政策进行回顾和审议。全面和系统的中东政策虽然尚未正式出台，但领导人的一些讲话已勾出了一个大致的轮廓。布什8月25日在纪念戴维营协议10周年时宣布，美国将为达成一项整个中东和平协议而继续努力，一项既能满足以色列安全需要，又能适应巴勒斯坦人的合法政治权利的协议是有可能达成的。为此，他说，对中东和平，美国一方面要有耐心，另一方面又决不停止寻求和平的行动。在具体做法上，国务卿贝克提出，首先要缓和紧张关系，鼓励以色列同巴解组织直接对话，以土地换和平。而以色列总理沙米尔则仍顽固坚持"三不"立场——不承认巴勒斯坦国，不承认巴解组织，不从约旦河西岸和加沙地带撤走。

埃及总统穆巴拉克、以色列总理沙米尔和约旦国王侯赛因从4月初开始将先后访美。美国提出，沙米尔来访时应带来缓解紧张局势的具体建议和关于领土最终地位的现实想法。从种种迹象看，沙米尔不大可能提出任何认真可行、能为各方接受的方案。看来，美国要想使中东和平进程的车轮转动起来，而又不在原地打转，唯一的办法是设法迫使沙米尔等人回到理性和现实的道路上来。

（新华社华盛顿电，原载《瞭望》周刊，1989年第15期。）

美国中东外交面临考验

正值美国主持下的埃以戴维营和平协议签约10周年之际，美国的中东外交进入了一个活跃阶段。埃及总统穆巴拉克和以色列总理沙米尔本周将访问华盛顿，约旦国王侯赛因也将接踵而至。

美国外交政策目前正处于通盘审议过程中，摆在布什新政府面前的中东局势正如专家和学者们所说的那样：亦喜亦忧，喜忧参半。

喜的是：

一、巴勒斯坦解放组织领导人阿拉法特去年12月宣布接受安理会242号决议，承认以色列的生存权，放弃恐怖主义，谋求同以色列直接谈判，实现以独立的巴勒斯坦国同以色列国两个主权国家并存为基础的和平。巴解组织此举被认为是推动阿以冲突和平解决的至关重要的一步。

二、美国政府同巴解开始直接对话，作为朝向各方开始直接会谈方向前进的一步。而在此之前不久，美国政府曾拒绝发给阿拉法特入境签证，以阻止他向联合国大会发表讲话。

三、巴解的现实主义和解态度在世界犹太人当中也引起了强烈反响。对以色列的要求一向一呼百应的美国犹太人，也主张以色列同巴解对话，要求以色列当局对中东和平提出现实可行的建议。在以色列内部，民意测验表明，55%的以色列犹太人支持同巴解直接会谈，以领土换和平。甚至以色列参谋长达恩·肖姆龙也主张同巴解打交道。

四、在国际关系趋于缓和的大气候下，一些热点地区问题相继通过谈判开始得到解决，或有所突破。这种局面大大促进了包括埃及、约旦在内的阿拉伯温和派国家和欧共体国家寻求中东问题和平解决的努力。

忧的是：

一、以色列决策者仍然顽固坚持"三不"政策——不承认巴勒斯坦国，不承认巴解组织，不从约旦河西岸和加沙地带撤走。

二、以色列拒不让步，阿拉法特的和平努力将付诸东流，激进分子和原教旨主义者从而得势，被占领土和黎巴嫩的冲突将进一步升级。

三、激进的阿拉伯国家将更加努力发展自己的导弹和化学武器，从而使中东地区的形势更加紧张和危险。

显而易见，美国中东政策取得进展的契机和面临的挑战在于，华盛顿能否促使屡次拒绝中东和平倡议的以色列总理沙米尔顺应潮流、改弦更张。

美国国务卿贝克上月同来访的以色列外长阿伦斯会谈，在重申对以色列的安全承担义务的同时，表示希望被占领土的冲突降温，以色列同巴解组织直接对话，建立相互信任，并明确要求沙米尔访美时带来新的和平建议。

但是沙米尔对美国的要求不予理会。他的新闻发言人帕兹诺宣称，"沙米尔不是一个受制于压力的人"。沙米尔的顽固立场给他的华盛顿之行，也给美国中东政策的前景投下了阴影。

（新华社华盛顿1989年4月2日电）

"我们都希望以色列—巴勒斯坦和平"

——记白宫外面的两场和平示威

1989年4月6日中午，美国总统布什同来访的以色列总理沙米尔正在白宫会谈，而在白宫外面的街道旁，上百名美国犹太人举着"美国犹太人要求以色列用土地换和平！""沙米尔，必须改变政策！"等横幅标语举行了和平示威。

示威者还散发声明，要求以色列结束对约旦河西岸和加沙地带的占领、承认巴勒斯坦解放组织是巴勒斯坦人民的代表和实现巴勒斯坦民族权利。

在街道另一旁，流亡美国的巴勒斯坦人的游行示威与美国犹太人的示威隔街呼应，并颇有声势。他们高呼"停止杀害巴勒斯坦人！""给和平以机会！"等口号。

巴勒斯坦群众还专门在街旁设立一个图片展览台，揭露以色列军队在约旦河西岸和加沙地带肆意杀害巴勒斯坦无辜群众的罪行。一位名叫纳迪娅的11岁的巴勒斯坦女孩对新华社记者说，她的家乡就在约旦河西岸。这位孤女的心里充满着对家园的恋情，说话时两眼满含泪水。

纳奥米·尼姆是美国犹太人农场主。他对记者说，犹太人和巴勒斯坦人恰逢沙米尔来访时在白宫外相遇，说明"我们都希望以色列—巴勒斯坦和平"。他还说，这种和平建立在以色列和巴勒斯坦国并存的基础上，是可以接受的。

在美国的犹太人和巴勒斯坦人都希望以色列和巴勒斯坦和平共处，但这只是他们美好的愿望。白宫内，布什和沙米尔会晤意犹未尽。白宫外，马队和摩托车队在大街两旁设置了严密的警戒线，一度中断了车辆通行。一个巴勒斯坦青年试图爬上灯柱把一面巴勒斯坦旗帜挂在以色列旗帜旁边,但由于警察的干预而只得望着以色列国旗在空中孤零零地飘扬。

(新华社华盛顿1989年4月6日电)

老货色贴上新标签

1989年4月5日到达华盛顿访问的以色列总理沙米尔4月7日下午启程回国。他这次美国之行向此间对中东和平进程抱有期望的人士泼了一瓢冷水。人们发现，沙米尔带来的四点"新建议"，剥开包装之后依然不过是他顽固坚持的"三不"立场的老货色。

人们原来对中东和平抱有某种乐观态度，希望目前国际缓和的大气候会对阿以争端的解决产生有利影响，这是容易理解的。美国的西方主要盟国和埃及、约旦等阿拉伯国家近年来积极开展外交活动，探索召开中东国际和平会议和其他途径的可能性；巴解组织去年12月宣布接受安理会242号决议，承认以色列的生存权，以此成为推动中东和平进程的动力；美国也开始同巴解直接对话。以色列外长阿伦斯上月访美前后，美国曾一再向以色列发出信号，希望以色列同巴解组织直接对话，以土地换和平，为此还要求沙米尔来访时带来促进和平进程的新建议。

但是，沙米尔的"新建议"与人们的普遍期望南辕北辙。他建议的第一点要求把戴维营协议作为中东和平的基石；第二点敦促美国和埃及向其他阿拉伯国家做工作，放弃对以色列的"敌视"；第三点要求阿拉伯国家解决以色列内部的阿拉伯难民问题；第四点提出在约旦河西岸和加沙地带举行在以色列控制下的选举，由选出的巴勒斯坦人组成代表团同以色列当局会谈，确定临时自治政府，将来双方再谈判达成永久协议。沙米尔在记者招待会上解释这些"新建议"时，明确宣布不同意在约旦河西岸和加沙地带建立巴勒斯坦国，不同巴解组织会谈，也排除了从被占领土撤走的可能性。

沙米尔提出的在约旦河西岸和加沙地带举行巴勒斯坦人选举，并不是什么新东西，早就遭到巴解组织的拒绝。今天，又搬出来，并美其名曰"新建议"，只能表明沙米尔并不想真正解决中东问题。

在美以会谈中，美国方面虽然表示不同意以色列对被占领土拥有"主权"和"永久占领"，但未建议以色列同巴解组织直接会谈，也根本不提国际和平会议问题；相反，布什对沙米尔提出的在被占领土举行选举的"建议"表示赞同。对此，《华盛顿邮报》在今天的一篇报道中表示担心："以色列和美国正在朝着一条将使它们在世界舆论中日益陷于孤立的道路上走下去。"

（新华社华盛顿1989年4月7日电）

布什外交将走向何方

美国国务卿贝克1989年5月9日起程，取道赫尔辛基前往莫斯科访问。根据双方商定的日程，10日和11日两天，贝克将同谢瓦尔德纳泽外长举行数轮会谈，并将会见戈尔巴乔夫。贝克以国务卿身份访苏还是第一次。

布什在1月20日就职演说中踌躇满志地说，当今世界正"吹拂着一股新鲜之风"，然而布什在外交上并未"乘风振奋出六合"，而是关起门来对外交和战略进行通盘回顾检讨。与此同时，西方舆论惊呼的"戈尔巴乔夫外交旋风"，却从欧洲吹到亚洲，从亚洲吹到美国大门口的加勒比海，又吹回欧洲。苏联外交攻势咄咄逼人，布什政府却显得优柔寡断、缺乏进取。美国和盟国报刊议论纷纷，颇多微词。面对内外压力，布什政府计将安出？

在布什智囊团策划于密室的同时，美国外交界和学术界展开了一场公开的对苏外交政策大辩论。以对苏外交宿将凯南和一些民主党政治家为代表的一派认为，戈尔巴乔夫推行改革和公开性，国内发生了很大变化；在外交上运用"新思维"，正在摆脱传统的外交概念；一些外交倡议有助于东西方紧张关系的缓和，符合美国利益，美国应抓住时机，提出有创见的、富于进取精神的对应措施，掌握主动权。以基辛格和布热津斯基等战略外交家为代表的一派认为，里根总统后期在改善对苏关系方面步子太快，达成的中导协议对美国不利，是个错误；戈尔巴乔夫外交老谋深算，关于欧洲裁军的建议旨在分裂北约，使欧洲非核化；戈尔巴乔夫改革前途莫测，同苏打交道要小心谨慎，三思而后行。

5月4日，贝克在华盛顿战略和国际问题研究中心发表题为《美苏关系变化的挑战》的讲演，提出了布什政府对苏外交的框架，并为此次莫斯科会谈定下了基调。贝克要求苏联跨越美苏关系两大传统问题——军控和人权，在其他方面将"戈尔巴乔夫'新思维'的说教"变成现实。国务院官员私下透露,贝克在莫斯科将向苏强调的方面包括:环境保护、反毒品走私和反恐怖主义等国际性问题,中东、中美洲、南部非洲和朝鲜半岛等地区性问题,以及控制导弹和化学武器的扩散问题。由此看来,举世关注的军控谈判问题、美苏首脑会晤问题和西德等大多数北约成员国主张的同苏联谈判欧洲短导问题,有可能被降到次要地位,甚至避而不谈。据报道,贝克将只向苏联建议6月重开去年11月暂停的战略核武器谈判,但不向苏方说明一旦讨价还价开始美国对具体问题将取何立场;关于苏联一再提出的尽早举行戈尔巴乔夫—布什最高级会晤问题,贝克的莫斯科之行可望打个基础,但不会确定具体日期。看来,美国政府当前并不急于在美苏关系方面迈出较大实际步伐。这表明布什政府经过几个月外交和战略回顾检讨后,似乎仍然无视国际政治气候的千变万化,不顾国内和盟国要求顺应时代潮流的强烈呼声,抱残守缺,以不变应万变,这无疑将难以摆脱外交的被动局面。

(新华社华盛顿电,原载《光明日报》,1989年5月9日。)

不容乐观的美苏战略武器谈判

美苏两个超级大国关于削减战略武器的谈判，经过7个月的间歇，今天在美方新建议的阴影中在日内瓦复会。

上周末，布什政府高级官员突然向报界吹风：布什班子经过几个月的筹商，一项"先核查后签约"的计划已经就绪，不日即将得到布什的首肯。这一消息大出人们意料。以往，美苏达成的各项军控协议，都是先有条约，生效后再进行核查。《华盛顿邮报》称这一计划是本末倒置。根据这一计划，双方在谈判阶段，美方视察人员就可以掀开苏联战略核导弹的顶罩，查点核弹头数目，也可以在苏联机动导弹工厂外面设立电子监测装置。

五角大楼官员声称，这一计划的目的"不是拖延而是促进"达成战略武器协议，但非官方的军控协会负责人斯珀吉翁·吉尼则称这一计划是"蛮横的"，看来布什政府"企图扼杀关于完成里根总统尚未最后完成的协议的前景"。《纽约时报》也发表社论说，布什政府的新建议"将阻碍达成良好协议的宝贵势头"。眼下无法得到苏联方面的反应。但显而易见，美国提出"先核查后签约"，将使问题更加复杂化，为日内瓦会谈蒙上了一层阴影。

美苏战略武器会谈，从里根政府时期开始，为时5年多了，到去年11月休会，已经取得了很大进展。双方同意将远程核导弹、轰炸机和核潜艇砍掉30%~50%，各保留1600件发射器和6000个弹头。在长达400页的美苏削减战略武器条约草稿中，90%的工作已经完成。其余10%，包括武器上限、空基和海基巡航导弹、核查、机动陆基洲际导弹以及美国的"星球大战"计划等棘手问题，尚待最后解决。

最近半年多来，苏联领导人戈尔巴乔夫提出一系列和平倡议，希望尽快就战略武器会谈达成协议，进一步改善东西方关系。布什政府上台后，一再表示要保持里根政府政策的连续性，包括继续同苏联谈判削减战略武器问题。布什 6 月 14 日在总统晚餐会上还曾说，"美国人民要求（政府）在外交政策上采取行动"。而布什政府在举世关注的战略武器谈判问题上突然刹车，又当何为？

一、此举表明布什政府在军控谈判方针上的重大调整。国防部副部长保罗·沃尔福维茨不久前在参院军事委员会作证时强调，"常规武器控制被推到军控日程的首位"。这意味着战略核裁军谈判被降到了次要位置，同里根时代的裁军重点形成鲜明对照；

二、布什政府内部对战略武器谈判牵涉的一系列重大问题，诸如机动陆基洲际导弹和星球大战计划等，还未取得一致意见，需要采取缓兵之计；

三、最根本的一点是，布什政府对戈尔巴乔夫改革开放前景把握不定。布什一再宣称"希望"戈氏成功，但实际认为，他能否成功仍在两可之间，所以不愿过早承担义务，更不想放弃核威慑。

看来，美国参谋长联席会议主席克罗不久前扬言战略武器谈判"将是旷日持久的"，并非偶然。

（新华社华盛顿 1989 年 6 月 19 日电）

引人注目的交叉访问

在进入盛夏的欧洲，外交活动非但未因休假季节而呈颓势，反而更加如火如荼。

在维也纳，北约和华约两大军事集团关于欧洲常规裁军的谈判，正在加紧进行。布什5月29日在北约首脑会议上提出新建议，要求双方在半年到一年的时间达成协议。北约专家们在布鲁塞尔总部对这一计划的细节做最后润色，准备在9月份抛出。

在日内瓦，美苏上月中旬恢复关于战略武器和空间武器的谈判。双方代表为突破限制战略武器条约的最棘手的一些障碍——核查、陆基机动导弹和"星球大战"计划等而绞尽脑汁。东西方关于化学武器等的谈判，也在同时进行。

一个有趣的现象是，两个超级大国的首脑——布什总统和戈尔巴乔夫主席亲自出马，穿梭于东西欧之间。

今天，布什从华盛顿起程，开始他称为"历史性"的东欧之行。他将先后访问波兰和匈牙利，然后飞往巴黎，参加14日开幕的西方七国首脑会议。

在布什到达巴黎的前一个星期，戈尔巴乔夫对法国进行了他1985年以来的第二次访问，并在斯特拉斯堡欧洲委员会发表演说，在此之前，戈尔巴乔夫还分别访问了英国和西德。7月6日，他又赶在布什东欧之行的前夕，从巴黎飞往布加勒斯特，召开华约七国首脑会议。

当前，国际关系正进入一个新的历史时期，美苏两个超级大国在欧洲的活动呈现出新的特点。戈尔巴乔夫利用布什政府对外交政策进行审查回顾之机，频频发动和平外交攻势，就削减欧洲战术核武器等问题，提出一系列新建议，受到西欧国家的广泛欢迎。戈尔巴乔夫对英国和西德的访问也取得了很大成功。在西方的民意测验中，人们对戈尔巴乔夫的信任程度,远远超过布什。布什公开承认,他在同戈尔巴乔夫的"公关"竞赛中,自叹弗如。但最使美国恼火的是,戈尔巴乔夫巧妙地利用美国同西德等北约盟国在短导问题上的分歧,恰到好处地提出单方面的削减计划。白宫发言人愤怒斥之为"挑拨离间"。

而布什则把一些东欧国家的政治、经济改革和目前遇到的经济困难,视为向苏联及东欧阵营发动和平外交攻势的天赐良机。今年4月,布什对美籍波兰人社团宣布,美国将向波兰提供一揽子援助计划。但布什在许多场合一再声明,美国的金元外交并不是无条件的,波兰和匈牙利必须按照西方的要求,进一步采取"民主"措施,实行"政治多元化"和市场经济,才能指望美国和西方伸出"援助"之手。布什在同波兰记者谈话时,还咄咄逼人地要求苏联立即开始从波兰撤军。另外,布什佯称,他的东欧之行,没有地缘政治目的,并非企图在苏联与其东欧盟国之间打进楔子,也无意谋求对苏联的政治优势。

据《纽约时报》报道,戈尔巴乔夫对布什插足东欧感到愠怒,在同法国总统密特朗会谈期间一再提醒西方领导人,同东欧国家打交道时,要采取"负责任的态度"。

(新华社华盛顿电,原载《人民日报》,1989年7月10日)

人质危机与美伊关系

据7月31日从黎巴嫩传来消息说,被绑架达一年半之久的美国海军陆战队中校希金斯遇害。什叶派穆斯林组织宣布,他们是为报复以色列7月28日绑架什叶派领袖奥贝德而绞死希金斯的,并声称,如以色列不释放奥贝德,另一名美国人质也将被处死。

希金斯事件引起了华盛顿朝野极大的震动。布什总统中断了芝加哥的活动折返华盛顿,立即召开国家安全委员会会议,商讨对策;正在巴黎参加柬埔寨问题国际会议的贝克国务卿也火速飞回了华盛顿。

据报道,对"残酷谋杀"希金斯表示"愤慨"的布什,排除了立即采取军事报复行动的可能性。那么,布什政府对此又将如何定夺呢?

此间舆论界认为,事情最终还得回到美伊关系上来,因为黎巴嫩的一些什叶派穆斯林组织得到伊朗的支持,人质问题同美伊关系交织在一起。

10年来,人质问题一直是困扰美国政府的最棘手的外交难题。前总统里根为了谋求释放被扣押在黎巴嫩的美国人质,曾同伊朗温和派领导人达成以武器换人质的秘密交易,可是东窗事发,酿成"伊朗门"政治丑闻。

布什上台本可以成为美国改善同伊朗关系的契机。一是因为布什政府对美伊两国在卡特和里根时代的积怨可以不负责任,二是西欧盟国纷纷同伊朗改善关系,三是伊朗国内主张同西方发展关系的温和派的地位不断加强。美国一些外交问题专家和学者也认为美国政府应当采取积极行动,打破美伊关系的坚冰。

然而,可能是对"伊朗门"事件的余悸未消,布什一再宣布,美国不准备在伊朗提出的归还前国王巴列维财产等问题上作出让步,并拒绝在人质问题上作交易。

今年6月3日,伊朗宗教领袖霍梅尼去世,再次为美伊改善关系提供了机会,但最终因布什坚持应由伊朗方面采取主动行动而失之交臂。有意思的是，在伊朗外交棋盘上处于同等地位的苏联，却不失时机地邀请拉夫桑贾尼议长访苏，戈尔巴乔夫保证提供伊朗所需要的军事援助。苏联地缘政治战略的新成果，无疑又给美伊关系的改善增加了新的复杂因素。

中国古语云"将欲夺之必固与之"。眼下姑且不论军事报复的可能性（布什并未完全排除最终使用武力的可能性），如通过外交途径从解决人质危机入手，进而在美伊关系上实现突破，抑或直接从美伊关系上单刀直入，以求人质问题迎刃而解，何去何从，对布什政府无疑都将是严峻的现实考验。

（新华社华盛顿1989年8月1日电）

经济困难与政治现实

1982年2月9日——波兰实行军管之后的一天，美国国务卿亚历山大·黑格宣布，只要波兰宣布取消军管、团结工会恢复合法地位，美国就同其他西方国家一起，确定一项重大援助计划，帮助波兰克服经济困难——包括食品短缺和债台高筑。

7年过去了。波兰军管早已撤消，团结工会也已恢复合法地位。那么，黑格的承诺而今安在？

尽人皆知，波兰目前面临严重的经济困难：外债高达390亿美元、通货膨胀100%、工业生产凋敝、商品匮乏……

团结工会领导人瓦文萨向美国求援，希望在3年内提供100亿美元援助，帮助波兰振兴经济。布什总统7月访波期间，热烈赞扬瓦文萨是好朋友、老朋友，但却只答应提供1亿美元援助，尚待国会批准。

波兰政府向欧洲经济共同体表示，波兰在未来几个月中需要大量牛肉、猪肉、奶粉、黄油、食用油、小麦、玉米、大米和糖。8月1日，欧洲经济共同体130名官员在布鲁塞尔开会讨论援波问题。尽管纷纷表示同情，但却都不肯轻易慷慨解囊。8月29日，欧共体宣布向波兰提供的1万吨牛肉开始启运。

日前，布什在听取访波归来的参议员多尔的汇报后表示，波兰的确需要财政援助，但这种财政援助有待波兰进一步的经济和政治改革付诸实施。布什的要价很清楚，那就是要波兰完全改变颜色，实现西方和平演变的目标。

诚然，美国近年来国力式微、财源拮据，已不能与二战后以"金元帝国"之盛实施马歇尔计划时同日而语了。但是，美国和其他西方国家每年投入西欧防务的费用就高达3500亿美元。看来，事实是：非不能也，实不为也！

瑞典斯德哥尔摩国际和平研究所高级研究员罗特菲尔德著文批评西方国家口惠而实不至。西方在对波兰说的许许多多漂亮话中，有两个信号是清楚的：请君自主和勿抱幻想。

英谚云，"患难朋友才是真朋友"。严峻的国际政治现实终将会使波兰人——也可能还有其他人进一步打开眼界，增强分辨能力，以免掉进政治陷阱。

（新华社华盛顿电，原载《经济参考报》，1989年9月6日）

今日三里岛

三里岛是美国宾夕法尼亚州首府哈里斯堡附近萨斯奎汉纳河上面积为382英亩的河心岛。1979年3月28日,岛上核电站第二号反应堆发生事故,反应堆芯体受到损坏,少量含有核辐射的水流入河内,受到核辐射污染的气体进入大气空间。

三里岛核电站第二号反应堆于1969年破土兴建,投资7亿美元,发电能力为900兆瓦,1978年12月31日正式发电。可是,正式运转不到4个月就发生了事故。此事震动了全美国,成为头号新闻。泄出的放射性物质涉及三里岛周围50英里的地区,约200万居民。当时,有14万多居民举家外逃,据说不久又陆续返回故里,未闻有人受害,儿童与孕妇亦都平安。

10年过去了,三里岛今日情况如何呢?记者最近有机会参加了美国新闻署组织的外国记者参观团,走访了三里岛核电站。

我们这些常驻华盛顿的外国记者,都是第一次参观核电站,特别是参观一座发生过事故的核电站,心情不免有点紧张。厂方派来接待我们的公共新闻经理道格拉斯·比德尔似乎一眼就看出来了,首先给我们吃"定心丸"。他说,经过几年的科学调查证明,三里岛核电站1979年造成的核辐射污染的剂量,是不易察觉的。对空气、水、牛奶、鱼、水果、肉、土壤和河水沉淀物取样近1万份,经分析得出的结论是:对环境的影响是微小的,对人的健康到目前为止没有发现可察觉到的影响。10年来,厂方制定了严格的安全措施,可以确保工厂职工居民和来访者安全。

果然,我们在进入厂房前过了三关。首先,在厂区外的来访者中心查验了护照、记者证,进行登记,存入电脑;然后驱车前往厂区,门卫仔细逐个核对人头;厂房周围有电网同厂区隔开,电网上装有报警装置。在厂房入口处的房间里,男女分开,周身上下进行搜查,然后接受X光照射,最后由专门保卫人员带领鱼贯而入。

三里岛核电站第二号反应堆厂房是个圆柱体的建筑物，上下三层，有电梯相通，各部门各司其职，由控制中心协调指挥，各部门人员不能相互走动。

当年事故来得很突然，由于供水泵停转，反应堆压力和温度升高，致使保险阀张开，水和蒸汽从反应堆中冒出，进入底层水箱。在保险阀开启两个小时期间，受到放射性污染的冷却水从水箱泄出，流进反应堆底层和辅助设施。由于冷却水流失，反应堆温度骤升，铀燃料熔化。紧急加入的冷却水使高热的燃料棒受损。

比德尔经理边参观边介绍说，事故发生后，厂方会同专业清污单位、承包公司和核安全专家制订了严格的清污计划。清除放射性污染的工作十分艰巨复杂，又无现成经验可资借鉴，必须保证万无一失。清污工作包括把受放射性污染的近100万加仑的污水从反应堆底层和辅助设施中收集起来；对反应堆系统本身、芯体和燃料受损情况等进行探查和电视录像；把损坏的部件和燃料等装入密封罐车，运往联邦政府能源部设在爱达荷州的国家工程试验室进行研究和保管。经过10年的不懈努力，耗资10亿美元，预计整个工作明年底将全部完成，届时三里岛核电站第二号核反应堆厂房将封闭起来，并由工作人员昼夜严密监视，定期向国家核规章委员会和公众汇报。

三里岛核电站共有两座核反应堆，即两个分厂。第一号反应堆是1968年破土兴建的，投资4亿美元，发电能力为870兆瓦，1974年9月2日并网发电。比德尔介绍说，第二号反应堆发生事故，无疑对当时正常生产的第一号反应堆的职工产生心理上的巨大冲击。他们自然会联想，自己工作的地方是否也会出毛病？厂方在清污调查过程中，认真总结经验，吸取教训，逐步采取措施加强第一分厂的安全生产和科学管理，负责安全生产的人员从原来的320人增加到900人；投资近1亿美元，进行了100多项技术改造，其中包括改进紧急供水系统，改进及时发现炉芯冷却故障系统等，以增加安全系数和提高紧急反应能力。

核能发电已有几十年的历史，但在全世界一直是个有争议的问题。1986年4月，苏联切尔诺贝利核电站发生事故，更增加了人们关于核电祸福之争。在美国也一直争论不休，一些人认为，美国幅员辽阔，动力资源丰富，可以利用其他能源发电，而多数人认为，取消核电站，将严重影响美国的能源供应，从而造成国家经济部门的失衡，特别是将对公共卫生、运输、交通、食品和住房设施等造成影响。社会上的争论不能不对政府的能源政策产生微妙影响。目前美国有83座核反应堆用于发电，世界其他地区有200多座。既然许多人对发展核电有疑虑，为什么大多数科学家和工程技术人员仍坚持搞核动力发电呢？

比德尔经理未忙着直接回答我们的提问。他笑着先拿出一块类似香烟过滤嘴大小的核燃料仿制品，解释说，它产生的核电相当于1780磅的煤、149加仑的石油、157加仑的液化天然气。一座发电量为1000兆瓦的核电站，利用这种圆柱状的核燃料，一年可以使美国节省1000万桶石油，可生产70多亿度电。这些电可满足87.5万个家庭的日常用电需要。

比德尔说，核电的优越性很多。在一座轻水型反应堆中的核燃料，产生的电力至少是燃烧相同重量的煤产生的电力的6.8万倍；核电同以煤、石油和天然气为燃料的火电相比，燃料少、废料少。据统计，美国25年核电站产生的核垃圾为9000吨，较易收藏保管，而美国每年要生产4600万吨各种垃圾，其中相当一部分到处丢弃，污染环境。另外，核电还有"四无"——无空气污染、无工伤事故、无遗传效应、无核爆炸可能。

在同比德尔经理告别时，他意味深长地说，三里岛核电站第二号反应堆事故造成的直接损失为40亿美元，相信这一代价会有利于全世界的核发展事业。他认为，核电的争论实际上是个心理问题，不是技术问题，希望新闻工作者在人类发展核电方面，助科学工作者一臂之力。

（新华社华盛顿电，原载《瞭望》周刊，1989年9月11日。）

美苏最高级会议的前奏

——美苏两国外长会谈展望

美国国务卿贝克和苏联外长谢瓦尔德纳泽，定于9月22日至23日在美国怀俄明州的杰克逊举行会谈，讨论布什—戈尔巴乔夫最高级会议准备事宜。这将是他们在布什政府上台以来的第四次会晤。

两国外长已先后在维也纳、莫斯科和巴黎聚首。此间人士普遍认为，贝克同谢瓦尔德纳泽这次会晤，将是两个超级大国之间的一次十分重要的会议，有可能把美苏关系推向一个新阶段。

今年以来，两个超级大国的关系进一步改善，双方在军控、人权、双边关系、地区冲突和跨国问题5个方面的交往，都有不同程度的进展。

——在军控方面，美苏关于化学武器的谈判取得重要进展，为签订一项关于在全世界范围内禁止生产、储存和使用化学武器的条约奠定了基础；欧洲常规力量谈判和美苏关于战略武器的谈判已先后恢复，取得一些进展；美苏在地下核试验谈判方面，就核查措施接近达成一揽子妥协方案。

——关于人权，由于苏联大大放宽对其境内200万犹太人的离境限制，美国对苏联人权问题攻击的调门已大大降低。8月份，6756名苏联犹太人离开苏联，创1968年以来的最高月份纪录。

——关于双边关系，双方军界来往尤为频繁，美国参谋长联席会议主席克罗、众议院军事委员会主席阿斯平访问了苏联，戈尔巴乔夫的军事顾问、前总参谋长阿林罗梅耶夫对美国进行了回访，并应邀在国会发表演说，这在两国关系中是第一次。同时，美苏两国海军舰队也进行了互访。

另外，双方贸易迅速增加。据美国商务部公布的材料，美国出口到苏联的贸易额，从1988年1月到3月的9亿美元，增加到今年第一季度的15亿美元。商务部最近还解除了禁止向苏联出口小型电子计算机的禁令。

——关于地区冲突，美苏在中美洲、中东和南部非洲等地区热点问题上达成默契。在中东地区，美国在解决人质危机和黎巴嫩教派冲突等方面谋求苏联的支持和合作。贝克5月访问莫斯科以后，两国就南部非洲问题、中东问题、中美洲问题、东亚问题、阿富汗问题和人权问题，分别在两国首都以及罗马和斯德哥尔摩举行官员或专家级的会谈。

——关于跨国问题，包括国际恐怖主义、缉毒、环境保护等，双方有更多共同语言，并表示愿意进行合作。

布什上台以来，戈尔巴乔夫为了改善东西方关系和推进国内的改革，提出一系列新建议，并一再表示希望两个超级大国尽快举行最高级会晤。可是布什不急于同戈尔巴乔夫见面。他表示，希望看到这种会晤是在"实质性气氛中进行"，"没有必要为会晤而会晤"。他又说，当形势发展到一定阶段，两人都觉得有必要会晤时，就可以会晤，不一定非得签署什么文件不可。据报道，当华盛顿进入夏秋之交时节，布什及其高级助手认为，及早确定美苏最高级会晤的条件开始成熟。

首先，布什班子中的主流派认定，戈尔巴乔夫奉行的内外政策符合美国的长远利益，而戈尔巴乔夫在国内的地位却越来越受到挑战。他们认为美国和其他西方国家应不失时机地帮助戈尔巴乔夫，使其改革取得成功。《华盛顿邮报》引用布什政府官员的话说，布什和贝克都希望把精力转到"同戈尔巴乔夫更直接的交往上"。

其次，布什班子决定，今年最后几个月将发动一场外交攻势，以昂扬的气势和姿态，进入90年代。布什将首次以总统身份到联大发表演说，10月将去哥斯达黎加参加美洲国家首脑会议，而重头戏仍然是超级大国外交。人们猜测，布什和戈尔巴乔夫将在明年初会晤。据透露，布什8月中下旬在大西洋岸边的家乡肯纳邦克波特度假期间，高级助手们已准备了一系列加快美苏关系前进步伐的新建议，经他首肯后，将提交贝克和谢瓦尔德纳泽在杰克逊会谈时讨论。这些新建议都包括哪些内容呢？

在最近一次白宫新闻发布会上，记者问到布什政府是否如同报道所说，正在准备一项庞大的美苏经济合作一揽子计划，包括数百亿美元贷款和贸易，以及给予苏联最惠国待遇，准备两国外长会晤时讨论。白宫发言人菲茨沃特称"不能"证实这一计划，但又说，"我们继续同苏联就任何问题进行会谈"。

被称为华尔街投资指南和国际财政世界窗口的《银行信札》8月21日报道说，布什和贝克可能已经同意把美苏经济关系提高到与超级大国传统的军控、人权和地区冲突等问题同等地位，为此国务院正在考虑建立美苏经济工作小组。

贝克和谢瓦尔德纳泽会谈中，据说除讨论苏联加入关贸总协定、世界银行和国际货币基金组织的问题外，还可望就人权问题达成一项合作协议。据美联社援引政府官员的话说，美方正在为此起草一项备忘录，内容涉及美苏合作的新主题，如法治、职业安全和妇女问题。

在军控谈判方面，双方可能讨论各自的最新建议，旨在加快谈判步伐。美国方面最关心的是化学武器和欧洲常规力量谈判，将力促苏联方面作出让步，争取尽快达成协议。苏联方面则可能在战略武器谈判方面要求美国及其盟国作出更多让步。

（新华社华盛顿电，原载《瞭望》周刊，1989年9月18日。）

对中国人民的恣意挑衅

——评肯尼迪纪念基金会授予方励之"人权奖"

美国肯尼迪纪念基金会最近公然宣布授予方励之"罗伯特·肯尼迪人权奖"。

方励之是因犯有反革命宣传煽动罪被中国公安机关通缉的罪犯,这早已是众所周知的事。肯尼迪纪念基金会不顾中国政府的坚决反对和严正交涉,一意孤行,显然是在公开支持方励之的颠覆中国政府的犯罪活动。这是对中国内政的粗暴干涉,是对一个主权国家司法执行的无端蔑视,也是对11亿中国人民的肆意挑衅。我们对肯尼迪纪念基金会的倒行逆施表示极大的愤慨和强烈抗议。

肯尼迪纪念基金会吹捧方励之是什么"民主的象征"和"北京天安门广场中国学生的英雄",给方励之头上罩上了一道道光环,赋予"殊荣",以表彰他在反对社会主义制度、反对中国政府和中国共产党领导方面表现"大胆"和"有功"。这种闹剧并不能掩盖方励之的罪犯面目,却使中国人民更加看清支持方励之反对祖国的外国势力的真实面目。

肯尼迪纪念基金会也承认,这个为西方反共反华势力所钟爱而为中国人民所唾弃的方励之,早在20世纪50年代求学期间,就反对社会主义祖国,写文章攻击马克思主义指导科研和教育制度。方励之是对祖国和人民的培育恩将仇报。最近几年,在国际大气候和国内小气候适宜的时候,他打着民主、自由、人权的幌子,肆无忌惮地提出了以推翻中国共产党和颠覆中华人民共和国为目标的一整套纲领。在北京春夏之交发生学潮时,将这套纲领付诸行动,煽动"高自联"等非法组织搞动乱进而进行反革命暴乱。

如果方励之之流的阴谋得逞，无数仁人志士和革命先烈抛头颅洒热血换来的中华民族的独立和人民共和国的主权，就将得而复失，重新沦落到"华人与狗"的地位，只能成为西方大国的附庸。

古往今来，对待民族独立和国家主权的态度，一向是鉴别爱国主义还是卖国主义的试金石。一旦失去独立和主权，又谈何民主、自由、人权？中国广大知识分子有着优秀的爱国主义传统和民族自豪感，他们都有一颗爱憎分明的中国心。当中国人民在中国共产党领导下，经过几十年浴血战斗，迎来开国大典时，那些旅居海外的学子喜极而泣，为"中国人民从此站起来了！"而扬眉吐气。他们满怀一颗赤子之心，毅然放弃在国外的优越的经济条件和工作岗位，冲破重重障碍，返回大陆，报效祖国。尽管在几十年风风雨雨之中，有的人受到了不公正的对待，但他们痴心不改、终生不悔，在欢度中华人民共和国成立40周年的时候，决心为祖国四化大业再创新功。相比之下，方励之显得多么卑微、渺小！他数典忘祖地推销西方的政治制度和价值观念，鼓吹全盘西化；为了呼应西方反共反华势力，不惜出卖自己的灵魂，竟要求西方国家对自己的祖国和人民进行"制裁"。中国知识分子以方励之这种败类为耻。

被肯尼迪纪念基金会吹捧为"英雄"的方励之，是他及其同伙精心策划的反革命暴乱被平息时，畏罪潜逃最快的一员。他一头扎进了洋大人的卵翼之下。一些受到方励之的蛊惑上当受骗参加反革命暴乱的学生，愤怒揭露了方励之的丑行。如今，方励之成了一只蜷缩在阴暗角落向隅而泣的可怜虫。他已被牢牢地钉在历史的耻辱柱上。

肯尼迪纪念基金会为方励之颁奖授勋，在美国干涉中国内政的罪恶记录上又增添了新的一例。正在进行现代化建设的中国，希望有一个和平和安定的国际环境，希望在和平共处五项原则的基础上同世界各国发展友好关系。中国也十分重视发展中美关系。中美建交以来，两国关系发展是平稳的。但是，最近几个月来，中美关系遇到了困难和挫折。这完全是由于美国方面粗暴干涉中国内政、对中国进行所谓"制裁"造成的。当前中美关系正处于一个十字路口，钱其琛外长出席联大时，10月2日在纽约提出改善中美关系的四点意见，表明了中国政府的极大诚意。但是解铃还需系铃人。两国关系的恢复和发展取决于美国方面的政策和行动。正当人们寄希望中美关系有所改善的时候，肯尼迪纪念基金会横生枝节，这只能恶化两国可能改善关系的气氛。人们也有理由提出疑问：这是否意味着一个不祥之兆？我们希望美国当局审时度势、择善而从。

（新华社华盛顿电，原载《瞭望》周刊，1989年10月30日。）

从华盛顿看美苏首脑"非正式"会晤

1989年10月底,美苏双方同时宣布,布什总统和戈尔巴乔夫主席将于12月2日和3日在地中海美苏军舰上举行"非正式"会晤。

这一宣布颇使人们感到意外。刚在一个月前,美国国务卿贝克和苏联外长谢瓦尔德纳泽在美国西部杰克逊举行会议时宣布的是,布什和戈尔巴乔夫定于1990年春末或夏初在美国举行最高级会谈。何以时隔不久又插进一个"非正式"会晤?

布什在白宫举行的记者招待会上不厌其烦地解释说,这不是通常意义上的超级大国首脑会谈,而只是一次"会谈",是一次"临时性的非正式会晤",没有固定日程,双方也都不预期作出重大决定或达成重大协议,同明年以超级大国军备控制谈判为议题的最高级会晤并不重复,等等。

不管名称上如何称谓,意义上则是非同寻常的。美国副总统丹·奎尔11月5日在同美国全国广播公司电视网记者谈话时断言,布什同戈尔巴乔夫在地中海的聚首,将是两个超级大国之间的"一次非常重要的会晤"。

布什今年1月上台后,戈尔巴乔夫一再提出希望尽快同他会晤。布什起初打"太极拳",称这种会晤应在"实质性气氛"中进行,没有必要为会晤而会晤。但他又表示,当形势发展到"一定阶段",两人都觉得"有必要"会晤时,就可以会晤。布什透露,这次"非正式"会晤是今年7月他致戈尔巴乔夫的信中首先倡议的,并得到了戈氏的积极响应。那么,有哪些方面促使布什感到"有必要"尽快同戈氏见面呢?

首先,从宏观上来看,美苏两个超级大国都日益受到各自控制的军事集团——北约和华约——国家离心倾向和世界多极化潮流的震撼,集团政治越来越行不通了。两国在战后不断扩军备战,经济和财力受到拖累,企图主宰世界和控制盟国的能力不断削弱,遇事都感到力不从心。

在国际局势发生转折性变化的背景下,美苏对欧洲的争夺更显得错综复杂，扑朔迷离。美国提出了对苏联和东欧"超越遏制"战略，加强"和平演变"攻势，企图瓦解华约，建立一个基于西方价值的"完整、自由的欧洲"。为此，布什5月访问了波兰和匈牙利。苏联方面则提出了"欧洲大厦"的构想，企图把美国挤出欧洲。为此，戈尔巴乔夫今年以来几乎遍访西欧主要国家，发动和平攻势，受到西方普遍欢迎。据报道，联邦德国的民意测验表明，人们普遍认为，美国对他们的威胁比苏联更大，他们对北约越来越感到厌倦。西欧的和平主义思潮无疑使美国担忧。

信奉均势外交的布什及其谋士，目前在运筹20世纪90年代甚至21世纪外交韬略的时候，显然希望尽早同另一超级大国达成某种谅解，谋求"互利之点"，不要"相煎"太急，以免局势失控。

第二，东欧、苏联事态发展瞬息万变，美国亦喜亦忧，将信将疑。最近几个月来，东欧变化之快超出了人们的意料。在波兰，昔日非法的团结工会，组成了战后第一个非共产党人领导的政府；在匈牙利，执政的社会主义工人党修改政纲，易名为社会党，议会修改了宪法，国家实行政治"多元化"，国名也变了；在民主德国，群众大批出走西德，游行活动不断，党的总书记易人；在苏联，政治、经济改革步履艰难，民族纠纷和工潮一波未平，一波又起。战后几十年来被誉为铁板一块的华约组织，正在出现裂痕。

美国和西方其他国家对东欧和苏联的变化喜出望外，拍手叫好。但是，"祸兮，福之所倚；福兮，祸之所伏"。东欧变化对西欧也产生了强大的冲击波，甚至共震。据《纽约时报》报道，英国首相撒切尔夫人和法国总统密特朗，私下对德国可能统一的前景表示担忧。基辛格和黑格等六位美国前国务卿最近聚会，警告人们不要欣喜若狂，不要过分鼓动苏联国内民族主义分离倾向，否则局势将会发生逆转。他们认为，德国统一后果危险，东、西欧国家人民将会相当害怕。副总统奎尔等保守派政治家对戈尔巴乔夫外交"新思维"公开持怀疑态度，惊呼整个欧洲有可能"芬兰化"。

布什表示，在东欧发生剧烈变动的时候，不想错过从戈尔巴乔夫那里得到更直接消息的机会，"我不想使两艘巨轮因通信失灵而在夜航中错过对方"。布什可能希望了解戈氏对东欧大胆"放手"的意图，并谋求建立某种相互约束、克制的默契。

第三，迫于北约盟国的压力。美国的西欧盟国一直批评布什政府对东欧的变化和戈尔巴乔夫的改革反应不积极。撒切尔夫人公开要求西方支持戈尔巴乔夫改革取得成功。布什显然担心美国同西欧在政策上脱节太大,为苏联渔利。

第四,出于国内政治的需要。最近,布什政府对苏外交受到民主党人的激烈抨击,参院民主党领袖米切尔批评布什"胆小"。新闻界的非议也不绝于耳。接着,贝克"代表总统"发表两篇关于美苏关系的讲演,成为布什宣布同戈氏会晤的先声。据报道,贝克对手下人说,如不积极利用戈尔巴乔夫的改革和公开性带来的"历史性机会",到1992年美国大选时,对共和党将是一场灾难。

(新华社华盛顿电,原载《瞭望》周刊,1989年11月10日。)

美苏首脑地中海会晤侧记

在历史即将跨过20世纪最后一个10年的门槛时,美苏两个超级大国的领导人布什总统和戈尔巴乔夫主席,在地中海岛国马耳他马萨什洛克港的轮船上进行了为期两天的会晤。

一致与分歧

超级大国之间的最高级会晤向来吸引世界各国政界和新闻界的注意。对于这次被称为"非正式会晤"的会晤,美国新闻界认为,其重要性并不亚于签署一两项协议的最高级正式会晤。因为这是在世界上,特别是在东欧一些国家的政局发生急剧变化的背景下举行的。美苏两个超级大国的举手投足不仅对东西方关系,而且对整个世界局势都将产生影响。

专程前来马耳他采访的记者达2400多人,美国最多,800多人;其次是日本,200多人。日本近年来崛起为一个经济超级大国,并寄希望成为政治大国。日本各大电视台派出"精兵强将",人多势众,十分活跃。

两天内布什和戈氏总共进行了两轮大组会谈和一对一对话,总共近8个小时。白宫新闻秘书菲茨沃特称会谈是在"务实、非常认真、非常庄重和微妙"的气氛中进行的,双方未发生争论。3日下午会谈结束后,两人联合举行了记者招待会,宣读了各自声明,回答了记者的提问。

第一天会谈结束后,美国单方面向新闻界透露了会谈内容。布什就美苏关系、东西方关系、东欧问题等提出一系列建议;戈氏介绍了苏联改革和改革计划的目标。苏联外交部发言人格拉西莫夫对美方做法表示不满,向菲茨沃特进行了交涉。

观察家们认为,当前,戈氏在国内外困难重重,布什借此时机软硬兼施,引导戈氏做更多让步,为美国利益谋求最大好处。布什在会谈中敦促戈氏在国内走市场经济道路和实行"民主演变"。在这个基础上，美方才可以考虑答应苏联取得关税及贸易总协定观察员资格的要求。布什还表示，一俟苏方立法机构批准移民法，美将考虑给予苏联最惠国待遇。

双方一致同意，美苏最高级会谈明年6月在华盛顿举行，届时很有可能签署削减战略武器50%的协议。双方还希望加快欧洲常规力量和化学武器谈判的进程。

这次会晤并未从根本上改变两个超级大国互为对手的格局。双方虽然在不少问题上达成了一致或谅解，但分歧犹存，特别是在中美洲问题上，戈氏说，这些分歧在"缩小"。

最近美国在地区冲突，特别是中美洲问题上一再向苏联施加压力。布什在记者招待会上使用外交语言宣称，关于苏联所谓的尼加拉瓜向萨尔瓦多提供武器是不负责任的说法，他未指控苏联是在撒谎，但断然指控是尼加拉瓜在撒谎。戈氏表示，他赞成中美洲问题实现政治解决，赞成尼加拉瓜"自由选举"。

原来，美国有人担心，戈氏惯于在首脑会议上出奇招，一鸣惊人。美方绞尽脑汁，做了各种准备，结果并未出现任何戏剧性场面，颇使新闻界感到失望。

建立什么样的欧洲

布什在感恩节前夕的广播讲话中，希望戈氏同他一起为一劳永逸地结束冷战而努力。戈氏在记者招待会上表示，他和布什都认为，"世界离开冷战时代，进入另一个时代"，苏联也永远不会对美国"发动热战"。

布什和戈氏在南欧一隅的马耳他会晤，具有象征意义。战后40多年，欧洲一直是两个超级大国争霸世界的重点。在这个20世纪惨遭两次世界大战蹂躏的大陆，美苏各自控制一个军事集团，它们剑拔弩张，日复一日地处于冷战对峙。双方在前沿部署重兵和现代化的尖端武器，其中的核弹一经发射出去，足可以把欧洲变为焦土。多年来欧洲各国人民大声疾呼，在战战兢兢下过日子的状况再也不能继续下去了！那么，建立一个什么样的欧洲呢？

美苏出于自身利益，各有打算。戈氏提出建立一个从乌拉尔到大西洋的"欧洲大厦"的构想。布什则针锋相对,提出建立一个基于西方价值、可以自由往来的"完整、自由的欧洲"。苏联著名美国问题专家阿尔巴托夫,在马耳他首脑会晤前夕举行的记者招待会上回答新华社记者提问时宣称,"欧洲大厦"和"完整、自由的欧洲"两个口号"有许多相似之处",但美国前国务卿基辛格则认为,戈氏此举意在欧洲建立"政治霸权"。

戈氏在记者招待会上表示,他赞成"最终将两大军事集团变成政治—军事集团",最终成为"政治联盟"。不少欧洲国家担心,美苏搞越顶外交,可能把马耳他会晤变成第二个雅尔塔。但是,超级大国企图主宰他国命运的时代一去不复返了。在世界各国人民要求建立国际政治新秩序和国际经济新秩序的斗争中,欧洲各国人民必须寻求建立一个摆脱超级大国霸权主义支配的相互和平共处的新欧洲。

波诡云谲地中海

美苏在扼守地中海战略要冲的马耳他举行首脑会晤,也具有象征意义。地中海作为欧洲的南翼,是美苏争夺欧洲战略的一部分。两国在地中海的海军舰只通常各保持在20艘上下。具有讽刺意味的是,布什和戈氏的两天会晤,原定分别在苏联导弹巡洋舰"光荣"号和美国导弹巡洋舰"贝尔纳普"号上举行。由于地中海风云突变,马萨什洛克湾风大浪险,驳船无法靠近军舰,只好改在停靠码头的苏联远洋客轮"高尔基"号上举行。一位马耳他朋友私下对中国记者半开玩笑地说,这可能是对在地中海兴风作浪的超级大国的抗议。

马耳他是个奉行独立自主、不结盟外交政策的小国,反对载核军舰进入本国港口。这一立场经议会批准,成为超越党派之争的国策。

"光荣"号长615英尺,排水量为1.25万吨。"贝尔纳普"号长547英尺,排水量为8575吨。两艘战舰都有载核能力。"贝尔纳普"号前几年曾在意大利西西里岛附近海面同美"青尼迪"号航空母舰相撞,造成多人伤亡。特别可怕的是,大火几乎危及核弹头。当时,美国海军下令发出特别警报。

美苏决定在马耳他海湾军舰上举行首脑会晤后,马耳他政府向两个超级大国重申了马耳他的反核立场,美苏也只好表示尊重。

戈尔巴乔夫在上月底访问罗马时,提出美苏双方减少在地中海的军事力量。他在12月1日晚抵达瓦莱塔,同马耳他总理阿达米会谈时表示支持马耳他关于建立地中海和平区的主张。

布什说,他在同戈氏会谈时,戈氏曾向他提出关于双方减少在地中海的军事存在的建议,但布什声称,他不同意这一建议。

(新华社瓦莱塔电,原载《瞭望》周刊,1989年12月11日。记者奉总社电令专程从华盛顿前往马耳他采访这次美苏最高级会谈。)

科尔访美与两德统一

美国总统布什与联邦德国总理科尔1990年2月24日和25日在美国马里兰州戴维营的总统别墅举行会谈。双方讨论了联邦德国和民主德国的统一以及统一后德国同东西方的关系问题，并就以下几个方面达成了一致：

一、统一后的德国继续成为北大西洋公约组织的正式成员国，包括参加北约的军事机构；

二、在统一后的德国，原民主德国的领土具有特别军事地位，要考虑包括苏联在内的所有有关国家的合法安全利益；

三、双方致力于大幅度裁减从大西洋到乌拉尔的军事力量，在今年举行的欧安会35国首脑会议上签署欧洲常规裁军协议；

四、美国军事力量继续作为"稳定保证"，驻扎在统一后的德国和欧洲其他地区。

这次布什同科尔的会谈，被认为是战后美国和联邦德国领导人之间最重要的一次会谈。

科尔访美目的有三。第一，2月中旬在加拿大首都渥太华举行的北约和华沙条约组织外长会议通过了关于德国统一问题的所谓"二加四"方案，即两个德国举行会谈，就政治、经济和军事等方面的统一事宜提出一个计划，第二次世界大战中四个反法西斯战胜国——苏联、美国、英国和法国，则就两德统一后的安全问题举行会谈。人们普遍认为，民主德国3月18日举行选举后，两个德国即将着手正式会谈。科尔选在渥太华会议之后和民主德国选举之前同布什会谈，显然希望双方达成一个共同战略。

第二，科尔急于在年底之前实现两德统一，这在国内外遭到许多人的非议。科尔希望以统一后的德国继续呆在北约和同意美国继续在德国驻军为条件，换取美国在"推动"统一问题上的首肯，以便在四大国讨论德国统一方案时易于排除英国和法国可能设置的障碍。英、法两国都担心德国统一太快，会打乱欧洲的平衡。

第三，借机向波兰等邻国表明，统一后的德国不会对这些国家的安全利益构成威胁。

美国在战后公开宣布支持德国统一，意在利用德国问题同苏联争夺欧洲，因为当时并不存在德国统一的现实可能性。现在这一问题提上议事日程，在美国引起争论和部分人的担心。其中一派认为，从战略考虑，美国当然不希望有一个强大的德国在经济上或军事上成为潜在的对手。但是美国支持德国统一的立场已是覆水难收，唯一的选择是把德国统一问题纳入美国欧洲战略的轨道。去年底，美国提出"新大西洋主义"构想，强调美国居支配地位的北约应在新的历史时期在欧洲发展中起主导作用。接着，布什在今年发布的国情咨文中强调，统一的德国应留在北约。美国这样做，一是反驳苏联主张的统一的德国应当保持中立的立场；二是想把"大德国"束缚在北约的框框中，以确保美国在欧洲的"领导地位"。

在布什和科尔2月25日举行的记者招待会上，细心的观察家可以觉察到双方在一些问题上意见相左。布什在声明中一再强调北约；科尔在声明中却只字不提北约，而强调"欧洲同北美"的联盟和跨大西洋的德美伙伴关系。在谈到两个德国同波兰等邻国的边界问题时，布什说欧安会已确定目前边界不可更动，美国承认目前民主德国同波兰的边界，科尔则表示这个问题将由统一后自由选举产生的全德政府和全德议会来解决。当美国记者提出从波兰到英国很多人对德国统一感到恐惧时，布什表示美国也有同感；科尔的回答是，有的人恐惧是真的，有的人是借口，他们真正害怕的是联邦德国加上民主德国所形成的经济实力。

科尔还向布什通报了访苏情况。苏联支持民主德国关于统一的德国既不属于华约也不属于北约的建议。苏联外长谢瓦尔德纳泽最近对苏联《消息报》记者发表谈话强调：苏联同民主德国的关系是几十年形成的，统一的进程将是非常困难的，"我认为，统一不会像波恩所说的那样快，很可能要几年时间"。

（新华社华盛顿电，原载《瞭望》周刊，1990年第10期。）

苏联外长访美后记

苏联外长谢瓦尔德纳泽同美国国务卿贝克4月4日至6日在华盛顿会谈后商定，苏美两国元首将于5月30日至6月3日在美举行最高级会谈。

美国总统布什和苏联领导人戈尔巴乔夫去年12月初在马耳他非正式会谈时决定，今年春末夏初在美举行正式会谈，签署各自削减50%的战略武器条约。然而，这次外长会谈未能突破在削减限制战略武器条约上的最后障碍，并且还在其他方面出现了新的障碍，因而双方决定5月16日至19日在苏联再度举行外长会谈，以便为首脑会晤作最后的准备工作。

这次华盛顿会谈结束后，双方分别举行了记者招待会。谢瓦尔德纳泽在谈到限制战略武器谈判时说，问题是"困难和棘手的"，贝克则称结果"令人失望"。会谈结果表明，通往美苏最高级会谈之路，并不像人们原来想象的那样平坦。那么，还有哪些重大障碍需要逾越呢？

首先是立陶宛问题。马耳他会晤以来，在美国政府决策圈内，越来越多的人认为：由于东欧国家发生巨变，对华约若即若离，苏联的超级大国地位今非昔比；戈尔巴乔夫受国内问题困扰，地位削弱。他们从加紧推行"和平演变"战略出发，主张乘"胜"前进，促进苏联的分裂和解体，突破口就是立陶宛。美国声称，波罗的海三个共和国是根据1940年苏德条约被苏联"非法吞并"的，美国政府从来未予承认。今年3月11日立陶宛最高苏维埃宣布立陶宛脱离苏联"独立"后，布什及其高级助手公开和私下一再表示，如果苏在立陶宛使用武力，将危及美苏关系。这次会谈期间，美国进一步向苏施加压力，贝克把立陶宛问题摆在日程的首位；布什会见谢瓦尔德纳泽时直言不讳地表示，如果在立陶宛进行镇压，将危及既定的最高级会谈。美参院两党领袖米切尔和多尔还前往苏联大使馆会见谢瓦尔德纳泽，向他表明国会议员的"强硬"立场。

苏联政府一再声明，立陶宛问题纯属苏联内政，苏联政府将采取它认为必要的任何措施,并表示将在苏联宪法的范围内同立陶宛领导人通过对话解决问题。苏外交部发言人在接受美国有线电视新闻网记者采访时说,苏联是个联盟,立陶宛属于这个联盟。他指出,世界上许多国家有分离主义问题,法国有科西嘉,西班牙有巴斯克,印度、尼日利亚和菲律宾也有类似问题,没有哪个国家喜欢分离主义。谢瓦尔德纳泽同布什会见后对记者说:"我们不回避讨论这个问题,因为我们对立陶宛人民问心无愧,对我国全体人民问心无愧。我们准备在任何情况下同任何人讨论这个问题。"

第二个障碍是,限制战略武器谈判中的空基和海基巡航导弹问题。贝克在记者招待会上说,双方未能就这个问题达成一致,不得不继续讨论。谢瓦尔德纳泽说,限制战略武器谈判中的分歧涉及到苏联的安全利益,希望双方能找到"妥协办法"。

空基、海基巡航导弹问题多年来一直是限制战略武器谈判最困难的问题之一。2月苏美莫斯科会谈发表的联合声明说,关于海基巡航导弹,双方取得"良好进展",同意在与《限制战略武器条约》平行的有政治约束力的宣言中处理这一问题,具体问题由双方谈判代表在日内瓦进行讨论。《华盛顿邮报》援引美国高级官员的话说,在这次会谈中,苏方立场"明显倒退"。现在距美苏最高级会谈只有一个多月,双方对届时能否突破这一障碍都感到信心不足。

第三是德国统一后的政治和军事地位问题。美国主张统一后的德国仍应是北约的一员,苏联则主张德国中立。贝克对记者说,谢瓦尔德纳泽私下也承认,德国中立"不是要走的最好途径",但谢瓦尔德纳泽未公开承认有此一说。他在记者招待会上表示,"在会谈中,我们听到了关于把统一的德国纳入北约的论点,但我们未被说服"。他说,苏联主观现存的两个军事政治联盟逐步变成一个新的欧洲安全体系,它将是个非集团的集体结构,未来的德国和其他国家都纳入这个结构。在这之前,可尝试让统一的德国保留双重身份——既是北约成员又是华约成员。

(新华社华盛顿电,原载《瞭望》周刊,1990年4月16日。)

美英"特殊关系"面临考验

英国首相撒切尔夫人和美国总统布什4月13日在北大西洋西部的百慕大首府哈密尔顿举行会晤。双方就欧洲当前形势以及东西方关系等问题广泛交换了意见。会后白宫发言人说，双方在所有问题上表示了"相互支持"的态度。

这次美英最高级会谈是在欧洲形势，特别是东欧局势发生剧烈变化、美英传统的"特殊关系"面临考验的背景下举行的。

百慕大虽然是个只有53.3平方公里的弹丸之地，但是在国际事务中，人们对它并不陌生。它是美英"特殊关系"的见证人：前几任英国首相同当时的美国总统——丘吉尔同艾森豪威尔、麦克米伦同肯尼迪、希思同尼克松都曾在那里会晤，并都享受过白云蓝天和百花斗艳的海岛风光的恩惠。然而，世事沧桑，时移势易。战后以来美英双方保持的"特殊关系"今天变得越来越不和谐了。

尽管撒切尔夫人在会谈后表示双方"差不多在所有问题上的看法是一致的"，但是，观察家们注意到，两国对一些重要问题持有不同看法。在德国统一问题上，撒切尔夫人虽主张统一后的德国应作为正式成员继续留在北约，但她仍持一定保留态度。她一再告诫在此问题上要谨慎行事，反对操之过急，主张在确保现在欧洲边界不可更改和对未来欧洲安全作出安排的前提下逐步实现德国统一。布什政府去年12月曾同意英、法反对联邦德国总理科尔急于统一的立场，今年科尔访美后又转而积极支持德国统一进程，在渥太华北约和华约外长会议上提出了"二加四"倡议。

——在欧洲统一问题上，撒切尔夫人反对欧洲加速实现一体化。去年在欧共体12国首脑会议上，只有英国对此持反对态度。她最近表示不赞成科尔提出的要在4月28日举行的都柏林欧共体首脑会议上推动欧洲政治统一的想法。她说："我们已经进行广泛的政治合作,眼下最好是维持现状。"而布什去年12月在布鲁塞尔向盟国领导人通报美苏马耳他会晤情况时,呼吁支持欧共体"加紧努力"实现一体化。这番表态引起英美舆论界大哗,认为是有意拆撒切尔夫人的墙脚。美国国务卿贝克随后出访欧洲,第一站在伦敦落脚,当面向撒切尔夫人解释说,人们对布什讲话产生误解,并不表明美英在彼此疏远。但是布什政府的一位高级官员表示,在关于加强欧洲政治和安全一体化的问题上,华盛顿希望伦敦更积极一些。

——在对苏关系,特别是立陶宛问题上,撒切尔夫人一向主张支持苏联改革成功,3月11日立陶宛最高苏维埃宣布立陶宛脱离苏联"独立"后,她是西方领导人中第一个同戈尔巴乔夫通电话,讨论立陶宛局势的。她认为,1975年赫尔辛基协议事实上承认了立陶宛和波罗的海其他共和国合并到苏联,因为协议承认战后边界。美国白宫发言人菲茨沃特就撒切尔夫人的讲话表示,不管英国人怎么说,"我们的政策是,我们从来不承认这些共和国合并到苏联"。

——在北爱尔兰问题上,英国政府反对并打击北爱尔兰分离主义分子的暴力活动。最近美国舆论界不断有人写文章指责英国政府侵犯人权。在美国国会讨论是否每年继续向北爱尔兰提供1.3亿美元经济发展援助时,有的国会议员批评英国政府在使用援款时对北爱尔兰天主教徒持歧视态度。上个月,美国国会人权小组举行听证会,讨论北爱尔兰的人权问题。

——在香港越南船民遣返问题上,英国政府按照志愿遣返原则,去年将一批越南船民送回河内。此事受到美国政府和舆论界的激烈攻击,说是侵犯人权。英国政府官员对美国的做法提出批评:美国同意船民到美国定居,结果越南船民大批涌进香港,要去美,美又不同意接受,要求香港就地消化。今年1月底,英国外交大臣赫德访美同贝克会谈,讨论香港越南船民问题,双方立场南辕北辙。国务院发言人塔特怀勒说,"他们同意求同存异"。撒切尔夫人同布什在百慕大会谈结束后在记者招待会上说,她同布什讨论了越南船民问题,香港已经人满为患,无法再收留"非难民越南人"。

路透社在一篇新闻分析中说,美英之间的"特殊关系"可能由于联邦德国在欧洲地位变得突出而僵冷起来。东欧出现的政治动荡和关于德国统一问题的过论,必然会使美国把战略重点集中在德国问题上。

(新华社华盛顿电,原载《瞭望》周刊,1990年18期。)

美德首脑会谈与欧洲前途

美国总统布什和联邦德国总理科尔1990年5月17日在华盛顿举行了今年以来两人的第二次会晤,就德国统一和东西方一系列其他问题进行了磋商。在当天下午会谈结束举行的告别仪式上,他们宣读了各自的声明。双方一致同意:

一、统一后的德国成为北约的正式成员,包括参加其军事一体化机构;

二、统一后的德国享有完全主权,由两个德国和美、苏、英、法四国参加的"二加四"会议,应当在德国统一时结束二次大战后作为战胜国拥有的权力和责任;

三、美国军事力量应当继积驻扎在统一后的德国和欧洲其他地方,以便继续"促进稳定和安全";

四、今年7月在伦敦举行的北约首脑会议,将讨论北约在"新欧洲"能够起的政治作用问题。

此间分析家认为,这次美德首脑会谈,无论是对华盛顿还是对波恩,都具有十分重要的意义。对于波恩来说,当前压倒一切的任务是商讨两德统一事宜。科尔的基督教民主联盟不久前在北莱因——威斯特法伦和下萨克森两州选举失利。科尔随后于5月14日首次提出全德选举可能提前在今年年底前举行,而反对党社会民主党反对匆忙行事。显然,在这种情况下,科尔希望通过这次会谈在加快德国统一步伐问题上得到美国的支持。美国则着眼于5月底美苏首脑会谈和讨论欧洲前途的北约首脑会议。德国统一问题将是布什和戈尔巴乔夫会谈的主要议题之一。美国主张统一的德国成为北约成员,苏联主张德国中立。布什已先后同加拿大总理马尔罗尼、英国首相撒切尔夫人和法国总统密特朗等盟国领导人磋商,旨在加强谈判中的地位。

去年下半年以来，随着东欧形势的剧变，欧洲各种力量在错综复杂的利害矛盾中进行新的分化和组合。各国展开频繁的外交活动，筹划符合自身利益的新欧洲安全结构。美国从其全球战略出发，极力维系对欧洲的"领导作用"；而要继续起支配作用，则必须加强北约。去年底，布什政府为此提出"新大西洋主义"，强调北约是构成欧洲安全的关键军事部分，欧洲共同体是欧洲的经济支柱，欧安会是东西方合作的最重要论坛。

但是，欧洲一些中立和中小国家主张欧安会成伪新欧洲安全结构的基石。它们认为，欧安会有35个国家参加，囊括两个军事集团成员，肩负"四个篮子"任务——欧洲安全、经济合作、人员与文化交流和欧安会续会。它们提议，欧安会应加强机构建设，先设秘书处，经过一系列会议后演进为一个永久性组织。联邦德国外长根舍认为，"加强欧安会进程的努力对促进欧洲稳定是不可缺少的"。他建议在欧安会下面设立一系列安全机构。他赞成统一的德国继续成为北约成员，但他预言北约总有一天将不再必要，特别是欧洲可以在机构化的欧安会旗帜下同美国挂钩。苏联外长谢瓦尔德纳泽多次表示赞成根舍关于加强欧安会的建议，主张经过一个过渡期，统一的德国和所有欧洲国家都纳入一种新的全欧安全体系当中。

法国虽然支持美国在欧洲的存在，但对美国"新大西洋主义"加强北约的主张也持有异议。密特朗总统提出欧共体在1992年底实行经济一体化的同时，实现外交和安全一体化。他的这一主张得到欧共体大多数成员国的赞同。

美国关于加强北约的立场得到英国的支持，但英国不赞成贬低欧安会的地位。美国由于国力衰退和世界多极化潮流的衡击，显然对欧洲群雄并起、各行其是的倾向感到不安。它争取英国和加拿大的支持，极力反对抬高欧安会的地位和用欧安会取代北约的主张。

科尔在同布什会谈后，表示赞成美国通过增强北约和欧安会的政治作用及加强与欧共体的关系来继续保持美国在欧洲的存在。

（新华社华盛顿电，原载《瞭望》周刊，1990年5月28日。）

首脑会晤前的美苏关系

苏联主席戈尔巴乔夫将于5月30日到6月3日对美国进行国事访问,同布什总统举行两位领导人之间的第二次会晤。

从去年12月布什和戈尔巴乔夫在地中海会晤以来,美苏关系有所发展。双方在战略武器、欧洲常规力量、化学武器和禁止核试验等方面的谈判都有不同程度的进展;在双边合作方面,双方贸易代表经过4轮谈判,已基本达成协议。由于美国的首肯,关贸总协定已接纳苏联为观察员。在这次会晤期间,布什和戈尔巴乔夫将签署一些有关裁军和双边关系的协议。

尽管如此,评论家们认为,这次会晤所能取得的成果仍将是有限的。削减战略武器谈判仍有一些具体问题需要解决,据估计,两国总统在这次会晤期间只能就削减战略武器达成原则协议,还不能正式签署一项条约。关于双边贸易协定和最惠国待遇问题,美国国务卿贝克最近已表示,因苏联最高苏维埃迄今未通过"自由移民法",目前也无法解决。

美苏两国领导人在去年地中海会晤后曾多次宣称,"冷战"时代已经结束,当今的世界正进入一个"新时代"。但是事实表明,由于美苏的安全利益和战略目标各异,双方互为对手的基本态势并没有改变。这是两国关系进进退退、困难重重的根本原因。

在美苏地中海首脑会晤后,美苏关系出现了一些新问题。苏联的立陶宛加盟共和国宣布"独立"便是其中之一。苏联强调这是它的内部事务。但美国却借机向苏联施加压力。美国国会甚至通过决议,要求将立陶宛问题同给予苏联最惠国待遇问题挂起钩来。布什政府虽然不希望看到因为立陶宛问题影响美苏关系的大局,但出于种种考虑,也不大可能从支持立陶宛"自决"的立场后退,立陶宛问题给美苏关系蒙上了一层阴影。

今年以来,两个德国加快了统一步伐,统一后的德国的军事、政治地位以及欧洲未来的安全格局问题已成为美苏争论的一个新焦点。美国主张统一后的德国成为北约成员，苏联则表示反对。由于双方在这个问题上互不相让，苏联表示要重新估价从中欧撤出常规力量的规模和速度，美国指责苏联拖后腿。布什28日发表谈话，承认美苏在德国统一和立陶宛问题上的"巨大分歧"将影响这次首脑会晤的气氛。

美苏在谋求缓和的过程中，充满了矛盾和斗争，这反映了两国关系的复杂性以及缓和的局限性。通过这次首脑会晤，双方有可能消除一些分歧或达成一些默契，但两国关系的这种既有妥协合作又相互竞争较量的基本格局仍将会继续下去。

（新华社华盛顿1990年5月29日电。）

冷战后的美苏首脑会谈

苏联总统戈尔巴乔夫和美国总统布什，从5月30日至6月3日在华盛顿举行两人之间的第二次最高级会谈，在裁军和双边关系等方面签署了一系列文件，并着重就德国统一和统一后欧洲格局这一重大问题，进行了讨论和交锋。华盛顿会谈被称为冷战后超级大国的一次重要的高层会议。为报道这一重大国际事件，来自美苏和世界各地的5500多名记者云集美国首都，人数之众，前所未有，成为国际新闻界的又一场大会战。

从马耳他到华盛顿并非坦途

1989年12月初，布什和戈尔巴乔夫到地中海岛国马耳他举行"非正式"会谈。两人相约：今年在美国举行"正式"最高级会谈，签署削减50%战略核武器条约。他们在记者招待会上宣称，鉴于"世界离开冷战进入另一个时代"，美苏应通过对话，从对抗走向合作。但是，美苏关系从马耳他到华盛顿的半年路程，并非是布满鲜花的坦途，固然对抗趋于减少，妥协合作有所发展，但美苏作为拥有最大军事力量的超级大国，眼前安全利益和长远战略目标各异，双方关系的基本态势仍然是互为敌手，美苏关于削减战略武器谈判一波三折，贸易谈判也是坎坷不平。

马耳他会晤后，美苏关系中又出现了一些新的因素。苏联波罗的海沿岸的加盟共和国立陶宛3月11日宣布脱离苏联"独立"，拉脱维亚和爱沙尼亚也起而效尤。莫斯科强调，此事为苏联内政，不容他人干涉。美国借口从未承认立陶宛等并入苏联，一再宣称，支持它们"自决"，对苏联一再施加压力，甚至扬言，苏联政府采取的维护主权的措施可能危及首脑会谈。此事使美苏关系蒙上了一层厚重的阴影。

此外，两个德国由于统一步伐加快，统一后的德国的政治、军事地位，德国统一后欧洲安全结构问题，提上议事日程。此事关系全局，牵涉到美苏和其他欧洲国家安全利益和战略决策。美苏各有自己的主张，双方针锋相对，各不相让。这直接影响美苏会晤的气氛。欧洲向来是美苏争霸的重点。虽然两大军事集团冷战对峙的坚冰开始消融，事实证明：欧洲问题，仍然是美苏关系中的最大障碍。

山穷水尽疑无路

美国国务卿贝克在首脑会谈前夕举行记者招待会，对两位总统能否就举世瞩目的战略武器条约达成协议，含糊其辞。关于美苏贸易协定讲得比较肯定，声称因为苏联最高苏维埃迄未通过自由移民立法，只能暂告阙如。如果事态果真如此发展，则有悖两人初衷。贝克不太乐观的讲话，使各国记者在预测首脑会晤前景时，感到扑朔迷离。根据以往经验，戈氏惯于在首脑会晤的关键时刻提出新建议，这次是否会有这种可能，人们也拿不准。谁也未曾预料到，这次是布什采取了主动，在美苏贸易协定问题上给人们一个意外。

据美国官员透露，4月18日莫斯科卡断对立陶宛的煤气和石油供应后，布什政府向莫斯科发出警告，要求双方进行对话，苏联未予置理，使美苏之间产生一种危机气氛。4月24日，布什召开国家安全委员会会议讨论对策，舆论界普遍认为，布什会宣布对苏联进行经济"制裁"，可是布什并未作出这种宣布。4月30日，布什向戈氏发出一封绝密信函，信中称，在首脑会议期间无法签署美苏贸易协定和向苏联提供最惠国待遇。5月1日，参院以73票对24票通过一项议案，要求布什政府推迟达成美苏贸易协议。5月16日贝克访苏同谢瓦尔德纳泽外长会谈时，又重申美国这一立场。苏联最高苏维埃原定5月31日讨论通过移民法，但是随着首脑会议日期逼近，美国无意同意在首脑会议期间解决贸易问题，苏联最高苏维埃临时从日程上把移民法问题抽掉。布什政府内部在这个问题上看法不尽一致。财政部长布雷迪和商务部长莫斯巴赫，在首脑会议前，联合向布什提交一份备忘录，主张开放绿灯。布什召开内阁会议讨论后仍维持原议，把贸易协定搁置起来。在5月30日戈氏抵达华盛顿前几小时，美国务院把这一决定通知给苏联驻美国大使。

实现苏美贸易关系正常化对苏联改革意义重大。苏美贸易协定是互为最惠国的前提，也是苏联加入世界银行、国际货币基金组织和关贸总协定等国际经济机构的必由之路。31日下午在白宫玫瑰园正式举行欢迎仪式后，戈氏和布什进入椭圆形办公室进行单独会谈伊始，戈氏就明确向布什表示了对苏美贸易协定的兴趣。当晚正式欢迎宴会上，两人私下交谈，戈氏再次提出此事。戈氏代表团成员也向布什政府对口官员游说并暗示，如苏美贸易协定告吹，将影响对美国农场主利益重大的美苏长期粮食协定的签订，苏联将转向其他国家购买粮食。6月1日上午，戈氏在苏联大使馆同美国会两党领袖会谈时说，美国方面在贸易问题作出姿态，不仅对苏联，也对美国商人提供机会，从政治上讲，美方作出这一姿态是"很重要的"。布什在椭圆形办公室自始至终收看CNN的实况转播。布什决定响应戈氏呼吁，同助手磋商并征求国会两党领袖的意见后拍板，决定签约。可是这一决定只是下午在白宫东厅举行签字仪式不久前才通知苏方。

关于削减战略武器谈判，在首脑会议前，两国专家代表团紧张地工作了4天，仍然未取得最后突破，最后经布什和戈氏首肯，贝克和谢瓦尔德纳泽1日下午连续会谈3个小时，原定的签字仪式时间两次推迟，美苏联合声明才总算出笼，而关于战略武器未来谈判的一项联合声明，更匆匆签字，当时甚至都来不及复印联合声明散发给新闻界。

独领风骚的CNN

美国新闻传播事业发达，首脑会议在首都举行，组织委员会工作驾轻就熟，一切似乎都井井有条，效率很高，令人无可挑剔。国际新闻中心安排在乔治·华盛顿大学的杰尔斯·史密斯中心。这里位置适中，离白宫、国务院都不远，交通也便利。白宫新闻处搬到这里办公，苏联新闻处也在这里租了房间。白宫发言人菲茨沃特和苏联总统发言人马斯连尼科夫不定时在这里联合举行"吹风会"和答记者问。史密斯中心实际上是个体育馆，主场上放置几十张长条桌，配备专用电话机，供记者写稿和发稿使用。场地中央是一些大电视台的几十部电视摄像机，对准讲台。采访活动安排同马耳他会晤时类似，也组成若干个小组，每个小组由美苏和第三国记者组成，三方人数大致相等，各种文件和材料统一由组织委员会散发。

这次首脑会议在美国举行，美国新闻界尽享天时、地利、人和的优势，如鱼得水。电视台、电台、报纸、通讯社，八仙过海、各显神通，淋漓尽致地发挥各自的特点。报名采访的5500名记者中，美国记者占4000人，但真正唱大戏的仍然是为数不多的大新闻单位。四大电视网中，美国广播公司（ABC）、哥伦比亚广播公司（CBS）和全国广播公司（NBC），各以其巧妙的节目制作和安排、深邃的背景介绍和采访名家取胜。而有线电视新闻网（CNN），同马耳他美苏首脑会晤时一样，以其24小时新闻节目和尽可能多的现场转播胜人一筹，成为人们从电视中了解和获取首脑会议新闻的第一选择。CNN的头牌主持人伯纳德·肖是个黑人，他谦虚地承认，在魅力方面，他不如CBS的拉瑟、ABC的詹宁斯和NBC的布罗考等大明星，但他认为，新闻本身就是明星，就能赢得观众。CNN这次分兵多路，在白宫、苏联大使馆、国务院、戴维营部署重兵，日以继夜，枕戈待旦。它还在华盛顿纪念碑顶上架设摄像机，用长镜头拍摄戈氏临时决定的户外活动，同时又在戈氏车队经过的路线上"埋伏"小分队，随时进行抓拍。CNN这次的最大贡献是，实况转播了戈氏在苏联使馆同国会两党领袖的会谈，以及戈氏三次在路上突然临时停车，同群众见面交谈的镜头。其他大电视网下属频道虽也报道了这些场面，但在播放时不肯打破常规，而被天气预报等正常节目冲掉。

在不利条件下的拼搏

对于新华社来说，这次首脑会议报道，有利之处是有分社作为大本营，发挥分社人力优势。分社有发稿专线，同总社联系也方便，但新华社正在建设世界性通讯社的过程中，在人力和财力等方面仍然无法同其他一些大通讯社相比。以日本共同社为例，除华盛顿分社10名记者外，又得到驻莫斯科分社两名记者和驻联合国一名记者的支持，他们在史密斯中心二楼租用单独工作间和专线。在新闻采写方面，我们因为是第三国，加上中美、中苏关系的现状，很难得到第一手的消息。

新华社作为社会主义国家的官方通讯社，对超级大国的首脑会谈，在报道上首先要体现新闻报道为外交政策服务的方针，同时考虑建设世界性通讯社为用户服务，那就是迅速、准确和全面地提供新闻。分社内部在报道上进行了分工,有快讯,有详讯,有新闻分析,有综述,一些重大消息的快讯出手,并不亚于四大通讯社。

中国作为一个社会主义大国,在国际事务中的地位和发言权,是客观存在,也是任何力量取消不了的。我们轮流在史密斯中心值班时,不断有各国电视台和电台记者前来采访,了解中国对首脑会议的看法。6月1日布什和戈氏签署《关于进攻性战略武器条约的联合声明》后,分社当晚发回一篇新闻分析《美苏军控谈判的新成果》,总社对外播发后引起国际上的重视。合众社6月2日报道各国反应时说,"中国贬低华盛顿首脑会议的意义"。官方的新华社记者怀成波发自华盛顿的新闻分析认为,"国际形势变幻莫测,任何未知和突发因素都可能影响条约的最后完成。即便到年底能顺利签约,并切实执行,削减的范围和数量也是有限度的。"美国新闻署外国记者中心官员斯科扎说,新华社的反应真快。

这次新华社摄影报道应该说实现了一次突破。由于事先做工作,摄影记者韩居策争取到不少现场采访的机会。尽管设备差,但拍出的照片质量上乘,发回传真16张,10张同时对内对外发稿,国内和香港报纸采用情况都不错,受到香港分社的赞许。

(新华社华盛顿电,原载《中国记者》1990年第7期。)

美苏军控谈判的新成果

美国总统布什和苏联总统戈尔巴乔夫，今天下午在白宫签署了一项《关于进攻性战略武器条约的联合声明》，概述了战略武器谈判近10年来取得的进展，并重申决心在今年年底之前签署条约。

布什和戈尔巴乔夫去年12月在马耳他举行非正式最高级会谈时曾商定，要在这次会晤中就削减50%的战略武器签署一项条约或者一项原则性协议，但是这个计划未能实现。据美国参加战略武器谈判首席代表伯特说，双方已完成条约工作量的97%至98%，还有一些问题需要解决。

联合声明说，条约中达成一致的条款规定，各方已部署的陆基洲际弹道导弹、海基弹道导弹和有关运载工具以及重型轰炸机的总数将削减到1600件，以上三类武器携带的弹头将削减到6000个。削减进程分三个阶段，在7年内完成，并附有严格的核查措施。条约有效期为15年。

战略武器谈判是美苏军控谈判领域最复杂、最困难的一项，对双方的安全利益和战略安排至关重要。谈判从1982年6月开始以来，每前进一步都充满激烈的讨价还价，并多次陷入僵局。到布什上台时，有报道说双方已完成条约工作的90%。但是，近半年多来，双方谈判还是一波三折。两国外长为此举行了多次磋商，使谈判取得了新的进展。但直到最后时刻，双方在一些问题上仍相持不下。原定今天下午5时举行的签字仪式不得不一再推迟。最后经由贝克和谢瓦尔德纳泽亲自过问，才得以达成协议，发表这样一个意向性的声明。

战后40多年来，美苏两个超级大国扩军备战愈演愈烈，核武器越搞越多，严重威胁世界和平和安全。世界各国特别是广大第三世界国家要求超级大国裁军的呼声越来越强烈，形成巨大压力。近年来，由于国际形势的变化，美苏出于经济、外交和战略考虑，也需要在核裁军问题上有所动作。

但是，国际形势变幻莫测，任何未知和突发因素都可能影响条约的最后完成。即便到年底能顺利签约，并切实执行，削减的范围和数量也是有限度的。美联社今天引用一些专家的话说，美苏战略武器谈判初衷是各自削减50%，而按现在的文件，充其量只削减1/3，有人甚至估计仅为10%，因为两家都有一些武器没有计算在裁减范围之内，从而为今后的更新"留有后路"，这就冲淡了条约的军事意义，"其价值可能主要是象征性的"。

在今天的签字仪式上，两位总统还签署了有关化学武器、核试验和欧洲常规裁军等文件。这表明，在新形势下，两个超级大国还是在裁军问题上朝前走。尽管它们裁军的步调和幅度还远不能令世界人民放心、满意，但是这一总的趋势还是值得欢迎的。

（新华社华盛顿1990年6月1日电）

西方七国首脑会议在休斯敦召开

一年一度的西方七大工业国首脑会议定于7月9日在美国得克萨斯州的休斯敦开幕。自去年7月巴黎首脑会议以来，欧洲乃至整个国际局势和东西方关系，都发生了深刻变化。两德迅速走向统一，德国统一后的欧洲格局问题提上议事日程。政治局势的骤变强烈冲击和震撼着欧洲和世界经济体系。这些都给美国、日本、西德、法国、英国、意大利和加拿大七国传统的经济首脑会议注入了新的因素。

休斯敦会议执行主席查尔斯·哈格尔在华盛顿举行的一次吹风会上透露：中欧、东欧和苏联问题将是本届会议讨论的首要问题；西德总理科尔和法国总统密特朗将在会上要求西方各国共同努力，向苏联提供200亿美元的紧急援助。观察家们认为，西德为了在加速两德统一、统一后的德国参加北约问题上取得苏联的谅解，积极主张向苏联提供"马歇尔计划"式的一揽子援助。为此，科尔写信给有关国家领导人，要求在休斯敦会议上讨论这一问题，他6月初访美时，已同布什总统就此交换了意见。法国对东欧和苏联问题一向比较积极。在密特朗的主持下，上届七国首脑会议讨论了向波兰和匈牙利提供援助的问题。事后由法国牵头，组建了资金达120亿美元的欧洲建设和发展银行。6月22日，科尔和密特朗在西德会晤时，呼吁西方尽快地组织研究大规模援助计划，帮助戈尔巴乔夫挽救苏联濒临危机的经济。当天，波恩率先宣布向苏联提供29.8亿美元贷款。接着，6月25日在都柏林举行的欧共体12国首脑会议讨论并决定向苏联提供援助，休斯敦会议也将讨论这一问题。

布什6月20日在阿拉巴马州亨茨维尔举行的记者招待会上，公开挑明了美国同其主要欧洲盟国在援苏问题上的严重分歧。他说，美国无意支持一项七国援苏倡议，但他表示不反对在休斯敦会议上讨论这个问题。布什解释说，"他希望看到佩雷斯托伊卡（改革）继续下去"，但目前存在一些

"难以克服的障碍"，一是苏联还未着手进行市场和分配制度方面的改革；二是苏联仍坚持每年向古巴提供50亿美元援助。英国也主张在苏联实施实质性改革之前采取谨慎态度。日本因同苏联之间存在北方四岛问题，对大规模援助苏联，也有保留。

在援助被西方称为东欧"新兴民主国家"问题上，休斯敦会议可能进一步达成谅解：美国同意由西欧和日本唱主角。美国财长布雷迪不久前在伦敦说，在急需援助东欧"这个历史关键时刻"，"世界缺少资本，政府更穷"，美国"对东欧的主要援助，将局限于对世界银行和国际货币基金组织的捐助上"。6月26日，美国务院发言人透露，七国首脑会议将讨论中国情况和七国集团对中国的制裁问题。日本首相海部28日在记者招待会上表示将在首脑会议上就对华问题积极阐述日本立场。

美国同欧共体在农产品补贴、通货膨胀和环境保护等问题上的争吵，仍将是这次首脑会议的重要内容。不久前在巴黎举行的经济合作和发展组织24国财长会议，未能就推动乌拉圭回合谈判以缩小共同市场同美国在农产品出口问题上的分歧取得突破。美国方面要求，各方应停止对农产品出口的补贴，并称由于共同市场成员国实行大量补贴，使阿根廷、巴西、新西兰、澳大利亚和美国吃了亏。共同市场农业官员则认为，他们无法接受美国的要求，因为如果接受，将使200万到300万农场主受到损失，"在政治上是办不到的"。

在通货膨胀是否是全球性的严重威胁这个问题上，美国和欧共体也意见相左。欧共体方面认为，通货膨胀是各国经济增长和繁荣的主要危险，而美国出于国内政治考虑，反对强调这一问题。

种种迹象表明，休斯敦会议可能虚多实少，某些重大问题议而不决的，将推到1991年伦敦会议上再议；在毒品贸易、反恐怖主义等问题上则将重申意见一致。

（新华社华盛顿电，原载《瞭望》周刊，1990年第28期。）

美国调整海外军事基地网

最近一个时期来，美国政府一直在调整海外军事基地布局：有的关，有的转，有的续约，也有的新建，以适应建立冷战后"世界新秩序"战略的需要。

目前，美国同世界上48个国家和地区订有军事条约，在20多个国家和地区设有约360处军事基地和设施，在43个国家和地区派驻军事使团。9月18日，美国国防部宣布，计划在10个国家44个地方关闭127个军事基地和设施，并对另外23个军事基地和设施的驻军进行缩编。在这127个军事基地和设施中，94个在西德，11个在西班牙，9个在南朝鲜，希腊、意大利、英国和澳大利亚各有3个，日本1个。在23个缩编的军事基地和设施中，14个在西德，3个在南朝鲜，2个在西班牙，意大利、日本、加拿大和百慕大各1个。这项计划从今年10月1日开始的1991财政年度开始执行，其中有的项目则从1992年或更晚的时候着手执行。

据初步分析，这150个军事基地和设施绝大多数是小型设施，如训练营地、军官俱乐部或兵营等。关闭的127个只有3个军事基地，两个在西德：赫赛茨·奥尔登多夫空军基地和林赛空军基地。另一个是在西班牙的托雷洪空军基地，关闭该基地实际上是美国海外驻军在北约范围内的一次调防。根据1982年签署的友好合作和防务协议，美国在西班牙设有4个军事基地，驻军1万余人。迫于西班牙人民的要求，西班牙政府1988年1月下令，部署在首都马德里附近托雷洪空军基地的美国401战术空军部队的72架F-16战斗机和4000名官兵离开西班牙。由于美国方面坚持要保留这些飞机以保卫北约南翼，经过北约内部协商，意大利同意在其克罗托内建立新设施接纳这些美军和飞机。

150个军事基地和设施绝大多数集中在欧洲，特别是西德。这同正在维也纳举行的北约和华约23国关于欧洲常规力量谈判的宗旨是一致的。根据今年2月渥太华会议双方达成的协议，美苏两国在中欧的地面部队将压缩到各19.5万人。目前美国在欧洲驻军达32万人。

此外，美国军方迫于国会要求削减军费的巨大压力，决定进行适当压缩。今年2月，美国防部长切尼已宣布关闭在国内的25个军事基地，并对另外20多个设施的驻军进行缩编，以适应苏联军事威胁减少的新形势。

美国在第二次世界大战后建立全球基地网，主要是为了遏制苏联，称霸世界，也是为了镇压战后风起云涌的民族解放运动，维护美国的新殖民主义利益。随着东欧和苏联国内形势的变化，欧洲两大集团冷战对峙局面的结束，美国决策者认为，美国已赢得冷战，并成为世界上唯一的超级大国。美国领导人最近在讲话中表明，为了建立冷战后"世界新秩序"，美国必须保持"军事上的强大和活力"，显然目前无意从根本上改变美国在欧洲、亚太地区以及世界其他地区的军事存在，也就是说，要继续充当世界警察的角色。在欧洲，根据美国提出的"新大西洋主义"，由美国牵头的北约将继续存在，并根据新时期的特点作出相应调整，在运筹和建立欧洲新安全结构中仍起"关键"作用。

伊拉克8月2日入侵科威特，成为美国建立冷战后"世界新秩序"构想的催化剂。据美国《时代》周刊报道，美国一些战略分析家在解释这一构想时认为：未来世界不是在东西方之间划线，而是在南北之间划线；未来的分裂将是经济性的，不是社会主义同资本主义之间，而是穷国同富国之间，未来几年中更可能发生的是地区性动乱，超级大国和西方国家可以联手在第三世界"维持秩序"。美国总统布什不久前在国会参众两院联席会议上说，为了建立"世界新秩序"，美国同苏联以及欧洲盟国可以建立共同"伙伴关系"。美国国务卿贝克在国会作证时也明确说，美国派兵进驻沙特阿拉伯，不只是为了每加仑汽油涨几毛钱的问题，从长远看是为了建立冷战后的国际新秩序。他还表示，美军要在中东长期驻留，建立"地区安全结构"。据报道，到9月底，美国派到沙特、阿曼和阿联酋的兵员已超过16.5万人，军事部署完成时总兵力可能高达25万人。美国在海湾、阿拉伯海和东地中海的军舰总数约为50艘，包括3艘航空母舰。美国多年来梦寐以求的是在海湾阿拉伯世界建立永久性基地。贝克和美国军方领导人的讲话，在阿拉伯国家引起很大不安。贝克后来访问叙利亚时放低调门声称，美国无意为了建立中东"地区安全结构"而在这一地区"保持永久性地面军事存在"。但据消息灵通的《华尔街日报》报道，五角大楼高级官员正在悄悄地制订一项计划，确定海湾危机结束后美军在海湾长期留驻。据报道，在沙特阿拉伯美国陆军打算长驻一个重型机械化旅及其支援部队，约7000至8000人，并保留可供3.5万至4万兵员使用的军火；空军希望在阿曼、阿联酋和科威特保留永久基地，海军陆战队要求在中东的浮动武器库储存坦克和其他兵器。沙特官员透露，美方就这一计划非正式地同他们打过招呼。

最近几年来，在亚太和拉美地区建有美国基地的国家和地区，如菲律宾、巴拿马、南朝鲜和日本等，人民要求撤走美国驻军和基地的呼声日益高涨，美国的处境越来越困难，但仍千方百计赖着不走。在菲律宾，1987年经公民投票通过的菲律宾新宪法规定，除非再订新约，否则1991年9月不再允许外国基地存在。最近美菲双方在马尼拉举行谈判，美国代表要求给予10年过渡期，企图延续美国军事基地的存在。在巴拿马，美国为了长期占有巴拿马运河，不惜军事入侵该国。

（新华社华盛顿电，原载《瞭望》周刊，1990年10月8日。）

亚科卡能否再挽狂澜

10年前，位居美国汽车工业第三把交椅的克莱斯勒汽车公司，濒临破产边缘。在此危难之时接手董事长的李·亚科卡，以惊人的魄力，力挽狂澜，在当代美国工业界创造了一个奇迹。可是，10年过去了，克莱斯勒公司又面临着一场新的危机，亚科卡能否再挽狂澜，重振雄威，成为美国舆论界的一个热门话题。

克莱斯勒公司目前的形势是严峻的，最突出的问题是市场萎缩，利润下降，股价暴泻。今年前9个月，小汽车和卡车在本国销量比去年下降17%，估计次于日本的丰田和本田以及美国的通用和福特，排行老五；利润从1984年的20多亿美元逐年递减，去年第四季度国内销售就亏损6.4亿美元，靠海外销售和其他经营收入，才使全公司勉强逃离赤字关，盈利仅为两亿多美元。股票价格跌风不止，在去年一年内就跌了一半，在16美元一股上下波动，比3年前处于巅峰时的48美元一股，锐减达2/3。今年6月中旬又跌到12美元。如果有人肯出28亿美元就可将克莱斯勒所有股票买下，从而接管这个在美国名列第八位的大工业企业。而美国10大公司之中，没有哪一家的股票价值总额低于168亿美元。最近，公司一级的高级经理纷纷辞职，包括亚科卡的接班人副董事长格林沃尔德。下属企业的中上层管理人才外流更严重。今年第一季度，白领雇员辞职另谋出路者为正常情况下的3倍。

亚科卡为了扭转颓势，亲自出马，周游全国，开展一个唤起美国人的爱国主义热情，从买日本车转向买美国车的题为《优越：克莱斯勒》的广告宣传运动。他在美国广播公司电视网《早安，美国》专题节目中，苦口婆心地劝美国人在美国车和日本车之间作出选择。他说，美国人形成一种成见，认为美国车不如日本车。他呼吁"为了国家利益，必须改变这种想法"。他在广告宣传中还呼吁政府对日本进行严厉制裁，以便缓解美日贸易赤字；除非美国也像日本那样采取保护主义，否则美国汽车工业将萎缩。亚科卡满以为他的号召会得到积极响应，可是事与愿违。美国《汽车与司机》杂志专栏作家布家罗克·耶茨说，亚科卡的整个立场——美国公众有自卑情绪，不知道孰好孰坏，是一派胡说，他的讲话是对自己丧失信心的表现。《纽约时报》和《华尔街日报》也都认为，这种电视宣传是下策。代表9700家专营进口车的汽车销售商组织——美国国际汽车商协会，指责亚科卡的讲话，强调美国人对汽车质量的了解胜过克莱斯勒的自夸。美国生产机床的厂家对亚科卡的批评更尖锐，指出亚科卡大谈爱国主义，却购买日本的金属冲压机，而不用美国产品，这是一种虚伪。

　　亚科卡为何出此"奇招"？这要追溯到20世纪80年代初。1982年，美国刚刚从70年代衰退中解脱出来，开始重整旗鼓，朝野上下都渴望激励压抑已久的爱国热潮，而最好的办法是找到一个凝聚人心、富有象征意义的大计划。当时，成功地引导克莱斯勒走出低谷并开始蒸蒸日上的亚科卡，已成为举国瞩目的风云人物。他是意大利后裔，精力充沛，自信过人，在父母一代通过纽约艾利斯岛海关踏上美国土地，成为新移民。亚科卡认为，如果能号召全国，以私人和工商界之力，筹办自由女神像百年庆典和重修艾利斯岛原貌建立移民博物馆，一定可以激发美国人对梦想的追求和信心的坚持。亚科卡的想法一经公开，一呼百应，立刻得到全国的响应。重振移民艰苦创业精神的呼唤，产生了无比的吸引力。亚科卡很快募集到3.45亿美元，重修自由女神像。1986年自由女神像百年庆典轰轰烈烈，庆祝活动长达一个星期，耗资巨大，超支1000万美元，把美国人的爱国主义热情极大地激发起来。耗资1.5亿美元的艾利斯岛移民博物馆，也于1990年9月10日开放。这期间，亚科卡的个人声誉也达到了顶峰。1987年，标榜成功的《亚科卡自传》高居全美畅销书的首位，不久第二本自传问世。亚科卡为报业辛迪加专栏撰稿，新闻记者采访不绝于途。亚科卡以近200万美元的年薪一举成为富翁，购置一座意大利别墅，并娶了一位漂亮的空中小姐。亚科卡的批评者认为，亚科卡沉湎于社交和自我陶醉之中，如何有余力治理公司，而这恰恰是目前问题的根源。美国联合汽车工会主席、亚科卡的崇拜者道格拉斯·弗雷泽直言不讳地说，"李必须开始断绝同公司的关系。公司必须更多面向生产，而不是面向李·亚科卡"。

　　但是，这位今年66岁的企业家宣布要继续干下去，在1991年底前不会退休，并发誓要使克莱斯勒公司摆脱困境，东山再起。最后他坦率承认，对公司的问题他有责任，"我在这里承认自己的过失"和走入"迷途"。他认为，他的大过失是推行经营多样化，摊子铺得太大，由于兴办湾流航空公司和建立国防生产项目，致使主要生产新型汽车的任务，疏于管理和缺少资金，另外在公司管理结构上形成头重脚轻，上层机构臃肿，使生产成本骤增。他宣布，公司上下目前要解决的问题的焦点，一是降低成本，二是向市场推出新车。

关于节流，公司决定明年6月底之前实行压缩费用25亿美元的目标，为此已决定出售湾流航空公司和国防工厂，计划出售和出租正在兴建中的位于底特律郊区的综合性技术中心的设施，可望筹款8亿美元，明年关闭圣路易斯的一个组装厂，并准备在全公司系统裁减冗员、取消奖金和砍掉原来由公司报销的订阅费。关于开源，将在今年第四季度投放市场两种1991年新车，它们都配备安全气囊。克莱斯勒同日本三菱公司合作生产的道奇牌赛车也将投放市场。一种外型优美的新型切诺基吉普预计1992年年初生产，另一种流线型中型轿车将于1992年秋季面世。公司还决定开拓海外市场，争取到1995年每年出口20万辆小汽车和卡车。另外，克莱斯勒公司在继续加强同三菱公司合作的同时，也将探询同菲亚特等外国公司合作生产新车的可能性。

钢铁、汽车和建筑，向来被称为美国工业的三大支柱。但70年代以来，三大工业普遍呈现不景气状态。克莱斯勒公司面临的困难，实际上是美国汽车工业的缩影。现在人们对亚科卡感到失望，更多是出于眼前利益，而行家们指出，克莱斯勒的现状同1978年亚科卡接手时相比有利条件要多得多，但是，一个难以逆料的十分不利的因素，即美国经济经过80年代的景气，开始在低速增长和衰退之间徘徊，而海湾危机又给脆弱的美国经济投下了一个沉重的巨大阴影。如果海湾危机引起整个美国经济衰退，亚科卡纵有扭转乾坤之志，怕也难有回天之术了。

（新华社华盛顿电，原载《瞭望》周刊，1990年10月15日。）

美苏经济合作走小步

一年前，布什和戈尔巴乔夫在马耳他会晤时宣布，美苏两个超级大国结束了冷战时代的对抗，迈向新时代的合作。为此，布什保证要加强美苏经济合作，帮助戈尔巴乔夫的改革取得成功。可是，弹指一年间，美苏经济合作进展不大，虚多实少。美国《商业日报》最近在一篇新闻分析中认为，目前美苏贸易"微不足道"，两国贸易关系改善的速度"犹如海龟爬行"。

戈尔巴乔夫改革的一个战略目标，是参与国际经济体系，加入世界银行、国际货币基金组织以及关税及贸易总协定。由于美国的认可，总部设在日内瓦的关贸总协定已经接纳苏联为观察员。世界银行和国际货币基金组织也给予苏联"特邀代表"资格，苏联出席了9月在华盛顿举行的两机构年会。两机构表示愿意向苏联提供"技术性援助"和帮助训练人才。世界银行行长康纳布尔最近也应邀去苏联访问。在贸易方面，美苏官员经过多轮谈判，终于达成了一揽子贸易协定，成为5月底6月初华盛顿最高级会晤最突出的成果之一。由于美国海关援引国会杰克逊—瓦尼克修正案，对苏联商品征收高关税，两国贸易几十年来，一直处于低水平，去年总额仅为50亿美元，主要是苏联向美国购买粮食。如果美苏贸易协定付诸实施，双方互享最惠国待遇，贸易额3年内可望达到100亿到150亿美元。在两国政府的支持下，美国工商界在苏联开设200多家合资企业。今年9月，布什在芬兰赫尔辛基同戈尔巴乔夫会晤时表示，鉴于苏联在海湾危机问题上同美国合作，美国愿意加快两国经济合作的步伐。随后，商务部长莫斯巴赫率领的由16名工商巨头组成的代表团访问了苏联，双方达成用美国技术换取苏联石油的协议。

苏联本想以东西方缓和为契机，在军控谈判、德国统一和地区冲突等问题上一再向美国让步，以期得到西方的经济和财政援助，渡过难关。可是在实质性合作方面，美国不肯轻易开绿灯。在7月休斯敦西方七国首脑会议上，布什断然拒绝法国总统密特朗和德国总理科尔提出的向苏联提供150亿美元紧急援助的倡议。美国反对新成立的欧洲建设和发展银行向苏联提供超过苏联股份份额的贷款，甚至威胁说，美国将退出这家欧共体倡议组建的银行。美国还同英国协调，否决了美英两家财团打算投资兴建一条从日本开始横跨西伯利亚抵达西欧的光纤电话工程计划。在巴黎统筹委员会开放向苏联出口高技术产品方面，美国尽管受到其他成员国的压力，仍步步为营，迟迟不肯作出决定。美国国家安全委员会，10月初先同意对苏解除8大项中6项的禁令，电脑和电信器材暂不放行；10月24日又宣布，一般电脑可以解禁，大容量超级电脑和电信器材仍卡住不放。

美国官员声称，美苏经济合作之所以难有突破，根本原因在于苏联立法机构一直未通过自由移民法。因此，美国国会不可能批准美苏贸易协定，也就无法给予苏联最惠国待遇。其实，在美国国内，不少农场主和工业出口商一直在国会和白宫进行游说，要求尽快批准贸易协定，不要等苏联通过移民法，因为西欧国家和加拿大都在竞相争夺苏联市场。杰克逊—瓦尼克修正案的两个起草人之一，前众议员查尔斯·瓦尼克认为，修正案不要求苏联非通过移民法不可，目前国会完全可以批准美苏贸易协定。但是布什政府毫不让步。分析家们认为，两个超级大国的经济关系，归根结底仍受政治支配，为战略和安全利益所左右。

首先，从根本上讲，苏联在军事上终究是超级大国，美国当然不希望苏联经济强大，与美国抗衡。关于最惠国待遇问题，国务卿贝克在记者招待会上谈到对情况类似的国家采取"双重标准"时，直言不讳地说，那是因为苏联洲际弹道导弹仍瞄准着美国，别的国家没有这样做。日内瓦战略武器谈判美国首席代表伯特最近在《华盛顿邮报》著文强调，尽管苏联目前面临空前的经济困难，但苏联战略核计划却意外地强劲。"很难想象，仍然是核对头的两个国家会合作共建国际新秩序"。戈尔巴乔夫军事顾问阿林罗梅耶夫元帅最近在美国《国防新闻》周刊发表文章认为，冷战的痕迹在西方犹存，美国仍然对苏联实行实力政策，在一系列问题上"损害苏联的国家利益"。

其次，在美国最高决策层，越来越多的人对戈尔巴乔夫的改革的前景已不抱多大希望，而显得对俄罗斯领导人叶利钦等各加盟共和国的激进改革派越来越感兴趣。美国舆论界公开提出美国到底应同谁打交道的问题。美国前国家安全事务顾问布热津斯基声称,西方必须认识到,克里姆林宫的决策权力正在崩溃。

布什和戈尔巴乔夫11月19日至21日在巴黎参加欧安会首脑会议期间,将举行今年第三次会晤,据悉,有可能讨论两个经济关系问题,包括今冬向苏联提供紧急食品援助问题。在经济合作问题上,如美国在最惠国待遇问题上仍坚持原议,双方年内恐怕很难有大的作为。原因是,据报道,在苏联最高苏维埃的议事日程上,移民法问题排在第二十八项。原定11月3日讨论,后又推迟。即便移民法能在年内通过,美国第一百零一届国会已经休会,也要等明年1月初下届国会复会后才有可能讨论美苏贸易协定和与此有关的最惠国待遇问题。

(新华社华盛顿电,原载《瞭望》周刊,1990年12月3日。)

中美关系中的一次重要访问

中国外长钱其琛应美国国务卿贝克的邀请，11月30日和12月1日访问了美国。访问期间，钱外长同美国总统布什和国务卿贝克就海湾局势和中美关系问题进行了会谈，并同商务部长莫斯巴赫、参议院共和党领袖多尔以及一些国会议员举行了会晤。钱外长在访问结束前举行的记者招待会上说，他认为，由于中美之间一段时间中断了高级来往，"这次访问在中美关系中是个有重要意义的事件"。

这次访问的一个重要成果，就是双方就进一步恢复和发展中美关系达成了共识。布什总统说，美中关系有"许多积极和非常重要的方面"，邀请钱其琛访问的一个目的是"减少分歧"，以有助于美中关系的改善；钱外长认为，通过这次访问，增加了相互了解，两国间行将有更多联系和访问。

中国和美国是太平洋两岸的大国，又都是安理会常任理事国，在世界和地区问题上有许多并行不悖的利益。中美合作对维护亚太地区和世界和平具有重要意义。就海湾危机而言，钱其琛11月访问巴格达，是最近安理会5个常任理事国和安理会15个成员国中同伊拉克总统萨达姆·侯赛因会晤的唯一外长。钱其琛对伊拉克的访问结果对美国决定派贝克访伊无疑是一个"积极事态"。从经济上来说，美国是发达国家中的大国，中国是拥有11亿人口的发展中的大国，中国的改革开放政策为两国经贸互利合作开辟了广阔的天地。

中美建交以来，两国经济、贸易和技术合作关系有了很大发展，这对两国人民都是有利的。但1989年后两国关系出现了困难和挫折，政治、经济和文化合作也受到了阻碍。但这并未能阻挡中国前进的脚步。一年多来，中国国内政治和社会稳定，经济上经过调整正逐步发展，在外交上取得了一系列引人注目的成就，包括同沙特阿拉伯、新加坡建交，同印尼复交。

随着时间的推移，美国和西方其他国家的有识之士越来越意识到，对中国的制裁实际上是一把双刃剑，同时也损害了他们自身的利益。美国前国防部长温伯格公开表示，美国对中国的制裁是个错误。今夏以来，西方国家纷纷酝酿解除对中国的制裁，欧洲国家、澳大利亚、加拿大和日本的下野政要和在职官员纷纷访华。日本政府在7月休斯敦西方七国首脑会议上，率先宣布恢复对中国的第三期日元贷款。不久前，欧洲共同体正式宣布恢复同中国的经济关系。在西方对华制裁方面始作俑者的美国如不采取行动，将面临把自己孤立起来的尴尬局面。

在中美双方的共同努力下，最近几个月来，两国交往有所增加，钱其琛同贝克已先后在巴黎、开罗和联合国进行了5次会晤。中国上海市长朱镕基访美，为开发浦东地区同美国财界进行了广泛接触。中国原航天部副部长孙家栋就卫星出口问题多次访美。上海交响乐团进行巡回演出，在纽约等城市受到热烈欢迎。中国人大常务委员会委员、前外贸部副部长王润生率大型中国采购团在美国各地签订了一系列贸易合同，并同副国务卿伊格尔博格讨论了两国贸易问题。继钱外长之后，中国经贸部副部长谷永江应美国商务部邀请，目前正在华盛顿访问。中国方面也接待了不少美国客人，包括由众议员迈克尔·奥克利斯率领的美国国会众议员代表团，同李鹏总理等中国领导人就中美关系等问题进行了广泛交谈。

中美两国社会制度不同，文化传统各异，但这并不妨碍两国在和平共处五项原则基础上发展关系，关键是相互了解、相互尊重。在钱外长访问期间，美国方面表示，人权问题是美国外交政策的基石之一。钱外长指出，对中国来说，外交政策的基石是独立自主的和平外交政策，所谓人权问题纯属中国内政，但钱外长也表示，在所谓中国人权问题上，两国之间可能缺少某种了解。为此，中国方面欢迎美国国务院负责人权事务的助理国务卿希夫特访华，以便增加相互了解。这表明了中国对发展中美关系的诚意。

应当看到，美国总有那么一些人对站起来的中国人民走自己的路感到不舒服，也有人出于国内政治和党派之争的需要，不时借所谓中国问题作文章，影响两国增进关系的气氛。凡此种种，显然是不明智的。李鹏在同美国议员代表团谈话时表示，希望美国国会议员和其他各界人士能够从中美关系的大局出发，继续为恢复和发展两国关系作出努力。

（新华社华盛顿电，原载《瞭望》周刊，1990年12月10日。）

美国有线电视蓬勃发展

电视在美国，是人们生活不可或缺的一部分。但作为发端的无线电视，由于覆盖面的限制，无法普及到全国所有寻常百姓家；而在大都会，由于林立的高楼对无线讯号的阻隔，收视效果大打折扣。有线电视正是以弥补无线电视缺陷的面目出现，差不多从60年代开始，投入大量资金，铺设电缆网路，到80年代已经密布各地，全国85%的家庭，只要愿意，便可接上有线电视。原来人们担心，有线电视的出现会与无线电视形成电子媒体间的"自相残杀"。事实上，这种情况并未发生。研究结果发现，装有线电视的家庭多半不曾少看无线电视节目，而是多出了看有线电视的时间。

有线电视发展走过了一条漫长的道路。直到80年代初，美国广播公司、哥伦比亚广播公司和全国广播公司三大电视网仍囊括全国黄金时间92%的收视率，剩下的8%才是有线电视、公共电视和地区性独立电视台生存的空间。然而，不过10年时间，有线电视从一个无足轻重的小角色迅速发展，令人刮目相看。订户从70年代初期不到500万户，到1989年底已经超过5256万户，家庭普及率从7.5%，增长到57%，估计到1992年将达65%。目前的有线电视系统平均拥有36个频道，部分地区如匹兹堡多达50个。全国有线电视网共124个，比10年前增加将近100个。有线电视网的广告收入由6000万美元增加到19亿美元，虽同三大电视网的93亿美元相差还远，但追赶的速度已属惊人。

1980年6月1日建立的"有线电视新闻网"（CNN）在有线新闻电视发展中被称为奇迹。创立伊始，没有多少人认为这家别出心裁的24小时新闻频道能行得通，当时甚至被戏称为"鸡汤面电视网"，意为上不了电视业的"大宴席"。没料到现在它已进入5500万户美国家庭，全世界有89个国家都收看它的新闻报道及评论节目，成为电视新闻报道的佼佼者。不久前，有线电视新闻网成了华盛顿政界和新闻界了解布什总统同苏联总统戈尔巴乔夫在华盛顿举行的最高级会谈和最近海湾危机新闻的第一选择。这家有线电视新闻网打破传统，完整地转播重要政治演说、辩论、深入讨论新闻背景、连续追踪事件发展，并且推出各式新闻评论，打破了许多人对电视新闻只能浮泛而论的批评，使它成为一个世界性的媒体。

转播各种公共事务的"有线卫星公共事务新闻电视网"，近年来颇受瞩目。这个频道专门报道国会参众两院及其他政府机构的现场听证会和辩论，还有观众电话参与讨论公共事务等节目。高居有线电视订户榜首的是以体育运动节目为主的"娱乐与体育电视网"，也是有线电视网中第一个制作运动节目的全国性频道。由于早期体育频道被禁止转播主要的运动项目，以免抢了无线电视台的观众，这家有线娱乐和体育电视网，于是改而提供三大电视网不易见到的体育竞技项目，尤其是次级的职业比赛或大学比赛。美国观众果然也证明他们对体育节目的胃口很大，至今共有9个全国性有线电视频道专门或部分时间播映体育节目，照样有人收看。其他如儿童频道、科学或教育频道都很受欢迎。另外，有线电视还包括气象预报、节目预告、购物指南、分类广告、社区公告等服务；少数民族也可以通过有线电视拥有自己的频道和节目。

随着有线电视事业的蓬勃发展，近年来也如同无线电视一样，不可避免地从竞争、集中走向企业垄断。现今美国有五大有线电视集团，占有47%的订户，最大的"电信传播公司"的基本订户有460万，占22%。合并之后的"时代-华纳传播公司"次之，占12%。自从国会1984年通过《有线电视传播政策法案》后，有线电视脱离地方政府的控制，可以自行确定收费标准。这一来，1986年至1988年间，有线电视每月收费平均从11.09美元调升到14.45美元。1990年上升到17美元到19美元之间，涨幅在30%~40%，有些州如北卡罗莱纳和田纳西，涨幅在六七成，甚至一倍以上。一个时期以来，许多订户还抱怨收视情况质量下降，出现画面跳动、模糊不清或突然中断。在广大用户的要求下，今年参议院商业委员会通过了一项《1990年有线电视消费者保护法案》(草案)。全国有线电视协会也敦促会员，改善对客户的服务和提高效率。

在有线电视大发展的这些年，卫星转播电视也随之崭露头角，逐渐对有线电视市场形成威胁，尤其是新成立的一家"空中有线电视"，由四大企业联合组成，财大气粗，扬言在三年内提供108个频道以满足形形色色观众的需要。这种卫星转播电视，装设碟形接收天线，还配备一架"整合接收解码机"，一方面接收讯号，另一方面解码。在解码机的遥控器上按个键，可以选择频道，并使天线接上卫星。卫星转播电视因接收效果好，画面清晰，而越来越受到欢迎，目前每月大约增加8万用户，全国已有300万户。此外，一种用微波传递节目讯号的"无线有线电视"也已问世，加入了有线电视的行列。

美国电视业界人士认为，有线电视面对来势汹汹的各种新传播科技成果的竞争，必须在技术和内容等方面进行新的探索，否则日子将不会那么好过了。

（新华社华盛顿电，原载《瞭望》周刊，1990年第45期。）

欧安会首脑会议面临的任务

32个欧洲国家和美国、加拿大的领导人，将于11月19日至21日在巴黎聚首，参加欧洲安全与合作会议首脑会议，讨论如何在东西方缓和的新形势下建立新欧洲安全结构问题。根据初步安排的日程，会议期间将签署北约和华约22国欧洲常规裁军条约，会议将审议和通过关于加强欧安会作用的一系列措施；会议也将成为美苏领导人会晤和其他双边和多边接触的场所。

关于欧洲常规裁军条约，北约和华约两大军事集团国家的代表，在维也纳断断续续进行了十多年艰苦的谈判。布什政府去年上台后，美苏两国表示要加速谈判进程。美国国务卿贝克和苏联外长谢瓦尔德纳泽，今年10月初在纽约经过5个小时的紧张会谈，排除了在陆基飞机和核查等问题上的最后障碍，宣布"原则上达成协议"。两人11月8日又在莫斯科就残留的技术性问题进行了磋商。专家们则在维也纳加班加点准备条约文本。布什总统一再宣称，如不能在巴黎会议前达成协议，他将拒绝出席会议。根据此间公布的材料，欧洲常规裁军条约限定，北约和华约各保留的军备数量为：坦克二万辆，火炮二万件，装甲战车三万辆，飞机七千架。华约裁减的军备数量相当于目前部署的4/7~2/3。11月3日，苏联、匈牙利、波兰、捷克斯洛伐克、罗马尼亚和保加利亚6个华约国家，在布达佩斯签署了关于在华约内常规武器分配限额的协议，为巴黎会议签约扫清了障碍。在北约方面，除坦克裁减二千辆外，火炮和装甲战车数目不变，飞机不但不减，还可能增加。美联社认为，这一条约的完成将标志欧洲"冷战的寿终正寝"。但设在华盛顿的权威的"军备控制协会"的一些专家们认为，虽然这一条约把发生欧洲常规战争的危险推到遥远的距离，但条约本身仍然有很大缺陷。事实上，双方仍然可以保留庞大的现代化和高度机动的常规军力，苏联裁减的武器撤到乌拉尔以东，可以重新部署或储备，而不是销毁；而对北约来说，并未真正裁减多少武器，由于德国统一，原来民主德国的苏造装备，将由统一的德国承继下来，成为北约的一部分。实际裁减下来的二千辆坦克，许多已运往埃及和沙特阿拉伯。条约放弃了原来谈判中对双方军队人数的限制。在新武器制造、后备人员训练和动员、远程集结、核查等方面，也都存在许多漏洞。双方达成谅解，为了不影响欧安会巴黎会议召开，这些麻烦问题将在后续谈判中处理。

巴黎会议的主要议题，将是欧安会进程的机构化，即赋予欧安会"制度性结构的基本要素"。第一，确定欧安会会议——包括外长会议和首脑会议——的定期化，欧安会检查会议每两年举行一次，作为日常进程。第二，设立欧安会常设秘书处。第三，设立预防冲突中心，许多国家倾向于选择柏林作为常设地址。第四，设立自由选举监督中心。第五，设立欧洲议会，以便使欧安会各个机构有一个统一的框架。许多欧洲国家主张把设在法国斯特拉斯堡的欧洲委员会作为欧安会的欧洲议会。欧洲委员会创建40多年，现有成员国23个，最近匈牙利已正式加入，捷克斯洛伐克、波兰、苏联和南斯拉夫已拥有观察员地位。但是这一建议遭到美国的坚决反对。第六，确定一揽子"建立信任和稳定措施"，这些措施同维也纳欧洲常规裁军条约谈判中的十八项措施相吻合。以上各点可能成为巴黎会议最后公报的实质内容。

这次欧安会巴黎首脑会议，是戈尔巴乔夫去年12月倡议召开的，旨在研究德国统一的影响和未来欧洲安全结构。西欧国家反应积极，美国比较冷淡。虽然美国后来勉强赞成，但提出两项条件，一是必须同欧洲常规裁军条约挂钩，二是不能取代原定于1992年8月24日在赫尔辛基举行的欧安会检查会议。美国一直担心，如加强欧安会，将在某种程度上缩小北约的作用。一年来，一些有影响的欧洲国家领导人和舆论界人士把欧安会作为新欧洲安全结构的核心的主张，遭到美国的强烈反对。布什和贝克在许多场合力主未来欧洲安全结构必须以北约为基石。苏联新闻社官员瓦列里·内耶夫11月8日在美国《基督教科学箴言报》上强调，苏联认为，建立新欧洲必须强调欧安会进程的重要性。在欧洲裁军问题解决后，苏联和美国应当集中精力同欧共体发展关系，而德国作为经济巨人，将起主要作用，从而形成苏联、德国和美国的三边关系。显然，会议期间，在建立新欧洲格局问题上，美苏两个超级大国及其他各方可能会有一场明争暗斗。

在巴黎会议上,阿尔巴尼亚可望被接纳为欧安会第35个成员国。苏联3个波罗的海加盟共和国——立陶宛、拉脱维亚和爱沙尼亚——与会问题,也可能在会上提出。但欧安会人事主任萨姆·怀斯最近访美时对记者说,虽然北欧国家支持它们加入,不过尚未正式提出建议,可能考虑到由于首脑会议采取协商一致原则,肯定会遭到苏联,可能还有别的国家的否决,因为不止苏联有分离主义问题。

(新华社华盛顿电,原载《瞭望》周刊,1990年第47期。)

白宫采访三十载

——合众国际社记者海伦·托马斯侧记

美国合众国际社记者海伦·托马斯今年70岁。她从1960年出任驻白宫记者,至今已整整30年,先后采访过7届总统。为表彰她在新闻事业中取得的成就和作出的贡献,合众社1990年10月18日宣布,设立以她的名字命名的"海伦·托马斯新闻奖"。

成功之路

在美国,海伦·托马斯的知名度,是同美国总统联系在一起的。布什总统举行记者招待会时,第一个或第二个提问题的女人就是海伦·托马斯。根据白宫的规矩,首问权属于美国两大通讯社——美联社和合众社。海伦同她的美联社对手分享这一特权。但宣布记者招待会结束的特权,传统上以资历确定,属于在白宫采访时间最长的记者——所谓白宫记者团团长。海伦荣膺这一称号当之无愧,她已采访过7届总统,无人能望其项背。

海伦·托马斯在事业上的成就同老记者的提携和帮助分不开。在肯尼迪和约翰逊两届政府期间,合众社驻白宫首席记者是梅里曼·史密斯。他在采写重大新闻时,往往以闪电般的速度打好腹稿,通过电话口授给编辑部,以争取时效。他是当时不用编辑加工、稿子可直接播发的屈指可数的几个记者之一。他因采写肯尼迪遇刺的报道而荣获普利策新闻奖。

后来海伦成为史密斯的第一助手。史密斯对下属要求严格,他自己身体力行,这些都使海伦受益匪浅。

史密斯辞世不久总社任命海伦接替史密斯任驻白宫首席记者。女人担任首席记者在白宫新闻史上还是首次。海伦·托马斯事业上的成就主要应归功于她的高度勤奋。她以消息时效快和数量多著称。她每天总要连续发几篇消息，每周还有《白宫幕后》专栏。她每天早晨6时半到达白宫，喝咖啡，浏览大报要闻，以便白宫新闻秘书7时半上班时可以胸中有数。

海伦也总是下班最晚走的一个。

移民后裔

1903年，海伦·托马斯的父母加入了北美移民潮，从黎巴嫩漂洋过海，到达纽约的埃利斯岛，投奔先期到达肯塔基州列克星敦定居的亲戚，后又搬到肯塔基州的温切斯特。

海伦·托马斯于1920年8月4日在温切斯特出生，在9个兄弟姐妹中排行第七。4年后举家迁往密歇根州的底特律。

海伦在底特律东方中学上学时开始对新闻产生兴趣，积极向校报投稿。中学毕业时，她下决心把新闻作为自己的终身职业，最后如愿以偿。1938年，海伦考入韦恩大学，住在家里，每天乘公共汽车上学。为了筹措学费，她在大学图书馆和她哥哥工作的加油站打工。在大学，她也是校报的撰稿积极分子。

1942年海伦大学毕业，获得英语学士学位，之后前往华盛顿，走上了独立生活的人生之路。她先在华盛顿西北区E街的海王星餐厅当女招待，接着在《华盛顿每日新闻》报当抄稿员，不久被解雇失业，到全国新闻大厦各单位逐门逐户拜访找工作。1943年，她在合众社电台觅得一份差事，一个星期工资为24美元，工作非常辛苦。海伦在这里连续工作了12年多。她以坚韧不拔的毅力在新闻社扎下了脚根，为后来的事业奠定了基础。

1956年，合众社提拔她当记者，先负责采访司法部，不久又扩大到政府的其他部门。

海伦·托马斯在美国出生，是道地的美国公民，但她时刻不忘记自己是阿拉伯后裔。在美国新闻界，有人批评她存在亲巴勒斯坦偏见。在记者招待会上，她的确有时提起阿拉伯的问题，尽管与主题不太相关。布什总统和戈尔巴乔夫总统在华盛顿会谈结束后举行的记者招待会上，海伦向戈氏提出，苏联向以色列移民是否会影响巴勒斯坦领土的地位？

布什今年11月在日内瓦同叙利亚总统阿萨德会晤，海伦·托马斯提问时用了个阿拉伯词汇，使阿萨德感到惊讶。布什急忙介绍："这位是合众国际社的海伦·托马斯。"

进入白宫

1960年，海伦·托马斯开始白宫采访生涯，这一年她正好40岁。总社先派她去佛罗里达州的棕榈滩采访约翰·肯尼迪的家庭生活，肯尼迪大选获胜后正在那儿度假，接着又采访就职典礼。此后的一个星期天她又"跟踪"肯尼迪总统到教堂作弥撒。合众社副社长兼华盛顿分社社长朱利叶斯·弗兰森大胆派她采访肯尼迪，但心里又有点嘀咕，怕她"太嫩"，完不成这一重任。而海伦以其惊人的活动能力，发出一篇篇报道，使新闻界同行刮目相看。肯尼迪家族的活动，是当时人们最关心的大热门新闻。合众社驻白宫记者一直为两人，为加强这项报道，决定增派海伦·托马斯进入白宫。

海伦在采访白宫的生活中，同其他单位的女记者既是事业上的竞争者，又是亲密朋友。当时美联社驻白宫记者弗兰西斯·卢因也是一位女中豪杰，与海伦结为莫逆之交，友谊一直保持到今天。在当年华盛顿新闻界，在白宫记者团中，都是男人的天下。海伦和卢因尽管分属两大竞争单位，却因共同命运而联手合作。她们一起采访肯尼迪就职，一起到肯尼迪在西北区N街的家中采访。当小约翰出生时，一起到乔治·华盛顿大学医院产科"坐班"。当婴儿被送回家时，她们一路尾追，拦住汽车，向尿布服务公司送货员了解情况，因此对小约翰的报道丰富多彩，富有情趣，可读性很强。她们通过采访肯尼迪夫人的服务人员，包括理发师、钢琴师和伙食包办人，对第一夫人的起居言行发出连续性报道。肯尼迪夫人对这两位无孔不入的女记者无可奈何。

一天她去教堂，突然又发现海伦和卢因两个"尾巴"。为了报复，谎称有"两个陌生面孔的西班牙女人"在跟踪她，要保卫人员不让她们入内。她还提出，合众社应当考虑干脆让海伦出国，当驻外记者。

华盛顿全国记者俱乐部一直是男人的天下，不接受女记者入会。国内外政治人物发表演说的午餐会也不让女记者参加。

海伦、卢因和全国女记者俱乐部的其他成员，同这种大男子主义的歧视现象进行了不懈的斗争。从1956年起，俱乐部才勉强同意女记者可以在二楼看台上听讲，不能提问题，更不能同男记者一起坐在楼下大厅餐桌旁，一边吃饭一边听讲。海伦、卢因和《华盛顿邮报》女记者埃尔西·卡帕等到国务院和白宫游说，到各国驻华盛顿大使馆游说，为争取女记者的平等权利而大声疾呼。她们还打电报给世界各国总统和总理，呼吁他们访美时不要到全国记者俱乐部讲演。

她们的斗争终于在1959年苏联部长会议主席赫鲁晓夫访美时，取得了重大突破。赫鲁晓夫支持她们的合理要求，通过大使馆向美国国务院表示，除非允许女记者参加，否则不到全国记者俱乐部发表讲话。俱乐部在国务院的压力下不得不让步，但也只同意让30名女记者同男记者一起吃饭和采访。就在这次讲演中，赫鲁晓夫提出了"我们将埋葬你们"的名言。赫鲁晓夫访美12年后的1971年，全国记者俱乐部才最后投票同意接纳女记者入会。

堕入爱河

海伦·托马斯是个典型的事业型妇女。她常说，"我想我更多考虑事业，并矢志不渝。"60年代中期，海伦已年近五旬，爱情才第一次闯进了她繁忙的记者生活。美联社驻白宫记者道格拉斯·康奈尔，比海伦大14岁，是闻名的"大手笔"。他发稿不用打字稿，出口成章。他在白宫从采访罗斯福到尼克松，前后34载。凡有重大报道，美联社的第一选择就是康奈尔。

康奈尔的前妻珍妮1966年病逝。此后康奈尔同海伦成了忘年之交。他们常常一起出去吃饭，一起交流情况。随着时间的推移，终于双双堕入爱河。

1971年，海伦和康奈尔之间悄悄的恋情变成白宫新闻室的一大快事。这时海伦已成为合众社驻白宫首席记者，而康奈尔则面临退休。尼克松总统决定在白宫国宴厅为康奈尔举行告别招待会，邀请白宫记者团全体人员参加。

几天前，海伦对尼克松的新闻秘书海伦·史密斯透露，不久将邀请她参加自己的婚礼，但要她保密先别声张。在康奈尔的告别招待会上，尼克松拿出一项对康奈尔的总统表彰令，人们簇拥着把海伦推到讲台上宣读。然后尼克松作了简短的致辞。

突然第一夫人帕特·尼克松抢过话筒宣布"20世纪特大新闻"——海伦和康奈尔订婚。海伦激动得热泪盈眶。帕特幽默地说，她"超过了海伦·托马斯而抢发了独家新闻"。

两个星期后的10月16日，康奈尔同海伦在圣·约翰大教堂举行婚礼。海伦的8个兄弟姊妹都来贺喜。他们搬进一套两居室的公寓。海伦仍然每天忙于工作，而康奈尔着手撰写回忆录。1972年水门事件发生，从尼克松名誉扫地到被迫辞职，海伦全力投身到这一报道中去，常常每晚只睡几个小时。这时也是海伦事业上最得意之时。1975年，海伦成为合众社驻白宫分社的首任社长，也是美国第一位妇女担任这种职务。不久她又被选为白宫记者协会主席。

但不幸的是，病魔找上门来，康奈尔突然发现自己在失去记忆。海伦在繁忙的报道工作中，尽量在晚上抽出更多时间陪伴丈夫。1976年，海伦的姐姐伊萨贝尔前来帮助妹妹照料病人。经医生诊断康奈尔患的是失忆症，这种病需要更经常的护理。海伦每天上班前把丈夫安顿好，然后请同楼的朋友代为照顾，劳累了一天回家又精心服侍。1982年2月10日康奈尔病逝，终年75岁，海伦悲痛至极，但她终于从悲痛中解脱出来。她把康奈尔采写的刊登在《查洛特观察家》报头版的第二次世界大战结束的新闻，用镜框镶好，挂在墙上，既寄托对丈夫的哀思，又是对自己新闻事业的激励。

义无返顾

合众社由于财政困难，不断裁员，在同美联社竞争中越来越力不从心，合众社的地位也江河日下。人们普遍看好美联社。另外，在新闻界中，电视和报纸的从业人员都比通讯社记者来钱多，工作也轻松。海伦·托马斯作为一名资深记者从未想过要"跳槽"，表现了一个老记者的职业道德和专一性。

随着视听新闻的崛起，重大事件有电视现场转播，报纸和通讯社受到越来越大的挑战。新闻界有一派观点认为海伦·托马斯为代表的老一辈记者已经落伍，但合众社的华盛顿新闻部主编弗兰森认为，海伦从不认为自己是世界上最伟大的新闻写作家，但她在许多方面的长处弥补了写作技巧方面的不足。白宫新闻秘书菲茨沃特认为，海伦思路敏锐，令人折服。在白宫记者团中有两三个记者起带头羊作用，一旦他们认为某个问题或动向有新闻价值，就会引导整个记者团穷追不舍。海伦显然是其中的一个。海伦的另一特点是以勤补拙。美国全国广播公司电视网记者安德列亚·米切尔同海伦在白宫共事7年，称海伦简直"从不知疲倦"。她说，驻白宫记者由于责任重大经常处于紧张状态，一般任职一届顶多两届，而海伦连任30年，没有惊人的毅力是吃不消的。

海伦·托马斯没有特别的个人嗜好，新闻是她的精神支柱。从80年代以来，她除了在白宫值班外，就是参加大学新闻系和其他讨论会的活动。她没有架子，有请必到，对年轻新闻学子讲课分文不取。

海伦对合众社的价值是有目共睹的。1982年，当合众社征求《洛杉矶时报》延长供稿合同意见时，时报发行人汤姆·约翰逊提出，除非合众社给海伦·托马斯加薪，否则将退订。合众社答应了这一异乎寻常的条件。白宫新闻秘书菲茨沃特说："每个人都承认，海伦·托马斯提高了合众社在新闻界的地位。"

（新华社华盛顿电，原载《参考消息》，1990年12月连载。）

赏樱何须去东瀛

我对樱花的眷念，起始于中学语文启蒙老师。他年轻时曾去过东京留学，在我们县城中学算是见过大世面的。他给我们讲解鲁迅脍炙人口的《藤野先生》一文，谈及上野的樱花烂漫时节，望去像"绯红的轻云"一段描写时，眉飞色舞、如醉如痴，给我留下了极深的印象。从那以后，日本的樱花一直在我的脑海中魂牵梦萦。

我没有爱花癖，但繁忙的工作之余，有时到公园小憩，在月季园或牡丹园里驻足，不禁联想到樱花：何时有缘东渡扶桑，一睹为快？

几十年过去，我终于置身于漫漫樱海之中。不过，这个梦境，不是东渡，而是西游的时候实现的。面前美国首都华盛顿的一片樱林，就是纯正的日本种。

绚丽多彩樱花节

华盛顿春天最吸引人的活动，是到潮水湖畔踏青赏樱。从4月初开始，一两个星期内游人不下100万，他们当中，既有京畿的达官贵人、佳宾访客、商贾学子，也有来自全国各地的平民百姓。

我前年3月中旬刚到美国时，正赶上樱树结蕾、含苞待放。经过几番乍暖乍寒的交替，和煦的春风终于吹绽满树的樱花。从国会山向西眺望，沿波托马克河畔、潮水湖滨到杰佛逊纪念堂四周，樱花竞放，粉白中透着粉红，云蒸霞蔚、一望无涯，令人赏心悦目、心驰神往。日本上野公园里那"绯红的轻云"，在华盛顿市中心再现，真是绝妙！把视野从潮水湖转向宪法大道和华盛顿纪念碑之间，那里樱花虽不成片，但在绿茵衬托下如白雪皑皑，分外淡雅俏丽。从国会山来到潮水湖畔，加入熙熙攘攘的人流，溶入花的海洋中，看到的则又是另一番景象。在各色人等中，席地而坐、携家聚餐者有之；钻进花丛、搔首弄姿、留下倩影者有之；躺在地上，体情入境，在樱花馨香里苦读者有之。自然，这里也是旁若无人的情侣们的天下。

美国人对樱花的喜爱，是及时行乐型的，不像樱花之于日本，有深厚的文化和传统的内涵。华盛顿气候宜人、花木葱笼。红蔷薇被选定为华盛顿市花，一年四季喷红吐赤，耀眼热烈，但许多人却对它熟视无睹。樱花花期短暂，一向多为一个星期左右，稍纵即逝。因其短暂，便博得了人们的青睐，大家抓住冬去春来之机，尽情欢乐一番。

按照正常节气，樱花应当在4月初盛开，一年一度的樱花节也定在4月第一个星期。今年天气反常，3月中下旬气温跃升，樱花、梨花等早春花木提前盛开，到樱花节时，已成流水落花。在日本，由于樱花花期短暂，齐开齐落，文人墨客常以樱花比喻人生的短暂，颇有伤春惜春之慨。笔者同日本驻华盛顿的记者聊起来，他们对今年樱花的早逝，似乎也有点惆怅之意，但美国人并不在乎，樱花节活动一如往年，仍然十分红火热闹。

樱花节从1971年正式开办，每年的活动大体相同。在6天时间里举行赏樱音乐会，时装表演，绘画比赛，在樱树林举行寻宝游戏，在波托马克河和潮水湖上组织画舫巡游和划船比赛，以及职业垒球、高尔夫球表演和十公里长跑比赛等。小摊上以樱花为图案的T恤衫和各种纪念品更是五花八门。

节日的压轴戏是绚丽多彩的万人化妆游行。各路队伍从市内各个集合地点集中到宪法大道，由东向西前进。人们穿着各种民族服装，一路载歌载舞。每个州的游行队伍由著名的中学乐队打头，彩车上坐着"樱花公主""樱花皇后"。一些"大胆"的观众冲过警察的阻拦，争先同"皇后"握手，或抓拍特写镜头。"樱花皇后"是由50个州的"樱花公主"通过抽签"民主"确定的。宪法大道两旁的观众至少有30万人，他们不时爆发出喝彩声。附近各种快餐、冷饮摊更是比比皆是。樱花节为华盛顿挣得了一大笔旅游收入。

赏花不忘栽树人

华盛顿樱花的祖籍是日本。樱树引进美国是21世纪初的事。美国农业部的植物探险家大卫·费尔柴尔德为日本的樱花所倾倒，向日本横滨苗圃定购了75株樱树，大多栽到他在马里兰州的私人种植园，经过一个花季的观赏，决定用这些樱树美化华盛顿大街。为此，他又向日本洽购了300株。为了吸引观众注意，他决定实施一项计划，鼓励学生在首都种植樱花树。1908年春季，学生们在富兰克林公爵大街上移栽成功，实现了樱树的"社会化"。威廉·塔夫脱总统1909年上台后不久，热心公益事业的第一夫人对用樱花树美化波托马克河公园很感兴趣。日本政府得悉后，电令驻华盛顿临时代办通知美方，东京市决定赠送2000株樱树。1910年1月6日，樱树运抵华盛顿。不幸的是，经过检验，发现受害污染，慎重研究之后，政府决定全部焚毁。1910年1月27日，国务卿诺斯克向日本大使表达了塔夫脱总统和夫人的遗憾。

1912年3月26日，日本第二次赠送的3000株樱树抵达华盛顿，经检验完全合格。3月27日举行仪式，塔夫脱夫人在波托马克河公园种下第一株，日本大使夫人种下第二株。4年后，树苗长大，每年开花。1927年华盛顿市开始举行纪念活动，1941年成立樱花委员会，负责组织每年的庆祝活动。二次大战期间活动中断，1947年恢复。日本政府为使樱花增色，1954年赠送了一座有300年历史、重20吨的"神灯"，安放在潮水湖畔的库茨桥头。每逢樱花节，日本驻美大使总要点燃"神灯"，为节日助兴。

樱花是日本的国花，漂洋过海传到美国，为华盛顿市增添了风采，促进了两国的文化交流，但美日两国毕竟文化渊源不同，缺少"樱花文化"氛围，不能不说是在美国赏樱花的一个缺憾。

（新华社华盛顿电，原载《环球》周刊，1991年第四期。）

第二部分

从坦桑尼亚、以色列与巴勒斯坦、土耳其观察美国

美苏争霸西印度洋

过去的1983年一年中，美、苏两个超级大国在西印度洋地区的争夺有增无减，西印度洋国家由于各自的经济困难和内部动乱，纷纷调整内外政策，以保自身发展和在霸权主义争夺下处于较为有利地位。南非、印度和法国也在这一地区努力扩大自己的影响。由于各种力量的相互牵制、掣肘和制约，西印度洋地区的形势显现出一种僵持局面。塞舌尔、马达加斯加和毛里求斯1982年搞得热火朝天的印度洋委员会，今年作为不大，原定年底前举行的会议也已推迟。

美国在西印度洋地区继续采取强硬路线

第一，美国坚决反对明年召开印度洋问题国际会议，对于印度洋国家在联合国和不结盟会议上的要求充耳不闻，而把反击的矛头主要对准苏联。今年2月，在联合国印度洋委员会会议上，美国代表亚当森声称，苏联在印度洋地区增加军事力量，迫使美国不情愿地也增加在这一地区的海军部署。

第二，在军事上，美继续加强在迪戈加西亚和其他印度洋地区的军事部署。美国决定明年把对非洲一些国家的军事援助增加一倍，其中包括肯尼亚、索马里和苏丹。

对肯尼亚，几年来美国花了很大力量。据统计，美国在肯尼亚的投资达3亿美元，经济援助3.5亿美元，军事援助达1.5亿美元。肯尼亚在美国的留学生有4000人，美国在肯尼亚有和平队200多人。美国军舰一年到头进出蒙巴萨港，有时多达3艘航空母舰，1万多名官兵上岸。今年4月，耗资3300万美元的蒙巴萨港疏浚工程完成，这笔钱大部分是美国提供的。疏浚后，美国最大的航空母舰可以进港，而过去只能在港外锚地停泊。这样,蒙巴萨同迪戈加西亚以及索马里的伯贝拉,形成一个等边三角形,互为犄角之势,大大加强了美国的军事态势。

第三,加强对西印度洋地区"进步国家"的"攻势"。在塞舌尔,美国今年7月提供了1200万卢比,用于发展农业和其他经济部门。不久,又捐赠16.6万卢比,用于解决供水和购买医疗设备。

美国注意同马达加斯加政府拉关系。美国表示,只要马达加斯加不投入苏联阵营,美国就可以考虑提供援助。11月21日,里根总统在接受马达加斯加新大使递交的国书时说:"我们支持拉齐拉卡总统和马尔加什政府为经济健康发展建立牢固基础所作出的大胆努力。我们将尽自己所能继续支持这一进程。"

美国同莫桑比克的关系也有很大好转。1981年3月,莫桑比克政府指控6名美国外交官从事间谍活动,把他们赶走,美国使馆由代办主持馆务。今年12月,美国新大使上任,这标志着两国关系已从最低点恢复正常。沃斯大使称,两国已经建立了"谅解和信赖的气氛"。美国助理国务卿帮办威斯纳最近访问莫桑比克,同马谢尔总统进行了长时间的谈话。据认为这表明两国关系又有了新的突破。

苏联的扩张较美国更巧妙

第一,在印度洋和平问题上,苏联俨然以印度洋国家代言人自居。

在今年2月联合国印度洋委员会会议上,苏联代表曼德列维奇指责美国对印度洋国际会议设置障碍,并声称,印度洋国家对美国扩大在这个地区的存在感到不安,这也对苏联的安全构成了威胁。今年4月,在该委员会的第二次会议上,苏联代表又建议把印度洋外国军事力量冻结在1977—1978年的水平,作为逐步实现非军事化的第一步。苏联的建议实际上是要美国减少在印度洋的海军力量,最终导致撤走快速部署部队,这显然是美国不可能同意的。

第二,继续巩固和扩大对一些战略地位至关重要的国家的渗透。

过去的一年中,苏联对塞舌尔的渗透又有明显进展。在这个弹丸小国部署了苏制萨姆-7型地对空导弹和40管的BM-21火箭炮,在马埃岛周围还安装了24座苏制警戒雷达。苏联在塞的人员大增。

从年初开始，苏联同塞方签订一系列协议，苏向塞赠送价值560万卢比的1万吨水泥，价值1100万卢比的柴油和2万卢比的重型推土机及建筑器材。运送这些物资的苏联舰船不断光顾维多利亚港，而且每次都要大肆宣扬，极力扩大影响。苏联在塞舌尔的其他活动也很多。6月24日，在塞举办了"和平和进步"书展；8月25日，苏塞签订为期两年的互换广播节目和电视片议定书；9月2日苏大使赠送了一批价值3.5万卢比的体育用品，等等。

格林纳达事件后，苏驻塞大使奥洛夫在一次招待会上对瑞典大使说，他十分明白美国为什么要入侵格林纳达，因为它处于美国的势力范围之内。苏大使说，如果发生企图改变塞舌尔政治地位的事件，苏联将出于同样原因，干预这个岛国。

科摩罗位于莫桑比克海峡的北口，同非洲大陆和马达加斯加等距，同为300公里，战略地位极其重要。多年来，苏联垂涎已久而不可得。过去几个月里，苏联驻塞舌尔大使奥洛夫多次前往莫罗尼，要求在科摩罗首都设立大使馆，苏大使向科领导人反复强调合作的可能性，表示苏联可以帮助科摩罗同"社会主义的邻国——塞舌尔、莫桑比克和马达加斯加改善关系"，但阿卜杜拉总统对苏联大使的建议未给予积极反应。

肯尼亚是苏联不惜一切代价进行渗透的另一个国家。肯尼亚当局对苏联的活动限制很严。苏联则采取多干少说的做法，首先从贸易上打开缺口。苏联对第三世界贸易一向出超，1982年达46亿美元，而对肯尼亚则例外，去年苏联从肯尼亚进口9400万先令，出口只有300万先令。今年苏外贸部副部长访肯，大受欢迎。苏还千方百计培植亲苏派，过去5年中，苏联平均每年向肯尼亚提供40名奖学金以便肯派学生去苏学习，现在在苏联学习的肯尼亚学生达300人。

西印度洋诸国调整内外政策

过去的一年中，西印度洋地区的另一个特点是，许多国家调整内外政策，先安内后攘外，在超级大国的争夺中力求保持某种平衡。

塞舌尔为了发展旅游事业，大力实行对西方游客开放的政策。在对外政策方面降低了谴责美国在迪戈加西亚的军事基地的调门。过去，塞舌尔政府规定进入维多利亚港的外国军舰必须申报是否携带核武器，美国人和英国人不干，苏联和法国照办，因此美、英军舰不得进入塞领海和港口。今年，塞舌尔政府放宽政策，不再要求美英申报，只是在申报单上印有塞舌尔反对外国军舰携带核武器的字样。塞舌尔总统勒内8月对意大利米兰《晚邮报》记者发表谈话，在谈到美国担心苏联在塞舌尔建立海军基地的问题时说，塞舌尔不想让任何一个超级大国在它的领土上建立基地，"我们的港口对谁都是开放的，但这仅仅是为了旅游"。

塞舌尔对外关系部长费拉里今年8月对路透社记者说，塞舌尔决定在对外政策上采取"更现实和实用"的态度。他说，1977年后，塞舌尔在国际事务中采取极端激进立场，"脖子伸得太长了"。他说，塞舌尔在联合国投票支持苏联进兵阿富汗，这恐怕是错误的，以后将投弃权票。他说，塞舌尔现在想从东西方冲突中脱离出来，转而注意具有建设性的南北对话，在这方面它可以起到超过自己幅员大小的道义上的作用。

毛里求斯联合政府上台后，大力调整内外政策，改变了1983年毛里求斯斗争运动大选获胜组阁后在政策上的激进色彩。毛里求斯总督发表谈话说："在同两个超级大国和其他外国的关系上，毛里求斯政府将遵守严格的中立、不结盟和不干涉其他国家内政的原则，这些原则是外交政策的指导原则。"他说，毛里求斯对印度洋地区不断增加的军事力量和它对本地区产生的破坏力表示关注。他宣布，毛里求斯将使用一切外交和政治手段，力图恢复对迪戈加西亚岛的主权。

莫桑比克在内外政策上也作了大幅度的调整。在国内经济计划方面放弃了某些苏联"模式"，因为实践证明效果不理想。对一些大型国营农场的机构也进行了改革，如巨大的林波波农工联合企业的土地已还给农民。这些调整是在莫桑比克同苏联关系发生摩擦后发生的。《印度洋时事通讯》认为，从年初以来有几件事情使莫斯科异常恼火：一是莫桑比克解放阵线4月份举行的第四次代表大会；二是马谢尔总统对西欧的成功访问；三是莫桑比克要求参加欧洲经济共同体同非洲、加勒比和太平洋地区国家集团签订的《洛美协定》；四是莫桑比克可能加入国际货币基金组织；五是同美国互换大使后莫美关系热火起来；六是莫桑比克同南非在葡萄牙举行政治会谈。

据报道，莫桑比克的经济形势从来没有现在这样暗淡，数千人死亡，

1万名难民逃往津巴布韦，燃料、家用煤气和飞机燃油都出现危机。巴黎消息灵通人士称，目前的短缺是由于苏联答应供应油而又未履行诺言造成的。由于莫桑比克外汇枯竭，苏联显然拒绝提供优惠条件。1982年马谢尔访问利比亚时，签订了供油协议，1983年不知什么原因没有续约。莫现在的困境是，石油问题不解决将直接影响同莫桑比克抵抗运动的战争、旱灾救济活动和恢复农业生产。最近，莫桑比克负责经济事务的总统办公室部长访问巴黎，说服了西方向莫桑比克提供紧急援助。

(新华社达累斯萨拉姆1983年12月15日电，原载
《参考消息》专辑《紧张动荡又一年》。)

波谲浪恶印度洋

1985年11月19日，联合国印度洋特别委员会在纽约联合国总部开会，讨论命途多舛的印度洋和平区国际会议问题。澳大利亚代表西方国家建议，会议在1988年底前举行。

这是多年来西方国家对何时举行印度洋国际会议最明确的表态。1980年以来，美国及其盟国一直坚持：要开会，必须首先解决苏联入侵阿富汗造成的这一地区紧张局势问题。

十多年来，印度洋国家在联合国和其他国际讲坛一再呼吁及早举行这一会议，由于两个超级大国的争吵不休，会期一延再延。唯一的定论是这个会议在斯里兰卡首都科伦坡举行。

关于把印度洋变成和平区的建议最早是不结盟运动1964年在开罗举行第二次首脑会议时提出的。翌年，在新加坡举行的英联邦国家首脑会议上，斯里兰卡总理班达拉奈克提出了这一问题，受到多数国家支持，但由于英国不积极，未予认真讨论。1970年，斯里兰卡总理班达拉奈克向在卢萨卡举行的第三届不结盟国家首脑会议再次提出这一问题，会议结束时通过了卢萨卡决议，强调建立印度洋和平区的必要性。

1971年第二十六届联大，班达拉奈克代表不结盟国家，向大会提出议案。大会通过了2832号决议，宣布印度洋为和平区，要求大国与印度洋沿岸和内陆国家进行磋商，以便确保停止进一步扩大在印度洋的军事存在，撤除所有基地和军事设施、军事供应设施，不在印度洋部署核武器和其他大规模杀伤武器。为此目的，联大决议还确定1981年在科伦坡举行印度洋国际会议，并建立印度洋特别委员会为会议作准备。

美苏两个超级大国迫于印度洋国家建立和平区呐喊的压力，1977年就印度洋非军事化举行双边会谈。1978年，美国指责苏联加强在非洲之角的军事扩张，宣布中断会谈。1979年，苏联入侵阿富汗，美国声称苏在阿的军事存在，构成了对美国战略利益的威胁。在历次联合国印度洋特别委员会会议上，美国代表均表示，"只要这个地区的一个国家继续受到一个局外大国的武装占领"，美国就不参加拟议中的印度洋国际会议，苏联代表则指责美国立场是"破坏会议的人为的借口"，双方吵吵嚷嚷，不欢而散。

美国的战略部署

美国从60年代开始在印度洋进行赤裸裸的大规模的战略部署。1961年，美国向英国租借迪戈加西亚岛，建设印度洋上最大的战略基地。当时美国人提出的"理论"是英国从"苏伊士以东"撤走，需要填补力量真空。实际上是着眼于印度洋的战略地位和海湾地区的石油资源，通过西边控制苏伊士运河入口，东边扼守马六甲和印度尼西亚海峡，把印度洋变成一个"美国湖"，不让苏联插手。

五角大楼1980—1985年防务计划规定在印度洋建立军事基地网和长期驻扎快速部署部队。计划说，美国此举的主要目的是"确保进入海湾石油通道持续畅通"，"防止苏联对其实行直接或间接的军事和政治控制"。

目前，美国在印度洋地区的军事力量大致有30艘军舰，包括两艘航空母舰、17艘护卫舰、3艘核潜艇和180架作战飞机，以主要基地迪戈加西亚为轴心同蒙巴萨、伯贝拉、阿曼等地的设施相互呼应，形成强大海上威慑力量。值得注意的是，里根政府已把印度洋纳入他的"星球大战"计划，利用迪戈加西亚基地发展反卫星和空间战争技术。美国国防部长温伯格在参议院讨论1985年预算时说，能够发射小型巡航导弹的F-15飞机，可以部署在南半球，在南部圆形轨道的近地点拦截卫星。坦桑尼亚《新闻企最》周刊说，美国此举在于改变以陆地为基地的核战略，着眼于第二次打击和打赢一场核战争。据报道，美国在迪戈加西亚的全套反卫星战备设施可望在1987年达到实战阶段，1990年全部完成，在24000公里太空击落卫星的系统部署也将在1990年完成。

苏联的军事存在

苏联是打着"同其他国家一样对海上通道的安全感兴趣"，主张建立印度洋和平区的冠冕堂皇的旗号，从1968年开始向印度洋派驻舰队的。从此，常驻大约20艘水面舰只（其中一半是辅助舰），还有两三艘潜水艇。从1979年到1980年，苏入侵阿富汗后，舰只增至大约30艘，后又恢复正常。

苏联印度洋舰队活动包括侦察、巡逻、港口访问和旨在显示莫斯科政治和军事支持的"炫耀旗帜"的访问。苏舰队集中在红海和阿拉伯海的入口处游弋和活动。埃塞俄比亚的达赫拉克群岛是供给苏舰主要给养的基地，而在曼德海峡另一面，民主也门在亚丁和索科特拉岛向苏舰提供海上和空中便利。过去五年来，大约有70艘苏舰在达赫拉克岛停泊，其中包括苏联地中海舰队舰只。这个群岛提供后勤支持和维修设施，包括原来在索马里伯贝拉的8500吨的浮船坞，还有浮动码头、淡水和燃料箱、潜水供应船和修理设备。岛上据说还有一座无线电监听站，苏导弹驱逐舰和核潜艇定期在这儿停泊。据在巴黎出版的《印度洋时事通讯》周刊援引美国情报人士的消息，苏联在埃塞俄比亚阿斯马拉空军基地部署两架伊尔-38"五月"号飞机，用于海上侦察和反潜战，但是后来在厄立特里亚人民解放阵线部队的一次奔袭中被击毁。

在民主也门，苏联专家正在帮助实施亚丁机场现代化计划，包括修建一条3500米长的跑道，以便用于苏联空军最大的图-95熊式海上侦察机起降。这将使苏机的飞行半径延长到美国迪戈加西亚基地上空。

另外，苏在马达加斯加的伊瓦图享受空中便利，但马政府拒绝苏舰队使用安齐拉纳纳港口。在莫桑比克，苏舰可在马普托、纳卡拉和贝拉停泊，据说在马扎鲁托岛上设有苏联的监听站，此岛位于贝拉和伊尼扬巴内之间。从1984年2月以来，苏联军事运输船在开往南部非洲途中，使用塞舌尔的维多利亚港，但塞舌尔一再声明不向任何大国提供基地。在南亚次大陆的印度，苏舰拥有在孟买、马德拉斯、科钦和维沙卡帕特南停泊的便利。

苏印度洋舰队旗舰是由一艘拖网渔船改装的。大部分舰只来自基地设在海参崴的太平洋舰队。该舰队的一艘基辅级航空母舰、卡拉级导弹驱逐舰和伊凡·鲁可夫级攻击舰从1979年以来，常加入印度洋舰队编队。

两霸角逐日益加剧

两个超级大国过去一年多来在各自加强在印度洋的军事活动的同时，千方百计争夺地盘，扩大自己在印度洋国家的影响，在触动对方利益的时候，则不时展开唇枪舌战，互相攻讦。

5月中旬，苏联领导人戈尔巴乔夫在莫斯科对印报记者就美国"星座"号航空母舰访问蒙巴萨一事发表谈话，指责华盛顿肆意增加其在印度洋的军事力量。他重申苏联反对在举行印度洋国际会议之前采取任何可能增加印度洋地区紧张的行动，并表示苏联将同印度洋国家一起把印度洋变成对周围国家具有"关键利益"的地区。

亚非团结组织7月在达累斯萨拉姆举行庆祝万隆会议30周年大会上，苏联、越南代表要求美国执行联大关于印度洋和平区的2832号决议。苏越还决定在胡志明市举行亚洲安全国际会议，邀请印度洋沿岸国家参加。

美国则大力发展"钱袋外交"，8月8日，里根总统批准参众两院通过的1986年和1987年度援外法案，每年均为128亿美元，其中对东非和西印度洋十个国家的军援为5100万美元，经援为2亿零400万美元，主要援助"支持美国利益和目标"的肯尼亚、索马里和吉布提等国。国务院负责非洲事务的助理国务卿帮办威斯纳解释说，对肯尼亚援助，"我们国家的安全目标"是通过由内罗毕政府向美国海军提供港口设施来确保我们继续"拥有西南亚地区的通道"，这也"对我们继续在西印度洋的海军部署作出重大贡献"。美国还对西印度洋岛国科摩罗第一次提供军援，帮助训练军官。对同美国修好的原同苏联关系密切的马达加斯加，援助从710万美元增加到1830万美元。

目前，两霸争夺最剧烈的地区有：

（一）非洲之角

苏、美对战略地位重要的埃塞俄比亚的争夺愈演愈烈。苏联的战略是通过埃塞俄比亚同索马里的对立和埃塞俄比亚当局同厄立特里亚游击队的冲突，使其在军事安全上依赖莫斯科，从而保持和扩大在红海乃至印度洋的军事存在。下半年，苏联又邀请门格斯图访问莫斯科，答应继续给予援助。

美国则利用埃塞俄比亚饥荒，使用"粮食武器"，加紧对埃塞俄比亚进行拉拢，希望它重回美国怀抱。美国非洲事务助理国务卿克罗克10月13日愤怒指责苏联破坏美国同埃塞俄比亚恢复对话，说苏是个靠不住的朋友，苏支持索马里打埃塞俄比亚时，提供了4亿3500万美元的武器援助；现在又反过来支持埃塞俄比亚，提供13多亿美元购买武器。克罗克说，美国才真正帮助埃塞俄比亚度荒，提供的粮食占外援总数的50%，而苏联提供的粮食只占1%。

（二）南亚

苏联大力支持印度。1984年，苏国防部长乌斯季诺夫访印，双方讨论两国庞大军事交易，据英国《星期日泰晤士报》报道，苏拟向印出售20多艘巡洋舰和导弹驱逐舰等，以便使印度拥有一支"公海"舰队，成为印度洋地区海上强国，以牵制美海军扩张。武器清单中包括：两艘克列斯塔级巡洋舰、三艘卡辛级导弹驱逐舰、三艘努曼奇克导弹护卫舰，以及三艘F级柴油动力潜艇。

值得注意的是，印度作为印度洋地区大国，在苏联武装下，羽翼渐丰。印度一支由5艘军舰组成的特混舰队11月访问坦桑尼亚和塞舌尔等西印度洋国家，引起人们的注意。据伦敦出版的《新非洲人》杂志说，印度对把超级大国排除出印度洋之外，有它自身的理由。据一派人的看法，印度梦寐以求的是成为印度洋地区——特别是东南亚地区——的主宰。

美国则利用南亚国家害怕苏、印势力扩大的心理，加强和改善同巴基斯坦和斯里兰卡的关系。斯里兰卡贾亚瓦德纳政府近年来由于少数民族暴力事件而焦头烂额，担心苏联利用内部局势进行颠覆和印度利用泰米尔人问题进行干涉，因此希望美国予以支持。美国已答应给斯大量援助，以换取在斯的海军便利。今年以来，美海军舰队经常访斯。

（三）西南印度洋

近年来，苏、美都花大本钱争夺战略地位极其重要的西南印度洋群岛之国塞舌尔。从1981年雇佣军入侵事件发生后，苏联向塞提供了防空导弹、雷达、巡逻艇等军事装备，苏联"顾问"也接踵而至。苏联还通过经济、文化、科技、体育等方面的合作和交流，扩大在塞的影响，并提出希望塞提供港口便利，遭塞拒绝。

美国今年利用延长其设在塞舌尔马埃岛上的印度洋卫星追踪站的租期为契机，加强对塞舌尔的工作。11月，塞舌尔国防部长伯路易斯访美，美塞两国签署了关于把租约再延长5年，即到1990年的协议，美国答应大大增加给塞舌尔政府的租金。美国政府还向塞舌尔东海岸开发工程提供援助。

美国印度洋卫星追踪站，属于美国空军，对美国印度洋战略具有重要意义。《印度洋时事通讯》周刊援引西方军事专家的话说，今年1月，在美国航天飞机的秘密军事使命中，这个追踪站在监测方面起到"特别重要作用"。美国驻塞舌尔大使费希尔亲自把情报资料送往五角大楼。

美国及其盟国终于同意1988年举行印度洋国际会议，但尚有近二年时间，夜长梦多，届时能否开成，似很难说。由于两个超级大国在印度洋的根本对立，即便经过准备，取得一致议程，如期召开，到底能解决多大问题，亦令人怀疑。

美苏仍将为完善和加强在印度洋地区的战略部署和扩张而我行我素。

印度洋国家和其他第三世界国家将在联合国印度洋特别委员会和其他场合展开一场新斗争，同两霸的争吵不休、横生枝节进行不调和的斗争，为开成会议进行不懈努力。但是印度洋国家和人民争取印度洋和平区的斗争将是长期、复杂、艰难的，印度洋和平区的目标仍然是遥远的。

(1985年12月15日发自达累斯萨拉姆，原载《参考消息》，
1985年年度专集，《缓和帷幕后的角逐》。)

美国主导中东和谈的新形势

美国国务卿克里斯托弗最近在叙以间进行穿梭外交。以色列总理拉宾向叙利亚提出了一揽子和平方案,叙利亚总统阿萨德则给予"非常详细"的答复。克里斯托弗认为,叙以和谈进入了一个"新的实质性阶段"。5月2日,他宣布在两周内重返中东,以便把叙以和谈推向一个新阶段。

自1991年马德里中东和会以来,叙以谈判时断时续。叙利亚根据联合国安理会决议,严正要求以色列从全部被占领土撤军,以色列则声称为了自身安全要求叙利亚澄清"和平"概念,球踢来踢去,会谈裹足不前。人们一向认为最难解决的巴勒斯坦问题,由于巴以双方的共同努力而实现突破,似乎为解决叙以争端提供了一种启示——以一种新的角度审视几十年阿以冲突的现实,以一种明智和务实的态度对待"冷战遗产",求得解开难题的关键。

人们注意到,今年年初阿萨德同美国总统克林顿在日内瓦会晤,表示愿意同以色列建立"正常和平"关系,首先伸出了橄榄枝。接着,叙利亚又邀请以色列议员沙拉罗斯率以籍阿拉伯人代表团访叙,在双方之间传递信息。不久前,拉宾也发出信号表示为了和平愿意拆除戈兰高地的犹太移民定居点。

戈兰高地问题是叙以和谈的核心,而叙以和平又是中东和平的关键。随着时间的推移,拉宾政府越来越意识到,叙以和谈中戈兰高地问题是难以回避的,尽管最后作出全部撤军的选择是艰难的。根据拉宾的指示,军方情报机构和外交部分别制订了从戈兰高地撤军的方案。这些计划大致包括和平、撤军、安全安排、执行时间表和美国提供风险补偿等方面。

据透露,拉宾4月29日通过克里斯托弗向叙利亚提出一揽子和平方案,建议分三阶段在5年到8年期间从戈兰高地撤军。克里斯托弗在大马士革经过两天会谈返回以色列,带来叙利亚的意见。阿萨德对克里斯托弗表示，他同意在以色列全部从戈兰高地撤军后同以色列实现关系正常化，也承认以色列的安全需要。叙利亚外长沙雷强调，叙利亚不接受以色列提出的关于分三阶段撤出戈兰高地的解决办法，并坚持认为以色列从全部阿拉伯被占领土撤出是建立本地区和平的条件。

克里斯托弗这次叙以穿梭外交的进展在于，双方开始表明各自的实质性立场。一位以色列官员认为，这标志叙以和谈掀开了新篇章。但是，从目前叙以初步透露出来的信息来看，双方分歧还是相当大的。可以预料，和谈的道路仍将是曲折、复杂和艰难的。

（新华社耶路撒冷1994年5月3日电。）

约以领导人的历史性会晤

约旦国王侯赛因和以色列总理拉宾1994年7月25日在华盛顿举行首次公开会晤，将宣布结束两个邻国46年的交战状态。这次历史性的会晤是继去年9月13日巴解组织执委会主席阿拉法特同拉宾总理签署和平协议以来，中东和平进程的又一个重要突破。

约以华盛顿最高级会谈是两国关系发展的高潮。去年9月14日，两国代表在华盛顿签署关于和平谈判的框架协议，为解决两国分歧规定了议事日程。今年7月18日，两国代表团在约以边界艾因·埃夫罗纳临时搭起的帐篷内讨论了领土纠纷、水资源分配、安全等双边关系和未来经济合作的具体安排问题。7月20日，约旦首相兼外交大臣马贾利、以色列外长佩雷斯和美国国务卿克里斯托弗在死海地区会谈。这是以色列领导人首次公开踏上东邻的大地。

约以和谈是在阿以冲突各方分别会谈的新形势下进行的，而约以突破势必将促进整个中东和平进程。叙以和谈是中东和平的关键。为促进叙以双方打破僵局，克里斯托弗最近对中东进行了今年以来的第三次穿梭外交，两进两出特拉维夫和大马士革。应阿萨德总统之约，克里斯托弗8月将四下中东。阿萨德昨天同埃及总统穆巴拉克会谈后说，叙以之间的和平进程并未陷入僵局，而是处于一种相互探索的阶段。

战后几十年，阿以战争连绵，严重影响了各自国家的经济建设和人民生活的改善。随着冷战的结束，中东人民渴望和平，希望加入和平与发展的世界大潮。以色列归还它所占领的阿拉伯领土，阿拉伯国家报之以和平，从根本上讲符合各国人民的最大利益。

但是，也应当看到，几十年阿以冲突一朝冰释是不可能的，是不现实的。各方谈判仍然是一个长期、复杂和艰难的过程，不排除曲折和反复。就约以谈判来说，双方分歧相对容易解决，但双方领土纠纷和水资源分配仍然是今后双边谈判中的两大难题。

（新华社耶路撒冷1994年7月25日电。）

克里斯托弗中东之行意欲何为

美国国务卿克里斯托弗3月7日踏足中东，开始了1995年的第一次中东穿梭外交活动。他将访问埃及、以色列、约旦、沙特阿拉伯、叙利亚和加沙，其首要目标仍是推动中东和平进程，特别是打破叙以和谈的僵局，但同以往稍有不同的是，克里斯托弗此行还肩负另外两项外交任务：消除埃及同以色列围绕不扩散核武器条约问题的龃龉和巩固对伊拉克的制裁。

中东和谈去年进展较快，可是进入1995年后，和平进程的势头却明显减慢。叙利亚和以色列在华盛顿举行的大使级谈判一直未能恢复；在黎巴嫩，以色列军队仍不断突破"安全区"，袭击真主党武装；巴勒斯坦和以色列关于巴自治第二阶段的谈判迟迟达不成协议。

显然，克里斯托弗的任务是艰难的。为了给国务卿壮行，美国总统克林顿日前分别打电话给以色列总理拉宾和约旦国王侯赛因，重申支持拉宾采取新的"勇敢措施"，并表示要履行援助约旦的承诺。眼下，叙以双方似乎都对克里斯托弗寄予厚望。拉宾表示，希望克氏此行能促使叙以恢复直接谈判，甚至提高谈判级别；但由于叙利亚总统阿萨德3月6日宣布拒绝拉宾提出的以从戈兰高地部分撤军换取全面和平的建议，叙以和谈的前景仍若明若暗。

今年以来，埃及同以色列围绕续签不扩散核武器条约问题的争吵也给中东和平进程蒙上了一层阴影。由于今年4月份联合国要讨论条约的延长问题，双方的分歧更加明显。埃及外长穆萨提出，如果以色列不签署不扩散核武器条约，埃及也不再签字，并号召其他阿拉伯国家采取一致行动。最近埃及总统穆巴拉克曾邀请以色列外长佩雷斯访问开罗，专门讨论彼此在核问题上的分歧，但未能成功。据报道，以色列已得到美国政府的暗示，即克里斯托弗将努力说服埃以领导人减少在核问题上的争吵。他的"锦囊妙计"是把以色列对条约承担义务的问题搁置起来，留待五六月份中东武器控制多边谈判时讨论。埃及显然也意识到，要以色列现在同意签署不扩散核武器条约显然是不现实的，但它提出以色列至少承诺在武器控制多边谈判中开始讨论建立中东无核区的安排问题，即便具体执行可能要推迟到中东实现全面和平之时。但是以色列始终坚持要等中东整个地区实现和平之后，再就核问题进行谈判。此间人士认为，以色列在坚持不签约的前提下，可能对埃及的要求作出呼应，并在克里斯托弗的斡旋下做出某种让步的姿态。

伊拉克问题是美国中东外交面临的一个越来越头痛的问题。由于伊拉克宣布承认科威特和在一系列问题上进一步同联合国合作，不少国家开始倾向于解除或缓和对伊拉克的制裁。一向对伊拉克持强硬立场的海湾国家，有的口气也开始出现缓和，甚至以色列政府内部也有人公开提出要同伊拉克建立关系。在联合国安理会，法国和俄罗斯提出，伊拉克已接近履行联合国提出的中止发展大规模杀伤武器的计划，因此应当解除制裁，允许伊拉克自由出口石油。法国最近还在伊拉克首都建立了利益代表处。凡此种种，无疑直接影响到美国对伊拉克的"遏制"政策。美国驻联合国大使奥尔布赖特最近对安理会成员国进行游说，劝说它们在4月份讨论伊拉克问题时继续坚持对伊拉克进行制裁。克里斯托弗此行在同沙特阿拉伯以及其他国家领导人会晤时无疑将重申美国的立场，防止海湾阿拉伯国家动摇制裁伊拉克的立场。

（新华社耶路撒冷1995年3月7日电。）

美国加大参与叙以和谈的力度

美国国务卿克里斯托弗在叙以间的穿梭外交表明，美国正在加大参与叙以和谈的力度，推动陷入泥淖的和平进程车轮上路并加速运转。

克里斯托弗这次中东之行，主要目标仍是叙以和谈。他先在以色列同拉宾总理和佩雷斯外长举行了会谈。他的助手、中东和谈特别协调人罗斯同以色列参谋长沙哈克就戈兰高地安全安排问题交换了意见。之后，克里斯托弗携带拉宾致叙利亚总统阿萨德的信，在大马士革同叙方领导人举行了5个小时的"非常好的会谈"。据美国高级官员向记者透露，双方大部分时间讨论了戈兰高地安全安排的细节，包括非军事化、减少驻军和武器等。

种种迹象表明，美国正在采用两级和谈方式推动叙以从安全安排问题入手，以期谈判达成一项和平协议。克里斯托弗的随行高级官员证实说，克里斯托弗还从来没有像这次这样"深深卷入"安全安排问题。此前，这个问题主要由大使或参谋长一级的工作会谈来讨论。

中东和平是美国"冷战后"外交的重要组成部分。美国一直认为，叙以和谈是中东实现全面和平的关键。为了促进叙以和谈，克林顿总统去年1月在日内瓦同阿萨德进行了会晤，10月又访问了大马士革。克里斯托弗也多次在叙以之间穿梭，但叙以和谈始终未能取得突破。

分析家认为，美国决定加大参与叙以和谈的力度有两个因素：一是时间紧迫。美国和以色列都将在1996年举行大选。随着时间的流逝，两国政府的注意力可能慢慢转向国内。特别是大选后如果政权更迭将给和谈带来更加不利的因素；二是叙以双方都希望克里斯托弗直接参与谈判，居间调停。

叙以和谈的主要分歧是戈兰高地。叙方提出，以色列必须从1967年占领的戈兰高地全部撤军，"全面撤军换取全面和平"。以色列方面则声称要考虑自身的安全,"撤军的程度取决于和平的程度"。双方争论不休,互不相让。实际上,拉宾在多种场合已经暗示,在安全得到保证的前提下同意最终从戈兰高地全部撤军,但这是谈判的结果,而不是谈判的前提。美国正是基于这一心照不宣的底牌,推动叙以双方集中精力谈判安全安排问题。克里斯托弗13日晚返回以色列,今天上午同拉宾举行第二轮会谈,然后二进大马士革,再同阿萨德会谈。

戈兰高地问题对叙以双方都至关重要。双方围绕这个问题的谈判将是艰难的。佩雷斯13日表示,以色列向叙方提出了一整套新的和谈建议,叙方需要时间进行"消化",因此不指望克里斯托弗会立即带来叙方的答复。

(新华社耶路撒冷1995年3月14日电。)

克林顿推动叙以和谈

以色列总理佩雷斯12日在美国国会参众两院联席会议上说,叙以和平面临"历史性机会",他呼吁叙利亚总统阿萨德接受相互让步,共同缔造和平。11日,美国总统克林顿同佩雷斯会晤后同阿萨德通了电话,阿萨德表示愿意继续和谈。克林顿随即宣布派克里斯托弗国务卿再去中东为两国穿针引线。现在的问题是叙以双方以及美国如何把握时机尽快恢复已中断半年的和谈。

以色列前总理拉宾11月4日遭仇视和平的犹太极端分子暗杀,这一不幸事件却在以色列国内创造了有利于政府继续执行"以土地换和平"方针的氛围,公众对和平进程的支持率迅速攀升。为打破叙以和谈几个月来的僵局,佩雷斯表示同意立即讨论叙以冲突的各方面问题,突破拉宾关于把安全安排问题取得进展作为进一步谈判条件的做法。

据报道,拉宾遇害后,叙利亚方面对恢复和谈反应积极。舆论界对佩雷斯普遍抱有好感,认为他比拉宾更具灵活性。

克里斯托弗即将开始的中东穿梭,无疑是十分艰难的。据报道,他的公文包中将携带供叙以双方考虑的4种和谈选择方案:

一、举行戴维营式的最高级会谈。叙以两国领导人在不受外界影响的地点会晤数日,面对面谈判和平协议问题。这是1978年埃及总统萨达特和以色列总理贝京媾和的方式。

二、进行奥斯陆式的会谈。双方领导人指派高级助手,就和平协议要点定期进行秘密谈判,定期回国聆听领导人指示。这是巴解组织同以色列1993年达成协议的方式。

三、建立达扬—塔赫米式的秘密接触渠道。双方高级代表以不受约束的方式,通过悄悄外交,沟通观点、消除分歧,最后由领导人拍板。这是埃及外长哈桑·塔林米和以色列外长达扬1977年在摩洛哥会晤后促成萨达特总统访问耶路撒冷的做法。

四、确定实现突破的时间表。双方承诺在1996年以色列和美国大选之前几个月内结束谈判达成协议。为此，克里斯托弗将在这期间频繁穿梭于叙以之间。

从1991年马德里中东和平会议开幕以来，中东和平进程已经走过了4年多的路程：约旦和以色列缔结了和平条约；巴以签署自治原则宣言后加沙和杰里科先行自治，今年又签署扩大自治协议，巴勒斯坦人开始走向全面自治。中东和谈的接连突破使叙以和谈处于历史的十字路口。从全局看，叙以和平是中东全面、公正、持久和平的关键。两国都把实现和平作为战略选择，这是没有疑问的。但是叙以和谈又有其特殊性，牵涉到领土、安全、相互信任，以及各自的战略利益等，加上时间因素，问题极其复杂、艰难。

对双方领导人来说，他们也都面临着国内的巨大压力。实现"勇敢者的和平"，不仅需要勇气，也需要冷静地面对现实。佩雷斯就任总理后重申决心实现拉宾的和平遗愿，但拉宾遇刺本身也说明以色列反对和平势力的存在和危险。目前，工党联合政府在以色列议会中只是微弱多数。工党两名资深议员扬言，如果政府决定放弃戈兰高地，他们将退党，并在议会投反对票。另外，阿萨德是否仍然坚持以色列必须首先公开承诺从戈兰高地全部撤军作为全面和平的前提，还不得而知。这个问题无疑也是克里斯托弗这次中东之行可能首先要碰到的难题。

(新华社耶路撒冷1995年12月13日电。)

好莱坞明星土耳其劳军的背后

一批好莱坞大腕明星2000年12月7日飞抵土耳其南部阿达纳省的因吉尔利克空军基地,慰劳那里的美军士兵。

据阿纳多卢通讯社报道,这些著名影星包括朱莉娅·罗伯茨、乔治·克鲁尼、安迪·加西亚、布拉德·皮特和马特·达蒙等。影星们此行目的是为了"鼓舞士气",将同士兵联欢,在照片上签名留念和举行新片《大洋的一员》放映仪式等。制片人杰里·温特劳布说,这将是送给美军士兵的圣诞礼物。

因吉尔利克是北约南方司令部所辖最接近中东和海湾热点的空军基地,战略地位极其重要。美国在因吉尔利克空军基地驻军3500多人,分为两个空军联队,其中第39空军联队负责保护北约和美国利益,第30空军联队负责实施所谓"北方观察行动",即执行伊拉克北部所谓"禁飞区"的巡逻任务。基地还负责保证地区通信联络,进行日常飞行训练等。

从10月7日美国开始对阿富汗实行空中打击以来,因吉尔利克空军基地就异常忙碌起来。美国和英国飞机频繁起降,把弹药等军用物资运往中亚或印度洋的航空母舰上,用以轰炸阿富汗塔利班武装的军事目标。

最近一个时期,随着阿富汗塔利班武装节节败退,人们纷纷谈论美国是否将战争从阿富汗扩大到伊拉克。就在好莱坞明星到来的前两天,美国国务卿鲍威尔访问了土耳其。鲍威尔说,布什总统目前并未就"下一步"行动作出决定。土耳其著名评论家切维克指出,"当然这不意味着伊拉克不在下一阶段美国打击的名单之上"。

好莱坞明星从美国西海岸的洛杉矶万里迢迢来到土耳其慰劳美国大兵,他们"为政治服务"的积极性还真高哩!阿富汗战事看来即将基本结束,说不定他们此行就是官方为"下一步"动武做准备的"战前动员"的一部分呢!

(新华社安卡拉电,原载新华网《记者日记》,2000年12月8日。)

"头脑不能理解"的武器

看金庸的武侠小说,那些独霸武林或称霸一方的盟主、魔头和大侠,大都有令人生畏、摄人心魄和能立即置人于死地的可怕兵刃或暗器,而在现实生活中,霸气冲天的超级大国炫耀的也是别人没有的尖端杀人武器。

1965年3月,美国出兵越南。当年4月,时任美国国务卿的腊斯克在电视上向越南发出恫吓说:"美国是一个有着人们头脑几乎不能理解的军事力量的国家。"腊斯克所说的"人们头脑几乎不能理解的军事力量",当然指的是武器,并且是别国没有的厉害武器。

10年间,美国天兵在越南使用了"人们头脑几乎不能理解"的各种武器,其中包括化学武器"落叶剂",但这些武器也未能阻挡越南人民抗美救国的最后胜利。这段历史已经盖棺定论,成为美国历史上极不光彩的一页。

几十年过去了,随着美国国力的膨胀、科技的昌明,"人们头脑几乎不能理解"的武器又造了不少,贫铀弹就是其中一种,并先后在伊拉克、波黑和科索沃接连不断地使用。

以美国为首的北约,1999年对南联盟发动了78天的狂轰滥炸,在科索沃等地的112个地点,投下了3万多枚贫铀弹。明明是对另一个主权国家的公然侵犯,美国却要冠冕堂皇地标榜它的行为是为了防止一场"人道主义灾难"。

具有讽刺意味的是,贫铀弹是一把双刃剑,在爆炸中产生的核辐射,既伤害了对方,也伤害了自己。最近,"巴尔干综合征"风波席卷欧洲大陆。美国的北约盟友意大利、法国、荷兰等国派驻巴尔干地区参与维和行动的一些士兵因患癌症而死亡。专家们普遍认为,他们的死与贫铀弹释放的大量核辐射有关。

美国作为世界上唯一使用贫铀弹的国家,事后却百般掩饰自己的行为，大谈"贫铀弹无害论"，激起了有关盟国的强烈愤慨，希腊和葡萄牙纷纷举行抗议示威活动。欧洲国家要求调查真相，讨个说法，无疑是完全正当的，但是，受到贫铀弹直接和潜在危害最大的则是巴尔干地区各国人民。那些置这些平民百姓的生死于不顾的贫铀弹使用者难道会给这些百姓一个公正的说法吗？

南联盟等国已经开始对"巴尔干综合征"进行调查，贝尔格莱德肿瘤医院已发现一些病例，怀疑同几年前波黑战争期间使用的贫铀弹有关。

在绝大多数居民是阿尔巴尼亚族的科索沃，倘再过几年那3万多枚贫铀弹造成的潜在放射危害变成现实，又有谁能保证那些骠悍的阿族民众不会狠狠地教训一下给他们带来"人道主义灾难"的人权骗子呢？

（新华社安卡拉电，原载新华网《记者日记》，2001年1月14日。）

前度刘郎今又来

题记：公元805年，唐朝诗人刘禹锡因同王叔文革新集团有牵连，被贬为朗州司马。815年召回，因写了"玄都观里桃千树，尽是刘郎去后栽"的诗句，再度被贬，发放连州。828年，刘回到长安。当年打击他的政敌有的死去，有的失势，感慨之余又写了《再游玄都观》诗："百亩庭中半是苔，桃花净尽菜花开。种桃道士归何处，前度刘郎今又来。"反其义而用之。

10年前的今天，美国发动了代号为"沙漠风暴"的海湾战争，战争结束后又对伊拉克实施制裁和封锁。"城门失火，殃及池鱼。"土耳其作为伊拉克的邻国，也深受对伊制裁和封锁之害。海湾战争之前，伊拉克是土耳其的最大贸易伙伴之一。土耳其购买伊拉克的石油，伊拉克则从土耳其进口工业品和日用百货。由于制裁，伊拉克同土耳其的经济和政治关系受到极大损害。据权威经济学家估计，土耳其10年来因此造成的经济损失高达800亿到1000亿美元。

美国飞机从土耳其南部因吉尔利克空军基地起飞，不断入侵伊拉克北部的所谓"禁飞区"领空，更使伊土政治关系处于危机状态。

土耳其同伊拉克接壤的加齐安泰普省商会会长阿斯兰16日说，土伊封闭边界给东南部地区的经济造成巨大损失和大量人员失业。以前同伊拉克的贸易额每年为40亿美元，其中出口牲畜就达5亿美元；土耳其通过伊拉克同沙特等海合会六国的贸易通道被卡断，欣欣向荣的贸易关系陷入瘫痪；经济恶化也为分离组织库尔德工人党在东南部地区的恐怖主义活动提供了温床。

土耳其政府从去年以来不顾美国的反对，逐步调整和改善同伊拉克的经济和政治关系。一方面在国际讲坛上支持解除或缓和对伊拉克的制裁，另一方面采取改善关系的具体步骤，其中包括增加官员互访，恢复同巴格达的航空来往，任命新大使实现外交关系正常化，增加开放边界通商口岸和计划恢复"土耳其—叙利亚—伊拉克"国际铁路运输等。

但是，共和党在去年12月的美国大选中获胜给土伊改善关系的势头蒙上了一层阴影。退休将军鲍威尔被任命为国务卿。老布什10年前发动海湾战争时，鲍威尔是参谋长联席会议主席，直接负责调兵遣将。他还未走马上任，就咄咄逼人，"新官上任三把火"先放出一把来，决心要推翻萨达姆政权，进一步拧紧对伊拉克制裁的螺旋。

通常反映政府观点的英文报纸《土耳其每日新闻》忧心忡忡地说，今后几个月土伊关系这艘航船可能遇到风浪，改善关系的势头将受到掣肘。但是，分析家们认为，鲍威尔加大对伊拉克制裁的强硬立场，可能会事与愿违。这是因为越来越多的国家冲破联合国的对伊制裁，派飞机前往巴格达，同伊拉克做生意。这已经成为一个潮流，势不可当。

"古调虽自爱，今人多不弹。"当今世界多极化在发展，同美国10年前带领多国部队时的随心所欲已不可同日而语。美国的伊拉克政策越来越不得人心。鲍威尔先生还死抱着老黄历不放，显然是不合时宜的。

（新华社安卡拉电，原载新华网《记者日记》，2001年1月17日。）

醉翁之意不在酒

据土耳其阿纳多卢通讯社2001年1月29日报道，美国五角大楼近日策划了一个向参加过朝鲜战争的土耳其老兵颁发所谓"感谢证书"的活动。为了显示隆重，活动于1月25日在华盛顿和安卡拉同时举行。

朝鲜战争，亦称朝鲜祖国解放战争，1950年6月25日爆发，27日美国正式参战，7月7日，美国盗用联合国旗帜，纠集15国，组成以美军为主并由美国指挥的所谓联合国军。

令人感到纳闷的是，美国搞这么一手意欲何在？如果说是纪念朝鲜战争50周年，那也是"正月十五贴门神——晚了半月了"。况且联合国军有15国参加，为何土耳其独享"殊荣"？人们不禁要问，美国当局的葫芦里到底装的什么药？

美国把远在亚洲最西端的土耳其拖上侵朝战车，开到万里之外的朝鲜半岛为美国佬当炮灰。土耳其共有1.5万名士兵参战，741人丧生，2068人受伤，407人失踪。土耳其为一场与本国利益毫不相干的不义战争付出这么大的代价，何苦来哉！50年后的今天，对大多数土耳其人来说，这个中缘由也许还是说不清道不明。

去年，在中国驻土耳其大使馆举行的国庆招待会上，我遇到了一位参加过朝鲜战争的土耳其老兵，他的名字叫萨拉哈丁。据他讲，当年他是糊里糊涂地被长官带到朝鲜战场的，后因不满长官的粗暴虐待，他毅然开小差，向中国人民志愿军投诚。停战后他又毅然选择了中国作为自己的第二故乡，在山东济南同当地的一位中国姑娘结为连理，生下两男一女。几十年过去后，萨拉哈丁夫妇回到了土耳其。他经常邀请中国同志到他家做客，讲述他那段具有传奇色彩的人生经历。

美国驻土耳其大使皮尔逊在官邸举行的仪式上高谈阔论，给在场的人猛灌迷魂汤。他声称"土耳其老兵帮助美国打赢了朝鲜战争和接踵而来的

'冷战'"。

当年在朝鲜参战的美国将军都无可奈何地承认美国在朝鲜失败了，称那是一场在错误的时间、错误的地点进行的一场错误的战争。而今大使先生却不认账，反而给它戴上了"胜利"的光环，此举真是令人啼笑皆非。这不禁使我想起17世纪英国驻威尼斯大使伍顿的一句名言："大使是一种诚实的人。他是为了本国的利益而被派到外国去说谎的。"

皮尔逊大使说的也并非全是谎言。他保证，在布什政府任期内，美国将继续在经济和安全等各个方面支持土耳其。这番表态恐怕才是这次活动的潜台词。

最近一直有报道说，共和党政府上台可能给土美关系带来微妙影响，双方在伊拉克、塞浦路斯、亚美尼亚和石油天然气管道等问题上可能出现龃龉。美国也担心土耳其同它闹别扭将有损自己在中东、巴尔干、高加索和中亚的战略利益。显然，在布什1月20日接管白宫权杖后的第五天，五角大楼来这么一手，其如意算盘是借表彰土耳其老兵之名，行安抚安卡拉当局之实，防止这个北约的"战略伙伴"在多极化潮流冲击下产生二心。

（新华社安卡拉电，新华网《记者日记》，2001年1月29日。）

说"怕"

记得小时候同邻居伙伴下"兽棋",狮子是"兽中之王",几乎是"通吃",可就"怕"大象。据说大象鼻子一卷,把几百斤的狮子甩到空中落地摔死,但有趣的是大象"怕"老鼠。那乖觉而狡黠的老鼠能从大象的鼻孔钻进肚子里,就像孙悟空钻进铁扇公主肚子里一样,在里面"大闹天宫"。大人们说这是"游戏规则"。不知道大象是不是真怕老鼠。但这个概念却深深在我脑海里扎下了根。

1961年我到北京上大学,第一次在北京动物园看到大象,但没好意思问及大象是否怕老鼠的问题。转眼20年过去,1981年到坦桑尼亚当记者,那里的天然动物园大象很多。有一次,在米库米天然动物园,我不由自主地向管理员问起了大象是否怕老鼠钻进鼻孔的问题,他们都笑着说没听说过。我脑海中这个谜一直没能解开。

然而,现实生活中类似的事情却不少。比如美国是超级大国,国力最强,天下"唯我为大""唯我独尊",但它也不是什么都不"怕"。去年10月12日,美国海军"科尔"号驱逐舰在也门亚丁港遭到一艘小艇的炸弹袭击。这个庞然大物被炸穿了一个大洞,还真有点像老鼠钻进大象鼻子里似的。17名美国大兵被炸死,39人被炸伤。

这种在阴沟里翻船的事使五角大楼非常害怕。美国情报机构在得知"恐怖分子"还要对美国目标发动袭击的消息后,随即发布紧急命令,要求美国在海湾和中东地区的军事设施和外交机构处于高度戒备状态。驻扎在土耳其南部阿达纳省的因吉尔利克空军基地的3700名美国军人处于特级戒备,休假被终止,家属撤回国内。美国大兵龟缩进"围城"里惶惶然而不可终日。美国驻阿达纳和伊斯坦布尔两个总领馆也宣布停止对外办公。后来,又据说美国对伊斯坦布尔总领馆的地点感到晦气,干脆另找一个地点,花8600万美元建了一个新馆,以保"平安"。

美国要当世界警察，推行它制订的"游戏规则"，在世界各地驻军，修建军事基地。这在六七十年代曾引发世界各国此起彼伏的反美浪潮。当时，毛泽东主席把遍布全球的美国军事基地形象地比喻为套在美国头上的绞索。

《孙子兵法》说："备前则后寡，备后则前寡，备左则右寡，备右则左寡。"美国要独霸世界，在海外驻兵几十万，处处要备，实际上是处处被动，处处不安全。

1991年海湾战争后，美国以防御伊拉克萨达姆政权威胁为借口，强化"冷战后"中东新秩序，在一些海湾国家驻军和建立军事基地，并增加在海湾的第五舰队的力量。这必然激发海湾人民的反美情绪，美国军事目标接连遭到袭击也就不奇怪了。

其实，美国要想摆脱在海外随时可能遭到武装袭击的梦魇，办法也很简单，那就是改变霸权主义和强权政治的"游戏规则"，撤销世界各地的军事基地，撤回海外的几十万军人。果真如此，就不会再害怕有人爆炸其军舰和袭击其军营了。

（新华社安卡拉电，原载新华网《记者日记》，2001年2月4日。）

失道寡助

美国新总统布什"新官上任三把火",2001年2月16日首先在不共戴天的世仇伊拉克那边放了一把。两名伊拉克人在这把"火"中丧生,20多人受伤。

小布什此举不禁使人想起10年前其父老布什发动"沙漠风暴"行动的情景。当时伊拉克出兵侵占独立的主权国家科威特,触犯"天条",理所当然要受到国际社会的惩罚。以美国为首的由38个国家组成的多国部队,大兴讨伐之师,把伊拉克军队赶出了科威特。

伊拉克的行动客观上为美国提供了建立"冷战后"中东"新秩序"的天赐良机。山姆大叔以"恩人"的身份骗取了在某些海湾国家驻军的权利,同时大大加强了常驻海湾第五舰队的实力。

有句谚语叫做"有其父,必有其子。"布什家族新一代总统秉承老父对伊拉克的铁腕政策,上台伊始就要给萨达姆总统一点颜色看。

但是,小布什这把"火"却玩砸了,不但没有像"沙漠风暴"那样轰轰烈烈,一片喝彩声,反倒遭到包括欧盟国家在内的世界各国的广泛批评和反对。在海湾战争中支持美国的阿拉伯国家愤怒谴责美国践踏国际法,是赤裸裸的侵略行径。

英国广播公司报道说,美国这次轰炸巴格达,造成了北约内部分裂,引起北约两个重要成员国法国和土耳其的强烈负面反应。

土耳其《中东报》指出,10年来,由于美国坚持对伊拉克实行制裁,给土耳其经济造成沉重打击,累计损失达1000亿美元。土耳其有权利要求美国偿还损失。

具有讽刺意味的是,海湾战争中对伊拉克开战的38个国家中,许多国家都主张同伊拉克发展经济和政治关系。

美国凭借先进武器对伊拉克狂轰滥炸,军事上是胜利了,但在道义上却失败了。这次行动再次雄辩地说明，美国的伊拉克政策越来越不得人心。

"请君莫奏前朝曲，听唱新翻《杨柳枝》。"海湾战争已经过去整整10年了。星移斗转，时移势易。美国新政府也应当听听国际社会的强烈呼声了，死抱着过时的政策是难以为继的。

（新华社安卡拉电，原载新华网《记者日记》，2001年2月20日。）

土耳其踏上美国的"反恐"战车

土耳其政府2001年1月2日发表声明,宣布将向阿富汗派遣一支由90人组成的特种部队,参加美国在阿富汗的军事行动。土耳其总理埃杰维特对记者说,土耳其军队的重要任务是帮助训练反塔利班的北方联盟军队,但他不排除在必要时参加斗争。这支被称为"红色贝雷帽"的精锐部队,骁勇善战,熟练掌握使用各种武器。

土耳其是北约成员国,又是美国的"战略伙伴"。但作为第一个伊斯兰国家,踏上美国的"反恐"战车,去攻打另一个伊斯兰国家,在土耳其国内受到在野党的强烈反对。据11月2日公布的一项权威民意调查表明,80%的土耳其人反对向阿富汗派兵,只有15%的人支持政府的决定。

土耳其虽然宣布派兵,但过了3个星期至今仍按兵不动。埃杰维特日前声称,由于阿富汗军事形势急转直下,土政府在对形势进行评估后再决定何时发兵。

土耳其政府在声明中说,土是应美国的要求才作出派兵决定的,但美国国防部长拉姆斯菲尔德在访问乌兹别克斯坦时却强调,"土耳其派兵是土耳其政府的决定"。实际上,土耳其政府作出这一重要决定的根本出发点是谋求国家战略利益。

取悦美国投桃报李

土耳其战略地位重要。在北约内部,军队人数仅次于美国。在冷战时代,土耳其遏制苏联共产主义扩张的作用不复存在,在西方阵营的地位有所减弱,而在"人权"等问题上同美国和西欧大国时常出现不和谐的音符。土耳其希望进一步拉紧和强化同美国的战略伙伴关系,取得美国在经济、政治和军事等方面的更大支持。

土耳其是在美国对阿富汗实施空中打击近一个月没有取得重大突破的情况下宣布派兵阿富汗的。土耳其此举是企图在3个方面谋取"投桃报李"的实惠。

首先是经济方面。从今年2月以来，土耳其陷入战后以来最严重的经济和财政危机。通货膨胀高达80%，100万人失业，民众怨声载道。工人和公务员示威、抗议此伏彼起。埃杰维特政府信誉扫地。在野党和媒体一再要求政府下台，提前举行大选。

政府为了扭转局面，摆脱危机，迫切希望国际货币基金组织、世界银行和西方七国提供更多紧急财政援助，但国际货币基金组织提出苛刻的财政紧缩条件，这又进一步加剧了国内矛盾。因此土政府迫切希望美国出面，对货币基金组织和世行施加影响，对土紧急"输血"，帮助土耳其实施经改目标和2002年预算指标。

其次是在塞浦路斯问题上。土耳其希望美国支持土政府和塞浦路斯土族方面提出的"邦联"方案，也就是土族和塞族两个独立的"主权国家"组成的松散联盟。最近，由于欧盟决定在2004年以前接纳希族控制的塞浦路斯共和国入盟，代表整个塞浦路斯岛。土政府扬言，土耳其可能吞并北塞浦路斯或把北塞浦路斯变成土耳其的一个自治区。这引起了联合国和其他方面的严重关切。土耳其同欧盟关系更加紧张。

最后，同欧盟的关系。土耳其已成为欧盟"东扩"的候选国，但欧盟一直借口土在人权、民主和死刑判决等许多问题上不能"达标"，而不同土方谈判加入欧盟的时间表。另外，欧盟要建立一支欧洲独立防务力量。土耳其要求参与欧盟决策层，有更大发言权。但欧盟以土不是欧盟正式成员而排斥土的参与。土耳其担心，欧盟建立独立防务力量后，在塞浦路斯土希两族关系紧张时，可能在塞岛部署军队，不利于土在塞的存在；土耳其也担心，在土耳其同希腊在爱琴海领土纠纷问题上，欧洲防务力量进行干预，也对土不利。土耳其手中握有一张王牌，那就是未来的欧洲防务力量在使用北约设施时，土耳其作为北约成员国拥有否决权。土耳其希望在它同欧盟的关系问题上，得到美国的支持。

着眼中亚　扩大影响

土耳其人（史称突厥），历史上同阿富汗各民族关系源远流长，更把中亚地区的所谓"突厥"语国家视为自己的兄弟，同宗同种。"冷战"结束后，土耳其出于"泛突厥主义"思维，努力加强同中亚地区国家的关系，企图从政治上建立"突厥语国家"集团。

土耳其曾积极支持阿富汗抗击苏联入侵。同北方联盟特别是杜斯塔姆领导的乌兹别克族阿富汉伊斯兰民族运动关系密切。土耳其虽然不承认1996年建立的塔利班政权，但土在喀布尔的大使馆仍对外办公，也未降下土耳其国旗，塔利班也未要求土关闭使馆，宗教和文化等方面的交往也十分频繁。

土耳其一再公开宣称在阿富汗有特殊利益。土外长杰姆在联合国安理会要求在阿富汗新政权组成上起重要作用，在联合国维和部队中起主导作用。土政府在宣布派兵的前后，大力开展外交活动，谋求在阿富汗问题上有更大发言权。

土耳其谋求扩大在阿富汗的影响，一方面是为了在战略上抗衡俄罗斯和伊朗对北方联盟的支持，使将来的阿富汗政府成为亲土耳其和亲西方的政权，另一方面也是为了在经济上取得好处。

中亚地处欧亚大陆的中心位置。丰富的石油、天然气和矿产资源一直是世界和地区大国垂涎的目标。据美国人估计，里海地区石油储量在200亿至2000亿桶之间。即使最保守地估计，这个地区石油开发潜力也同科威特和伊朗的潜力不相上下。由于地理上的便利，将来中亚的石油和天然气可经阿富汗、巴基斯坦南下印度洋或经伊朗到波斯湾，而得到美国支持的巴库—杰伊汉油气管道计划将失去吸引力。土耳其对此一直耿耿于怀。

强调反恐　树立形象

土耳其政府高举"反恐"旗帜，声称出兵阿富汗与宗教问题无关，而是世界"反恐"斗争的一部分。塔利班和本·拉登不代表伊斯兰教。土耳其一再宣称，土虽然是伊斯兰会议组织成员，但宪法规定土耳其实行"世俗和民主"。土耳其是恐怖主义的受害国，同分离主义的库尔德工人党推行的恐怖主义进行了16年的斗争。近年来又同原教旨主义的真主党恐怖分子进行斗争。土耳其一直抨击欧洲国家容许反土耳其的恐怖组织在欧洲存在和从事各种公开活动。

土耳其宣布派兵参加国际"反恐"联合行动，一方面向世人显示土耳其作为地区大国的决心和力量，另一方面也是为了树立自己一贯"反恐"的形象，同恐怖组织划清界线，冲洗在车臣和"东突"问题上的负面影响。

据土耳其媒体报道，在阿富汗贾拉拉巴德的"基地"组织营地中发现了训练暗杀活动的土耳其文小册子；巴基斯坦警方在巴边界逮捕的偷越国境的人中发现有土耳其人，并怀疑他们与"基地"组织有关。

"9·11"事件后，俄罗斯和中国都公开发表声明，支持美国在阿富汗的军事行动，重申反对一切形式的恐怖主义。两国都指出，打击车臣分离主义和"东突"恐怖分子是世界"反恐"斗争的一部分。在车臣和"东突"问题上，土耳其形象不佳。俄罗斯政府一直指责土耳其支持车臣反叛恐怖分子。普京总统最近访美前夕曾指责土耳其给予前往阿富汗的车臣恐怖分子过境权。在"东突"问题上，土耳其政府虽然坚持新疆是中国领土的一部分的立场，但在土耳其仍有相当大的势力支持"东土耳其斯坦"的分裂活动，在土耳其境内有不少主张"疆独"的中国维吾尔族流亡组织进行"合法"活动。

（新华社安卡拉电，2001年1月5日。）

土耳其担心美国"倒萨达姆"打破地区平衡

从土耳其派兵进入伊拉克,是美国五角大楼推翻伊拉克总统萨达姆的战略方案中的最佳选择之一。土耳其是美国的北约盟国,美在土有10多处军事设施,其中位于土耳其南部地中海岸边阿达纳省的因吉尔利克空军基地最接近中东和海湾热点地区,是北约南方司令部所属的重要基地。基地通常驻扎3500多名美军,分成两个空军联队。

美国为了把土耳其拉上"倒萨"战车,首先在外交上对土耳其施加影响。今年初,土耳其总理埃杰维特访美,后来美国副总统切尼访土,在打击伊拉克的行动上,加强美土合作是重要议题之一。美国总统布什7月8日发表讲话,扬言要使用"所有手段"把萨达姆赶下台。美国国防部第二号人物沃尔福威茨于7月14日到土耳其访问,代表团中包括美国负责政治事务的副国务卿格罗斯曼和美国驻欧部队司令罗尔斯顿,此行的重要目的之一是说服土耳其参加"倒萨"行动。

美国还在经援和军援方面作出新承诺,特别是土耳其从2001年开始陷入第二次世界大战以来最严重的经济危机,布什亲自出马对国际货币基金组织做工作,促其对土耳其的2002年经济改革计划提供160亿美元的援助。

据土耳其《国民报》报道,美国为拉拢土耳其入伙,答应在事成之后把伊拉克北部重镇摩苏尔和基尔库克油田割让给土耳其。美国前中央情报局局长伍尔西在《华盛顿邮报》上著文,公开鼓吹向土耳其赠送上述"礼物",以换取土耳其加盟。

海湾战争以来,土耳其政府一直主张减缓和解除对伊拉克的经济制裁,对于美国要把"反恐"扩大到伊拉克,土耳其一直持反对态度。值得指出的是,土耳其军队总参谋长基夫里克奥卢对美国提出的伊拉克拥有大规模杀伤性武器的指控也不予认同。

土耳其担心，美国推翻萨达姆政权，将打破地区的政治和军事平衡。《土耳其每日新闻》评论员厄兹登·桑贝尔吉认为，西方任何按部族分割伊拉克的企图都无异于打开潘多拉盒子，伊拉克北部将割据为库尔德国，中部将是小伊拉克，南部则将是亲伊朗的什叶派穆斯林实体。

库尔德分离主义是土耳其安全的最大祸患。如果伊拉克北部库尔德人建立独立国家，哪怕是同巴格达中央政权组成松散的联邦，都会激发生活在土耳其东南部的库尔德人的分离主义倾向。土耳其政府和军队10多年来同库尔德工人党武装进行了艰苦的斗争，人力财力损失巨大，3万多人丧生。

土耳其另一担心是给本国经济造成严重影响。海湾战争前伊拉克是土耳其重要的贸易伙伴，海湾战争后联合国对伊拉克的制裁，给土造成的损失达350亿美元。近年来两国经贸合作增长很快。另外，对伊开战，大量难民将像海湾战争时期一样涌入土耳其，更会给土经济雪上加霜。

（新华社安卡拉电，原载《参考消息》，2002年7月18日。）

美国压土耳其充当空袭基地

美国在海湾战争11年后,再次准备对伊拉克用兵。土耳其作为伊拉克的北方邻国,不能不对各种不测有所准备。土耳其国防部长恰克马克奥卢9月16日说,美国已经决定了对伊拉克动武,土耳其能做的只能是如何变被动为主动,减少对国家利益的损害。

"倒萨"战机从土耳其起飞

土耳其是北约成员国,又是美国的战略伙伴,美国政府决定了的事情,土耳其是难以阻挡的。根据透露出来的五角大楼"倒萨"计划,美国将从三个方向入侵巴格达,土耳其是其中的一翼。

美国在土耳其有10多处军事设施。其中位于土耳其南部地中海岸边的因吉尔利克空军基地最接近中东和海湾热点地区,是北约南方司令部所属的重要基地。基地通常驻扎3500多名美国军事人员,分成两个空军联队。第39联队负责所谓"北方观察行动",即对伊拉克北部"禁飞区"进行飞行巡逻。自从"9·11"事件美国对阿富汗轰炸以来,因吉尔利克空军基地就忙碌了起来,所有的地面和空中人员、储存设施和机库跑道,都充分调动起来,接待各种运输机,成为向阿富汗空运最繁忙的基地。据报道,一旦战争打响,美国将从地中海上向因吉尔利克基地运送武器弹药和人员,再转而向伊拉克发动空袭和空降。美国还可能会利用土耳其中部科尼亚基地作为中转。

将被库尔德人拖入混战?

第一,美国想把"阿富汗模式"移植到伊拉克,在伊拉克北部打造"北方联盟"。第二，武装库尔德人作为推翻萨达姆政府的急先锋。

海湾战争以后，美国和英国以保护伊拉克北部库尔德人不受伊拉克政府镇压为借口在北纬36度线以北建立所谓空中"禁飞区"。美英飞机不断从土耳其因吉尔利克空军基地起飞入侵伊拉克北部上空。库尔德人员在西方支持下在伊拉克北部势力不断坐大，建立了自己的议会和行政机构，拥有数万人的武装，还有报纸、电视台和独立的库尔德语教育体系。美国《新闻周刊》报道说，库尔德人离宣布独立只是一步之遥。

美国拟议中的伊拉克"北方联盟"，除库尔德两个组织之外，还包括亲伊朗的伊拉克革命最高伊斯兰委员会和流亡美国的阿亚德·阿拉维领导的伊拉克民族协调组织。美国还暗示在"倒萨"成功后，伊拉克北部由中央政府控制的基尔库克油田归库尔德人所有。

土耳其政府反对美国对伊拉克动武，一方面是经济原因，但更主要的是担心库尔德人在伊拉克北部闹独立，成为土耳其境内库尔德人重新燃起分离主义火焰的诱因。

库尔德人也是一个有悠久历史的民族，大致有3000万，其中在土耳其有2000万，住在土耳其东南部，土耳其库尔德斯坦工人党从1984年开始分离主义暴力活动，造成3万多人丧生。

伊拉克北部除了库尔德人之外，还居住着大约250万土库曼人。这两个少数民族最近围绕分享"倒萨"胜利品而展开激烈争吵。库尔德两派联合后，确定将来的库尔德联邦国家将以盛产石油和天然气的基尔库克为首府，但在奥斯曼帝国时期这是土库曼人居住的地方。由26个土库曼人组织联合而成的伊拉克土库曼人阵线驻安卡拉代表穆斯塔法·吉亚称，他们将控制基尔库克，土耳其政府支持他们的立场。对此，库尔德人领袖巴尔扎尼扬言，如果土耳其在"倒萨"行动期间干预伊拉克北部，库尔德人起义将把大街变成土耳其士兵的坟场。

据《土耳其每日新闻》报道，一旦伊拉克燃起战火，土耳其将进入伊拉克北部，建立15公里宽的缓冲地区和5个难民营，收容伊拉克难民，从而把难民阻于国门之外。海湾战争期间，100万伊拉克人涌入土耳其，造成极大困难。另外，土耳其军队将牵制库尔德人势力，防止其独立建国的企图。

（新华社安卡拉电，原载《国际先驱导报》，2002年9月20日。）

据报道，美国已通过外交和军方等渠道，非正式地向土方提出，要使用其基地和其他后勤设施。基地包括南部阿达纳省的因吉尔利克空军基地和东南部马拉提亚省的埃尔哈吉空军基地和迪亚尔巴克尔省的皮林奇利克空军基地。自海湾战争结束以来，美国一直在因吉尔利克基地常驻近4000名军事人员，大约有100架各种型号的飞机，其中包括F-15和F-16战斗机以及EA-6B海军电子侦察机。因吉尔利克基地的美英驻军最近一个时期运输特别繁忙，飞机从欧洲等地向基地运输各种给养。另有消息说，该基地美英空军已取得了再袭巴格达的详细飞行资料，最近还对"倒萨"行动进行了"彩排"训练。

美国为了削弱和分裂伊拉克，多年来一直大力扶植伊拉克北部库尔德人组织同中央政府的对抗。两个最大的库尔德人组织——库尔德民主党和库尔德斯坦爱国阵线，在美国的撮合下放弃了争斗，实现了联合。两派领导人巴尔扎尼和塔拉巴尼8月初举行会晤，9月份举行了库尔德议会会议，通过了"伊拉克联邦"宪法草案，并把伊拉克中央政府控制的石油城基尔库克作为库尔德联邦区的"首府"。安卡拉的外国观察家普遍认为，如果美国最后决定对伊拉克动武，土耳其将会满足美国的要求。事实上，土耳其政府和军方最近一直在"为一场不可避免的战争"做准备。为了防止伊拉克库尔德人乘机宣布独立，也为了防止逃到伊拉克北部山区的1000名土耳其库尔德斯坦工人党武装分子卷土重来，最近军方加强了在伊拉克北部的军事存在。

（新华社安卡拉电，原载《参考消息》，2002年10月24日。）

美国向土耳其通报"倒萨计划"

在美国加紧擂响"第二次海湾战争"的战鼓声中,美国中央司令部司令弗兰克斯和美国欧洲司令部司令兼北约最高盟军司令罗尔斯顿2002年10月21日向土耳其军界首脑通报了美国"倒萨"的作战计划。两位关键人物此时到访非同小可,无疑表明美国"倒萨"备战进入了新的阶段。

根据美国五角大楼制订的"倒萨"计划,美军将从南、西和北三个方向发动攻击,三条战线互为犄角之势,形成合围局面。其中"北线"在战略上极为重要。"北线"倚着土耳其,土是北约成员国,又是美国的战略伙伴,有良好的基地设施和后勤便利,进可攻,退可守。1991年海湾战争中,土耳其的战略地位就起了至关重要的作用。

美国为了加快"北线"的备战步伐,采取了双管齐下的步骤,一是恩威并用,力图说服土耳其就范;二是推动伊拉克北部库尔德各派合作,形成合力,成为"北方联盟第二"。

土耳其在伊拉克问题上拒绝唯华盛顿马首是瞻,主要是担心后果,"拔起萝卜带出泥",打乱地区平衡,特别是担心伊拉克北部库尔德人坐大,"明修栈道,暗渡陈仓",宣布成立库尔德国。而战争会给土耳其经济造成灾难性的破坏,就更不消说了。美国为了"投桃报李",最近加大了"支持"土耳其的力度,美国国务院和国防部正在制订一揽子援助计划,包括经授和军援,总金额初步确定为40亿至60亿美元。国会还讨论了另一项法案,表示坚决支持土耳其加入欧盟的努力,并敦促欧盟在12月哥本哈根首脑会议上同意其确定谈判入盟的具体日期。美国《新闻周刊》报道说,美国还可能同意向土耳其提供新型坦克和无人驾驶飞机技术,目前土耳其正谈判从以色列高价购买这些技术。

一冷一热之间[①]

土耳其执政的正义与发展党主席埃尔多安，2002年12月10日对华盛顿进行今年以来的第二次访问，受到热烈欢迎，同上次访问受到的冷遇形成鲜明对照。

埃尔多安应布什总统邀请，成为白宫座上宾。布什班子要员副总统切尼、国务卿鲍威尔和国家安全顾问赖斯依次同埃尔多安举行会晤。美国务院政策计划司前官员、利哈伊大学教授亨利·巴基称埃尔多安受到了"电影明星"般的待遇。

今年1月，埃尔多安访问华盛顿，为刚刚成立几个月的正义与发展党寻求支持，可是布什政府没有任何人"拨冗"会见这位土耳其最大政党领导人。据报道，布什班子对正义与发展党在土耳其议会投票反对派兵去阿富汗参加美国领导的"反恐"战争十分恼火。

中国思想家孔子有句名言："道不同，不相为谋。"明乎此，就不难理解埃尔多安遭遇"冷脸子"的缘故。那么，同一个埃尔多安，年初人家不屑一顾，到了岁尾怎么就成了"香饽饽"了呢？

在11月3日举行的议会选举中，埃尔多安领导的正义与发展党取得压倒性胜利，受命单独组阁。令华盛顿刮目相看，也在情理之中，但布什政府对埃尔多安态度的180度大转弯，更有深层次原因。

路透社的一则电讯说，如果布什要带领美国及其盟国向伊拉克开战，那么它就需要土耳其提供最大程度的合作。巴基教授认为，布什政府认识到，埃尔多安目前虽然不是政府总理，但他却是土耳其最重要的人物。由于土耳其同伊拉克接壤，它在1991年海湾战争中起到了关键作用。鉴于沙特阿拉伯态度暧昧，如果对伊拉克动武，土耳其向美国提供基地将是至关重要的。

也许，埃尔多安对华盛顿前后"变脸"，有些许世态炎凉之慨，但国家关系没有永久的友谊，只有永久的利益，政治家个人的风云际会不过是这种关系的缩影而已。

（新华社安卡拉电，新华社国际部2002年12月11日专稿。）

土耳其极不情愿参战

土耳其是北约成员国，是美国的"战略伙伴"，一向言听计从。土耳其南部阿达纳省的因吉尔利克空军基地，在海湾战争中就是美英军队打击伊拉克的前哨阵地。1991年以来，对伊拉克北部所谓"禁飞区"进行巡逻。目前该基地驻扎约400名美英军事人员，分为两个空军联队，有各种军用飞机近50架。土耳其的战略地位还表现在美军可从德国的北约基地，很便捷地空运或海运到土耳其黑海港口和机场、再转运伊拉克北部。

美国政府去年12月初正式要求土耳其积极参与可能对伊的军事行动，除了因吉尔利克基地外，还提出使用土南部和东南部其他一些机场和海港，以及在土部署8万名军队，以便向巴格达发动攻击。另外美国还要求土耳其允许英国军队进入土耳其。两国军队在"倒萨"行动结束后，继续驻扎5年，他们的行动将不受土耳其法律约束。

土耳其在海湾战争中吃了大亏，经济受到重创，直接贸易和财政损失达400亿美元，如加上对伊制裁10年的损失，高达1000亿美元。这个教训使土十分敏感，因此一向反对美国把"反恐"战争扩大到伊拉克。土耳其认为，美国对伊动武将打乱地区战略平衡，造成伊拉克分裂。伊拉克库尔德人有可能利用战乱宣布伊拉克北部独立，而库尔德人独立必将引发土耳其境内1200万土耳其库尔德人的分离主义倾向。这将是一场噩梦。从1984年开始，土耳其政府同分离主义的库尔德工人党武装进行了长达十多年的战斗，双方共有3万人丧生；土耳其东南部地区的发展受到严重破坏。在经济方面，土耳其2001年经受了二战后最严重的经济危机。新的战乱必将使土经济雪上加霜，同伊拉克的石油贸易将中断，经济重要支柱之一的旅游业将遭到严重挫折。大批伊拉克难民将进入土耳其，使土不堪重负。更让土耳其不能接受的是，美英军队长期赖着不走，并享受治外法权，会使人想起第一次世界大战后土耳其陷入半殖民地的历史。

美国从布什总统去年7月初发表"不惜一切手段"推翻萨达姆政权的讲话以来，不断派军政高官到土耳其进行游说，恩威并施，企图"说服"土耳其搭上"倒萨"战车，一直未能如愿。去年12月27日，美国财政部副部长泰勒和副国务卿格罗斯曼访土。为得到土耳其的支持，美方愿意对土经济损失进行"补偿"，第一阶段提供50亿美元，然后再考虑提供150亿至200亿美元。同时还要求土政府"不再拖延"地决定如何参与"倒萨"军事行动。据最新消息，美国参谋长联席会议主席达尔斯将于1月中旬访问土耳其，继续对土施加压力。

最近土耳其国内反战的呼声也越来越高，反对党、非政府组织和公众不断举行反战示威，民意调查显示87%的土耳其人反对新的海湾战争。去年底土耳其政府多次举行军政官员参加的高级会议，国家安全委员会也举行了会议，最后决定，等待联合国武器核查有结果后再就土耳其的对伊政策和如何回答美国要求做出决定。但是美国对伊动武的决心已下，估计土耳其将难以对美国顶到最后，终究会在美国重压下被推进战争旋涡。

（新华社安卡拉电，原载《瞭望》周刊，2003年第一期。）

从安曼到安卡拉

日前,记者在约旦首都安曼参加新华社中东地区部分分社负责人会议,讨论日益迫近的美国对伊拉克战争的报道安排,会后搭乘约旦皇家航空公司飞机从安曼返回土耳其首都安卡拉。约、土两国都是伊拉克的邻国。途中,记者深切感受到这两个国家人民普遍的反战情绪。

约旦是目前外国人进出伊拉克的主要通道。随着美国对伊拉克动武的可能日益增大,外国驻伊外交和商务人员以及侨民纷纷撤到约旦。记者在安曼机场候机时,正好有一架约旦皇家航空公司班机从伊首都巴格达抵达,其中还有一些中国人,隔着玻璃墙向记者招手。

在安曼机场免税店,两个约旦收款员得知记者是中国人,就主动用英语谈起伊拉克问题。他们说,大多数约旦人都反对美国向伊拉克发动战争,因为打仗将断了约旦的财路,弄不好将导致大批难民涌入,使约旦经济雪上加霜。

登机前,记者同设在土耳其布尔萨的一家印度医疗设备公司的经理古哈先生攀谈起来。他对伊拉克战争前景感到十分担忧。他认为,土耳其经济将因此受到严重影响,外国投资将进一步减少。"这对土耳其将是致命伤。中国和印度经济发展速度快,很重要的因素是吸引了大量的外国投资。如果土耳其发展要完全依赖向国际货币基金组织借贷,那是不行的。"

约旦皇家航空公司本次安曼至安卡拉航班使用空中客车A310-300型客机。登机后发现稀稀落落没多少乘客。但过后却突然一下上来100多名土耳其到麦加朝觐的穆斯林。他们告诉记者,由于担心打仗,他们都急着回国。由于土耳其航空公司机票预售一空,只好取道安曼回国。一位名叫阿里的土耳其朋友在记者旁边落座。他指着记者正在阅读的《约旦时报》头版头条关于伊拉克的报道说,土耳其非常讨厌美国将要对伊拉克发动的战争。

(新华社安卡拉电,国际部2003年2月15日专线稿。)

美国建立"北方战线"前景莫测

土耳其议会①日否决了政府提交的允许美国在其境内部署军队的议案,使美国建立"倒萨""北方战线"的计划搁浅。美土如何摆脱目前的尴尬局面从而谋划下一步行动,引起世人密切关注。

按照五角大楼战略家的方案,美国在海湾地区部署重兵,作为"倒萨"的主攻方向,同时在土南部和伊拉克北部开辟"北方战线",实现两线合围、南北夹击的态势,其战略意义显而易见。现在"北方战线"计划成了悬念,分析家们认为,如果舍弃"北方战线",伊拉克将免遭腹背受敌之虞,美方将延长战争时间,甚至增加人员伤亡。

土议会的决定尽管是打了美国一记闷棍,美国虽怒火中烧,却又发作不得。因为这不是土耳其的政府行为,而是西方最崇尚和标榜的议会民主。任何说三道四都可能被反讽为对议会民主的亵渎。尘埃落定之后,美国军界有人扬言,没有土耳其的支持和"北方战线",美军仍有把握打赢战争。其实这只不过是自我解嘲而已。土议会否决政府提案3天之后,美国驻土大使皮尔逊紧急约见土总理居尔,转达了布什总统仍希望取道土耳其攻打伊拉克的意图。皮尔逊甚至表示,如果驻军不成,宁可求其次,即仅仅使用土耳其领空和基地。

同时,在东地中海海面,运载美国士兵和军火的大批舰船并未调转船头驶向海湾,而是接到命令等待靠岸;先期到达伊斯肯德伦港的军用车辆6日神不知鬼不觉地开往土伊边界,土耳其总参谋部发表声明解释说,美国车队是根据2月6日议会通过的决定行动的。

目前,最富悬念的是土政府何时再向议会提交议案。4日,土耳其执政的正义与发展党主席埃尔多安在该党议会党团会议上发表讲话,正式发出了政府考虑再提议案的信号。总理居尔也表达了同样意向,但是两人都没有说明何时付诸实施。5日,土耳其总参谋长厄兹科克明确表示支持政府在伊拉克问题上的立场。他表示，土耳其不是94%而是100%的人反对伊拉克战争，但土耳其无法阻止战争。无疑，军方的支持更加坚定了政府提交第二个议案的决心。

然而下周土耳其将面临政府更选，一时无暇顾及议案问题。有报道说，新政府可能要到20日左右才能考虑提交方案问题。那么，美国还有耐心等待吗？

（新华社安卡拉电，原载《南方日报》，2003年3月8日。）

鲍威尔访土与土美关系

美国国务卿鲍威尔2003年4月1日夜抵达安卡拉,对土耳其进行为期一天的访问。在伊拉克战争进入关键阶段之际,鲍威尔走访土耳其,其意图引起人们的广泛猜测。土耳其外交部4月1日下午发表的一项公报说,鲍威尔将同土耳其领导人讨论两国关系和伊拉克战争问题。

土耳其同美国既是北约盟国又是战略伙伴,两国的根本利益通常并行不悖。可是,双方在伊拉克战争问题上却出现了矛盾,关系骤然紧张。土耳其前总统德米雷尔认为,土耳其是目前仅次于法国的让美国总统布什感到最为恼火的盟国。土美关系发展到这一步,说到底是因为两国根本利益发生了碰撞。"道不同,不相为谋。"因此,土耳其在一系列问题上对美国说"不"。

第一,土耳其坚决反对美国对伊拉克动武。从2002年7月布什宣布要不惜一切代价推翻伊拉克现政权以来,土耳其三届政府都明确表示不赞成以武力方式解决伊拉克问题,强调对一个主权独立国家使用武力,必须经过联合国安理会授权。土耳其总参谋长厄兹科克说,土耳其不是民意测验表明的94%反对动武,而是100%反对动武。

第二,土耳其拒绝了美国提出的在其境内部署6.2万美军以开辟打击伊拉克北方战线的要求。前总理居尔领导的政府迫于美国的强大压力,曾被迫同意美国的这一要求,却最终遭到了议会的否决。美国五角大楼精心策划的北方战线计划因此流产。布什政府事后指责土耳其未能做好执政党议员的工作,而土耳其官员则批评美国应当承担责任,指出美国媒体掀起丑化土耳其的运动,大大伤害了土耳其人的民族感情,从而导致态度动摇的议员投了反对票。

第三,土耳其对美国提出的关于驱逐伊拉克外交官的要求置若罔闻。伊拉克战争爆发后,美国要求世界几十个国家驱逐伊拉克外交官。土耳其新总理埃尔多安却"顾左右而言他",对此不予回应。此外,伊拉克驻土耳其大使萨利赫一段时间来在安卡拉十分活跃,大力宣传伊拉克政府的立场,也使美国非常恼火进而迁怒于土耳其政府。

第四,土耳其坚持把土军进入伊拉克北部同向美国战机开放领空挂钩。布什于3月23日表示,"美国期待土耳其人不要进入伊拉克北部。他们知道我们的政策,而且这是一项坚决的政策"。虽然埃尔多安政府做出了妥协,但仍坚持有权在必要时自行决定向伊拉克北部派遣军队。

此间人士认为,鲍威尔访土意在一箭双雕,一方面修补同土耳其的关系,另一方面说服土耳其"更积极"地支持美国的对伊战争。土耳其虽然向美国战机开放了领空,但美国认为还不够。据报道说,鲍威尔此行可能会提出新的要求。情况到底如何,有待观察。

(新华社安卡拉2003年4月2日电。)

土耳其人给美国人上课

在安卡拉出版的英文《土耳其每日新闻》，2003年8月4日在头版头条以通栏大标题《美国在伊拉克公关失败》报道该报对土耳其副总理兼外长居尔的专访，引起此间观察家议论纷纷。

居尔对美国军队不断遭到伊拉克人袭击的狼狈处境进行"把脉"，指出其"痼疾"在于未能赢得伊拉克人心。居尔委婉地表示，土耳其在科索沃、波黑和阿富汗的经验对美国"非常重要"。

"土耳其人的行为举止不是一支不折不扣的警察部队。"

居尔说，土耳其人同当地人民建立了"非常良好的关系"，帮助修复医院、教堂和清真寺，对穆斯林和非穆斯林同等对待……

居尔这番话，似乎是向美国人说明"得人心者得天下"的道理。其实，这个道理并不深奥和玄妙。中国古代早有"得人则安，失人则危"的名言。

土耳其同美国是北约盟国和"战略伙伴"，居尔慷慨陈词显然出于善意。那么，他公开指点迷津，美国又将作何感想呢？

据局外人观察，美国老是弄不明白伊拉克到底是怎么回事。战争伊始，美国自诩为"解放者"，强调不是"占领者"，对伊拉克开战的目的是把伊拉克人民从萨达姆独裁统治的水深火热中解放出来。可是，美国"解放军"所到之处，并未看到伊拉克人箪食壶浆夹道欢迎，更没有人聚众揭竿起义。

不久前，美国乔治敦大学外交学院院长汤姆·米利亚在伊拉克进行了一项民意调查。情况表明，大多数伊拉克人不相信美国所谓"发动伊拉克战争是为了解放伊拉克人民"的说法，不认可美国给他们带来的"自由、民主"。他们渴望美国从伊拉克撤军，以便建立属于伊拉克人自己的民主体制。

联合国秘书长安南和一些阿拉伯国家领导人，最近一再表示希望尽快结束伊拉克的占领状态,还政于伊拉克人民。看来,居尔给盟友开出的"药方"恐怕不完全"对症"。土耳其人的情况不同,无论是在科索沃,还是在波黑和阿富汗,都是执行联合国的维和任务,而美国在伊拉克则是另一码事。

(新华社安卡拉电,国际部 2003 年 8 月 4 日专线稿。)

从桑切斯将军实话实说说开去

美国入侵伊拉克军队司令桑切斯将军承认，他的军队在伊拉克发动大规模清剿行动，损害了伊拉克人民的尊严，激起了伊拉克民众的反抗。

桑切斯在接受《纽约时报》记者采访时举例说："你把一位父亲从孩子面前带走，先给他头上套个蒙面布袋子，再把他按倒在地上，这损害了一家人的尊严。"

《纽约时报》也形象地说，在伊拉克人眼中，美国大兵是一群装备有高科技武器只知道破门而入的暴徒。

此间媒体认为，桑切斯将军对美国"仁义之师"的负面描述，乍听起来有些苦涩，也可能使观察家们感到惊诧，但他实话实说的勇气，无疑令人钦佩。

具有讽刺意味的是，在桑切斯讲话前，负责伊拉克战后重建事务的美国最高文职行政长官布雷默先生，还在宣传伊拉克形势大好，声称伊拉克百姓并不仇恨美军，不断袭击美军的不过是萨达姆政权的一小撮残余势力，不足为惧。

布什总统5月1日宣布美军在伊拉克的主要战事结束以来，15万美国军队陷入了伊拉克人抵抗游击战的泥潭，已经有近60名美国大兵被"斩首"，差不多平均每天有一人丧命。伊拉克抵抗力量埋地雷、放冷枪、扔手榴弹，打了就跑，玩起了"捉迷藏"。他们扬言要把巴格达变成美国大兵的"坟场"。

另一方面，美军越来越感到朝不保夕，在沙漠地带50摄氏度的高温煎熬下，怨声载道，士气受到重挫。有人开小差，有人公开在电视上向国防部长拉姆斯菲尔德发牢骚，对迟迟不能回应表示不满。

新华社驻巴格达记者有非常精彩的现场报道：

记者9日再次来到巴格达国际会议中心，发现占领军、伊拉克临时管理委员会和联合国驻伊代表机构的汽车在驶进会议中心前不再像往常一样在大门口接受检查，而是在距大门约30米的地方就开始接受更加彻底的检查。

在被称为"工业大街"的商业区，美军一辆军用卡车停在一家电器商店门前，一些美军士兵在店内购物。卡车前后各停着一辆轻型装甲车。4名美军士兵在商店门前靠墙一字排开，双手紧握自动步枪，虎视眈眈地盯着大街如临大敌。

历史常常有惊人的相似之处。50多年前采访朝鲜战争的美国记者对美军士气也有非常精彩的报道：

在前线地堡中过夜是非常可怕的事。寒冷和担心数百码以外的共军来攻的不安心情使他们感到不舒服和害怕。他们凝视着黑夜，经常抽动筋肉，甚至心惊胆颤到连一个空的火柴盒子落地也会惊跳起来。

虽然地点不同，时间不同，季节不同，对手也不同，可是今天伊拉克美军的状况同当年侵朝美军的状况，何其相似。1979年苏联入侵阿富汗后，当年美国侵略越南军队司令威斯特摩兰将军告诫莫斯科，苏联人犯了个战略错误，将要付出巨大的代价，因为他们的部队"将要遇到许多同美军在越南相同的问题"。

"前事不忘，后事之师。"威斯特摩兰当年对苏联人的告诫，焉知不是对今天入侵伊拉克美军的警告！

（新华社安卡拉电，国际部2003年8月10日专线稿。）

美国反华势力的喉舌

美国《华盛顿时报》最近又发表文章，诬蔑中国利用留学生"获取敏感情报"。中国外交部发言人孔泉2003年8月11日对记者发表谈话予以驳斥，指出该报无中生有，诋毁中国形象，散布"中国威胁论"。该报敌视中国不是偶然的。

从华盛顿驱车前往纽约，离开市区不远就可看到坐落在公路旁的《华盛顿时报》。该报历史不长，是1982年问世的。本来，在美国首都已有《华盛顿邮报》这样的大报，又冒出一家以"华盛顿"冠名的报纸，在业内将很难立足。但《华盛顿时报》另辟"蹊径"，创办伊始就以反华铭志，成为美国反华势力的代言人。

《华盛顿时报》出版不到一个月，就发表了一系列社论和文章，进行反华宣传。一是反对美国同中国发展关系，攻击美中建交以来的历届美国政府，对从总统到政府要员，点名进行责骂，说他们的对华政策是"向北京叩头""屈从于北京"，等等，大有要同中国闹翻才肯罢休的势头。二是干涉中国内政，鼓吹台湾"独立"。该报公然把台湾称为美国的"忠诚的盟国"，是"维护美国在太平洋利益的基地"，"把台湾交给中国"等于放弃几艘航空母舰。更可恶的是该报用美国的流氓语言对中国领导人进行人身攻击，无礼至极。

笔者80年代末在华盛顿担任常驻记者，在重大外事活动场合，很少见到《华盛顿时报》的外事记者采访，但他们偶尔在美国国务院新闻发布会上露"峥嵘"，提出一些关于在北京发生的事件的诽谤性的问题。

这家在"冷战"时代诞生的报纸，带着"冷战"思维进入了21世纪。它仰承美国反华政治势力的鼻息，近年来对中国极尽造谣诬蔑之能事，在"妖魔化"中国的暗流中推波助澜，散布"中国威胁论"。那个捏造中国留学生"获取敏感情报"的记者格茨，就炮制了不少无中生有的报道，说什么中国帮助巴基斯坦发展大规模杀伤性武器和向"基地"组织提供武器云云。

《华盛顿时报》不识时务，进行反华鼓噪是徒劳的。21世纪的人，还企图散发19世纪炮舰政策和20世纪"冷战"思维的霉味，恐怕是难以为继了。

（新华社安卡拉电，国际部2003年8月12日专线稿。）

土耳其应美国要求决定向伊拉克派遣维和部队

土耳其议会2003年10月7日授权政府向伊拉克派遣维和部队,土因此成为第一个决定向伊派兵的伊斯兰国家。从战前拒绝美国军队过境开辟所谓"北方战线",到战后对是否响应美国的要求而再出兵伊拉克长时间举棋不定,土耳其在反复权衡自己的国家利益后最终做出了这个艰难的决定。

在政治上长期同美国顶牛不符合土耳其的利益。作为美国的传统盟国,土耳其在地区问题、加入欧盟和塞浦路斯等问题上离不开美国的支持,在经济上更是有求于美国。几个月来,美国一直向土耳其施加压力,敦促土尽快做出派兵决定。美国明确表示,只有土耳其派兵,才能有助于恢复因土议会拒绝美军进入土南部开辟打击伊拉克的"北方战线"而遭重创的美土关系。美国最近提出的向土耳其提供85亿美元贷款的条件之一也要看土在伊拉克问题上是否合作。

库尔德问题是促使土下决定的又一个重要因素。长期以来,土耳其库尔德分离主义运动一直是土政府的心腹大患。伊拉克战争前,土耳其宁愿开罪美国,也要拒绝美军进驻土耳其开辟北方战线的计划,其主要原因就是担心伊拉克局势失控引发伊拉克库尔德人借机独立,进而诱发土耳其国内的库尔德问题。为了压制库尔德分离主义势力,土耳其从20世纪90年代就一直在伊拉克北部驻有军队。最近,土、美两国代表团在安卡拉经过多轮谈判,通过了共同打击伊拉克北部的库尔德工人党武装的行动计划。这就使土耳其名正言顺地保持住在伊拉克北部的军事存在,从而牵制伊拉克库尔德人的独立倾向。

公开派兵进入伊拉克有助于改变土耳其在伊拉克战争爆发后一直面临的被动处境。增强土耳其在伊战后重建中的影响和地位,从而确保自己能够获得更大的利益。

然而，土耳其决定派兵并非毫无顾忌。国内强烈的反美情绪和反对派兵的民意，以及对伊拉克人是否接受土军维和的担心等，都是几个月来让土政府对美国的要求一直拖而不决的原因。目前，虽然已决定派兵，但土耳其在出兵时间、人数和部署地点等问题上仍需要同美国讨价还价。土方的要求不仅要得到美国同意，也牵涉到同伊拉克临管会的关系和库尔德人的利益。土耳其的卷入必将使伊拉克内部的各种矛盾变得更加复杂，也使它与伊临管会的关系面临着考验。

（新华社安卡拉2003年10月10日电。）

第三部分
从中国观察美国（一）

美苏两霸在中东展开一轮新争夺

美苏两个超级大国1975年在中东地区又开始了一轮新的争夺。在过去的10多天当中，苏联外长葛罗米柯和美国国务卿基辛格争先恐后，跑到中东地区去竞相兜售各自炮制的方案，美其名曰"和平解决"中东问题，实际上是为了争夺中东霸权，钩心斗角、互相拆台。

葛罗米柯抢在基辛格的前头，从2月1日至5日先后访问了叙利亚和埃及，所到之处，大肆鼓吹"尽快恢复"讨论中东问题的日内瓦会议，说什么由苏联担任两主席之一的日内瓦会议是"全盘解决"中东问题的"唯一可靠的途径"。

同时，苏联的宣传机器也加强火力，攻击基辛格在中东的"悄悄外交"，把苏联排斥在一边。苏联《汽笛报》2月4日声称，基辛格的"分阶段解决"中东问题的办法是"解决不了问题的"，要"警惕地注视着美国外交所玩弄的手腕"。

葛罗米柯刚离开中东，基辛格就赶到那里。基辛格是选择在苏联霸权主义在中东接连碰壁，勃列日涅夫推迟访问埃及等国的时机进行这次中东之行的。基辛格从2月10日至15日走访了埃及、叙利亚、以色列、约旦和沙特阿拉伯。基辛格一再宣称，这次中东之行的主要任务之一是"探索"进一步推行"分阶段解决"办法的可能性，同苏联公开唱对台戏，竭力排挤苏联在中东的影响。

基辛格在中东兜售美国的方案时吹嘘说："逐步的做法可能是最有成效的。"基辛格对葛罗米柯关于在2月底或3月初召开日内瓦会议的主张不予理睬。基辛格说，3月中旬他将再来中东进行具体会谈。勃列日涅夫对此怒不可遏。2月14日，他在莫斯科以不指名的方式攻击基辛格的"逐步解决"办法，并且急不可待地说"苏联坚决主张尽快恢复日内瓦会议"。

美苏两个超级大国还竭力争夺对阿拉伯国家的影响。葛罗米柯访问埃及时，力图修补苏埃关系的裂痕。这一裂痕在勃列日涅夫推迟访问埃及后更加公开化。1月间，埃及曾多次谴责苏联拒绝补充埃及在1973年"十月战争"中所损失的武器，谴责苏联对埃及关于延期偿还欠苏联的债务的要求置之不理，对苏联在阿拉伯国家之间挑拨离间，拉一个、压一个等做法，表示强烈不满。美国则乘此机会对一些阿拉伯国家做出"友好"的姿态。基辛格在访问埃及期间，签订了一项美国向埃及提供8000万美元贷款的协定。在葛罗米柯到达叙利亚首都的当天，美国国务院宣布，它计划为叙利亚提供2500万美元的"经援"。

美苏两家除了各自进行活动，互挖墙脚以外，还需要互相摸底。在基辛格离开中东回国，于2月16日途经日内瓦时，葛罗米柯从莫斯科飞到日内瓦，同基辛格举行会晤。

葛罗米柯和基辛格的中东之行反映了美苏两霸在中东的争夺日益加剧。它们各自打着的"和平解决"中东问题的幌子掩盖不了它们不可告人的用心，葛罗米柯本人也承认，他这次去埃及是为了"对对表"，也就是说继续施加压力和影响，要阿拉伯世界的表跟着克里姆林宫的钟转，来达到控制中东、排挤美国的目的。美苏在中东的争霸越激烈，它们的自我暴露就越彻底。

（新华社北京电，原载《人民日报》，1975年2月18日。）

"合作"还是争夺

苏联最高领导人勃列日涅夫1977年1月18日在图拉发表讲话声称，作为中东问题日内瓦会议两主席，苏联和美国之间"合作"的意义越来越增长了，只要双方"愿意"，就可以做许多事情，帮助各方找到解决办法。美国国务卿万斯随即表示，俄国人对实现中东和平"负有责任"，并"欢迎"苏联"愿意合作的做法"。

两个超级大国对中东的争夺，由来已久。远的且不说，1973年"十月战争"结束以来，它们又围绕着掌握"和平解决"中东问题的控制权，角逐愈演愈烈。一个推行穿梭外交"逐步解决"，一个鼓吹日内瓦会议"全盘解决"，针尖对麦芒，各不相让。在激烈争夺的过程中，这两个敌手不时也发表一些"愿意"握手言和，进行"合作"的言论，无非是为了互相欺骗，掩盖其加剧争夺的障眼法而已。就在他们哼哼合作曲的时候，中东一场新的争夺戏已经开场。

美国新政府仍企图独揽中东问题的"和平解决"。美国总统卡特2月18日断言，美国将是解决中东问题的"焦点"，这不是美国"应当不应当处于这样一个地位"的问题，而是中东领导人把美国"看作是一个沟通思想和起调解者作用的地方，从而使我们处于这样的地位"。这一番话说明，美国并不"愿意"同苏联平分秋色。为了加强美国在中东的地位和排挤苏联势力，卡特上台伊始就派国务卿万斯去中东访问。据报道，万斯在同以色列领导人会谈时都设想，"日内瓦式"的会议的"一切"都决定于双边会谈，以美国为调解人；或者是举行非正式的多边会谈，地点大概在华盛顿。万斯向记者暗示，他可能搞"穿梭外交"，并且说："我们正处于这个进程的第一步。"美国已邀请中东各方领导人访美，3月后把"舞台"搬到华盛顿。

苏联又何尝真的"愿意"同美国"合作"！美国宣布万斯访问中东后，

苏联心急如焚。据报道，莫斯科对自己在阿以谈判中将发挥多大作用极为不安，担心恢复美国单独进行调解、牵制日内瓦会议的局面。于是，苏联匆匆采取各种措施同美国相抗衡。首先，派外交部中东司司长赶在万斯的前边到中东活动，兜售苏记"和平解决"货色，拉拢阿拉伯国家同它"合作"。其次，苏联驻联合国大使同以色列大使举行会晤，试探举行日内瓦会议的可能性。最后，开动宣传机器，对万斯的中东活动施放冷箭。据塔斯社说，由于美国对解决中东问题的途径没有具体主张，万斯的"使命相当困难"。《消息报》说，"不应当指望这次访问会带来什么积极成果"。这家报纸还说，万斯关于举行"双方长时间的间接会谈"的主张，是"企图再次拖延采取大家都能接受的解决近东问题的办法"，以及回过头来再采取"分阶段外交"的做法。莫斯科的意思很清楚：美国不行，得由苏联来取而代之。

两霸今年围绕中东问题的明争暗斗还刚刚开始，但端倪已露，那就是，不是苏美"合作"的意义将越来越增长，而是两霸争夺的势头越来越大。

（新华社北京电，原载《人民日报》，1977年2月27日。）

美国人质问题为何长期不得解决

美国驻伊朗外交人员，1979年11月4日被伊朗学生扣押为人质，迄今半年了。这期间，虽经各方奔走斡旋，曲曲折折，这一事件始终未能突破。4月7日，美国同伊朗断交，并采取一系列政治和经济制裁措施，企图施压伊朗释放人质，但没有取得结果。4月24日，美国派飞机前往伊朗武装营救人质未遂，在全世界引起十分强烈的反应，美伊关系进一步恶化，为人质问题的解决又增加了新的困难因素。那么，人质问题长期不得解决，原因何在呢？

根本原因在于：伊朗革命胜利后，现政权内部不同政治势力之间存在着严重分歧和激烈的争权斗争。

伊朗是一个宗教势力影响很大的伊斯兰国家，中、小资产阶级力量软弱，伊朗资产阶级民主革命不可避免地同宗教运动相结合。在伊朗现政权中，以巴尼萨德尔总统为代表的资产阶级政治家，主张建立一个西方式的民主共和国，由各党派和各种政治势力组成一个联合政府。在国际上主张反对两个超级大国，不结盟。在人质问题上，提出尽早释放，以便改善国际处境，稳定内部，恢复国民经济。巴尼萨德尔提出把引渡前国王同人质问题分开处理的原则，同意联合国派国际调查团到伊朗进行调查，作为解决人质问题的第一步。他多次公开表示，长期扣押人质对伊朗国家利益不利，妨碍对外执行独立的民族政策。他要求由政府从学生手中接管人质，批评占领美国大使馆的学生是政府以外的另一个"权力中心"，受到亲苏势力的影响。苏联侵占阿富汗事件后，他明确指出，苏联是当前伊朗的"最紧迫的威胁"。

以贝林什提为主席、由宗教上层人士组成的伊斯兰共和党，主张宗教治国。贝林什提现任伊朗革命委员会秘书长、最高法院院长，在今年2月的总统选举中，被其对手巴尼萨德尔所击败。据伊朗《回声周刊》报道，该党反对成立联合政府，认为下届政府应由该党人员组成，总理由该党人士担任。在对外政策上执行强硬路线，坚持以引渡前国王作为解决人质的先决条件，反对"妥协"。他们不同意国际调查团会见人质，也不同意政府从学生手中接管人质。该党人士公开批评巴尼萨德尔总统，要求"打倒外长戈特布扎德"。亲苏的人民党秉承莫斯科的旨意，煽风点火，宣布支持伊斯兰共和党，反对巴尼萨德尔总统。

享有至高无上权威的宗教领袖霍梅尼，一方面支持巴尼萨德尔当选总统并兼任革命委员会主席和武装部队总司令，赞同成立联合政府；另一方面又支持伊斯兰共和党的活动。在人质问题上，他明显支持贝林什提。3月下旬，美国总统卡特两次致函巴尼萨德尔，对美国过去在伊朗的所作所为表示"遗憾"，联合国、西欧和日本等国家也对伊朗做工作，要求迅速解决人质问题。巴尼萨德尔宣布将由政府接管人质，作为过渡办法。但在革委会内部讨论时，受到贝林什提等人的坚决反对，最后把双方的意见提交给霍梅尼裁决。在这个关键时刻，霍梅尼4月6日做出不改变人质现状的决定，致使稍有转机的人质问题又急转直下。

此外，在国际上，由于苏联乘机插手，也使人质问题更趋复杂，难以解决。一开始，苏联就大耍两面派，在公开场合，主张伊朗释放人质，暗中却支持伊朗扣押人质，加剧伊美矛盾。最近伊美关系恶化后，苏联一方面在伊朗边境集结重兵，另一方面更是火上加油，渲染美国"决心诉诸武力"，要在伊朗港口布雷，实行海上封锁；指责美国营救人质是"武装挑衅"，为了在伊朗"搞政变"。它俨然以伊朗"保护人"的姿态，声称反对美国对伊朗实行军事和经济的任何企图，"愿意维护和发展同伊朗的关系"，提出如海湾被封锁，苏联可以帮助解决贸易"水路不通走旱路"的问题，等等。

现在，人质问题究竟前景怎么样呢？霍梅尼曾宣布人质将由选举出来的议会负责处理。由于要对第一轮选举的作弊行为进行调查，最后一轮选举推迟到下半年举行，人质问题也将推迟到下半年解决。美国武装营救人质未遂后，卡特总统虽然声称不放弃采取新的行动的可能性，但表示接受盟国的意见，希望通过和平方式探索解决人质危机的途径。伊朗国防部长对法国《晨报》记者说，只要国际法院谴责美国在伊朗的政策，就可导致人质的获释。西方舆论认为，这表明伊朗的立场有所松动。世界上许多国家和国际舆论都希望和平解决伊美危机,不给别有用心的人以可乘之机。但是,伊美危机还要拖多久,仍有待于进一步观察。

(新华社北京电,原载《解放军报》,1980年5月20日。)

基辛格的中东"探路"之行

美国当选总统里根过渡班子成员、前国务卿基辛格，最近到中东和北非走了一趟，先后访问埃及、索马里、以色列、沙特阿拉伯、阿曼和摩洛哥，为期17天。基辛格已于1981年1月13日离开摩洛哥。

在美国国内，卡特准备挂冠而去，里根行将走马上任。曾以中东穿梭外交闻名于世的基辛格，此时出使中东，自然引起各国舆论的兴趣。基辛格本人宣称此行系"私人访问"，可又承认事先得到里根和黑格的赞助，事后还要向他们汇报。这就突出了此行的重要性。美联社认为，基辛格是替里根新政府到中东进行"实地调查"。

基辛格通过这次访问，表示了美国新政府对中东地区的重视。重申对美国"老朋友"承担的义务和对付苏联渗透扩张的决心。在基辛格选择的访问对象中，埃及和以色列是美国在戴维营谈判中的伙伴，以色列长期是美国在中东利益的支柱，埃及同美国建立了密切的政治、经济和军事关系。沙特阿拉伯是西方石油的重要来源。索马里和阿曼，一个地处非洲之角，一个扼守霍尔木兹海峡，两国分别签订了向美国提供军事设施的协议。摩洛哥是美国在北非的传统朋友，战略地位重要。基辛格在访问过程中，一再表示，美国对苏联在中东和北非的扩张"不能无动于衷"。他将向里根建议在中东驻扎一支海空和特别地面部队。基辛格指出，美国除非"勇敢地起来对抗苏联"，否则，就有失去它在中东和北非的盟国的危险。基辛格认为，卡特政府对于苏联在中东的军事存在，在采取对策时"举棋不定"，他对此颇有微词，而预计里根政府将对中东地区的战略有"十分明确的了解"。基辛格主张，里根1月20日12点就职，"12点30分"就该处理中东问题。

基辛格通过此行还探询了解决中东问题的途径。卡特搞成的戴维营进程，已陷入停顿。美国新政府将何去何从，众说纷纭。基辛格在访问中表示，里根政府将使戴维营和谈的进程继续下去。基辛格主张，埃以关于巴勒斯坦自治问题的谈判，应把约旦包括进来，可是萨达特总统表示反对，约旦也不同意。尽管如此，基辛格仍表示"乐观"，他预言，"在新（里根）政府时期，在所有的问题上都将取得相当的进展"。他还表示，他将以一个"顾问的身份""不时"到多事的中东地区进行穿梭外交。

值得注意的是，基辛格在访问中明确表示反对美国同巴勒斯坦解放组织对话，声称他"始终反对建立巴勒斯坦国的主张和巴勒斯坦解放组织的概念"，看来，他既想使解决中东问题的车轮转动起来，又回避中东问题的核心即巴勒斯坦问题，这种自相矛盾的方针是否能起作用，人们还得根据新政府的具体行动来评断。

（新华社北京电，原载《人民日报》，1981年1月15日。）

从首脑会晤延期看当前美苏关系

美国总统布什和苏联总统戈尔巴乔夫1990年春天在华盛顿会晤，签订了一项关于削减战略武器条约的框架协议，商定在年底前布什访问莫斯科时，正式签署这一条约。去年12月，苏联前外长谢瓦尔德纳泽访美，双方决定，拟议中的新一轮最高级会谈，推迟到1991年2月11日至13日在莫斯科举行。1月，苏联新外长别斯梅尔特内赫同美国国务卿贝克在华盛顿会谈后，共同宣布，原定2月举行的首脑会晤延期到今年上半年晚些时候举行。几个月过去了，美苏迄未就首脑会晤的时间达成一致。布什在华盛顿会见来访的波罗的海共和国领导人时透露，他同戈氏的会晤可能到秋天才能举行。苏联裁军谈判代表卡尔波夫5月中旬在接受英国《独立报》记者采访时也说，苏美可能在8月或9月份才能就削减战略武器条约的细节达成协议，不会早于这个时间。

美苏关系由热变冷

美苏首脑会晤一再延期，至今定不下具体时间，表面看来是技术性和程序性问题，实际上反映了两国关系遇到了一时难以排解的困难和麻烦。这突出地表现在以下几个方面：

一、在海湾战争问题上美苏各有打算。虽然苏联对安理会的系列决议都投了赞成票，但苏联显然不愿意看到美国在自己国土南大门不远处集结重兵，炫耀和诉诸武力，因此极力主张通过外交途径谈判解决，并派特使在伊拉克和美国之间周旋，在客观上帮助了伊拉克拖延时间，企图涣散盟军的斗志。今年1月美国开始向伊拉克发动大规模空袭后，苏联公开指责美国为首的多国部队的军事行动超出了联合国决议的授权范围。美国为建立冷战后由它领导的"世界新秩序"拿伊拉克开刀祭礼的决心早就下定。

一方面，对苏联的合作公开表示感激；另一方面，对苏联与伊拉克藕断丝连及其调解努力内心不满。

二、欧洲常规力量条约节外生枝。美国指责苏联把3个陆军机械化师改编为海军陆战队，把本应根据条约销毁的数千件坦克、火炮和装甲运兵车调拨给海军和战略火箭部队。苏联方面强调，部队改编和武器配备是在去年11月签约之前进行的，而该条约的范围也不包括海军和战略火箭部队。美国当局拒绝这种解释，并推迟将该条约提交参院批准。由于这一条约卡壳，限制战略武器条约谈判也放慢了速度。布什和戈氏就军控谈判问题互相交换了一系列信件，谋求妥协，但未能成功。5月20日，苏联总参谋长莫伊谢耶夫访美，同美国军方负责人会谈，也未取得突破。

三、戈氏改革煞车，为美国所喜爱的自由派代表人物雅克夫列夫和谢瓦尔德纳泽相继去职，军队和克格勃在维持社会秩序方面的作用大增，苏共对舆论工具也加强了控制和引导。美国怀疑戈氏向强硬派和保守派靠拢。

四、在波罗的海共和国独立问题上，苏联在今年1月派兵去立陶宛和拉脱维亚，采取了镇压行动。苏联方面强调这是内政。美国十分恼火，国会通过决议对苏联进行严厉谴责，甚至要布什政府重新考虑对苏经济援助和科技合作等方面的政策。

以拖待变　以压促变

从美国方面来看，目前采取以拖待变和以压促变的方针，进一步对苏联推行"超越遏制"战略，以扩大对苏和平演变的战果。

一、在政治上双管齐下，一方面同戈氏的中央政府打交道，另一方面同以叶利钦为代表的激进派和各加盟共和国的反共、分离主义派别拉关系。在布什班子中，国家安全事务顾问斯考克罗夫特、国防部长切尼、副总统奎尔和国家安全事务副助理盖茨等人认为，苏联国内改革陷入困境，经济、政治、社会和民族危机加剧，戈尔巴乔夫的地位岌岌可危，迟早要下台，主张对戈氏采取强硬方针。布什和贝克等则欣赏尼克松的见解，即美国在不抛弃戈氏的同时，与叶利钦等各加盟共和国领导人进一步发展关系，以便对戈氏施加压力。

二、在经援问题上，利用苏联渴望取得西方大笔贷款的急切心情，吊戈氏胃口，把经援同苏联改革挂起钩来。自去年12月布什决定暂不援引杰克逊—瓦尼克修正案而向苏联提供10亿美元粮食信贷保证以来，布什以苏联"尚未进入"市场经济改革为由，一直不同意向苏联提供新贷款。5月20日，苏联最高苏维埃通过出境立法，但布什至今未决定是否正式答应给予苏联最惠国待遇。对戈氏提出的参加7月在伦敦举行的西方7个工业国首脑会议，布什也未置可否，反应冷淡。由于美国担心苏联走改革回头路，世界银行和国际货币基金组织已把苏联的加入申请搁置起来。

三、在军控问题上，继续施压苏联做出让步。美国战略武器谈判代表伯特称，苏联人想要一次首脑会议，这对他们来说是重要的；可要举行首脑会议，苏联方面必须解决条约存在的问题。

今后的几点估计

一、美苏关系发展到今天，是由各种因素促成的，因此不是轻易可以逆转的。虽然戈氏5月初在接受美国报业大王默多克采访时称，如果美苏两国任由它们之间的关系恶化，将会出现新的冷战，这显然是极而言之。实际上，戈氏将继续寄希望于西方提供援助，以便拯救苏联日益深重的经济危机，同时提高自己在国内每况愈下的威信，以便使改革重新走上正轨。戈氏最近又发动了一轮新的经济外交攻势，在西方七国首脑会议之前向美国等西方国家进行游说。总统安全委员会成员普里马科夫即将携带新改革计划访美。布什政府对戈氏并未完全丧失信心，采取走着瞧的态度。美国政界普遍认为，戈氏最近同叶利钦等9个加盟共和国签订协议表明，他又开始向改革派靠拢。但布什声称，他将视苏联新改革计划的情况，来决定是否增加对苏联的援助和是否支持戈氏参加西方七国首脑会议。苏联总统发言人伊格纳坚科援引戈氏和布什5月中旬的电话交谈说，苏美关系"最近有了很大改善"，两人都希望这种趋势将继续下去。《华盛顿邮报》援引美国高级官员和分析家的话说，戈氏近来再次希望进行改革和加强同西方的关系。莫伊谢耶夫总参谋长访美时表示愿意解决欧洲常规力量条约和战略武器条约的分歧。戈氏近来呼吁西方援助苏联的改革，这一切"表明美苏关系趋暖"。

二、美苏首脑再推迟的会晤，可能随着两国关系转暖而最终实现。据报道，苏联人已暗示可能就欧洲常规力量条约的分歧达成一项折衷方案。

美联社认为，在美苏关系不断改善的情况下，苏联在移民问题和军备控制问题上采取的让步，使布什不能再推迟与戈氏的会晤了。

三、美苏关系中干涉和反干涉的矛盾将有所发展。戈尔巴乔夫改革的初衷是使苏联强大，防止向二流国家滑坡，所以在捍卫苏联统一的问题上，戈氏向来毫不含糊。戈氏最近在同来访的法国总统密特朗和意大利总理安德烈奥蒂分别会谈后举行的记者招待会上，针对美国和其他西方国家同叶利钦等加盟共和国领导人拉关系的倾向，发表了措词强硬的讲话。他说，"第一，苏联现在存在；第二，苏联将来存在；第三，苏联是个强有力的大国；第四，大国依旧是大国"，"苏联社会一定会理解，必须维护1000年来形成的国家的完整"。苏联外交部发言人丘尔金也指责美国政治家的某些言论是"无益的"，是旨在"在苏联挑起某些分裂主义情绪"。

戈氏在同安德烈奥蒂会谈时还表示，苏联愿意同西方进行经济合作，但反对西方国家把对苏联的援助同苏国内经济改革联系起来。他指出，美国对苏美经济合作施加的一些限制，有干涉苏联内政的味道，要求西方"不要把自己的模式强加给对方，不要指挥对方"。戈氏的这些话，显然与美国对苏联推行"超越遏制"战略搞和平演变的目的，是针锋相对的。

（本文写作于1991年6月5日。）

美国"世界新秩序"设想刍议

1990年夏秋之际，布什政府以二战后两极结构解体为背景，以海湾战争为契机，提出建立冷战后的"世界新秩序"口号。

口号背后

布什这一世界观，并非随意提出，而是两年多来对"新时代"—"新世界"—"新秩序"认识的演进。1989年11月9日，作为美苏几十年冷战对抗标志的柏林墙倒塌。12月初，布什和戈尔巴乔夫在地中海岛国马耳他会晤，宣布两个超级大国离开冷战进入一个"新时代"。1990年8月2日，伊拉克悍然入侵吞并弱小邻国科威特后，布什和戈尔巴乔夫9月初在赫尔辛基会谈，发表了一项反对侵略的联合公报。9月11日，布什在国会参众两院联席会议上发表讲话时说，一个不同以往的"新世界"即将诞生，而伊拉克入侵科威特是"对我们谋求建立的新世界的第一次打击，是对我们决心的第一次考验"，因此，美国在海湾的第五个目标是建立"世界新秩序"，"使世界各国，不管是东方还是西方，北方还是南方，都能繁荣富强，和谐地生活"。今年1月29日，布什在《国情咨文》中对"世界新秩序"做了进一步阐述。他说，在这个新秩序中，不同的国家被吸引到一起从事共同的事业，去实现人类共同的愿望：和平和安全、自由和法制。"这是一个可以寄托我们子孙后代的未来的世界。"布什今年4月13日在亚拉巴马州马克斯韦尔空军基地的讲话中，又提出了"世界新秩序"的四项原则："和平解决争端，团结一致反对侵略，减少和控制武器，公正对待所有国家的人民。"据对白宫公布的总统文件所做的一项调查表明，从去年夏天到今年3月底，布什曾42次公开提到"世界新秩序"。乍看，布什提出的原则和描绘的图景，很难说有什么不对之处，但透过华丽辞藻的背后，则不难发现其真实意图：

一、在国内，力图重新唤起"美国精神"，重振美国国威，为进一步推动国际干涉主义制造舆论。美国在越战中的失败，在美国国民的心态上罩上了一层厚重的阴影，长期摆脱不掉；最近几年来，由于日本和德国在经济上的崛起，"美国没落"论很有市场。以耶鲁大学历史系教授保罗·肯尼迪的名著《大国的兴衰》为发端，在美政界和学术界引起了一场持续不断的大论战。海湾战争，使美国一扫越战带来的晦气，成为"唯一超级大国"。布什在《国情咨文》中踌躇满志地说，"如果有人对你说，美国的黄金时代已经过去，那他就是看错了方向"，"在当今千变万化的世界上，美国的领导是不可或缺的。美国人知道，肩负领导职责会带来负担，需要做出牺牲"。

二、在国际上，力图按照美国的道义和法理标准，确定国际关系的行为规范并奉为圭臬。也就是说，美国将充当维护"世界新秩序"的世界宪兵。布什说，美国在这一努力中起着主要的领导作用，在世界各国中，唯有美利坚合众国既具有道义上的声望，又具有支持这一声望的物质力量，是世界上唯一能够集合一切和平力量的国家，是"自由的灯塔"。

总之，这两个方面的意图，可以归结为一句话，就是布什所说的，要"为下一个美国世纪做好准备"。所谓"美国世纪"，实际上就是在21世纪确立美国的世界霸权。

反应冷淡

布什政府满以为，美国发出建立"世界新秩序"号召，全世界会一呼百应，可实际上，各方对美国的意图都深表怀疑。法国总统密特朗认为，秩序是不能由美国统治下的和平所强加的，"没有人有权说，从现在起，一个国家为所有国家做主"。英国一向同美国有"特殊关系"，但英国外交大臣赫德同意密特朗的看法，认为，"美国或大西洋沿岸国家统治下的和平都是不现实的"。英国前首相希思在接受英国广播公司记者采访时说，美国所说的建立世界新秩序，"只不过是一种新帝国主义"，"布什总统想把他选择的秩序强加于世界，那就是一种新帝国主义"。

在美国国内，政界和舆论界许多人也对布什的"世界新秩序"不以为然。美国以研究外交政策问题著名的资深众议员汉密尔顿认为，布什使用"世界新秩序"，"与其说它是对世界的描述，不如说它是鼓动人心的呐喊。我认为（在目前的形势下）谈论世界发生的巨大变化为时尚早。"前国务卿基辛格博士说，"所谓的世界新秩序，可能无法满足布什总统所提示的美国式理想期盼"。这个概念的兴起是因为美国人需要找到冠冕堂皇的借口来发动战争。俄亥俄大学历史学教授约翰·加迪斯对"世界新秩序"表示怀疑。他指出，"在谈论世界新问题（如现存的国家解体，包括苏联、印度、伊拉克和南斯拉夫）之前，人们无法谈论它"，新时代"不会有秩序"。

前景渺茫

美国挟海湾辉煌胜利余勇，推行美国主导的"世界新秩序"，但由于当前世界正从两极体制向一超（美国）数强（苏联、日本、欧洲和中国）多极结构转变，美国将面临种种挑战和制约。建立"世界新秩序"谈何容易。

第一，美国本身国力衰退，已远不是二战后财大气粗搞金元外交、各国唯华盛顿马首是瞻的时候了。美国著名地缘政治战略家爱德华·勒特韦克认为，随着东西方重大地缘政治斗争的结束，世界上一种新的斗争形式地缘经济正在形成，美国由于自身的弊病，可能在全球经济竞赛中落伍。预测90年代世界经济大势，多数西方经济分析家认为，未来世界将出现地域性经济重心；以统一的德国为主导的欧洲重心，以日本为主导的亚太重心和以美国为主导的美洲重心。以国民生产总值计算，迄今为止美国仍然是世界的经济大国。近年来一些经济专家认为，以货币兑换率为基础的统计有极大的误导性，因为它忽略了各国货币在国内的真实价值。美国宾州大学经济学家克拉维斯、萨莫斯和海斯顿发明的一种新统计方法（即以购买实力等同为基础，测定国际收入与产值，来比较各国的经济实力）显示，80年代中期，日本经济的年增长率为4.2%，美国为2.6%。这样继续下去，日本将在2000年追上美国，2004年超过美国。日本外务省次官栗山提出，1988年世界国民生产总值为20万亿美元，其中美国为5万亿美元，欧共体为5万亿美元，日本为3万亿美元，美欧日为5：5：3之比，因此，"建立90年代的国际新秩序的责任，必须由美欧日等先进的民主国家共同承担"，

"美欧日的协调体制，掌握着今后世界和平与繁荣的关键"。

第二，苏联虽然由于政治、经济、社会和民族危机而急剧衰落，但是"瘦死的骆驼比马大"。苏联在军事上仍是超级大国，在世界上的影响仍不可低估。苏联改革何去何从，仍难以预料。布什在马克斯韦尔空军基地的讲话中，把苏联政治"民主化"和经济"市场化"作为建立"世界新秩序"的一个条件。美国之音称，布什的"世界新秩序"就是要改变苏联共产主义统治苏联70年的"旧秩序"，但戈尔巴乔夫最近多次抨击美国和其他西方国家在援助苏联问题上附带苏联不能接受的条件。美苏关系在军控谈判等问题上仍存在不少变数。

第三，在海湾和中东，美国虽然惩罚了伊拉克，但是"按住葫芦起了瓢"，顾此失彼。国务卿贝克四访中东未果。海湾和中东矛盾错综复杂，一波未平一波又起。美国倡导的海湾安全结构由于种种原因难以形成，遑论中东新秩序！

第四，一些国家和地区民族和种族矛盾尖锐化，爆发内战，或面临分裂危险。

第五，南北经济差距继续拉大，广大第三世界国家经济恶化、政局不稳。《纽约时报》最近发表的一篇社论认为，除非发达国家帮助第三世界显著改善社会条件和经济前景，否则无法实现建立一个稳定和公正的世界新秩序的目标。

（本文写作于1991年6月19日。）

并非光彩的纪录

据美国商务部宣布,近10年来,美国首次在1991年第一季度实现外贸扭亏为盈,顺差102亿美元。可是,这一纪录并非美国出口增加所致,而是由于挪用盟国的海湾"沙漠风暴行动"提供的227亿美元捐款,才堵住了缺口。美国号称世界首富,而今要靠外国捐助补差,也堪称一绝!

想当年,美国在战后以金元帝国之盛,实施马歇尔计划,何等威风。可是世事沧桑、时移势易。美国已从巅峰滑了下来。80年代初还是世界上最大的债权国,几年后走向反面,成为最大债务国。预算、贸易双赤字一直居高不下。美国虽然标榜为冷战后"唯一超级大国",打了一场海湾战争却也发现"大有大的难处"。国务卿贝克、国防部长切尼和财政部长布雷迪,不得不轮番向盟国求援。美国报纸讥讽是"帽子拿在手上的乞讨外交"。

美国国会预算办公室的一份报告说,盟国的捐赠,包括现金和实物,共达540亿美元,截至5月31日,已收到429亿美元。盟国捐助的钱还未用完,贸易逆差的漏洞还可以继续堵下去,第二季度或许还可"创造"新的顺差纪录。但是这种日子还能混多久呢?

(原载《羊城晚报》,1991年6月21日。)

罚款、讨账及其他

据报道，近3年来，苏联驻美国大使馆的250辆庞大车队，因停车违章，共吃了数以千计的罚款条，仅去年一年罚款额就高达300万美元。华盛顿市长狄克逊亲自出马向苏方讨账，却碰了一个不大不小的钉子。苏联使馆新闻专员奥加诺夫振振有词地声称：他认为停泊在使馆附近的车辆无须缴纳罚金，因为使馆附近没有足够的地方停车，所以不得不违章停车。一方讨账，另一方赖账，官司最近打到了美国国务院。国务院发言人立即表态：国务院期望苏联外交使团的成员及家属能不折不扣地遵守当地的交通法规和有关规定，并且能缴付违章的罚款。他警告说，国务院已发出备忘录，那些罚款将不会一笔勾销，并保留追讨权利。

苏联驻美国大使馆位于离白宫不远的华盛顿闹市区第十六街，馆舍临街，地方狭小。使馆官员一直抱怨停车困难，而美方提供的停车地点，又常常被美国车辆占据。根据对等原则，双方各在对方首都建造了新使馆，已竣工多年。但由于美国特工人员在莫斯科新馆发现大量窃听装置，美国政府决定改建，致使华盛顿的苏联大使馆新馆也不能使用。

看来，在苏联外交官乔迁新馆之前，将照旧违章停车，华盛顿市政当局将照旧发出罚款条，关于罚款双方将照旧扯皮下去。但在美苏关系缓和的大气候下，如果苏方硬着头皮不交，美方怕也只能徒呼奈何了！

（原载《羊城晚报》，1991年7月3日。）

巴黎空展的爆炸性新闻

在最近举行的巴黎国际航空展览会上,当欧洲空中客车飞机公司代表踌躇满志地宣布向科威特航空公司出售24架客机时,四座皆惊。许多人纳闷:科威特为何把海湾战争后的一项巨额设备购置订单交给了一家非美国公司,这对正同空中客车公司作殊死竞争的美国大飞机公司来说,无疑是吃了一记闷棍。

美国麦道公司发言人说,科威特的决定"使我们感到意外","这使波音和麦道两家公司都感到失望"。有何"意外",有何"失望"?

海湾战争后,美国自恃解放科威特有功,"理所当然"地要成为重建科威特的主角。而科威特航空公司竟然在自己眼皮底下同一家欧洲对手达成这笔数十亿美元的大交易,怎能不使以"恩主"自居的美国醋意大发、怒火中烧呢?

在商言商。科威特航空公司总裁在解释这笔交易时坦诚地说,他的公司对空中客车的可靠性、赢利性和乘员舒适等指标感到满意,而且明年就可交货。波音公司发言人也承认,波音公司新订单要数年以后才能交货。

科威特是个主权国家。如美国自恃"有功"就可以左右科威特的经济运作,那不恰恰暴露美国标榜的参战是为了"公理"和"正义"完全是虚伪的吗?

(原载《羊城晚报》,1991年7月9日。)

当前美日关系面临的问题

日本首相海部俊树1991年7月10日至11日访问美国，同布什总统举行了会谈。这是海部上台以来与布什的第六次会晤。同时，两人进行过20多次电话交谈。这次访问的直接目的是为在伦敦举行的西方国家首脑会议协调立场磋商，而双方讨论涉及的问题，却反映了这两个世界上最富有的经济大国，在双边关系方面面临的矛盾。会谈后，海部和布什在联合记者招待会上都谈到，他们未能解决在日本进口美国大米问题上的分歧，但双方一致表示，希望两国的紧张关系得到缓和。为此，布什宣布今年11月访问日本。

多年来，美日贸易不平衡一直是两国关系中的爆炸性问题。最近几年，由于双方努力，美日贸易逆差呈递减趋势，从1987年的近100亿美元，下降到去年的410亿美元。但随着美元对日元汇率的上升，日本对美国的出口增加，致使逆差减少的趋势戛然而止。今年早些时候，不平衡似乎又开始拉大，今年第一季度美国对日贸易的赤字上升为102亿美元，而去年同一时间为95亿美元。这一趋势在美国国会和其他政府部门引起强烈反应。今年以来，在双方的激烈争吵中，日本是否应当开放国内大米市场问题，成为美日贸易摩擦中最突出的问题。

日本每年消费1000万吨大米，政府禁止从国外进口大米，以保护500万日本稻农的利益。美国要求日本实行农产品进口关税化，放开国内大米市场，并以此要求欧共体国家在开放农产品市场问题上作出相应让步，使关贸总协定乌拉圭回合多边贸易谈判实现突破。今年2月，在日本幕张国际食品饮料展览会上，发生美国大米样品被撤下事件，美国舆论哗然。日本外相中山访美时，布什总统和贝克国务卿直接过问了此事。4月海部同布什在美国加利福尼亚州会晤时，布什把日本向美国开放大米市场问题提得很高。布什表示，乌拉圭回合必须有一个成功的结局，农产品必须包括在内,"这一点胜过一切"。6月26日,美国以"内部文件"形式照会日本,表示美国政府"越来越担心日本政府在改革大米政策问题上不采取向前看的态度"。照会警告说,这种态度"将受到美国大米业、美国国会以及各国的批评"。

日本主张跳出美日关系的框框,在关贸总协定国际贸易谈判的范畴来讨论开放大米市场问题。日本农相近藤在与美国农业部长会谈时表示,美国提出的"将出口限制转化为关税"的要求不能接受,但可以考虑在"各国存在的问题共同解决"的前提下,"部分开放大米市场",政府的这一意向受到日本稻农的强烈反对。自民党和政府内部也有相当大的势力持不同意见。7月初,日本5000名稻农在东京举行示威,强烈反对部分开放大米市场,并警告说,如果政府屈从美国压力,500万稻农将进行报复。

美日双方在开放大米市场、半导体、汽车、建筑和金融等方面的竞争和摩擦,使两国经济关系呈现一种恶性循环;而随着两国国力的此消彼长和美苏对抗时代的结束,日美之间政治上相互猜疑,也是有增无减。据日本《时事解说》杂志刊登的一份调查报告指出,从1989年开始,日本国内的民族主义正以反美情绪这种形式日渐高涨,这有可能动摇日美安全体制。这种"反美思想与民族主义的结合",其具体表现:一是日本国内要求在贸易问题上不再做出让步的情绪越来越强烈,二是冷战的结束使日本国内对日美安全条约的必要性的认识出现了动摇,出现了一些要脱离与美国的协调关系的动向。另据《读卖新闻》7月4日一项民意调查表明,美国已超过苏联,成为日本安全的最大威胁。这家报社认为,这一倾向显示,海湾战争使许多日本人认为苏联的威胁减少了,而美日关系方面由于双方在贸易上的分歧和美国批评日本在海湾问题上的立场不积极,许多日本人对美国愈加反感,另一些人对美国在海湾战争中显示的实力亦感到不安。

同样意味深长的是,美国国内视日本为主要威胁的气氛也越来越强烈。《华盛顿邮报》最近报道说,美日政治关系再恶化。随着来自苏联的战略威胁迅速削减,"许多美国人已经开始把日本看作是一个经济威胁,尤其在高技术领域"。另据报道,美国中央情报局委托专家编写的《日本:2000年》报告称。现在日本正企图在经济方面称霸世界,而美国和欧洲却在不断后退,如不清醒地认识到这一点,并果断地采取对应措施,那么,"日本不久就会称霸世界"。新加坡《联合早报》认为,美国中央情报局过去倾全力试探和搜索苏联和其他社会主义国家的政治、经济和军事情报，现在竟然也动员属下组织研究和分析盟友日本，说明"美国的确对日本存在有很大的对抗意识，甚至很浓的敌意"。美国前商务部长彼得森最近撰文说，美日关系正面临成为对手还是伙伴的重大抉择。

（原载《瞭望》周刊，1991年7月22日。）

基地与火山

沉睡6万年之久的菲律宾皮纳图博火山突然爆发，大量熔岩和火山灰倾泻在美军克拉克空军基地，机库、兵营、雷达站和指挥中心等70座建筑物成为一片瓦砾，石块和火山灰把地面加厚了60厘米……

菲律宾还有另一座火山——人民要求收回外国基地的民族解放斗争的"火山"。第二次世界大战后，美国为称霸世界和镇压风起云涌的民族独立运动，苦心孤诣建立一个全球军事基地网，然而，各国人民要求撤走美军基地的斗争一浪高过一浪。毛泽东主席在评论世界各国人民开展的这场斗争时，形象地指出，美国恰似坐在各国的"火山"口上。在菲律宾，要求收回美军基地的斗争更是如火如荼。

7月15日，美国通知菲律宾：鉴于克拉克空军基地遭到火山灰的严重破坏，决定关闭这个基地，在1992年9月前归还菲律宾。

随后，美方又宣布，其他几个较小的军事设施将在今年9月16日前移交菲方，但仍不放弃破坏程度较轻的苏比克海军基地。

据专家测定，皮纳图博火山的活动期还会持续三五年，焉知新的爆发不会把苏比克变成克拉克第二？而菲律宾另一座"火山"更不会止熄，这座"火山"要比自然界的火山威力更大，是真正不可战胜的。

（原载《羊城晚报》，1991年7月23日。）

美国又曝人质交易丑闻

正当美国1992年大选拉开序幕的时候，美国报界传出里根竞选班子1980年同伊朗搞秘密交易推迟释放美人质以削弱卡特竞争力的丑闻。此事不仅同前总统里根有关，还牵涉到现任总统布什等政界要员。8月5日，美国国会参众两院民主党领袖正式下令调查此事。参院确定外交委员会的一个小组委员会负责，众院专门建立一个特别小组，两院分别进行调查，但互相协调行动。

今年4月，卡特政府的一位官员盖利·西克在《纽约时报》著文，指责里根竞选班子同伊朗进行秘密接触，要他们在美国选民投票前不释放所扣押的52名美国人质，以削弱卡特当选的机会。后来，伊朗果然在里根宣誓就职后几分钟就宣布释放人质。5月27日阵亡将士纪念日，以披露美国1986年秘密向伊朗出售武器的"伊朗门"丑闻而出名的以色列前情报官员阿里·门诺什，在华盛顿对记者说，里根竞选班子负责人威廉·凯西1980年在西班牙首都马德里等地同伊朗官员举行三次会晤，讨论推迟释放被伊朗学生扣押为人质的美国外交官；作为回报，美国通过以色列向伊朗运送武器。布什政府现任国家安全事务副助理、中央情报局候任局长盖茨参加了这三次会晤。当年10月，在巴黎举行的一次会晤中，不仅盖茨出席，当时的副总统候选人布什也参加了。门诺什还声称，美伊双方还在特拉维夫、圣地亚哥和堪萨斯城进行过接触。1981年下台的伊朗前总统巴尼萨德尔在接受记者采访时也声称有此事，但不肯详谈。

这些传闻虽一时难辨真伪，但关系重大，直接影响共和党和民主党两党的竞选和一些政界要人的名誉和前途。

尚待国会批准的候任中央情报局局长盖茨，为了摆脱干系，向国会情报委员会提供了从1980年8月以来的旅行文件和工作日记，接受审查。白宫官员说，这些文件表明盖茨不可能参加门诺什所说的那些秘密会议。国会情报委员会调查人员专门到白宫核对了有关记录。从接触到的文件来看，那个时期，盖茨不是参加政府会议，就是有其他公干。至于布什和盖茨参加1980年巴黎会晤一说，美国广播公司《夜线》专题节目称，英国《金融时报》记者以非正式大陪审团的身份调查了马德里和巴黎会晤的证据。旅馆开房记录表明，凯西与伊朗官员接触的中间人、伊朗武器商贾姆希德和哈希米正在马德里和巴黎。他们还报告说，无论是凯西的家属还是当时共和党竞选班子成员，都拿不出证明他当时在何处的文件。但是贾希姆德和哈希米都说，布什未参加巴黎会晤。

门诺什言之凿凿，在美国政界引起轩然大波。门诺什何许人也？门诺什是个出生在伊朗的犹太人，毕业于特拉维夫郊外的美国人办的学校，懂英文、阿拉伯文、希伯莱文和波斯文等多种语言，1974年为以色列情报局服务，从事破译阿拉伯国家和伊朗通信密码的工作。1980年两伊开战后，参加一个负责向伊朗提供武器的小组。以色列情报局的一位高级官员说，门诺什只是一个伏案工作的小人物，并非是国际情报网的大角色。1983年8月，上司打算派他到驻美使馆武官处工作，在一个特别委员进行资格考核答辩时得到的评语是："此人患严重精神分裂症"。那么，门诺什披露的可信程度有多大？

现在的问题是，如果门诺什的披露属实，此事将构成叛国罪，否则就是弥天大谎。而从里根政府同伊朗和伊拉克进行的稀奇古怪的秘密交往中，人们自然对人质交易之说将信将疑。事件的主要当事人，后来担任中央情报局局长的凯西已于1987年去世，死无对证。

参院民主党领袖米切尔和众院议长、民主党领袖福利8月5日在一项联合声明中说，"我们没有关于干坏事的确凿证据，但是一些断言的严肃态度和大量情况的分量，不能不使人作出努力来证实这些事实"。众院共和党领袖罗伯特·米切尔认为调查是不必要的，是浪费金钱和时间，民主党热衷此举是出于党派之争。

（原载《成都晚报》，1991年8月7日。）

难以摆脱的阴影

据报道,美国一个私人游说小组,最近向公众展示了据说是在越战中失踪的3个美国军人的照片,犹如"风乍起,吹皱一池春水",引起很大反响。有人还分别"认出"他们是自己杳无音讯的亲人。这个用木框镶嵌的照片似乎传达了一个信息:在上帝的保佑下,这些可怜的人儿大难不死,说不定迄今仍在印度支那某地身陷囹圄。

照片事件重新唤起美国国民对越战失踪军人的关注。五角大楼在公众的压力下,派遣国防部情报局官员格雷率领调查组前往金边寻访踪迹。在柬埔寨经过5天调查,格雷宣布,3个人的照片是假的,一位是1990年某期《苏联画报》中的俄国面包师,另外两个人也是伪造的。

同时,在越南,美越联合调查人员查阅尘封多年的文件,询问证人,研究飞机残骸,期望能找到3人的蛛丝马迹,结果也一无所获。

可笑的是,海湾战争后,布什政府断言,美国人已从越战综合征的阴影中彻底解脱出来,云云。可是,照片事件雄辩地证明,越战在当代美国人心理上的影响是根深蒂固的。这个阴影是赶不走、磨不掉的!据五角大楼公布的数字,至少还有2273名男女军人仍在失踪之列。即使政府可能有意淡化这一问题,但失踪人员的亲属怕也不会同意随意就把这个问题一笔勾销吧!

(原载《羊城晚报》,1991年8月13日。)

莫斯科会晤与美苏"新关系"

美国总统布什和苏联总统戈尔巴乔夫1991年7月30日至31日在莫斯科举行最高级会谈，签署了《削减战略武器条约》和关于双边关系的5个文件以及关于中东、南斯拉夫和中美洲问题的3项声明。这是布什1989年初入主白宫后首度访苏。此前两人已先后在马耳他、华盛顿、赫尔辛基、巴黎和伦敦5次聚首。

莫斯科会晤是在苏联经济、政治、社会和民族危机日益加深，国力下降，以及美国由于海湾战争胜利摆脱了越战综合征的阴影，重振国威的背景下举行的。莫斯科会谈的成果，一是签署了裁减进攻性战略核武器条约，二是确定了两国今后的"新关系"。从这次美苏最高级会谈可以看出，戈尔巴乔夫为了谋求美国的经援和政治支持，迎合西方的条件，不惜放弃一向坚持的原则，步步退让；而美国则诱压兼施、以压促变、咄咄逼人。美苏力量对比的天平进一步倾斜。《削减战略武器条约》是美苏裁军历程中从设限转向裁减阶段以来的第三个条约。战略核武器是美苏两家核武库的"重量级"，关系到国家安全和长远战略。谈判从1982年开始，长达9年，历尽曲折。根据这一条约，双方各自削减30%的战略核武器，裁减后的拥有量包括：战略核武器运载工具1600件，核弹头6000个。实际上，由于计算方法不同，美国的核弹头将从12081个裁减到10395个；苏联从10841个减至8040个。

在两个超级大国的核军备竞赛中，苏联一向坚持在洲际弹道导弹方面保持足够数量的优势，以平衡美国在轰炸机、潜艇武器和巡航导弹等领域的优势。从条约来看，苏联的陆基洲际弹道导弹削减的幅度最大，美国最害怕的SS-18从304枚砍掉了一半，而美国占优势的方面却未受根本性的影响。

《削减战略武器条约》的完成，是美苏军控谈判的一项重要成果，但双方保留的战略核武器仍然可把对方和整个地球毁灭多次。条约的漏洞也很多，双方仍可不受限制地研制新型导弹，并增加某些种类的数量。削减战略武器的任务今后仍然是十分艰巨的。

在美苏对抗的冷战时代，军控问题一向是历届美苏首脑会谈的中心议题。随着冷战的结束和东西方关系的缓和，世界上没有多少人真正担心两家会打一场核大战。在这次被称为"冷战后的第一次（美苏）首脑会晤"中，签署进攻性战略武器条约虽然引人注目，但已失去两国关系的中心地位。莫斯科会晤之前，布什政府就为这次会晤定调。国家安全事务顾问斯考克·罗夫特说，莫斯科会谈将讨论美苏的"新关系"；布什称，这不是一次军控问题首脑会谈，而是要"确定90年代我们两国关系的发展方向"，其实质就是要进一步推行对苏"超越遏制"与和平演变的方针，迫使苏联彻底改变生产关系，进一步削弱"苏联帝国"的实力。这从美国在以下一些方面的做法已充分反映出来：

（一）经济关系：布什和戈尔巴乔夫在会谈中达成共识，把改善双边经济关系作为美苏"新关系"的一个重要方面。

入夏以来，苏联当局为谋求西方大笔经济援助，积极开展外交攻势，在伦敦西方七国首脑会议碰壁后，又寄希望于莫斯科首脑会谈。美国从自身的长远战略和根本利益出发，从本质上并不希望苏联经济坐大，加上戈氏在彻底向资本主义转向问题上优柔寡断，因此美国当前在经济上仍坚持"三不"方针，即不同意向苏联提供经济援助，不同意苏联成为世界银行和国际货币基金组织的正式成员国，不同意解除巴黎统筹委员会关于向苏联出口高技术的禁令。使苏联稍感欣慰的是，布什在莫斯科国际关系学院讲话时宣布，将给予苏联最惠国待遇，从而结束绵延几十年的美苏"贸易冷战"。目前，两国贸易水平很低，一年不到50亿美元，因此，专家们认为，即便能顺利通过国会关，美苏贸易在近期内也不会大幅度增长。

形成鲜明对照的是，布什表示，美国"将帮助"苏联把军工力量转变为"生产性的和用于和平目的的力量"，断言"经济非军事化是（苏联）经济改革的关键"。布什对改造苏联军工体系感兴趣，是由于美国认为，当前戈氏在彻底改革道路上怯步不前是因为受到"传统派"的牵制，而"传统派"的后台就是军工集团。美国宣传说，军工势力在帕夫洛夫内阁中影响很大，两名副总理来自军工，38个部中有20个同军工有直接关系；中央情报局原来估计苏联国防费用占国民生产总值的20%，现在估计可能高达40%；军工产品证书占工业产量的50%，军工系统有500万至800万受过高级训练的职工和数千座工厂、试验室和各种计划和生产办公建筑。

（二）三角关系：布什这次访苏，不仅同戈尔巴乔夫总统会谈，且同俄罗斯共和国总统叶利钦会晤，还专程到乌克兰访问。布什在苏联中央政府和加盟共和国之间上下周旋、纵横捭阖，旨在使美国同苏联打交道时奉行"双轨"方针合法化。

布什起程赴苏前接受苏联记者采访时佯称，他要求会见加盟共和国领导人并非要在美苏关系中建立"三角关系"。这一表白恰好道破了玄机。布什在30日下午亲赴克里姆林宫内俄罗斯总统办公室拜访叶利钦，这对美国总统来说，是异乎寻常的。按礼宾规格，他在美国大使馆会见叶利钦足矣。布什此举显示了他同加盟共和国领导人会晤在这次访苏安排上的重要性。叶利钦以"激进改革派"和坚决反共著称，他6月当选俄罗斯总统后首先访美，受到布什的接见，并到国会发表讲话，受到的礼遇不亚于任何国家元首。叶利钦对美国的意图自然也是"心有灵犀一点通"。当布什到达莫斯科，戈尔巴乔夫邀请他参加统一的苏联代表团时，叶利钦以1.5亿俄罗斯人民民选总统自居，拒绝参加统一代表团，而"独立自主"地会见美国总统，形成了事实上的"二加一"局面，这无疑增强了他同戈氏"一山二虎"、分庭抗礼的地位和资本。

布什选择去基辅访问也是煞费苦心。乌克兰是苏联第二大加盟共和国，地处苏联欧洲部分的中央，是苏联的谷仓，人口有5200多万。乌克兰最高苏维埃虽然仍由苏共控制，但严重分裂成支持改革的独立派和忠于莫斯科的怀疑改革派。布什在基辅讲话大力鼓吹"自由"，并引用西奥多·罗斯福总统关于"被人庇护与被人侮辱一样令人作呕"的语录，实际上在中央和加盟共和国之间打进一个楔子，其意图是对乌克兰独立运动起推波助澜的作用。

（三）伙伴关系：布什在莫斯科几次讲话中都谈到同苏联建立一种新的"伙伴关系"。这种伙伴关系要求苏联在处理热点地区问题上，像海湾问题那样同美国"合作"，也"正像我们共同努力给纳米比亚、安哥拉还有尼加拉瓜带来和平和自由一样"，"共同努力"使中东、柬埔寨和阿富汗等地区"朝着公正和持久的和平前进"。

这种伙伴关系还要求苏联克服美苏关系上存在的"障碍"。布什列举了三大障碍，一是归还日本的北方领土；二是给波罗的海国家爱沙尼亚、拉脱维亚和立陶宛人民以"自由"；三是停止对古巴的援助。显而易见，所谓建立"伙伴关系"，实际上是美国为了推行一个由它主导的"世界新秩序"而要求苏联充当配角。

莫斯科会晤反映出美苏关系失衡，是严峻的客观现实，但苏联从人文、幅员、资源等方面来看仍不失为一个强大的有影响的国家，在军事上仍然是超级大国，当然不会永远甘心受制于美国。在欧洲和中东等重大国际问题上仍将努力发挥自己的影响；在捍卫苏联统一的问题上，干涉与反干涉的矛盾将时有起伏。莫斯科首脑会晤之后不久，苏联总理帕夫洛夫发表讲话，谴责美国在古巴问题上干涉苏联内政。苏联政府还就南斯拉夫局势发表声明，反对外国承认克罗地亚和斯洛文尼亚独立，警告说，在南斯拉夫内部冲突中外部势力插手将导致"全欧冲突"。苏联最高苏维埃代表团最近访问伊拉克，公开谴责美国全球霸权主义，表示苏联专家和技术人员准备返回伊拉克，帮助伊拉克重建家园。

（本文写作于1991年8月14日。）

中美围绕台湾问题的一场新斗争

多年来，由于美国坚持推行违背两国建交公报原则的《与台湾关系法》，干涉中国内政，阻挠中国统一，台湾问题一直是两国关系发展中的主要障碍。中美之间围绕台湾问题的斗争时有起伏。最近一个时期，一些美国政界要人又在这一问题上发难，公开鼓吹"一中一台""台湾独立"，掀起一股干涉中国内政的新逆流。

美国前驻华大使李洁明1991年7月16日在宾州州立大学东亚研究中心关于中国统一前景研讨会上，攻击"中国今天是一个拥有20世纪核牙齿，19世纪主权观的衰败帝国"，称"中国当局强加于台湾的主权观已经过时"。

7月18日，李洁明在华盛顿接受台湾《中国时报》记者采访时说，中国提出用"一国两制"的方式解决台湾问题，是"霸道"。他还声称，"台湾问题已成为过去"，"美台关系的发展已自有其动力"。

7月30日，李洁明在台北对记者说，对台湾的6天访问期间，他试图鼓励台湾领导人致力于政治自由化和台湾放慢与中国的和解。

美国"在台协会"理事主席白乐崎7月17日在宾州州立大学东亚研究中心关于中国统一前景研讨会上说，台湾对"统一"的定义日益不明确，即使在政治领袖、党员和学界人士之间，对未来与大陆应保持何种关系，都有相当广泛的不同看法。台湾"民主化也趋向于增强台湾人民的主体意识，因而增强分离的意向"。

7月24日，美国参院通过《台湾前途修正案》。参院外委会主席佩尔称，"我们强调，美国对台湾问题的特别关心和我们的国家利益在于继续保持台湾作为一个独立的国家"。

美国众院外委会亚太小组主席索拉兹，8月11日在国会重弹台湾前途要取决于台湾人民公民表决的老调。这一讲话已列入国会正式记录。

李洁明的"主权过时论"、白乐崎的"分离的台湾认同论"和索拉兹的"台湾自决论",异曲同工,包藏着极大的祸心,其实质是美国从它在中美三个联合公报中承诺的"一个中国"和"台湾是中国的一部分"的立场后退,为"台独"势力张目,破坏中国人民的统一大业。

　　近年来,大陆实行开放政策和倡议在海峡两岸实现"三通",台湾已经有200多万人来过大陆,大陆也有近两万人去过台湾,双方贸易额增长到数十亿美元。今年大陆一些地方发生水灾,许多台湾同胞积极捐款赈灾,显示出同胞之间血浓于水的情感。这种情况引起台湾内部和美国某些人的恐慌。7月上旬,"台湾行政院"的新闻局在《纽约时报》刊登宣传台湾"务实外交"的广告,内容有"台北愿意接受暂时性的双重承认"字句,在岛内有识之士中引起强烈反弹,认为这是搞"一中一台"和"台独"的花招。李登辉等人十分狼狈。李洁明和白乐崎发表讲话和李洁明访台同李登辉会晤后,"台独"势力心领神会,气焰愈发嚣张。"外长"钱复在记者招待会上扬言,"暂时接受双重承认"乃是"一个事实"。李登辉8月23日会见参加"中华民国与国际新秩序"研讨会的学者时称,中共现在所强调的主权观是"自大的、不合时宜的";"两岸统一需要一个漫长的过程,目前并不存在统一的客观条件"。

　　中美之间虽发表了三项联合公报,但美国政府并未真正和彻底放弃"两个中国"或"一中一台"的既定方针。美国在三个公报的承诺,实际上是为了谋求美中共同对付苏联而作出的策略性调整。1979年3月,美国国会通过了干涉中国内政的《与台湾关系法》,成为一直笼罩中美关系的一层乌云。据透露,里根政府1982年曾向台湾当局做出"六不"保证:一是不确定停止对台军售日期;二是对台军售不与北京事先协商;三是不在台北和北京之间扮演调停角色;四是不修改《与台湾关系法》;五是不改变对台湾主权的立场;六是不对台湾施加压力促其与中共谈判。其意图显然是维持台湾现状,促使台湾与大陆分离这一事实逐渐凝固化、永久化,成为不可逆转的既成事实。为此,美台断交后,美国千方百计向台湾渗透扩大影响,根据《与台湾关系法》,建立了形式上和礼仪上非官方而实质上是有效的沟通网:1979年断交时双方有25个合作协议,1989年增加到95个;贸易额从90亿美元增加到400亿美元,台湾成为美国的第五大贸易伙伴,美国则取代日本成为台湾的第一大进口来源;在文化和科学技术等方面，从 1979 年以来，双方签订了 152 项合作协议，有数百名科学家在各种科研项目中合作。台湾派往美国的留学生为 26000 名，美国在台湾的留学生有数百名。

1989 年后，随着中美关系跌入低谷，美国一些人又在台湾问题上大做文章，对中国施加压力，如反映美国保守派观点的传统基金会同台湾国际关系学会，联合在华盛顿举行题为"华盛顿—台北关系：重新确定传统关系的机会"研讨会。被称为"台湾人之友"的索拉兹众议员在国会主持"台湾听证会"，宣称支持民进党关于台湾"自决"的立场，鼓吹在台湾实行公民投票。索拉兹在 1990 年美国中期选举时，接受民进党控制的休斯敦台湾同乡会筹款 1 万美元，表示支持在台湾搞类似推翻菲律宾马科斯总统式的"民主政变"，争取台湾在 2000 年实现独立。

布什政府不久前正式表示支持台湾加入关贸总协定，并同意向台湾出售 10 架具有反潜攻击能力的 S–70c 直升机。还有消息说，五角大楼原则同意向台湾出售 F-16 战斗机。

台湾问题事关祖国统一千秋大业，必须旗帜鲜明，坚决回击任何制造"一中一台"和"台独"活动的逆流。李洁明和白乐崎的言行，实际上是华盛顿当权者授意的，目的在于投石问路。由于中国学术界和舆论界对这股逆流进行口诛笔伐，揭露了这一阴谋，李洁明被迫诡称，他讲话的初衷是"建设性的"。美国驻北京大使馆发言人也只好表示，李洁明的讲话"不再代表美国政府"。

随着国际形势的变化，中美围绕台湾问题的斗争仍将是长期的，时起时伏的，有时甚至是很尖锐的。我们应当把台湾问题置于中美关系的大背景下，通盘考虑斗争策略，适时进行有利有理有节的斗争，要紧紧抓住中美三个联合公报的原则，揭露和批驳任何鼓吹"一中一台"和"台独"的谬论，始终使我们自己立于不败之地。

（本文写作于 1991 年 9 月 4 日。）

美苏加快核裁军步伐

美国总统布什1991年9月27日在电视上宣布大规模裁减核武器计划，同时要求苏联采取相应行动。10月5日，苏联总统戈尔巴乔夫发表电视讲话，对布什倡议作出七点正式答复。美苏核裁军新建议受到各国的欢迎。美苏在今年7月签署《削减战略武器条约》后，又不失时机地提出大幅度核裁军的计划，表明双方抱有加快核裁军进程的愿望，但在计划的背后双方也各有自己的打算。

第一，从美国方面来说，布什计划首先是美国调整核战略计划的组成部分。自"二战"结束后的几十年间，美苏为了争霸世界，一直把欧洲作为争夺的主战场。美国和北约为了遏制苏联可能利用占压倒优势的常规力量发动"西进"，在一些前沿国家部署了大量战术核武器。随着近年来东欧和苏联政局的变化，华约解体和苏军东撤，西方部署的这些战术核武器，已失去原来意义上的"战术"目标。加之，部署这类核武器的西欧国家，主要是德国，要求撤走这些核武器的呼声日益高涨，同美国发生龃龉。显然，美国改变在欧洲的遏制战略，撤走短导，一可以解除盟国的忧虑，二可以把省下来的钱用在发展其他"更有用"的核武器的"刀刃"上。布什在宣布这项计划时说，美国这样做的目的是要"确保我们有必要的资金去调整我们的（战略）力量"，就是用全力发展B-2隐形轰炸机和战略防御（星球大战）计划。

第二，利用苏联政局动荡之机，以退为进，进一步削弱苏联的军事实力，以确立美国在世界上的核优势地位。苏联8月事变后，美国普遍感到苏联前途莫测，如果中央控制不住局势，加盟共和国各自为政，形成"核扩散"，甚至流失到苏联境外，必将后患无穷。因此，美国认为"时不我待"，急于全部销毁"机动性最强""最不易控制"的战术核武器，并希望通过自己的主动行动换取苏联采取相应措施，一劳永逸地消除这一隐患。

此外，美国还认为，苏联由于经济危机严重，严冬即将来临，因此迫切要求西方提供巨额紧急援助，这无疑有利于美国在军控问题上提出新要求和条件。国防部长切尼公开宣称，苏联像布什总统所宣布的那样削减自己的核武器，是美国向苏联提供援助的"一个重要的先决条件"。此外，虽然布什提出美苏就消除陆基多弹头洲际弹道导弹进行谈判，但避而不提美国占优势的拥有5400个弹头的海基多弹头导弹，而把矛头指向苏联占优势的陆基多弹头导弹领域。美国《时代》周刊认为，华盛顿由于保留海基多弹头导弹，而拥有一种使莫斯科担忧的优势。

第三，布什计划也是出于国内政治需要。布什1989年上台以来，在外交上成绩显赫，号称"外交总统"，相对来说，内政政绩欠佳。在东西方冷战结束后，布什政府仍不肯大幅度削减军费。根据切尼去年提交的5年军事开支计划，美国在未来5年内的军费仍然高达12000亿美元。美国明年大选已为期不远，民主党指责布什政府未给国民带来"和平红利"，无视国民福祉。布什提出销毁短导，似可以使美国人得出军费可望降低的印象。但实际上，布什计划并不能给美国国计民生带来多大好处。美国众议院军事委员会主席阿斯平说，布什计划今年只能为2910亿美元的军事预算节省5亿美元。布什甚至警告说，他所谋求的"和平红利"不是能用美元来计算的，在近期内"有些措施甚至会花去更多的钱"。从苏联方面来看，为了摆脱日益深重的经济危机，希望减轻核军备竞赛的重负，也希望得到西方的援助，但为了国家利益，也不会完全听任华盛顿的摆布。戈氏的反建议宣布苏联停止核试验一年，提出举行一次美苏最高级会晤，要求美国根据对等原则也全部销毁海军战术核武器。这些建议无疑也将了布什一军，又把球踢给美国。

美国和苏联大搞核军备竞赛，核武器越搞越多，严重威胁世界和平与安全。世界上越来越多的国家和人民主张全面禁止和彻底销毁核武器，人们欢迎美苏核裁军计划，希望这有助于实现上述目标。应当看到，尽管双方倡议是多方面的，涉及的仍然仅仅是美苏庞大核武库的一小部分。即使双方计划完全实施，两国掌握的核武器仍能把对方和世界毁灭多次。因此，世界人民争取无核世界的斗争仍然是长期和艰巨的。

（原载《瞭望》周刊，1991年10月14日。）

美使馆卖大钱

在中美洲萨尔瓦多首都圣萨尔瓦多有一座异乎寻常的建筑物。专家们说，这座建筑之"牢"，足可以承受一次强烈地震，也可以承受高爆火箭弹的袭击，甚至能承受轻型反坦克武器的打击。这座固若金汤的建筑物是正在兴建中的美国驻萨尔瓦多大使馆。

这座建筑物的另一特点是"大"。在方圆26万平方米的范围内，共有8座精心设计的大楼，第一期工程包括使馆办公大楼、大使官邸、海军陆战队营房和国际开发署办事处，一共可以容纳500人。第二期工程包括一个游泳池、一个网球场、一间仓库和副馆长官邸。大使馆全封闭，装有空调、防弹玻璃，造价匡算为7000万美元，是美国国务院兴建的最大工程之一。目前，1000多名工人正在昼夜加紧施工，争取明年初正式启用。

萨尔瓦多只有21393平方公里，人口大约550万。境内多火山，被称为"火山大国"。为了防止在美国的"后院"发生反美的"政治火山"爆发，里根政府曾向萨尔瓦多提供总额6亿美元的援助。1987年美国国会还通过决议，拨巨款建造这座"堡垒式"大使馆新馆。

可是世事沧桑、物换星移，萨尔瓦多国内政府和游击队之间正在为实现民族和解举行和平谈判，不久可望达成协议。萨尔瓦多人民对美国的军事存在纷纷提出疑问。

超现代化的美国大使馆，在圣萨尔瓦多越来越显得鹤立鸡群、形影相吊。据报道，大使馆的命运，开始成为人们猜测的话题。最近有人询问使馆官员，答曰：整个建筑群说不定还能卖个好价钱哩！

（原载《羊城晚报》，1991年11月18日。）

"人权卫士"自打耳光

远在大洋彼岸的美国，对东南亚国家以及香港等地区遣返船民问题，一向采取隔岸观火的态度，动辄给别人扣上"违反人权""不人道"的大帽子。也许是老天爷故意捉弄人：美国万万没想到那个给东南亚地区带来无穷烦恼的"船民问题"突然降临到自己的头上！自然不是越南船民，隔了个太平洋，越南人搭木船横竖是到不了美洲大陆的。这次船民来自美国"后院"的加勒比海小国海地。

海地面积27750平方公里，人口600多万，是美洲最贫穷的国家。今年9月发生军事政变后，大批难民外逃。美国是世界首富，又最标榜"人权"，自然成为海地船民投奔的"天堂"。可是，使这些"天涯沦落人"寒心的是，美国"砰"一声关上了大门。11月18日，美国国务院决定，对85名海地难民实行"强迫遣返"。此前已有300人左右被遣送回国，另有300人从美国在古巴的关塔那摩海军基地分送到委内瑞拉和洪都拉斯。

美国在"船民问题"上奉行"双重标准"，对别人遣返难民，俨然以"人权卫士"自居；那么，今天对自己的所作所为，"人权卫士"们又当如何自处呢！

（《羊城晚报》，1991年11月28日。）

美国"新孤立主义"探源

近年来,随着国际局势,特别是苏联政局变化,美国国内主张大大减少卷入国际事务、优先处理国内问题的"新孤立主义"思潮泛起。代表人物多是共和党保守派,最著名的是曾任尼克松和里根总统的撰稿人、专栏作家帕特里克·布坎南。

布坎南主张,美国应将切身利益作为政策目标,少干预些别国事务。他认为,自第二次世界大战以来,美国一直独自承担保卫西方、反对共产主义的一切风险和大部分经济负担,而美国以前的敌人德国和日本却一直在飞速前进。他称美国所干的这一切是"以救世主自居的全球主义的胡扯",要求应"有选择地摆脱国外负担"。为此,他提出7条政策建议:(一)美应废除里约热内卢公约修改门罗主义,将其适用范围缩小到只包括南美洲的北海岸、加勒比及中美洲;(二)宣布从韩国撤出所有地面部队的具体日期;(三)废除与日本的双边安全条约。如果有的东亚小国希望美国舰队留下来,费用应由它们负担;(四)不管波兰、匈牙利、捷克斯洛伐克等东欧国家如何要求加入北约,美国都不应把核保护伞向东延伸;(五)撤回西欧驻军和原子武器,将北约组织移交给欧洲人;(六)停止一切对外援助,撤销国际发展机构,撤出在亚、非、拉的发展银行;(七)国会应阻止给国际货币基金组织和世界银行提供更多资金。

与孤立主义相对应的是"理想主义的国际主义",代表人物是《新共和》周刊的查尔斯·克劳特哈默和美国事业研究所的乔舒亚·穆拉夫奇克。他们主张,美国应利用作为唯一超级大国的独特地位向世界其他地区输出"民主"。他们认为,这将把美国的道义责任同自身利益结合起来,因为只有一个民主的世界才能使美国得到真正安全。他们相信,美国人现在能建立一个真正的"美国统治下的和平"。

前国务卿亨利·基辛格等人的观点介乎"孤立主义"和"国际主义"

两派之间，被称为"现实主义的国际主义"。基辛格主张美国今后在世界上所起的作用应当少于冷战时代的作用。首先应当确定严格的轻重缓急次序，哪些必须做，哪些可以做，哪些可能使自己的摊子铺得太开。前参谋长联席会议主席克罗认为，美国一直把眼光转向海外，而从长远来说，"最大的威胁则来自国内"。他指出，美国要在海外发挥作用，首先就要有财政实力，所以必须加强财政基础。

"孤立主义"作为美国一种对外政策倾向，可以追溯到美国建国初期。1796年，美国首任总统华盛顿离任前，在致国会的告别咨文中曾提出不要把美国的"命运与欧洲任何一部分的命运缠结在一起"的原则。1801年，第三任总统杰斐逊在就职演说中也宣布，美国要尽可能与欧洲的体系隔绝，"不与任何国家缔结纠缠的同盟"。在20世纪20年代和30年代，孤立主义发展到全盛期，当时兴起了"美国第一"运动。美国历史上孤立主义思潮的出现，有其不同的时代背景。今天被称为"新孤立主义"思潮的再起，也不是偶然的。

首先，"新孤立主义"思潮的抬头，反映了美国内多年积累起来的经济、社会矛盾和弊端日益严重。随着1992年大选临近，这些问题便成为众矢之的。其一是经济困难重重。自布什就任总统以来，美国经济的平均增长率为1.6%，是自杜鲁门时代以来增长率最低的。从去年夏季开始的经济衰退，并未按政府的预测顺利地走出低谷。据财政部公布，在9月30日结束的1990—1991财政年度，预算赤字高达2687亿美元，预计下一财政年度赤字更大，将达3480亿美元。目前消费和投资信心均继续下降。大量基础设施年久失修，人们对经济前景忧心忡忡。其二是教育质量下降。每年全国有50万小学生、近70万中学生辍学。中小学生考试及格率不及半数。其三是犯罪、吸毒、艾滋病等社会丑恶现象成为多年沉疴，日益严重。全国每年发生的犯罪案件高达千万，其中恶性杀人案2万多件。全国有600万瘾君子，每年吸毒致死者多达45万人。其四是贫困现象有增无减。目前全国失业大军有800多万人。1990年生活在贫困线以下的人比上年增加了210万人。《华盛顿邮报》最近在一篇社论中惊呼"美国人正在对制度失去信心"。

其次，"新孤立主义"思潮是美国"衰落论"的延伸。美国耶鲁大学教授保罗·肯尼迪1987年出版的《大国的兴衰》指出，美国多年在海外力量使用过度，致使美国由盛变衰，正在沦为二流强国。肯尼迪教授在海湾危机后对德国《明镜》周刊记者发表谈话，坚持美国衰落的论点。他认为，美国今天的基础比艾森豪威尔时代弱，霸主地位受到手段与目标之间、政治军事义务同资源之间的不平衡的威胁。美国许多为自己国家担忧的人认为，美国对自己的衰落麻木不仁，真需要一场戏剧性的危机才能克服，否则还不会警觉到自己竞争力的落后。

布什政府对"新孤立主义"言论采取严厉批驳的立场。国务卿贝克和副国务卿伊格尔伯格相继发表讲话，强调美国当今在世界上的领导地位是"无法取代的"，批评"新孤立主义"是想把世界引回到第二次世界大战前的"混乱局面"。布什总统最近在罗马参加北约首脑会议时宣布，他永远也不会后退到一个"美国堡垒"中去。他不无揶揄地说，那种孤立主义只属于民主党人，但是布什政府决策者无疑接受了在这场对外政策大辩论中发出的要"正视国内问题"的信息。

（原载《瞭望》周刊，1991年12月2日。）

从贝克来访看美国对华政策

美国国务卿贝克1991年11月15日至17日对中国进行正式访问。双方共进行了长达18个小时的会谈。会谈是艰难的,其间数次临时决定休会,贝克也多次推迟预定的回国时间。没有发表联合声明,也没有联合举行记者招待会,这都反映了当前两国关系不睦的现状。但总的来看,这次访问是积极的,有助于中美关系的恢复和发展。

这是因为,第一,贝克是1989年"北京风波"两年多来访华的美国最高级官员。这表明美方在实际上取消了不与中国进行高级接触的禁令。双方就如何解决两国关系中的困难问题达成了共识,即通过对话、讨论和高层领导人交换意见的方式求得谅解和解决。

第二,双方重申了恢复和发展两国关系的一些基本原则,如承认双方各自的意识形态、价值观念、文化和历史传统,求同存异。贝克表示,美中两国可以各走各的路,"美国尊重中国走自己的路"。他还重申,"关于美中关系,美国政府遵守美中之间的三个公报。美国承认只有一个中国,台湾是中国领土不可分割的一部分"。

在双边关系和地区形势的一些具体问题上,如恢复中国作为关贸总协定的结约国参加关贸总协定、台湾作为单独关税区加入的问题,保护知识产权和劳改产品出口问题,军售和核护散问题,朝鲜半岛非核化问题等,也取得了重要进展。

所谓中国的人权问题,是贝克访华对中国施压的一张"王牌"。我国重申人权问题是中国内政,中国司法独立,政府部门无权干预。白宫发言人菲茨沃特宣称,对我国关于人权问题的答复感到"失望"。一些西方报刊评称,贝克访华,中国得分多,美国得分少。

1990年,钱其琛外长参加联大会议时访美,向贝克发出了访华邀请,贝克拖了一年才最终成行。1989年"北京风波"之后,美国政府内部在对华政策问题上大致分成两派。一派大多集中在民主党人控制的国会。他们在最惠国待遇等问题上发难，把人权问题作为杀手锏，对中国实施高压和惩罚，企图在东欧发生剧变后，一鼓作气，攻克中国这个共产主义"顽固堡垒"。另一派不赞成短期效应，更多是从长远和战略上考虑问题。布什政府集中体现了这一派的观点。布什政府当时政策的特点是，其一，在国会的压力下，对中国实施严厉制裁，包括停售武器，中断两国高级官员来往等。其二，为了诱使中国领导人改变态度，避免对中国进行言词太激烈的谴责，同时派国家安全事务助理斯考克罗夫特秘密访华。由于中国政府并未因此而在"政治改革"等"重大问题"上改变立场，布什在美国国内，给人留下了"不关心中国人权状况"的印象，受到严厉抨击。

今年初特别是海湾战争结束以求，布什政府调整了对华政策，开始趋于强硬。这是在对中国的人权状况"感到失望"和在最惠国待遇问题上必须过国会关的背景下作出的。布什在给民主党参议员鲍卡斯的信中对这一新政策作了说明，其主要特点包括：增加两国间外长和副部长级官员的接触，目的是向中国继续施加压力；用贸易保护法对中国的"不公平贸易"进行报复，而不采取取消最惠国待遇的办法；继续保持对中国的各种制裁，直至中国的"人权问题"得到改善。在布什政府调整对华政策的同时，国会中民主党人也更加变本加厉，不惜进一步恶化美中关系。

今年以来，美国在一系列问题上进一步对中国施加压力。在经贸问题上，今年4月美国以中国在保护美国产品的知识产权方面没有采取"有效"措施为由，宣布依据美国贸易法中"特殊301"条款，对中国的知识产权保护问题进行为期半年的调查。在此期间，中国方面如不采取美方满意的措施，美将对中国进口的产品采取关税报复措施。9月，美国海关总署一举搜查了中国驻美20多家贸易机构。10月，美国贸易代表办公室宣布就中国"对美进口和实行贸易整华一事进行调查"。

二、在台湾问题上，布什今年9月向国会提出的美国《国家安全战略》报告中，第一次提到了台湾。在纽约出版的亲台《世界日报》认为，美国过去基于地缘政治及其他考虑，在一年一度的《国家安全战略》报告中从不提台湾，今年布什打破惯例，"有特殊意义"，意味着"今后美国在制定对台湾政策时，不会再有满脑子中共的压力了"。9月，"美国—中华民国经济委员会"在美国盐湖城开会时，布什政府运输部长斯金纳和退伍军人事务部长德温斯基在该委员会露面。《洛杉矶时报》认为,"这是自1979年美台断交以来美国向一个台湾组织派出的最高官方代表"。美国前驻华大使李洁明公开宣称美国"被三个公报捆住手脚的时间太长了",主张美国在同我国和台湾地区打交道时"需要新的思想和方法,而不是仅仅依靠这些老政策"。

三、在西藏问题上,美国一方面承认西藏是中国领土的一部分,另一方面又利用人权问题支持达赖集团进行分裂祖国的活动。今年4月达赖窜访美国,布什以"私人身份"接见了他。更有甚者,布什最近签署的由国会通过的对外政策法案公然称西藏是一个"被占领的国家"。"它的真正代表是达赖喇嘛"和西藏流亡政府,还说"西藏一直保持着不同于中国的主权的、文化的和宗教的特性",污蔑中国是"一个非法占领者"。

布什政府在对中国增加压力的同时,为什么又派贝克访华?其原因是:第一,中国政局稳定,经受住了部分省区发生百年未遇的特大洪涝灾害的考验,表明有较强的凝聚力;改革开放不断取得新的成就;外交上也不断开拓新的局面。美国越来越多的人认识到必须同中国打交道。美国保守的传统基金会最近主张,美国对华政策应是保持同中国的"建设性交往"。《纽约时报》也发表社论称"不要对中国关上大门"。第二,在西方国家中,日本、英国和意大利的领导人今年已先后访华,欧共体也基本上同中国恢复了正常关系,美国反倒面临自我孤立的局面。第三,布什政府越来越意识到亚太地区对美国的重要性,并决定年内访问亚太4国。而在亚太地区,中国的地位不容忽视,解决重大地区的问题不可能排斥中国。第四,随着苏联的衰落和世界多极化趋势的发展,美国同盟国之间的竞争和磨擦增加,美国希望借助中国的力量抑制日本军事、经济和政治力量的膨胀。

贝克访华的成果表明,美中两国领导人都重视两国关系。看来,中美关系今后的前景将是:

一、由于世界格局的嬗变,美苏中"大三角"关系不复存在,美中关系已失去战略合作的基础,预计美中关系不可能恢复到1989年"北京风波"以前的水平。如果坏下去,也不大可能坏到破裂的地步。贝克访问期间,一再讲"保持"美中关系,实际上就是保持一种不好不坏的过得去的关系。

二、眼下美国不太可能"挥师东进",把中国作为主要敌人,必欲立即除之而后快。虽然中国在意识形态和社会制度上同美国水火不容,但中国同过去的苏联不同,不搞霸权、不搞革命输出;在军事方面,核武器有一点点,不构成对美国的现实威胁;在经济方面,中国是发展中国家,更无法同美国相抗衡。

三、1992年是美国大选年,共和、民主两党之间和白宫、国会之间,由于忙于大选,无暇他顾,对中美关系不会有大的动作。如果布什连任,美中关系会有所改善,但将是渐进的、有限的,不会出现大幅度的变化。如果民主党获胜,短期内可能会产生一些小的波折,进一步冷淡对华关系,但两国关系的大趋势不会根本改变,这是由"美国利益"和世界格局的多极化趋势所决定的。

(本文写作于1991年12月4日。)

大有大的难处

《红楼梦》中王熙凤有句名言："大有大的难处。"刘姥姥首进荣府攀亲求助时，这位大观园的少奶奶如是说。王熙凤这一"公关"表态，虽属装腔作势，却蕴涵着深邃的辩证哲理，难怪历来受到红学家们的称道。

当今世界，苏联和美国多年来被公认为"超级大国"，它们各自拥有的核武器，是可以把人类毁灭数次而有余。也算是"大"得可以了，但是两家的"难处"也够炝。先说苏联，最近几年搞"改革"，事与愿违。政治、经济、民族、社会和联盟危机，愈演愈烈，闹得国不成国。到年底，存在70余年的苏联将不复存在，从而湮没在历史的长河之中。

美国号称世界首富。因海湾战争速胜和苏联解体，美国进一步坐大，地位显赫，成为"唯一的超级大国"。真是再莫大焉！可是随着时间的推移，美国的"有识之士"越来越发现，美国要想建立以美国为主导的"冷战后世界新秩序"，把21世纪变成"美国世纪"，"难处"甚多。想当年，盟国无不唯华盛顿马首是瞻。可是今天，在经济和科技方面，越来越受到欧洲和日本的竞争和挑战，连小小的以色列都敢对美国说"不"，公然拒绝出席12月初在华盛顿举行的中东和会第二阶段会议，使美国下不来台，又无可奈何。

在国内方面，"难处"更加明显：国债突破3万亿美元大关，1991年财政赤字预计超过3500亿美元，从1990年7月开始的经济衰退复苏乏力。白宫发言人菲茨沃特12月17日承认，当前美国经济仍处于衰退之中。看来，美国决策者们不正视和解决美国自身的"难处"横竖是不行了。

（原载《羊城晚报》，1991年12月21日。）

美国1991年有得有失喜忧参半

1991年对于美国来说,可以概括为:有得有失、喜忧参半,外交显赫、内政逊色、年初欣喜、岁末忧虑、内外失衡、前景莫测。这种情况鲜明地反映出美国推行新霸权主义强权政治的野心同美国国力下降和世界多极化趋向的现实之间形成的反差和矛盾。

1991年美国外交成绩显著,大致表现在以下五个方面:

一、美国的头号敌人苏联解体。二战结束以来的几十年间,美国战略的核心和外交的出发点,就是对付苏联的扩张主义,为此付出了巨大的代价。苏美两霸经过多作的冷战对抗,苏败美胜。苏联的消亡,无疑符合美国独霸世界的战略利益。苏联"8·19"事件后,美国在外交上对苏联分裂和解体推波助澜、落井下石。俄罗斯、白俄罗斯和乌克兰签署独立国家联合体宣布苏联不复存在后,美国立即呼应,表示欢迎。

二、海湾战争胜利。美国为建立"冷战后世界新秩序",决定拿萨达姆·侯赛因祭旗。在一场高科技电子化的立体战争中,伊拉克被迫结城下之盟。布什认为,海湾战争的"辉煌胜利",使美国国内恢复了"对自己的信心"。

三、中东和会召开。海湾战争后,国务卿贝克八下中东,进了"穿梭外交",促成阿以双方历史性地走向谈判桌。

四、人质危机解决。在黎巴嫩扣押的全部美国人质都获释放,被杀害的希金斯的尸体也在圣诞节前夕归还美方。人质问题曾严重影响里根和布什两届政府的外交政策。

五、阿富汗、柬埔寨、南非和朝鲜半岛等热点或敏感地区问题,朝着美国希望的方向实现政治解决或出现缓和。

美国1991年在外交上并非一切都称心如意,也有挫折和失分之处.这些方面是:

一、布什倡议建立以美国为主导的"冷战后世界新秩序"计划，反应冷淡，困难重重，不仅受到广大第三世界国家的反对，主要盟国也不以为然。

二、按照美国方案"改造"联合国的行动难以奏效，联合国新秘书长的人选也不太符合美国心意。美国希望推举现加拿大总理马尔罗尼或阿加·汗等亲美人物未果。

三、乌拉圭回合贸易谈判仍未达成协议，欧共体拒绝美国提出的农产品出口补贴的妥协方案。

四，海湾战争后美国关于建立海湾安全的构想，因沙特阿拉伯等国的迟疑而搁浅，布什关于在华盛顿举行希腊、土耳其和塞浦路斯希土两族领导人参加的解决塞浦路斯问题的国际会议的倡议，因各方积怨甚深而胎死腹中。

目前，美国有三大忧虑：

一、担心苏联解体后核武器和核技术失控，极力主张拥有核武器的俄罗斯、白俄罗斯、乌克兰和哈萨克斯坦统一管理核武器，最好统统交给俄罗斯一国保管，但新成立的"独立国家联合体"究竟如何演变仍是个未知数，具有很大的不稳定性和不可预见性，难说不会发生"南斯拉夫化"，中亚五国的原教旨主义抬头也令人不安。

二、欧洲以德法为轴心的欧共体和亚太地区的日本在经济和科技方面对美国的竞争和挑战越来越咄咄逼人，在政治上也敢对美国说"不"。美国的战略焦点仍然在欧洲，欧洲群雄并起，美国的地位受到影响。苏联虽解体，俄罗斯仍然是一个大国，把共产主义换成"大俄罗斯主义"，对西方是福还是祸还很难说。

三、美国国力下降、经济不景气，社会问题堆积如山，对推行"国际主义"力不从心。

（本文写作于1992年1月2日。）

角斗场上

古今中外，竞技场上，无不争个高下，拼个输赢，来不得半点温情脉脉。有古谚为证："竞技场上无父子。"

近年来，美国前总统尼克松把他自己几十年国内外政治斗争的回忆和宦海沉浮的经历，凝缩成一部新著，付梓定名为《角斗场上》（IN THE ARENA）。

超级大国之间便是一台角斗场。"二战"以后几十载，美国和苏联各霸一方，你争我夺；数万件核武器相互瞄准对方，必欲置对手于死地而后快。

戈尔巴乔夫企盼改变两个超级大国竞技场的竞争法则，抛出外交"新思维"，高挂"免战牌"。为此一让再让，步步退让。可是美国对手却并不买账，反倒步步进逼、落井下石。去年8月事件后，戈尔巴乔夫竭力要维持一个联盟外壳，一再呼吁乌克兰加入拟议中的新联盟条约。在乌克兰全民公决批准独立之前，对手即抢先宣布支持乌克兰独立，并准备与之建立关系。俄罗斯、白俄罗斯和乌克兰三国领导人在明斯克会晤宣告苏联不复存在之前，对手又抢先一步，称苏联为"前苏联"。戈尔巴乔夫指责华盛顿这两次表态"太匆忙"，是有意拆台，可是又无可奈何。

"才自清明志自高，生于末世运偏消。"戈氏终于落得孑然一身。人们纳闷的是，戈氏有朝一日如果也像尼克松一样写回忆录，那么他将怎样评价这段历史呢？

（原载《羊城晚报》，1992年1月7日。）

约翰逊的忠告与玩世者的不恭

据报道，曾以出神入化的球艺使亿万球迷为之倾倒的美国职业篮球巨星埃尔文·约翰逊最近宣布，他因感染艾滋病毒，不得不退出他为之效力了12个赛季的加利福尼亚洛杉矶湖人队，也无法作为美国国家队队员参加巴塞罗那奥运会。这位刚过"而立"之年享有"魔术师"美誉的篮球巨星的猝然陨落，使人无不扼腕叹息。

1991年11月6日，约翰逊在接受人寿保险体检后被告之，他已感染艾滋病毒。翌日，他执意在洛杉矶湖人队总部举行记者招待会公布此事，以便让所有的人知道，从中吸取教训。他告诫青年人要认识到"性安全"的重要性，他本人就是因为异性性乱而遭受感染。他呼吁美国青年洁身自爱，不要重蹈他的覆辙。

约翰逊的现身说法震动了全美上下。美国各大电视台、广播电台和大报都显著予以报道，成为轰动一时的特大新闻。

可是，"言者谆谆，听者藐藐"。《洛杉矶时报》最近的一次民意测验结果表明，尽管约翰逊警告言犹在耳，但大多数美国人性习惯的随意性依然故我。该报对全国1700多名成年人进行问卷调查，99%的人都说听到或看到了约翰逊的声明，但其中75%的人坚持说，他们无意因为担心感染艾滋病毒而改变自己的性行为！

看来，在美国"性解放"理论大行其道的时代，许多人的心态是"牡丹花下死，做鬼也风流"，及时行乐，不计后果。这究竟是"美国文明"呢，还是美国病态？

约翰逊的忠告，呜呼噫嘻！

(原载《福建日报》，1992年1月7日。)

安理会首脑会议浅析

联合国安理会15个成员国的领导人，1992年1月31日在纽约联合国总部聚会，讨论在新的历史时期强化安理会维持国际和平与安全的职能。根据议程，会议结束时将发表《主席声明》。

联合国自1945年成立近半个世纪以来，首次破天荒举行安理会特别首脑会议，深深地打上了世界从两极体制向多极化发展的烙印，从这个意义上讲，这次会议是有积极意义的。另一方面，本次会议是西方国家倡议的，又带有西方列强企图进一步假手联合国推行新霸权主义和强权政治的色彩。所谓加强安理会"维持国际和平与安全的职责"，更多是针对第三世界和企图干涉第三世界国家内政的。

这次会议也为安理会成员国领导人提供了发表政策声明的讲坛，特别是为大国外交提供了机会。苏联解体后俄罗斯承继苏联在联合国和安理会的地位，叶利钦总统是第一次涉足联合国；李鹏总理是1989年西方对华制裁破产后首次出访西欧和在联合国总部同西方主要国家领导人聚首；日本新首相宫泽作为非常任理事国代表与会，但眼睛则盯着常任理事国席位。这些都引人注目。

这次会议由于时间短，难以涉及具体问题，象征性大于实质性，但影响不可低估。

这次会议最早是法国总统密特朗去年年底倡议召开的。背景是苏联解体和南斯拉夫内战给世界和平带来诸多不稳定因素。由于美国不热心，建议泡汤。英国首相梅杰利用英国1992年1月担任安理会主席国的机会，接过这面旗帜，但已改变密特朗的初衷。按照梅杰的说法，就是寻求加强联合国作为和平缔造者、和平维持者和地区冲突解决者的作用，以及在裁军和防止核武器扩散方面发挥重要作用。那么，联合国和安理会应当如何发挥这种作用呢？这里边包含着尖锐复杂的斗争。

一、美国等西方大国企图主宰联合国，推行新霸权主义和强权政治。

随着国际风云变幻，联合国也同样处于旧格局打破、新格局尚待形成的状况，目前在联合国形成"东西合流、北攻南守"的局面。美国在海湾战争中取胜后，在联合国的地位和影响大增，利用联合国的企图更加明显，力图加强对安理会的控制。美国在本届联大挑头提出取消"犹太复国主义定义"和通过联合国对定期选举的援助两项提案，均获通过。欧共体在联合国的地位和作用也明显增强，选择在"军贸透明"和"救济协调"两个问题上作重点进攻。俄罗斯、乌克兰和白俄罗斯等前苏联加盟共和国以及东欧国家，在联合国全面倒向西方，形成联手对付第三世界的形势。

随着苏联作为西方主要敌手的消亡，西方国家正在对未来的安全战略进行评估和调整。据美国新近出版的《过时的范例》一书介绍，美国一些学者和战略家认为，冷战结束后西方的敌人在第三世界，因此以美国为首的西方大国将把军事干涉的矛头指向第三世界，将以种种借口干涉别国内政。美国众议院军事委员会主席阿斯平发表的一份报告称，美应保持足够数量的常规力量，以对抗朝鲜等假想敌。他认为，美国的假想敌还包括伊拉克、伊朗、叙利亚、利比亚、古巴和中国。美国要考虑进行海湾战争规模的战争，以对付这些假想敌"发动的侵略战争"。

实际上，美国和其他西方大国在联合国正是在推行这种战略意图，干涉成员国内政的倾向越来越明显。安理会也越管越宽，超出了联合国宪章规定的范围。如联合国授权观察尼加拉瓜、海地、安哥拉的大选，监督萨尔瓦多人权，调解南斯拉夫内战，甚至决定向南派联合国部队。最近又通过美、英、法提出的利比亚官员参与泛美103航班客机和法国联航客机爆炸事件的提案，要求利比亚接受引渡这两名官员的要求。在裁军问题上，关注的重点也发生了变化，西方突出核不扩散、军贸和化学武器问题，特别在军贸问题上压力转向第三世界。在社会、经济领域，西方推销其价值观和经济、社会发展模式，推行"政治民主化，经济私有化"，强调人权不分国界，企图把欧安会干预成员国人权问题的一套机制搬到联合国，并把人权作为援助的先决条件。

二、第三世界国家为争取平等权利而斗争。

联合国和安理会中的第三世界国家和不结盟国家，对西方强权政治不满有增加，在涉及自身利益问题上显示了团结性和战斗力。在选举秘书长问题上，挫败了美国企图推荐亲美人物的图谋，使非洲统一组织推举的加利顺利过关，这是第三世界的一次重大胜利。在西欧国家提出的"救济协调"提案中，它们要求增加了尊重主权、不干涉内政的内容。在南斯拉夫问题上，不结盟国家团结一致，对西方插手进行公开抵制。在利比亚涉嫌泛美103航班飞机和法国联航班机爆炸案问题上，安理会中的不结盟国家也提出了自己的看法。

但是第三世界和不结盟国家在安理会中面临的形势是严峻的。由于古巴和也门结束了为期两年的非常任理事国的任期，席位分别为委内瑞拉和日本取代，不结盟国家在安理会的数目从7个减少到6个，由于需要9票赞成才能使这个15个理事国的安理会作出决定，不结盟运动再也不能通过集体表决来阻止采取行动了。由于苏联的解体，联合国平衡被打破，第三世界分化也日益明显，在联合国的影响减弱。许多非洲国家由于国内动乱自顾不暇，拉美"民主化"势头正旺，在意识形态问题上向西方靠拢，一些有影响的国家如阿根廷，在不结盟运动和77国集团中公开拆台。一些亚洲国家如马来西亚能公开抵制西方，但势单力孤。多数处于中间状态的国家顾虑重重。

三、在改组和改革联合国和安理会问题上，西方国家内部矛盾重重。

改组和改革联合国已提到联合国的重要议事日程上来，并超出精简机构、提高效率的范畴，而集中在安理会的职能、组成和否决权的存废上。战后联合国赖以存在的基础——安理会五大国机制受到了冲击。广大第三世界和不结盟国家要求决策过程民主化，要求扩大安理会的呼声日益高涨。印度、巴西和尼日利亚等第三世界大国要求跻身常任理事国行列。

日本和德国随着经济上的崛起，积极谋求政治大国地位，也都觊觎安理会常任理事国席位。据《日本经济新闻》报道，日本首相宫泽参加安理会成员国首脑会议，强调改组联合国机构，增加常任理事国成员。但是，美英法三国为维护自己的既得利益，反对改变目前安理会五巨头的格局。据《纽约时报》报道，布什政府虽然原则上支持日本成为安理会常任理事国，但认为目前不是时候；日本在这个问题上如愿以偿恐怕是5年至10年以后的事。在美国看来，使日本成为常任理事国牵涉到法律、政治和战略问题。要修改联合国宪章，需要联合国大会2/3多数票和5个常任理事国的一致同意，但目前修改宪章有可能引起混乱。另外，美国担心这一行动会打破亚洲的平衡和稳定。它显然希望继续保持美国占主导地位而日本处于从属地位那种安全体系。按照美国的逻辑，这可使亚洲更加稳定，因为亚洲一些国家认为这样更安全。

美国防部长切尼最近在波恩会见科尔总理后称，"美国希望德国在国际上担负更大责任"，但在记者问到德国是否应该在联合国安理会中享有常任理事国席位时，切尼回避正面回答，只是说，联合国机构也许需要顺应时代的变化，他预计应该就谁在安理会拥有席位问题举行讨论。

（本文写作于1992年2月5日。）

"铁幕"新解

在美苏两个超级大国各霸一方、剑拔弩张的冷战时代，在西方国家，"铁幕"这个词时常见诸报端，人们当不会感到陌生。据《国际时事辞典》诠释，1946年3月5日，英国前首相丘吉尔在美国密苏里州富尔顿城的威斯敏斯特学院的一次讲话中，首次公开使用"铁幕"一词。他攻击苏联和东欧国家"用铁幕笼罩起来"。此后，"铁幕"国家就成为西方对苏联和东欧国家的蔑称。"铁幕"一词也深深地打上了美苏对抗时代的烙印。

世事沧桑、斗转星移。随着苏联的解体，两极对抗的格局已不复存在。但是，"铁幕"这个冷战时代的产儿，并未随着冷战的结束而湮灭。美国总统布什给"铁幕"赋予了新义。在当年丘吉尔发表讲话的富尔顿城以西240公里的堪萨斯城，布什最近向西欧盟国发起了挑战，要求欧共体降下其"贸易保护主义的铁幕"。布什宣称，"我们赢得了冷战的胜利，我们也将赢得这场竞争大战的胜利"，"欧共体迟早必须停止躲在自己的贸易保护主义的'铁幕'之后的做法"。

笔者无意探索布什这篇火药味十足的讲话背后的隐衷，但在国际舞台上，"没有永恒的友谊，只有永恒的利益"之说，是久经考验的至理名言。《日本经济新闻》断言，随着冷战的结束和苏联的解体，"资本主义同资本主义抗争的时代即将到来"。看来，布什把"铁幕"一词的内涵扩大到西方的经济对抗，其深远影响怕已远远超出词汇学家关注的范畴了。

（原载《羊城晚报》，1992年2月11日。）

投桃不报李

古往今来，在国际关系中，投桃报李、礼尚往来，当属惯例。但投桃不报李的事也不鲜见。苏联和苏联解体后的俄罗斯，同西方国家在援助问题上的讨价还价便是一例。

戈尔巴乔夫为了换取美国提供大笔贷款资助其"改革"计划，一再让步，投出的"桃"总可以装满一大箩。戈氏翘首以待，望眼欲穿，始终未见华盛顿报之以"李"。

美国不肯报"李"想必因为怀疑戈氏"彻底改革"的决心不够大。现在情形不同了。俄罗斯政府已宣布实行一步到位的"彻底改革"的市场经济，西方总该满意地报之以"李"了吧？否。

叶利钦总统最近出访英、美、加、法等西方工业国家，为其"激进改革"谋求大笔财政援助。作为稳定卢布币值的基金就需要50亿美元。据报道，美国除了表示加快提供食品等"人道主义"援助之外，在经援问题上仍不肯松口。叶利钦在加拿大公开讲话中指责西方"口惠而实不至"。

俄罗斯《消息报》不久前在头版发表评论员纳迪因文章称，"俄罗斯实施了西方一再要求的改革，而西方却不给予援助"，"如果再不提供有效的支援，将是20世纪最悲惨的失败"。

一方不断投"桃"，另一方却不肯报"李"，这种来而不往的局面何时方能改变呢！

（原载《羊城晚报》，1992年2月24日。）

何处更是珍珠港

美国和日本两个经济超级大国之间,从去年12月7日纪念珍珠港事件50周年以来,一直疙疙瘩瘩、扰扰攘攘,其势愈演愈烈。

往事如烟。1941年12月7日晨7时55分,日本偷袭珍珠港第一颗炮弹炸响。一个多小时中,360架日本飞机轮番轰炸,击毁美国战舰8艘、其他舰只10艘、飞机188架,美国人伤亡4500余人,太平洋舰队受到重创。美国总统罗斯福第二天对日宣战时断言,"这一天将被钉在历史的耻辱柱上"。50年过去,美日两国把已"钉在历史耻辱柱上"的历史陈迹重新翻出来,颇为隆重地纪念一番,意义非同寻常。一时间,在华盛顿和东京的书摊上,摆满了珍珠港事件的专著、回忆录、画册,林林总总,洛阳纸贵;电视、广播的节目更是层出不穷,一片沸沸扬扬。

如此铺排,看来政治家们并非是为了发思古之幽情,而是说古在于论今。两国领导人都表示希望要忘记过去,在当代建立"全球伙伴关系"。具有象征意义的是,布什总统在当年"亚利桑纳"号驱逐舰沉没的地方,向水中抛掷花环,决心要"总结过去,放眼未来"。可是,"落花有意,流水无情",美日关系的发展并不以人的意志为转移,而是循着自身规律的轨迹前进。《日本力量之谜》的作者范·沃尔弗伦在《纽约时报》著文《经济上的珍珠港》。此文论点颇有代表性。有的美国经济学家还预言,随着美苏军事冷战对抗时代的结束,以日美经济摩擦为导火线的"经济冷战"时代又将来临。

如果说美国当年是因为麻痹大意、缺乏远见而有军事上偷袭珍珠港之役的话,那么,今天美日之间"经济上的珍珠港"之役则是时移势易、此消彼长的结果。日本国民生产总值1960年为美国的1/10,1990年已上升到2/3;日本1990年人均产值为25055美元,超过美国人均产值的22058美元;目前日本已成为世界上最大的债权国,美国则沦为世界上最大的债务国,财政赤字有相当数额靠日本认购的债券填补。标有"日本制造"字样的日本商品对美国的"入侵"是明火执仗进行的。从20世纪70年代的"纤维战""钢铁战"和"彩电战",到80年代的"电子战",现在日本的汽车占领了美国30%的市场,家用电器更是无孔不入,从政府机关到寻常百姓家,渗透到美国各个角落。腰缠万贯的日本富商巨贾收购了哥伦比亚电影公司、洛克菲勒中心以及著名的高尔夫球场和棒球队,等等。美国舆论极而言之,惊呼日本"盘购"美国,将把美国变成日本的"殖民地"。

美日感情上的对立也不断升温。日本在经济上对美国咄咄逼人的攻势,加深了美国人的屈辱感和忧患意识。"日本异质论"在美国迅速抬头。1989年詹姆斯·法洛斯著的《遏制日本》一出版就引起强烈反响。美国公众"敲打日本"的呼声日高,要求对日本施加高压,迫其就范。

据《纽约时报》和哥伦比亚广播公司进行的民意测验表明,53%的日本人认为,日本将是下个世纪的世界头号经济大国,63%的日本人强烈或大体上认为,美国的世界强国地位正在衰落。因此,日本人越来越敢于对美国说"不"。布什总统今年1月访日后,双方的唇枪舌剑一波未平,一波又起。1月19日,日本众议院议长樱内义雄在谈到日美经济摩擦的原因时,揶揄美国工人"素质低劣""懒惰"和"1/3是文盲",激起美国的强烈反击。日本副首相兼外务大臣渡边在访美时专门向美国政府道歉。可是曾几何时,宫泽首相2月3日在国会答辩时又借机批评美国人"对劳动缺乏伦理感"。这又引起两国关系的轩然大波。当天夜里,内阁官房长官加藤宏一急忙同外务省协商,通过外交途径向美国政府传达了"真意"。

"言为心声"。樱内议长和宫泽首相相继"失言"绝不是偶然的,虽然不一定是有意攻击,但却是日本优越感的情不自禁的感情流露。

美日两国领导人在《东京宣言》中发誓要建立美日"平等"的"全球伙伴关系"。可是美日关系从"贸易摩擦"到"感情对立"逐步升级,人们有理由对这种"平等"的"全球伙伴关系"的前景打上一个问号。

(原载《瞭望》周刊,1992年3月16日。)

世界多极化趋向面面观

苏联的解体把当今世界推向了一个重大历史转折时期。两极争霸的旧格局已经结束，新的格局尚未形成，世界正朝着多样化和多极化方向发展。虽然两大军事集团在欧洲近半个世纪的冷战对峙已不复存在，一些地区热点问题已经解决或正在解决之中，世界局势出现了某种缓和，但是，危及世界和平、导致国际形势紧张的因素并未根本消除，原有的某些矛盾和对抗结束了，又产生了新的矛盾和对抗。

苏联作为一个超级大国的消失，使美国成为唯一的超级大国。但美国地位的突出，并没有改变美国相对衰落的现状和趋势。它在国际上面临西欧和日本日益严重的竞争和挑战，对国际事务的控制力在削弱；在国内又为严重的经济和社会痼疾所困扰。两极体制的崩溃不可能演变为美国主宰的一极世界。

去年美国在外交上频频得分，引人注目。（一）美国的头号敌人苏联解体。从二战结束以来的几十年间，美国战备的核心和外交的出发点，就是遏制苏联的扩张主义。苏美两霸经过多年的冷战对抗，苏败美胜。苏联的消亡，无疑符合美国妄图独霸世界的战略利益。（二）海湾战争胜利。美国为建立"冷战后世界新秩序"，决定拿伊拉克总统萨达姆·侯赛因祭旗。在一场高科技电子化的立体战争中，伊拉克被迫结城下之盟。美国政府宣传海湾战争的"辉煌胜利"，使美国国民恢复了"对自己的信心"。（三）中东和会召开。海湾战争后，国务卿贝克八下中东，进行"穿梭外交"，促成阿以双方历史性地走向谈判桌。（四）人质危机解决。在黎巴嫩扣押的全部美国人质都获释放，被杀害的希金斯的尸体也在圣诞节前夕归还美方。人质问题曾严重影响里根和布什两届政府的外交政策。（五）阿富汗、柬埔寨、南非和朝鲜半岛等热点或敏感地区问题，朝着美国希望的方向实现政治解决或出现缓和。

美国在外交上也并非一切都称心如意,也有挫折和失分之处:(一)布什倡议建立以美国为主导的"冷战后世界新秩序"计划,各方反应冷淡,困难重重,不仅受到广大第三世界国家的抵制,主要盟国也不以为然。(二)按照美国方案"改造"联合国的行动难以奏效,联合国新秘书长的人选也不太符合美国心意。美国希望推举现加拿大总理马尔罗尼或阿加·汗等亲美人物未果。(三)海湾战争后美国关于建立海湾安全的构想,因沙特阿拉伯等国的迟疑而泡汤。布什关于在华盛顿举行希腊、土耳其和塞浦路斯希土两族领导人参加的解决塞浦路斯问题的国际会议的倡议,因各方积怨甚深而胎死腹中。

美国人综合国力衡量,现在和今后相当长时期内将保持超级大国的地位。但美国几十年穷兵黩武,同苏联对抗,也付出了沉重的代价,耗资达3万亿美元,伤了元气。从1990年7月以来,美国经济开始衰退,迄今仍复苏乏力。据官方公布的材料,目前政府债务累计4万亿美元,外债7600亿美元;企业和个人债务增至6万多亿美元,超过1991年美国的国民生产总值;政府1991—1992财政年度财政赤字为3500亿美元,创历史最高纪录;全国失业率为7.1%,失业人数达800多万;外贸逆差居高不下,个人消费品支出减少,由此导致经济增长缓慢。此外,美国的人均收入增长率、储蓄率、教育水平等,多年来一直名列西方七国之末,经济增长率更是落后于日本和德国。相当多的美国人的生活水平低于80年代。由于美国国力下降,经济不景气,社会问题堆积如山,对推行新霸权主义和强权政治,在全球"全面出击"已感力不从心,不得不调整为"有选择"的干预。

以统一后的德国为龙头的欧共体和日本的崛起,在经济和科技领域对美国发起咄咄逼人的挑战,由于资本主义发展不平衡,时移势易、此消彼长,西方世界内部矛盾突出出来,有可能在将来成为世界的主要矛盾。

从1989年以来,西欧一体化出现加速趋势,提出了建设以欧共体为核心的新欧洲战略构想。1991年这一构想在三个方向上全面突破,出现了历史性的重大转折。(一)欧共体12国和欧洲的自由贸易联盟7国达成协议,同意在1993年之前建立19国欧洲经济区,实现商品、人员、劳务、资本自由流通,使之成为拥有3.8亿人口、占全球贸易40%多的一体化程度最高、世界最大贸易集团。(二)欧共体与波兰、匈牙利、捷克斯洛伐克三国签署了联系国协定。这是欧共体向东欧伸展的重要一环。(三)在荷兰的马斯特里赫特举行的第四十六届欧共体首脑会议，通过了经济与货币联盟及政治联盟条约。欧洲一体化的上述重大进展，标志着欧共体作为欧洲经济、政治中心的地位大大加强。在欧共体内，德国的复兴引人注目。从综合国力衡量，统一的德国居世界第四位。国际上一些经济学家预言，德国东部地区可望在6至10年内达到目前西部大约一半的经济发展水平。届时德国将成为举世瞩目的"经济超级大国"。

在冷战时代，美国同西欧国家为了共同对付苏联而结成联盟。但是随着苏联的解体，共同敌人消失，经济利害关系成了左右美欧关系的重要因素，西欧不愿再以经济、政治利益上的让步换取美国的"保护"，也敢于同美国分庭抗礼。近年来美欧矛盾有明显的新发展。（一）经济摩擦更加尖锐。在农产品补贴问题上，美国指责西欧搞"保护主义铁幕"，西欧则批评美国损人利己。由于双方争执不下，致使乌拉圭回合贸易谈判搁浅至今。（二）在援助前苏联和独联体国家问题上，西欧和美国各唱各的调，互挖墙脚，竞相扩大自己的影响。（三）在防务问题上，美国积极谋求扩大它占支配地位的北约的防区和职能，西欧则拒绝把北约与欧共体、欧安会更密切地联系在一起和突破北约防区概念等主张，并在欧安会外长会议上拒绝使北约成为欧安会"武装手臂"的建议。（四）在中东和谈问题上，西欧对美国独揽甚为不满，提出让联合国秘书长的代表负责中东和平进程，实际上是希望借助联合国来削弱美国的作用。（五）美国为刺激自己的经济复苏，要求德国等西欧国家协调政策、降低利率，遭到德国等的拒绝。

当然，美欧关系根深蒂固，相互依存、互有需要仍是当前的主导面，但随着综合国力对比的消长，欧共体一体化建设的进展，双方摩擦和竞争将更趋激烈。西欧在经济上将发出更有力的挑战，在政治上进一步闹独立性，在防务和安全上更强调欧洲的"特性"。

日本作为一个经济超级大国，何去何从，在新历史时期，更引人注目。战后半个世纪以来，日本利用国际环境提供的各种有利机会，大力开展贸易立国、科技立国，迅速增强了经济实力。1990年日本国民生产总值约达3万亿美元，在世界各国国民生产总值总和中占13%。按国民生产总值比较，仅次于美国而居世界第二位。日本同美国的经济实力差距不断缩小。日本国民生产总值1960年只及美国的1/10，1990年已上升到2/3。日本1990年人均产值为25055美元，超过美国的22058美元。目前美国已沦为世界上最大的债务国，日本则变成世界上最大的债权国。人们普遍预测，到21世纪初，日本将超过美国成为世界头号经济巨人。由于日美之间巨大的贸易赤字，两国贸易摩擦愈演愈烈，由贸易摩擦又引发双方的"感情摩擦"。从1991年12月7日纪念珍珠港事件50周年以来，日美之间扰扰攘攘，一波未平一波又起。日本财大气粗，讲话无所顾忌。日本众议院议长樱内和首相宫泽关于美国工人素质的评价，引起美国朝野和舆论界的反击，一发而不可收。虽然日方一再解释没有恶意，但双方感情对立的鸿沟，已很难填平。

俄罗斯加上其他独联体国家的潜力不可低估。苏联解体后，俄罗斯继承了苏联的衣钵，包括在联合国和其他国际组织中的地位。虽然俄罗斯同苏联不可同日而语，已不是超级大国，但俄罗斯仍然是世界上幅员最大的国家，人口居欧洲第一位，资源丰富、科技发达；在军事上，仍是一个核超级大国，欧洲列强亦不敢小觑。由于民族、宗教、领土等纠纷错综复杂，俄罗斯和其他独联体国家的动乱还将继续下去，经济将继续向谷底下滑。如果独联体国家发生"南斯拉夫化"的内战，必将对世界和平与稳定造成巨大危害。

包括中国在内的第三世界发展中国家仍然是国际事务中不可忽视的重要力量。近年来，占世界人口绝大多数的发展中国家的处境越来越困难。南北差距进一步扩大，富国越来越富，穷国越来越穷。这种情况如不改变，将最终导致新的动荡，乃至成为引发新的地区冲突的根源。

在国际舞台上，第三世界国家在建立国际新秩序问题上，在反对西方国家推行强权政治和利用人权干涉别国内政的斗争中，显示了自己的凝聚力和战斗力。为了适应新的国际形势，发展中国家也在相应调整政策，改变斗争方法和策略。不结盟运动、伊斯兰会议组织、阿拉伯联盟、非洲统一组织以及77国集团，是否仍具有生命力，都将在新旧格局转变时期接受考验。

（原载北京《党建》杂志，1992年4月5日。）

不在其位，难谋其政

年近八旬的美国前总统尼克松，对布什政府在"援助"俄罗斯问题上踌躇不前颇有微词，如鲠在喉，不吐不快。最近又是著文，又是讲演，又是发表备忘录，一再疾呼，强调援俄的重要性和迫切性，急切之情溢于言表。

尼克松说，苏联在冷战中失败了，但是西方迄今尚未获胜，最后决定胜败的是"叶利钦总统的改革计划能否建立起一个成功的自由市场经济"；如果这场改革失败了，苏联将爆发战争，俄罗斯将出现极权主义，这将"威胁我们的利益"。

尼克松提出一项数百亿美元的援俄计划。可是，这数百亿美元从何而来？尼克松语焉不详。

对共和党元老向来从谏如流的布什总统，对尼克松的诤言更不敢怠慢，一再表示尼克松所言极是。唯对拿出大笔资金颇有难色。布什说："在我们所能做的事上有一些财政上的限制"，"没有足以应付一切的空白支票"。言语之间颇有"不当家不知柴米贵"的味道。

笔者无意评断尼克松和布什在援俄问题上孰是孰非，只想提出一个读者也许感兴趣的问题：面对美国由盛而衰带来的诸多难题和困境，如果尼克松今天"在位"，又将如何"谋其政"呢？

（原载《羊城晚报》，1992年3月25日。）

亿万富翁的白宫梦

美国民主党和共和党两党总统竞选人，为争取本党提名而进行的角逐日程已经过半，民主党的克林顿和共和党的布什问鼎白宫的竞赛大局似乎已定。

但是，正当人们准备观看下个回合"驴象"对阵如何斗法之时，突然斜刺里闯出一匹"黑马"，欲与克林顿和布什竞争白宫宝座。

现年61岁的罗斯·佩罗是得克萨斯州的商业巨子，全国屈指可数的亿万富翁之一。据说个人财产达25亿至30亿美元。佩罗以独立竞选人的身份杀入阵来，没有政党做后盾，似乎也没有从政经验。但人称美国社会"金钱万能""钱能通神"。佩罗表示，将拿出1亿美元用于竞选。

为了使自己的名字纳入50个州的竞选人名单，佩罗宣布设立免费公众电话线路，支持者趋之若鹜，眼下已收到200多万个支持他出马的电话。他们成立一个全国协调委员会，在全国发起一个签名运动。得克萨斯州立大学4月21日公布的一项民意测验表明，如果现在投票，佩罗、布什和克林顿将依次获得35%、30%和20%的选票。

但是，目前距11月3日选举日尚有半年之遥。佩罗这匹脱颖而出的"黑马"，能否沿着美元铺就的仕途，跨越重重障碍，摘取白宫桂冠，恐怕未必如他随手拿出一两亿美元那么简单。

（原载《羊城晚报》，1992年4月25日。）

西西矛盾呈加剧趋势

苏联的解体，把当今世界推向一个划时代的转折时期。世界正朝着多样化和多极化方向发展。世界上固有的一些基本矛盾，都在孕育和发生着各种微妙的变化，最引人注目的是西西矛盾，也就是西方大国之间的矛盾，趋于尖锐化和表面化，成为当前形势发展的一个令人注意之点。

美欧矛盾向纵深发展

第一，在政治上，西欧国家对美国的离心倾向日益明显。美国以世界上唯一超级大国自居，力图建立以美国为主导的冷战后"世界新秩序"。西欧国家不愿看到一极世界出现，在争夺欧洲事务主导权方面，双方更是明争暗斗。美欧矛盾方兴未艾。

第二，在经贸关系方面，双方摩擦日趋剧烈。围绕农产品出口补贴问题，争吵得不可开交，致使6年前开始的关贸总协定"乌拉圭回合"谈判旷日持久、搁浅至今。今年2月初，布什总统在讲话中把欧共体的贸易保护主义称作"铁幕"，向盟国发起挑战。副总统奎尔在访欧期间，以放弃保护欧洲安全相威胁，要求西欧在贸易问题上作出让步。法国总统密特朗反击说，"法国不准备向美国的要求屈服"。德国总理科尔3月下旬访美期间，布什力图说服科尔压法国让步未果。

第三，在欧洲安全问题上，双方想法南辕北辙。美国积极谋求扩大北约防区和职能，建立一个"新北约"；还主张北约参与欧安会的维持和平行动。德法等西欧国家强调发挥西欧联盟的"欧洲支柱"作用，希望组建一支"欧洲军"，意在抵销美国在北约的领导地位和影响。

第四，围绕"援助"独联体问题双方意见相左。西欧认为自己最有发言权，美国只够当配角，因为在援助总额中，西欧占75%，美国只占少数。美国为了抓旗帜,变被动为主动,今年1月下旬在华盛顿主持召开了援助独联体协调会议。密特朗公开批评美国,说没有必要由华盛顿隔着大西洋来对援助苏联的问题发号施令,布什的建议是"没有必要的"。西欧国家虽然参加了华盛顿会议,但未作任何承诺。

对防止原苏联核武器流失和核技术扩散问题,西欧力争更多参与其事,而美国企图大包大揽,只想让西欧出钱出技术。去年9月法国建议召开欧美四大核国家首脑会议,美迟迟不予置理,后勉强同意,但主张在低级别进行。

第五,在中东问题上,西欧国家对美国把中东和会会场从马德里搬到华盛顿耿耿于怀。西欧放风说,希望联合国秘书长负责中东和平进程,实际上企图利用联合国来冲消美国的影响。西欧对海湾战争之后美国未能迫使以色列接受"以土地换和平"的原则也颇有微词。

第六,美欧在科技和经贸领域的情报战趋于表面化。美国在欧洲的主要目标是德国和法国。中央情报局和联邦调查局多次指控法国情报机构利用法航工作人员窃取美商业情报。法国方面声称,在经济和科技领域的竞争中,法美不是盟友而是对手。

美日矛盾愈演愈烈

从去年12月7日纪念珍珠港事件50周年以来,美日关系急转直下,跌到战后以来的最低点。这次危机大大超出了两国在经济和安全政策上的具体分歧,而演变成两个具有不同社会传统、文化背景之间的广泛冲突。

第一,经贸摩擦有增无减。汽车工业是美国起家的三大工业支柱之一。由于日本汽车的冲击和蚕食,美国通用、福特和克莱斯勒三大汽车公司销售市场均不景气,关厂、裁员、危机迭起。美日汽车大战成为两国贸易摩擦的焦点。布什年初访日,率领21名工商业巨子,其中包括三大汽车公司总裁,意在敲开日本汽车市场的大门。日方表示今后三年内每年从美国进口汽车两万辆,汽车零部件进口增至190亿美元。然而协议墨迹未干,日本首相宫泽即声称,这些仅"是目标,而非诺言"。美国商务部高级官员反驳说,如果日本汽车公司不实现和超过这个"目标",美国将采取"非常消极"的反应。在两国贸易战的其他领域,如开放大米市场等,日方也不肯轻易作出许诺。

第二，感情对立不断升温。反日和厌美情绪强烈。其中一个特点是高层之间的唇枪舌剑迭起。布什访日后，1月19日，日本众议院议长樱内义雄在一次迎新会上说，美国经济出现危机的根本问题在于美国工人素质太差，工人太懒惰，加之30%的工人是文盲，因此才生产出不合格的产品。樱内的讲话引起美国的强烈反击。日本副首相兼外交大臣渡边在访美时专门向美国政府道歉，而宫泽首相2月3日在国会答辩时又借机批评美国人"对劳动缺乏伦理感"。这又引起两国关系的轩然大波。樱内和宫泽的讲话道出了日本国民厌美的心声。

今年是美国大选年，美日关系成为大选的热门话题之一。随着公众反日情绪的不断增长，出版界贬日书籍也纷纷面世。美国商业界更是大张旗鼓地掀起"买美国货"运动，打出"抵制日货"和"不买日本车"等口号。据《华盛顿邮报》和美国广播公司最近的一项民意调查表明，65%的人称美国反日情绪正在高涨，63%的人说他们正设法避免购买日货。

第三，反日暴力事件迭起。美国民权委员会宣布，美国的反日情绪正在导致对亚裔特别是日裔的歧视和骚扰，对美籍日人的种族歧视越来越成为一个全国性的问题。

西欧内部矛盾呈上升趋势

去年12月在荷兰马斯特里赫特举行的第四十六届欧共体首脑会议，通过了经济与货币联盟及政治联盟条约。这是欧共体一体化建设的突破性进展。但自条约签署以来，一体化建设遇到了一些新困难。一是条约的审议批准在几个主要国家的议会并不顺利。一是对欧共体主席德洛尔提出的1993—1997第二个五年预算草案，一些成员国表示反对或持有保留。德国有些人公开反对以欧洲货币单位取代马克。英国反对新预算，因为按新预算规定，英国可能增加负担份额，变成"纯支出"国。

作为欧共体脊梁的法德轴心，力量此消彼长，对欧共体国家相互关系和欧洲一体化前景产生微妙影响。欧共体一体化建设，在很大程度上仰赖法德的合力。由于历史形成的原因，法国在政治上一直占主导地位。两德统一，德国实力大增，在欧共体和整个欧洲的地位明显增强。加之，苏联的解体，东方威胁消退，使西欧内聚力减弱。法国国力相对下降，又失去了原来同苏联的特殊关系这张牌，在欧共体内的地位已大不如前。法国在法德轴心中的主导地位有换位的趋势。

西西矛盾上升的背景和前景

由于冷战的结束、华约的消失和苏联的解体，在反共、遏共的共同利益掩盖下的"内部矛盾"凸显出来。西欧和日本不愿再以经济和政治利益上的让步换取美国的安全保障，开始敢于对美国说"不"，甚至同美国对着干。国家利益越来越成为左右相互关系的主要因素，经济和科技竞争越来越成为影响相互关系的主要内容。当前，主要大国经济都不景气，又都进入大选年，各国政府更需要着眼维护本国的经济利益和国际地位。此外，苏联各共和国独立后，纷纷向西方靠拢，为西方大国的争夺提供了机遇和场所。西欧出于地缘政治和经济利益方面的考虑，谋求建立"欧洲人的欧洲"，美国为了称霸世界，相继提出"新大西洋主义"和"从温哥华到符拉迪沃斯托克"的泛大西洋共同体战略的目标。一向对俄罗斯丰富资源垂涎三尺的日本则寄希望俄罗斯领导人尽快解决北方四岛的回归问题，问题一旦解决，将以其雄厚的资金和地理优势，同欧美一争高下。

那么，西西矛盾发展的前景如何呢？

首先，从综合国力来看，美国是当今世界唯一的超级大国，今后相当长的时间里仍将维持一个超级大国的地位。但是美国又是一个处于相对衰落中的超级大国。美国为了赢得对苏冷战的胜利，付出了巨大的代价，耗资3万多亿美元。几十年穷兵黩武，造成内外失调，国内发展速度减慢，国际竞争力下降，经济和社会沉疴日重，医治乏术。欧共体和日本的崛起，在经济上已同美形成三足鼎立之势，开始同美争夺世界经济的主导权。欧共体已成为世界最大贸易集团，经济实力按国民生产总值已超过美国，1990年分别为60100亿和53910亿美元；出口贸易分别为5260亿和3930亿美元。日本经济实力在60年代只占世界的4.3%，现已上升到14%，1990年人均国民生产总值超过美国，达到22000美元。日本在外汇储备、债权、贸易顺差三方面均居世界首位，成为当今世界第二号经济大国。德国和日本两个后起的经济大国，都力图成为政治大国，甚至军事大国。为此正在积极谋求修改联合国宪章旧敌国条款，以便为跻身联合国安理会常任理事国行列铺平道路。德日都是二战的战败国，谋求进取有很强的驱动力和凝聚力。今后，以德国为首的欧洲和日本将成为美国的强劲对手。

引人注目的是，德国和日本关系最近异乎寻常地热乎起来。德国外长根舍2月访日，在东京宣布，德日两个战后崛起的"经济巨人"，已不再是"政治侏儒"。两国决定今后每年将至少举行两次外长会晤。科尔总理今年10月访日。根舍说，两国现在"比过去靠得更近了，而且有了更多共同之处"。舆论认为，根舍6年来对日本的首次访问，将是两国政治关系的转折点。德国有意谋求同日本结成"战略联盟"，在国际舞台上"联手"谋求扮演更重要"角色"。

最近，美国国防部草拟《1994—1999财年防务计划指导原则》内部文件及其附件——7种未来海外战争设想，其目标是：维持美国的唯一超级大国地位，以求独霸世界；以先发制人的方式制止地区军事大国对其安全利益的威胁；防止德国和日本军国主义的复活；对俄罗斯今后可能强大起来的动向保持警惕；防止大规模毁灭性武器特别是核武器的扩散。美国这一战略计划引起德日等国的恼怒和不安。

美欧日同属发达资本主义国家，价值观和意识形态一致，相互都拥有巨额投资，同时在对付第三世界和反对恐怖主义等问题上有共同语言。因此相互协调、相互依存、互有需要的关系根深蒂固。这是当前西西关系的主导面，并且在可预见的将来不大可能发生质的变化。从长远看，由于资本主义发展的不平衡规律，西西矛盾势必将进一步发展，不排除在一定条件下将来成为世界主要矛盾。

（本文写作于1992年4月15日。）

洛杉矶事件说明了什么

美国第二大城市洛杉矶最近发生由种族歧视、警察暴力和司法不公引发的大规模冲突，造成58人死亡，2000多人受伤，1万多人被捕，数千幢房屋被毁，初步估计损失达7亿多美元。洛杉矶事件在美国引起了连锁反应，迅速蔓延到纽约、旧金山、亚特兰大、芝加哥、华盛顿、西雅图等大中城市，形成美国60年代以来规模最大的反种族歧视斗争浪潮。

洛杉矶事件的起因是：1992年4月29日，洛杉矶锡米谷地方法院由12名白人组成的陪审团，置司法公正于不顾，公然裁定去年3月3日肆意殴打一位黑人司机罗德尼·金的4名白人警察无罪。愤愤不平的黑人群众当晚举行抗议活动，接着抗议活动演变成连续3天的暴力冲突。罗德尼·金案的不公正裁决只不过是这一事件的导火线，而冲突之所以迅即形成燎原之势，则有着深刻的根源。

第一，美国广大黑人群众一直处于社会最底层，在失业、贫困化、吸毒、犯罪等严重社会问题的恶性循环中挣扎，难以解脱。黑人占美国人口总数2.5亿的12.1%，但是在总额为3.6万亿美元的个人所得中只占7.8%；60年代以来城市黑人生活水平不断下降，1990年大城市的黑人33.8%生活在贫困线以下，而1967年为31.2%；黑人的失业率和婴儿死亡率等也都大大高于全国的平均数。纽约州黑人众议员兰热尔评论洛杉矶事件的原因时说，早在这场悲剧发生之前这里就存在着一种绝望情绪。人们垂头丧气，认为这个制度中没有公正，没有就业机会，没有希望。

第二，美国从1990年7月开始经济衰退，黑人首当其冲。这对处于贫困化中的广大黑人阶层不啻是雪上加霜。

第三，从国际环境来看，由于冷战的结束和苏联的解体，长期掩盖着的西方国家之间和西方国家内部的矛盾凸显出来。目前，群众不满现状之风正席卷西方世界，有一发而不可收之势。美国在冷战时代为了同苏联对抗，共耗资3万多亿美元，国力受挫，处于相对衰落之中。冷战结束，包括白人在内的美国各阶层人民企盼的"和平红利"并没有兑现。

洛杉矶事件爆发不是偶然的。那么，这次事件说明了什么？

首先，美国的种族歧视是严重的、根深蒂固的。美国是一个由移民组成的多种族、多元文化的社会，虽然经过黑人和其他少数民族多年不屈不挠的斗争，法律上已不允许种族歧视，而实际上种族歧视现象仍然大量存在，甚至是明目张胆的。黑人同白人在从政、经商、接受教育、就业等各方面是不平等的。白人名门望族、达官贵人涉及强奸等案，多半无罪，而黑人犯案，必受重判。此类例子不胜枚举。美国全国有色人种协进会芝加哥分会负责人芬利认为，种族主义在美国仍然很盛行。

其次，美国警察滥用暴力和其他侵犯人权的情况严重存在。罗德尼·金案只不过是"露出水面的冰山之角"，4名白人警察施暴时碰巧被旁观者霍利迪从自家阳台上用摄像机实录下来，无可否认。近几年来，美国执法人员非法施暴侵犯人权事件一直呈上升趋势。华盛顿的此类案例从1985年的299宗上升到去年的410宗，芝加哥由2080宗上升到2476宗，迈阿密从67宗上升到110宗。美国广播公司和《华盛顿邮报》的一项民意调查表明，97%的黑人和63%的白人认为，罗德尼·金的人权受到了白人警察的侵犯。

洛杉矶事件暴露出来的美国人权问题，引起西欧和第三世界国家舆论的抨击。伦敦《泰晤士报》评称，全球到处跑的美国政界人物在"民主"和"人权"问题上总喜欢教训人，但世界各地的人们对他们的这种态度越来越感到厌烦，并说，"美国，看看你们自己的后院吧！"印度报纸称洛杉矶事件是对美国鼓吹"人权"的讽刺。

洛杉矶事件发生后，洛杉矶当局立即宣布实行紧急状态和宵禁。布什总统下令向洛杉矶派出4000多名军队，称他们"在必要的情况下能够迅速和有效地得到使用"。布什还派遣了将近1000名"联邦执法官"，其中包括"装备齐全的携带特殊武器的战术小组"。美国其他一些城市也都相应地宣布实行戒严和宵禁。此后各地局势相继平静下来。

二战后近50年来，美国反对种族歧视的斗争连绵不断。洛杉矶冲突再次表明，如果不从制度和体制上根本解决广大黑人群众的疾苦，不在实际上消除对黑人和其他族裔的种族歧视，今后还有可能爆发类似的冲突。

(原载《瞭望》周刊，1992年5月11日。)

毒刺·芒刺·蒺藜刺

阿富汗战争期间，美国秘密向阿游击队提供了一大批地空"毒刺"导弹以对付苏军，然而，现在这些"毒刺"又使美国挠头。

这种搭在肩上发射的、射程为5公里的"毒刺"，曾经大显神威。据说用这种"毒刺"共击落数百架苏军轰炸机和武装直升机，使苏联占领军当局大伤脑筋。

苏联解体和纳吉布拉政权垮台后，喀布尔新政权应运而生。可是，各派游击队并未"刀枪入库，马放南山"，美国政府担心游击队可能把高科技的"毒刺"卖给世界上那些敌视华盛顿及其盟友的游击队，惶惶然如同芒刺在背。故此，美政府正悬赏回收这批"毒刺"以解"芒刺"之忧。

然而，回收"毒刺"谈何容易。一位高级官员凄凄惶惶地解释说，"那些家伙"知道自己手中的货色——他们要保留自己拥有的大部分东西，对那些不想要的也要卖个好价钱。所以那些撒出手的"毒刺"永远也甭想再收回了。

西谚云："种蒺藜得刺。"当年美国为了同苏联争夺世界霸权，在中亚这个山国斗法，使尽一切解数，断然想不到"毒刺"这一利器竟会成为一把"双刃剑"，既伤对方又伤自己。

（原载《羊城晚报》，1992年6月6日。）

美国厘定"冷战后"外交战略的大辩论

随着冷战的结束和苏联的解体，美国面临着一个新的课题，即厘定怎样的"冷战后"外交战略。这个问题不仅牵涉到90年代甚至跨世纪外交方针的取向，还关系到国家安全概念的界定和美国在世界新格局中的定位。从一年多来美国政界和舆论界围绕这一问题而展开的大辩论来看，这是一个复杂而艰难的过程。

第一，世界形势发生了并继续发生着战略性变化，变化之快之大为人始料不及，美国仍处在理解和适应这种变化的过程中。二次大战后的40多年间，遏制苏联和在意识形态上同苏联对抗，一直是美国国家安全利益的首要目标，是两党制定对内对外政策的共同基础，也是扩充军备、海外驻军、发动战争和确定国内优先项目的依据。这一既定方针由于苏联的分崩离析和国际安全环境的完全改变，而不复存在。军事因素的重要性下降，认识和分析国际形势的方式也相应发生了变化。国际关系中的威胁来源和自身利益问题不像以前那样明晰，美国不得不摸索自己应在变化了的世界上发挥什么样的作用。与此同时，地区性危机和冲突不断出现，世界变得更加复杂和诡谲多变。美国强烈地感受到，经济因素对外交政策的影响大大增加，世界和平与安全问题越来越多地同经济相关。美国各界许多人士认为，美国至今还保留着冷战时期出于遏制苏联的需要而与盟国、友邦形成的"不公平"的经济关系，这种对美国不利的情况不能再继续下去了，必须同盟国寻求建立"公平"的经济关系，调整同盟国的政治和战略关系。这将是一个很大的调整。

第二，冷战的结束和苏联的解体，使美国公众和舆论的注意力从海外转向国内。国内问题凸显出来，在各界反响之强烈，为决策者始料不及。外交方略的制定，不能不受到国内因素的制约。近年来，美国经济一直处于弱势。联邦政府无力扭转连年出现的"双赤字"（财政赤字、外贸赤字）

局面。美国在全球经济中所占的份额以及反映经济实力的主要领域的增长率，都呈下降之势。如果这种局面不能得到迅速改变，美国就会更多地依赖外国投资、借贷，从而美国币值、股票市场乃至经济的长期增长都会受到外国的影响，美国国家安全就会受到很大威胁。美国为了赢得对苏联冷战的胜利，多年穷兵黩武，耗资3万多亿美元，国力受挫，社会痼疾积重难返，医治乏术。美国广大纳税人希望分享冷战后的"和平红利"，却不能兑现。长期孕育的不满现状、人心思变的情绪日趋强烈。这样，在经济衰退情况下，又适逢大选年，"孤立主义"思潮抬头就不是偶然的了。

美国政治体制上是朝野两党，民主党和共和党轮流坐庄；政治倾向上分保守派、温和保守派、自由派；政治主张上又有"孤立主义""全球主义""干涉主义""国际主义"，等等，五花八门，形形色色。但从本质上来讲，万变不离其宗，那就是都服从和服务于"美国利益"。各派之间的分歧和差异是策略性的，是在维护"美国利益"的前提下在手段和方式上的歧见。"新孤立主义"代表人物、共和党总统竞选人布坎南表示，他提出"孤立主义"主张和出山竞选，是为了纠正共和党内修正保守主义的倾向，是为了捍卫保守主义的思想精髓，是为了正本清源。最近，美国两个非官方的权威性研究机构——对外关系委员会和传统基金会，分别就"冷战后"对外政策发表研究报告，颇能反映出当前美国外交政策大辩论的发展趋向。两份报告都一致认为美国决不能重走孤立主义的老路，但对如何制定安全政策，意见却大相径庭。

对外关系委员会的题为《帝国的诱惑：世界新秩序与美国的目标》的报告，反对在安全问题上普遍作出承诺，批评现政府不必要地使用武力的倾向越来越严重，认为布什总统提出的由美国主导世界新秩序的看法，有悖于美国如下传统的外交原则：对使用军事力量持怀疑态度，不作普遍的安全承诺；对公共债务深恶痛绝；相信美国必须主要通过和平与建设性的手段而为有秩序的世界自由作出贡献，不能诉诸惩罚性和破坏性手段；承认在自由政府之间进行合作的必要性，要求与西欧和日本保持一个安全共同体，同时也需要美国的盟友为他们的常规防务负起主要责任；反对干涉其他政府的内政。报告认为，"孤立主义"和"干涉主义"是两种错误的选择，使人们看不清美国政策今天所面临的挑战的性质；美国不能抛弃这个世界，但同时又必须有一个与布什政府所鼓吹的"国际主义"截然不同的

"新国际主义"。

传统基金会的题为《缔造对美国安全的世界：美国对外政策蓝图》的报告，提出了"冷战后"美国对外政策的"保守原则"及贯彻方针。报告认为，历史雄辩地证明美国政策不能转为内向，"保守主义者不应信奉孤立主义"，但"过分热情"也是危险的，"对保守的对外政策来说，为民主征战不是合适的重点"。报告提出，美国必须准备在世界范围内保卫它的利益，而通过一支规模和开支大大小于遏制苏联所需要的军事力量以及大大缩减驻欧洲和其他前哨阵地的美国军队，美国的防务目标可以实现。

传统基金会的报告提出，美国对外和防务政策的"主旨"是保护美国人的生命、自由和财产。对外政策应为五大利益服务：保卫美国本土和领海领空；防止敌对的大国控制欧洲、东亚和波斯湾；确保美国通往世界资源和海洋的通道；在全世界推广自由贸易；保护美国人的生命和福利使之免受威胁。报告列举的美国面临的主要威胁是：来自日益增多的核武器国家的核导弹袭击的可能性，应当防止（必要时使用武力）这类武器的扩散和防备核袭击；来自边境的冲突，可以通过拟议中的北美自由贸易协议来加强同墨西哥的经济联系加以防止；其他威胁，包括保护主义与贸易集团化、地区封锁航道的做法、恐怖活动和毒品贩运。

传统基金会的报告认为，在战略上，欧洲、东亚和波斯湾是美国相当关注的地区。在欧洲，由于已不存在"集权主义"威胁，美国可以"大量削减"驻欧部队，到90年代末可减至5万人；除非在原苏联领土上重新出现威胁，或者出现一个占支配地位的敌对大国，美国不应在欧洲地区冲突中投入军队。应当由欧共体解决与美国安全没有直接关系的问题，由欧洲支付美国驻军的费用，并且压欧洲人减少贸易壁垒，在战略防御和其他问题上支持美国，以换取美国继续驻军。

美国前总统尼克松和前国务卿基辛格等人也都纷纷提出了自己的主张，为布什政府厘定"冷战后"外交战略献策。尼克松今年1月发表新著《抓住时机：美国在单一超级大国的世界中受到挑战》认为，美国是今天世界上唯一的超级大国，必须重新制定对外政策，以应付全新的形势，用创造性的思想对世界进行领导，使21世纪成为"和平、自由和进步的世纪"。当前首要任务是分清在世界上有哪些是至关重要的利益、关系重大的利益和边缘利益。制定战略意味着作出"选择"，而作出选择意味着执行一套明确的轻重缓急次序。总的安全战略要使所做的事同利益的需要相一致,没有一个国家拥有总是用自己的军事力量保卫所有利益的人力和物力。美国政策的主旨应该是"务实的理想主义"。尼克松还特别强调要防止东欧和原苏联地区形势出现逆转,极力主张援助俄罗斯,以巩固"和平演变"的成果。

基辛格主张奉行一种被称作"现实主义的国际主义",通过力量平衡来追求自己的国家利益;应确定严格的轻重缓急次序,哪些必须做,哪些可以做,哪些可能使自己的摊子铺得太大;今后在世界上所起的作用应当少于冷战时代的作用。

布什政府一直在密切跟踪国内关于"孤立主义"和"全球主义"的大辩论,对舆论界、"思想库"和政界元老们的观点进行权衡比较,兼收并蓄,加紧草拟官方的外交蓝图。迄今虽未正式出台,但从《纽约时报》今年3月透露出来的五角大楼拟订的长达46页的《1994—1999财年防务计划指导原则》来看,已不难发现布什政府外交战略设想的一些端倪。这也是对"孤立主义"的一次全面否定。

首先,美国在"冷战后"的战略目标是维持唯一超级大国地位,进而独霸世界。俄罗斯是唯一拥有能摧毁美国的核武器的国家,要防范其重新发展侵略性军事力量;德国和日本是潜在的对手,要保持那些遏制潜在对手发挥地区性和全球性作用的机制。其次,从保护美国利益出发,有选择地介入地区冲突。最后,对集体安全采取实用主义态度。

这一文件引起国内外的强烈抨击。五角大楼发言人急忙解释说,这个文件是国防部低级官员传阅的草稿,并非定论。白宫和国务院不予置评,布什总统声称没有看过。两个月后,五角大楼修改了这一文件,据说,把维持和扩大"民主国家"之间的联盟体系作为美国国家安全的首要目标。看来,美国两党和各派政治势力在外交战略上达成共识,并非易事。

(原载《瞭望》周刊,1992年6月15日。)

问鼎白宫的克林顿

"克林顿会踏进白宫大门吗?"随着美国大选日的逼近,克林顿同布什的角逐已进入白热化阶段,越来越多的人提出这样的问题。

然而美国的大选变幻莫测,趋向之争历来形势复杂。究竟鹿死谁手,尚待投票后方见分晓。

不过,作为布什的强劲敌手,不管克林顿最后能否入主白宫,他的身世和主张都为世人所关注。

争强好胜不甘屈服

1946年8月19日,克林顿出生于阿肯色州霍普城,1968年毕业于华盛顿的乔治城大学国际关系,获文学学士学位,毕业后荣膺罗兹奖学金赴英国牛津大学进修两年。1970年,他又进入耶鲁大学法学院,毕业时获法学学士学位。

克林顿出身贫寒,出生前三个月父亲就去世了。酗酒成癖的继父动辄打骂他的母亲,克林顿为此常常与继父论理,从幼年起就养成了不甘屈服、争强好胜的性格。在中学时代,克林顿作为"美国青少年团体"代表之一,1963年在白宫受到肯尼迪总统的接见,这使他萌发了对政治的兴趣和欲望。大学里,他钻研对外政策,把艾森豪威尔和肯尼迪作为崇拜的偶像。

在耶鲁大学学习期间,克林顿认识了校友希拉里·罗德姆,两人志同道合,后来结为伉俪。希拉里成为他重要的政治顾问,大力支持他1973年回到阿肯色州踏上仕途。1974年,克林顿初次尝试竞选国会议员,遭到失败,但他并不灰心,决定转向州行政机关再谋发展。

两年后,他终于当选为阿肯色州司法部长。又过了两年,他成功地担任美国最年轻的州长，时年32岁。宦海生涯，使克林顿学会一套灵巧圆滑的政治手腕，能够游刃有余地处理汽油税和民权法等州内敏感问题，致使连任州长长达10年，成为阿肯色州政治上的不倒翁。

凭借良机崭露头角

去年10月，克林顿就正式宣布角逐民主党总统候选人提名。尽管当时人们认为，民主党的6名竞争者声望不高，难以摆脱"矮子"形象，但都认为克林顿是其中的拔尖者。但是，有关克林顿的一些绯闻很快被捅了出来。先是说他与某位"美国小姐"有染，继之传出在越战期间他逃避服兵役和在大学期间曾吸食大麻，等等。尽管克林顿顶住了这些风雨，但他仍落后于竞选对手聪格斯。到今年3月19日，聪格斯因竞选经费不足退出竞选，克林顿才在民主党中崭露头角。

不甘屈服的克林顿，竭力进取，直到7月份才开始扭转落后布什和佩罗的颓势。7月15日，美国广播公司和《华盛顿邮报》发表民意测验结果，克林顿的支持率陡然上升到45%，布什仅为28%，佩罗为20%。佩罗一度激流勇退后，克林顿竞选行情继续看涨。

克林顿之所以领先于布什，与其说是公众看好民主党，勿宁说是共和党的不利地位为他提供了"天赐良机"。

经济上的不景气使共和党有口难辩。美国经济经过两年的衰退和停滞，虽然今年第一季度出现好转迹象，增长率达到2.9%，但第二季度又呈下降趋势，跌至1.4%。与此同时，选民极为敏感的失业率逐月上升，今年6月份达7.8%，创8年来最高纪录，失业大军将近千万。虽然9月份失业率从8月份的7.6%下降到7.5%，但经济学家们认为，其他统计数字暗示，美经济可能重新回到衰退之中。这样的经济现状和前景，对选民的心理大有影响。

冷战结束后，美国虽然成了世界上唯一的"超级大国"，但它为此却付出了沉重的代价，实力地位明显呈相对下降趋势，除经济问题外，国内的各种社会弊端进一步暴露出来。美国国内要求"变革"的呼声四起，共和党自然难以推卸责任。

共和党内部意见分歧，在竞选战略上，反应迟钝；在策略运用上显得缺乏章法。凡此种种，都不利于增强布什的竞选地位。

有趣的是，克林顿和布什都曾在耶鲁大学就读，但克林顿却比布什年轻22岁。因此有人认为，这是美国新一代向老一代人的挑战。克林顿称自己是一位"承上启下"的人，要"改变美国的未来"，能够担起总统的重任。克林顿精力充沛、记忆力超群，美联社说他的风格很像当年的肯尼迪总统。虽然克林顿在竞选纲领中对医治美国经济和社会沉疴，也未开出有效的药方，但克林顿提出求新求变的要求，对选民无疑具有号召力和吸引力。克林顿能够先声夺人，还在于能够团结党内各派，成功地取得黑人民权领袖杰克逊的支持。此外，克林顿选择形象、知识皆佳的参议员戈尔为副手，以此对比奎尔副总统的缺点，也可以影响一部分选民投票时作出有利于民主党的选择。他们二人在获得提名后，立即与竞选团成员乘大轿车出发，穿州过府发表竞选演说，使人耳目一新。

举"变革"旗帜重建美国

为争夺美国总统宝座，6月份克林顿率先拿出了一套"人民第一""重建美国"的经济计划，宣称要"重建美国的制造业基础"，"建设21世纪经济"，"增强美国在世界经济中的竞争力"。民主党全国代表大会又通过了题为《与美国人民的新契约》的竞选纲领。纲领的主要内容是：重建美国经济，改革社会福利，实现全民医疗保险，改善教育制度，精简行政和国会机构，支持堕胎选择权，保护环境，增加对富人的税收和减少对中产阶级的税收，等等。

克林顿被认为缺乏外交经验，而他选择的副手戈尔则熟悉外交，这便弥补了他的不足。在对华关系上，克林顿似乎不甚友好。在他屈指可数的几次关于对外政策的讲话中，每次不是指责布什政府的对华政策，就是对中国进行攻击、诽谤。

9月14日，克林顿发表声明，"赞扬"美参院通过有条件给中国最惠国待遇议案，称这是"一种为了促使中国走正确方向而采取的胡萝卜加大棒的做法"。他还攻击布什政府"奉行一种同中国年迈领导人保持建设性接触的不明智而且不成功的政策"。

克林顿的对华政策目前尚未具体化，但从他的讲话中可以看出一个轮廓，即他和民主党领导人在对华关系上是主张采取更具有进攻性和挑衅性的政策，会更多地利用人权、武器销售和贸易等问题，在两国关系中制造矛盾、摩擦和事端。当然，处于在野地位的民主党，在大选年的政治斗争中，会处处与共和党作对，以示与共和党的"不同"和谋求"变革"的决心。当然克林顿集中攻击布什的对华政策，看来主要是为了大选的需要。如果克林顿入主白宫，地位的改变将促使他要从美国战略全局的利益出发来处理美中关系，据此估计他不会大幅度改变前几届政府的对华政策。

（原载新华社《半月谈》杂志，1992年第11期。）

福兮祸兮

春秋时代著名哲学著作《老子》认为，宇宙万物的演变，莫不具有正反两面的对立，在某种条件下会向对立面转化。该书第五十八章所云"祸兮，福之所倚；福兮，祸之所伏"，成为千古名句。几千年前这一含有朴素辩证法思想的论断，在今天诡谲多变的海湾局势中，同样有所体现。

一年前的8月2日，伊拉克出动数十万大军，对一个蕞尔小国科威特发动武装入侵，把一个主权国家纳入自己的版图，命名为第十九省。但好景不长。伊拉克的野蛮行径激起举世公愤，美国乘机伙同多国部队进行讨伐，迫使伊拉克政府签订城下之盟，退回本土。伊拉克本国经济损失惨重，死亡人数不下几万人……

美国在海湾战争取得"辉煌胜利"，朝野额手称庆，庆功颁奖，沸沸扬扬。布什政府踌躇满志，借机推行由美国主导的"世界新秩序"。可是，尘埃落定之后，人们发现，海湾战争的结果远未像美国原来预期的那样称心如意：美国对伊拉克的惩罚煮了"夹生饭"，未能全部"达标"；海湾民族、宗教、贫富等矛盾错综复杂，旧矛盾未解决，又产生了新的矛盾，"按住葫芦起了瓢"；虽然在海湾危机以后美国赢得了一些阿拉伯国家的支持，但美国报纸惊呼，阿拉伯人仇美情绪有增无减……

"可怜蜂蝶频投网，多在高飞得意时"。今天庆功宴上的香槟，焉知不会成为明天倒霉时的苦酒？

（原载《羊城晚报》，1992年8月2日。）

美国大选和中美关系

1992年是美国大选年。随着11月3日选举日的逼近，民主党同共和党的竞争日趋激烈。两党辩论的主题是经济和其他国内问题。但在对外政策问题上，对华关系则一直是辩论的焦点之一。在10月11日总统候选人首场面对面的正式辩论中，美国对华政策成了一项辩论专题，这在美国历史上尚属首次。虽然外交政策在美国大选中向来居于次要地位，但这次对华政策专题的出现，无疑表明中国因素的重要性。

自今年7月民主党全国代表大会以来，民主党总统候选人比尔·克林顿在同争取连任的布什总统的角逐中，支持率节节上升，一直远远领先于布什和独立人士罗斯·佩罗，势头强劲，大有直取白宫的架式。如果在野12年的民主党获胜，一直针砭布什政府对华政策的克林顿，是否会把他的强硬言词变成强硬行动？美中关系又将走向何方？这个问题最近越来越成为美国舆论界的一个热门话题。

克林顿的对华态度

克林顿现任阿肯色州州长，战后1946年8月19日出生于阿肯色州霍普城，先后毕业于乔治城大学国际关系和耶鲁大学法学院。克林顿从政多年，经验老道，但疏于外交事务。自去年10月宣布参加竞选以来，在为数不多的有关对外政策讲话中，都涉及了他的对华政策主张。但每次不是批评布什的对华政策，就是对中国进行攻击、诽谤，只字不提如何维持或发展美中两国关系。

——4月初，克林顿在美国外交政策协会发表关于对外政策的讲演，攻击布什对"那些不加掩饰地蔑视民主、人权和控制危险武器技术扩散的必要性的年迈统治者百般娇纵。我们的这种忍让在冷战时期作为一种战略需要也许是对的，因为那时中国是一支抗衡苏联的力量；现在我们的对手已经认输，打中国牌就毫无意义了"。

——7月16日，克林顿在民主党代表大会上发表接受总统候选人提名演说时，大肆攻击中国，说美国"决不能溺爱从巴格达到北京的暴君"。大会通过的民主党竞选纲领在其对外关系部分指责布什政府对中国的"民主潮流"支持不力，宣称对延长中国的最惠国待遇要附加"尊重中国和西藏的人权、扩大对美商品的市场以及负责地处理武器扩散"等3个条件。大会在通过竞选纲领后，特意把中国流亡分子李录和柴玲当作"民主斗士和英雄"请上主席台，让李录发表反共反华演讲。

——9月14日，克林顿发表声明，"赞扬"美参院通过有条件给中国最惠国待遇议案，说这个议案提出了"一个合理的、经过精心设计的促使中国走上正确方向的胡萝卜加大棒政策"，"将促进我们在该地区的利益并将加速中国自由和民主的来临"。他还批评布什政府自天安门事件以来的3年里，"奉行了一种同中国年迈领导人保持建设性接触的不明智而且不成功的政策"。

——9月30日，克林顿在密尔沃基发表竞选演说，批评布什对华政策"是不重视民主的表现"。他声称，他不想孤立中国，而"将与中国人合作和平演变"，"促成民主和自由市场"。

克林顿的对华政策目前尚未具体化，但从上述言论可以看出一种明显的倾向，即他和民主党领导人在对华关系上是主张采取更有进攻性和挑衅性的政策，大搞"民主输出"外交、"人权"外交，利用武器销售和贸易等问题，对中国施加压力，迫使中国就范。克林顿的竞选问题顾问希夫特最近在美国新闻署外国记者中心举行的吹风会上说，关于对华政策，克林顿说得很清楚，即他"非常关心"中国暴露出来的人权问题，他着眼于中国下一代，希望加强向他们提供民主信息，他还表示支持强调民主和人权信息的对华广播。民主党资深活动家、前众议员索拉兹认为，克林顿会在对华关系中更强调人权问题，会接受对华贸易附加条件的做法，他还会支持设立"自由亚洲电台"。因此，如果克林顿入主白宫，美中双边关系更趋紧张甚至恶化的可能性恐怕不能排除。

当然，也应当看到，克林顿和民主党集中攻击布什的对华政策，也是出于大选的需要。克林顿一旦入主白宫，他在多大程度上把大选中所发表的对华主张变成国策，还将受到其他诸多因素的制约和限制。在民主党内部，就分成三派，一是前卡特政府官员，他们赞成同中国保持良好关系；二是参议院多数党领袖米切尔和众议员佩洛西等民主党国会议员，过去4年中一直在国会批评布什政府，并主张对中国采取更为强硬的态度；三是一些劳工领袖和民主党保守派，从强烈反共立场出发，大肆宣扬努力促进在中国实行民主。克林顿如果想把他的对华主张变成举党一致的政策，也需要在三派中找到一个各方都能接受的公分母。

布什的对华态度

1989年之后，布什政府成为始作俑者，在西方国家中率先对中国进行制裁，迄今关系还未完全正常化。但布什强调要重视中国的地位和存在，反对孤立中国。他认为，如果把中国孤立起来，一是"保守派"可能得势，走回头路，重新闭关锁国；二是不利于对中国施加影响，促进和平演变。因此，布什力排众议，坚持无条件地给予中国最惠国待遇。但在大选年，布什面临十分严峻的形势，他唯一值得炫耀的是外交成就，但对华政策在政府内外和党内外又颇多议论，民主党更指责他对中国"软弱"和不关心"人权"，造成了外交方面的"弱点"和被克林顿揪住的"小辫子"。最近一个时期，布什采取了一系列显示他对华态度趋向"强硬"的行动，严重损害了中美关系。

——9月2日，布什背信弃义，在得克萨斯州沃斯堡市宣布将向台湾出售价值60亿美元的150架F-16战斗机，践踏中美"八·一七"公报精神，干涉中国内政，破坏中国的和平统一大业。

——10月7日，布什批准国会通过的美国对香港政策法案，旨在插手香港问题，使香港问题国际化。

——10月9日，布什签署中国学生保护法案，严重破坏中美文化交流，特别是留学生交换计划。

美国布鲁金斯学会著名中国问题专家哈里·哈丁认为，布什的这些动作，既是大选的需要，也可能是他调整对华政策的结果。

对前景的几点估计

美国共和和民主两党的对华政策,在本质上别无二致。共和党侧重战略、安全,民主党强调人权、民主,殊途同归,都服务和服从于至高无上的"美国利益"。所谓"美国利益",其表现形式,在对外政策上就是霸权主义和强权政治。本届美国大选,不管最终是布什连任,还是克林顿上台,美国都将从建立"冷战后"世界新秩序的战略构想出发,来设计美中关系。冷战时代"大三角"中的中美战略关系一去不复返了。随着时间的推移,美国视中国为潜在对手的意识可能增强。

首先,从长远来看,从跨世纪的战略来看,中国的统一和强大不符合"美国利益"。随着中国进一步改革开放,综合国力不断增强,香港1997年回归祖国,海峡两岸关系不断加深,必将促进中国统一的步伐。这种"大中国"的前景,已经引起美国的"密切注意"。1991年,中国香港、中国台湾和中国大陆的外贸总额达3750亿美元,台湾和中国大陆外汇储备总额为1250亿美元,整个国际经济社会都感到"大中华"正在成为一个经济现实。美国企业研究所和中国商业论坛今年2月在华盛顿召开"美国与大中华经济关系"大型研讨会,与会的国会议员、前政府官员和著名中国问题专家就美中关系和"大中华经济区"的出现、前景以及美国应采取的对策提出了看法。哈里·哈丁提出,美对华政策需作"重大调整"。实际上,美国对中国推行"和平演变",终极目标不是在中国恢复资本主义,而是变中国为其附庸。美国不希望中国成为一个强大的统一国家,保持中国的长期分裂符合"美国利益"。实际上,美国从未放弃"两个中国"或"一中一台"的底牌。布什政府有意以向台湾出售F-16战斗机为契机调整对台政策,为台独势力撑腰打气,以使海峡两岸分裂状态固定化和永久化。

第二,在意识形态方面,尽管中国一再声明不输出革命,但美国仍把中国作为"共产主义的最后堡垒"而视为异端。

第三，在经贸关系上，围绕市场准入等问题，美国仍将不断对中国施加压力。如果民主党上台，很可能在最惠国待遇问题上发难。

但另一方面，美国又不能不同中国发展一种互利的"工作关系"，甚至从实用主义出发探索建立某种战略伙伴关系。

首先，中国毕竟是大国，又是安理会常任理事国。从邓小平南巡到中共召开十四大，进一步改革开放，国力蒸蒸日上。中国全方位外交不断取得新的成果。从47届联大可以看出，西方国家对中国制裁已接近尾声，正在纷纷寻找下台阶。在和西方国家的接触中，人权问题已不再列入议事日程。葡萄牙外长代表欧共体表示承认在人权问题上不能用同一标准，只是希望中国以更高标准处理人权问题。

第二，随着世界多极化的发展和深化，美日、美欧以及欧洲内部矛盾在进一步发展，俄罗斯虽然在政策上转向西方，但前景仍不肯定。美国需要借助中国力量，维持亚太地区和更大范围的均势和平衡。

大选期间，克林顿按民主党的传统做法在外交上抓"民主""人权"旗帜，对华关系气势汹汹。克林顿如一旦大选获胜，入主白宫，他的对华政策很可能有所变化。10月11日，他在电视辩论中有关对华关系的讲话调门较前有所降低。这表明克林顿的对华政策开始向务实方向发展。

（本文写作于1992年10月21日。）

克里斯托弗：白宫新"大腕儿"

美国新任国务卿沃伦·克里斯托弗，是一位经验丰富、几度出入白宫的外交家。此次随年轻总统克林顿再入白宫，对他来说确是一个放手大干的好机会，因为以前他只当过副手，不一样。

克里斯托弗是继基辛格之后又一位犹太裔美国国务卿，聪明、务实，不过迄今尚无一人把他的能力同基辛格相提并论。克里斯托弗谈判能力强，善于处理危机，但是也有人对他的战略头脑表示怀疑。因此，在新机遇面前，他又将经受新的考验。

精通法律的三朝元老

克里斯托弗今年68岁，北达科他州人。1944年毕业于南加州大学，后进入斯坦福大学法学院，获得法学学位。早年曾与前国务卿万斯合作，任其文职助手。1958年起担任洛杉矶奥梅尔维—迈尔斯律师事务所的合伙人。1961年肯尼迪执政时期进入国务院，涉足外交生涯，参加在日内瓦和东京举行的国际纺织品谈判的美国代表团的工作，牛刀小试。1965年，受约翰逊总统委派到洛杉矶瓦茨区调查黑人反种族主义暴力事件。1967年6月担任约翰逊政府司法部副部长。两年后，尼克松入主白宫，克里斯托弗挂冠而去，回到洛杉矶律师事务所重操旧业。1977年至1980年，克里斯托弗再进国务院，任卡特政府的副国务卿，成为万斯国务卿的助手。里根上台后，克里斯托弗告别政坛，打道回府，担任奥梅尔维—迈尔斯律师事务所的董事长，兼任斯坦福大学理事会理事和洛杉矶对外关系委员会主席等。

外交谈判能手

克里斯托弗为人谦虚谨慎、不苟言笑。在外交场合，工于心计，善于在折冲樽俎中完成外交使命。20世纪70年代，克里斯托弗负责美国同巴拿马政府谈判新运河条约的工作，并成功地说服了国会批准2000年归还巴拿马运河的条约。1979年12月苏联入侵阿富汗后，克里斯托弗又协调西方国家抵制1980年莫斯科奥运会的行动。1980年，为营救被伊朗扣押的52名美国人质，受卡特总统派遣秘密前往阿尔及利亚与伊朗政府代表谈判，出色地完成了任务，使被关押了444天的美国人质在卡特1981年1月20日卸任几小时后获释。

卡特总统高度赞扬克里斯托弗的忠心耿耿，称赞他是"我所认识的最好的公职人员"，为此授予他美国政府表彰文职人员的最高奖——"自由勋章"。万斯称赞克里斯托弗在伊朗人质危机、美国与巴拿马关于新运河条约谈判、中美洲事务以及人权政策等方面发挥了"最重要的作用"。不过也有人批评克里斯托弗，说他只会实干，而缺乏战略思想。国务院一位曾与之共事的高级官员说，碰到危机时，如果要克里斯托弗制定出一项战略，他可能束手无策，但如果让他具体去处理危机，他可能会完成得很漂亮。同在卡特政府中共事的前国家安全事务顾问布热津斯基，是克里斯托弗的主要批评者之一。他在自己的回忆录《力量与原则》一书中称克里斯托弗"爱无休止地争论问题，羞于运用不可避免的力量来处理当代国际现实问题，过分相信各种问题都可通过妥协来解决"。

克林顿的密友

克里斯托弗与克林顿相识是在一年前。克林顿当时的竞选班子主席坎特也曾在洛杉矶当律师，他把克里斯托弗介绍给克林顿，结果一拍即合，二人颇有人逢知己相见恨晚之慨。去年夏天，克里斯托弗担任了克林顿竞选班子的负责人之一。克林顿获胜后，他又成为克林顿整个过渡班子的主任。克林顿在提名他为国务卿时说，"在这场总统竞选中我们所作的最好的决定或许就是挑选戈尔参议员为我的竞选伙伴，而在这期间他（指克里斯托弗）与我的意见一致"。克林顿还说："我在许多方面非常信赖他的判断，我终于认识到他是我的最亲密朋友。"

克里斯托弗同克林顿一样，都属于民主党内的自由派，"志同道合"。克里斯托弗被提名为国务卿的同时，卡特政府时的国务院官员莱克和伯杰分别被任命为国家安全事务正副顾问，另一位卡特政府官员奥尔布赖特被任命为驻联合国大使。他们4人在竞选期间配合默契，为克林顿在外交上制订了一套行之有效的政策，使"外交总统"布什处于守势。克林顿认为克里斯托弗等干将在竞选期间受到了考验，对他忠心不二，今后可以放心地把外交和国家安全大权交给他们处理。这些人可能不是民主党内最能干的精英，但他们头脑比较冷静，不尚空谈，没有个人政治野心，因此不必提防他们跟自己暗中较劲，也不必担心他们会跟自己若即若离。民主党内的保守派对克林顿起用克里斯托弗等卡特时期的自由派感到不满，认为他们是冷战时代的鸽派，是旧瓶装新酒，但克林顿指出，此种说法完全是不公道的。

美中建交的目击者

克里斯托弗作为卡特政府的副国务卿，参与了美中建交谈判的全过程，从而同美中关系结下了不解之缘。在美中建交谈判的最后阶段，卡特指定万斯和布热津斯基各带一位助理，外加副总统蒙代尔和副国务卿克里斯托弗，组成6人小组指导谈判。1978年12月，中美两国政府宣布建交几天后，克里斯托弗受卡特之命前往中国台湾，同国民党政权商谈美台断交和中止美台防务条约事宜。在台北机场，克里斯托弗的车队受到中国台湾当局组织的愤怒抗议示威者的围攻，示威者向他的座车扔鸡蛋、石块、棍棒，打碎了玻璃，划破了他的脸，但克里斯托弗当时仍然"非常镇静""没有发火""保持了理智"。克林顿在提名克里斯托弗为国务卿时两度谈到他的对华政策经验。克林顿在介绍克里斯托弗的外交工作经历时，称他"亦为与中国关系正常化的先驱者"。

克林顿提名克里斯托弗为国务卿，引起台湾当局忧心忡忡。许多人担心他对在台北遭到的攻击和羞辱耿耿于怀，甚至影响到出任国务卿后对中国台湾的态度。最近几年，中国台湾的"北美事务协调会"驻美"代表"

丁懋时拜访过中国台湾并不喜欢的人物，包括卡特、尼克松、奥克森伯格、霍尔布鲁克，就是没有机会同克里斯托弗见面。中国台湾主管美洲事务的"外交部次长"程建人最近公开表示，克里斯托弗那次在台北的不愉快遭遇，并非当时"中华民国政府"政策所致，希望这一意外事件"不应留下双方心理芥蒂"。

（原载新华社《半月谈》杂志，1993年第二期。）

移民国家——美国

移民造就了美国。200多年来，美国为千百万新移民提供了机会，而移民又为美国增添了新鲜血液，增强了美国的实力。美国成为世界上最大的移民国家。从1840年至1940年的100年间，美共接纳2900万移民，其中900万是在1900年至1910年间来到美国的。这是本世纪美国第一次移民高潮。80年代，美国又迎来了第二次移民高潮，共接纳880万人。第二次世界大战后，在东西方冷战对抗时代，美国为了同苏联争霸世界和对苏联东欧国家推行和平演变，美国的移民政策深深打上了政治和意识形态的印记。美国成为世界各地反苏反共"义士"的避难所，是世界上吸收政治难民最多的国家。

随着冷战的结束，世界的主战场开始转向经济领域。经济和科技竞争首先表现在人才竞争。为了适应这一形势，美国的移民政策发生了战略性的重大转变，1965年的移民法相应作了修改。美国虽然打赢了冷战，成为世界上唯一的超级大国，但也付出了重大代价，伤了元气，处于相对衰落之中。美国人口老龄化，出生率下降，家庭结构解体，人口素质下降，尤其缺少护士、技术员和技术劳工，在20世纪90年代和跨世纪竞争中，美国面临严重挑战和麻烦。美国重新修订移民政策，着眼于"进口"受过训练、殷实富有、技术纯熟、极愿勤奋工作的最优秀最聪颖的人才，把移民作为美国竞争武库中一件强大的秘密武器。新上台的美国民主党在政纲中说，"来美国的移民，不断地给美国社会注入新血液、新思潮及新传统，成为美国发展不可缺少的元素"。根据美国新移民法，美国每年将吸收"非难民"合法移民，从每年14万增加到每年63万，新移民绝大多数为独立移民，即在美国没有亲属。他们中，技术工人和专业人才各占50%。此外，还增加3类新移民：农村医务人员、就业投资者和有特殊需要的移民。所谓"投资移民"，必须是高度成功的商人，至少要投资100万美元，最少要创造10个新就业岗位，这类移民每年配额为6800名。所谓有特殊需要移民，对年龄、教育程度、工作经验和在美国的需要情况，都有严格规定。

纵观美国历史，屡闻一些令人忧心忡忡的声音，警告切勿增加移民，即"过河拆桥"症候群。这种本土主义思想，长久以来一直坚持一个强烈信念：这些移民不是好吃懒做，靠救济为生的笨蛋，就是自愿降低酬劳，抢走美国人工作机会的贪财无赖。这种看法在相当一部分美国人中根深蒂固。美国经济状况好时稍有淡化，经济出现危机时越发强烈。《洛杉矶时报》的一项民意测验表明，半数接受调查者认为，移民取之于社会者多于其施之于社会者。只有1/4的受测者认为，移民对取之于社会之处有所反馈。领导反对放宽移民法的得克萨斯州共和党众议员史密斯称，"美国绝不能任人想来就照单全收。我们为何不先从训练和教育本国人做起？"部分黑人也加入了反对新移民法的行列。巴尔的摩州立大学研究院院长莫里斯告诉国会："许多移民在同一劳动市场和职业方面，与黑人直接竞争。"前科罗拉多州州长兰姆在国会作证时说，本国工人贫乏及缺乏专门技术的问题不会消失，因为"我们引进外国劳工而不训练自己的工人及施以专业训练"。引人注目的是，在1992年洛杉矶种族暴力事件中，黑人暴民攻击的目标主要是韩国移民的商店和宅院，因为黑人认为韩国移民是造成他们失业和生活水平下降的罪魁祸首。还有一派人认为，1965年的移民法废除了国家配额移民的旧制度，代之以一套有利于家庭团圆的办法。这为大批亚洲和拉丁移民源源而来开启了方便之门，以后这些移民又千方百计帮助他们的近亲从菲律宾、韩国、萨尔瓦多、多米尼加等移民美国。如再放开移民闸门，可能造成更大量的"经济难民"涌入美国，改变美国的人口构成，甚至有可能使美国西南部几个毗邻墨西哥的州第二次拉丁化。

马里兰大学企业管理教授西蒙的调查表明，移民尽管在某些地方确实造成一时纷乱，但从整体看符合"美国利益"。第一，移民不会造成"坐地户"失业，甚至在低工资阶层和少数民族社区中也不会造成有人失业，因为移民会创造就业机会，他们开新业提高购买力。第二，移民不会挤占本地人的福利待遇，因为移民年轻，一般在25岁至54岁，身体健康，因此移民家庭较少使用福利设施，更不会使用老年人昂贵的社会安全和其他保障设施。此外，移民家庭比本地人交纳更多税收，平均每年交纳2500美元,足以使一个本地人提早两年退休。第三,移民带来美国经济亟需的高级技能。移民中许多人受过高等以上教育,比本地劳力平均受教育水平要高。第四,移民不会使国家自然资源和环境受到不利影响。移民会增加改善这方面问题的技术。第五,移民可以减少人口老化造成的社会负担。随着美国人口越来越多进入退休劳力大军,成年人越来越少,移民正好填补"劳力断层"和"技术断层",这是减少美国年龄老化社会安全负担加重的唯一可行的办法。美国企业研究所的专家瓦登博格认为,加快吸收移民是美国在世界经济竞争中的"秘密武器"。美国的主要竞争对手欧洲和日本都面临劳力短缺影响经济发展进程的类似情况,美国由于愿意接受不同文化、种族和宗教信仰的移民,而能够继续前进。据估计,如果不增加移民数量和提高移民的档次,美国人口增长到2030年将达到顶峰,接着开始下降,因此美国在21世纪需要使自己的人口不断增加,以便保持世界领袖大国的地位。

(原载《山西外宣》杂志,1993年2月。)

关于中美关系因应对策的思考

1993年1月20日,美国民主党克林顿政府开始执政,中美关系也随之进入一个新时期。对于美国来说,对华政策将纳入"冷战后"美国安全和外交总体战略轨道;对于中国来说,邓小平南巡之后党的十四大确定以经济建设为中心的基本国策100年不变,因此恢复、稳定和发展中美关系,趋利避害,对加快改革开放和现代化建设,无疑是利害攸关的。中美关系在新时期中如何在相互"磨合"中,尽快找到一个对双方都有利的接合点,对亚洲和世界局势发展,对创造一个有利于我国发展的国际环境,都将具有重要意义。

在竞选时对中国出言不逊的克林顿,上台后如何动作,有待美国新政府回答。但中国如何审时度势,采取正确的策略也至关重要。孙子兵法云:"知彼知己,百战不殆。"中美关系这盘棋,美方处于强势,中方呈弱势,但我方如果策略得当,也可改变被动局面,把棋下活。

第一,要认真贯彻"韬光养晦"的战略决策,从长计议,放眼未来,应当认识到,由于东欧剧变和苏联解体,世界社会主义运动受挫,我国也失去一座抵御西方的屏障;为了四化,在中美关系问题上,我国更需要美国的资金和技术。因此,我国更应研究克林顿政府对华政策的虚实,折冲樽俎,化解矛盾,达成妥协,争取主动。为了将来的大目标,在一些具体问题上达成妥协的过程中,应不为小的得失所左右,"小不忍,则乱大谋""将欲取之,必先与之",一时的不为正是为了更大的有所为。

第二,关于人权问题。中美关系的最大障碍,可以说一个是主权,一个是人权。主权问题不能谈,人权问题可以谈。中国台湾、中国香港和中国西藏问题属于主权范畴,美方应遵守中美三个联合公报的精神,不得干涉中国内政。关于人权问题,我在坚持反对美方借口人权问题干涉我内政的同时,应当进一步解放思想,敢于谈人权,善于谈人权,改变在人权外交问题上的被动局面。美国也有人权问题，我们也不讳言中国的人权问题。中国的人权问题有待社会主义的自我完善来逐步解决。

在外交场合强调生存权和发展权的同时，要注意不要给人造成我国否定人权的其他含义的印象，以免授人以柄。在人权问题上，我国宜适当加强透明度，重视提供信息，这样可收到较好宣传效果。

第三，关于最惠国待遇问题，美国立法者在布什当政期间就越来越倾向制订一项给予总统弹性处理中国最惠国待遇问题的方案。克林顿上台后，国会由民主党控制，白宫和国会达成默契的可能性增大。从目前来看，比较大的可能性是，国会通过立法，附加条件，同时又给克林顿一年时间，要求中国改善人权等状况。中美相互提供最惠国待遇，是互惠的，但对中国更有利。我们应在人权等问题上敞开谈判大门，以求得妥协。

第四，关于军售问题。我国宜从国家最高利益出发，慎重处理。中央应加强外交全局统筹，并伴以机制性保证，全面研究安全、经济、外交战略策略，协调各部门步伐，防止政出多门。

第五，关于经贸关系问题。我国应利用机会大力开展同美国商贸界的经济外交，有计划地做几笔大生意，深交一批大公司和企业家以及受他们支持的国会议员等政界人士，官商结合，以商促官，加强双边关系的经济实质基础。对于两国经贸关系中出现的问题，要本着在商言商的精神，避免政治化、复杂化和扩大化。

第六，关于改进对外宣传问题。对外宣传中介绍中国改革14年来的大好形势和建设成就，有助于推动西方与我国经贸关系进一步发展，但也要服从于"韬光养晦"的战略决策，要善于守拙，也要善于藏富。最近西方舆论界出现"中国迅速强大论"，过高估计我国目前的经济实力和发展前景。英国《经济学家》周刊发表的系列调查报告颇具代表性。该刊认为，中国国民生产总值至少已为美国的1/4，达到1.4万亿美元，到2010年，中国将成为世界头号经济大国。其依据是，今天中国人均基本工业品占有量、饮食、人均寿命等许多方面已超过1970年的韩国，当时韩国的人均国民生产总值为1100美元；过去14年，中国经济年均增长率高出美国6.5个百分点，照此下去，20年后，中国经济实力将超过美国。

"中国迅速强大论"同"中国威胁论"和"中国填补真空论"等论调几乎同时出现绝非偶然，这反映西方舆论界正在提醒政界对中国尽早加以防范，进行牵制。西方国家对中国一向存在偏见，也的确担心将来中国统一后"大中华"实体威胁西方利益。西方舆论渲染中国迅速强大，有可能使"中国威胁论"升级，使亚洲邻国对中国疑虑加深，西方发展对华关系时对中国防范成分增加。西方向中国台湾出售武器趋势也可能发展，以加强对中国的牵制。另外，西方还可能减少对中国援助和政府优惠贷款的份额。一些国家也可能要求中国增加联合国会费或承担与我经济实力不符的国际义务。

西方一位名人有句名言：政客与政治家的区别在于，政客考虑的是选票，政治家考虑的是战略。克林顿在竞选期间出于竞选需要，攻击布什总统的对华政策，甚至使用一些异乎寻常的字眼，使人对美中关系的前景产生种种猜测。克林顿当选后，明显地降低了批评中国的调门。美国舆论认为，克林顿政府的对华政策同布什政府大同小异。同时，江泽民等中央领导同志在同美国客人谈话时明确提出"不搞对抗"，向美国新政府发出了一个友好的信号。1月13日，克林顿政府国务卿在参院外委会阐述新政府外交政策时，也谈到了对华政策。纽约中文《世界日报》发表社论认为，克里斯托弗"向北京展示善意"。克里斯托弗说，中国大陆走向市场经济，中国大陆人民目前享有繁荣。但他同时强调，中国存在大规模杀伤性武器扩散、人权和不公平贸易做法等问题，美国期待北京方面有所改善。他在谈到给予中国贸易最惠国待遇问题时说，这个问题双方还有近半年时间可以处理，应以最大努力，在期限之前，也就是今年6月之前提出延长最惠国待遇之时，全力解决一些政治问题，以避免政治冲突。《世界日报》认为，克里斯托弗对美中关系已在国会有了明确表示，不必与北京产生正面冲突，下一步就看北京的回应了。

（本文写作于1993年2月3日。）

"中国威胁论"的背后

最近一个时期,美国和西方有人蓄意散布"中国威胁论"。他们渲染中国的国防建设,危言耸听,宣称这是"危险的""似乎超出了防卫能力""开始具备侵略能力",等等。此类奇谈怪论,是毫无事实根据的。

任何国家有国无防都是不可想象的。中国目前的国防开支大约每年55亿美元,在各大国中是最低的,人均5美元,更属于世界上人均数最低国之列;中国军队的武器装备也是最低限度的,只为防卫的需要;中国在国外没有任何军事基地,也没有派一兵一卒占领别国领土;中国在裁军问题上的立场和行动,在世界上更是有口皆碑。李鹏总理去年12月访问越南时在记者招待会上明确宣布,中国的国防力量是防御性的。他指出,最近有一些谣言说,中国在扩充海军,要购买航空母舰。这完全是无稽之谈。他重申,中国反对霸权主义和强权政治。中国现在不称霸,即使将来发展起来,也决不称霸。

中国改革开放14年来埋头进行经济建设。由于中国人口多,底子薄,即使要达到世界上中等发达国家水平,也须作许多年的艰苦努力。中共十四大决定建立社会主义市场经济体制,重申以经济建设为中心的国策100年不变。不消说,为了实现这一目标,中国非常需要一个长期的和平国际环境。

可是,正是在此时,西方有人刮起一股"中国威胁论"的冷风,看来不只是无知,而是在背后隐藏着难以告人的目的。

其一是,为向中国施加压力和干涉中国内政制造舆论。日本《选择》月刊认为,"中国威胁论"的制造者们奉行的是典型的"没有冷战的冷战式思维"。中国近几年政治稳定,经济发展,国际地位提高,他们就觉得大不自在。中华民族中兴,中国早日实现统一,更是他们不愿看到的事。因此,他们就散布"中国威胁""中国要填补真空"等谬论,主张对中国进行"遏制"。最近，一些西方大国不顾中国一再警告而向中国台湾出售先进武器，在香港问题上制造麻烦，看来都不是孤立的事件。大洋彼岸一位策士最近建议，要"抑制中国扩大发言权"。这不啻是一语道破玄机。

其二是，旨在挑拨中国同周边国家的关系。当前，世界仍然动荡不安，唯独亚太地区经济迅速发展，政治形势比较稳定。作为亚太地区重要一员的中国，把同周边国家建立和发展睦邻友好关系作为自己外交工作的重点。去年，有15个周边国家的元首和政府首脑应邀先后访华，中国同周边国家的政治、经贸、文化关系日益密切。这也促进了亚太地区的稳定和发展。看来这不符合西方某些人的心意。于是，他们就散布说，中国强大起来，必然要"扩张"，"威胁"亚太国家。

可是，亚太国家对这种挑拨离间之词并不相信。最近，日本首相宫泽访问东盟国家时，在曼谷对记者说，他所会见的东盟国家领导人有一个共识，即中国不会对该地区和平造成任何威胁。这无疑是对"中国威胁论"的驳斥。

(新华社北京电，原载《人民日报》，1993年2月18日。)

克林顿的一剂猛药

美国总统克林顿1993年1月20日正式就任后，即"挥刀"上阵整治经济。2月17日他宣布了一项美国公众翘首以待、被舆论界称之为"猛药治重症"的振兴美国经济的一揽子计划。这项为期4年以刺激经济和大幅度削减财政赤字长短期目标兼顾的计划，用增加税收和削减开支双管齐下来振兴美国经济，被认为是第二次世界大战后历届美国总统开出的治疗经济沉疴的最猛的药方。

关于短期目标，决定增加预算开支310亿美元，用于道路、桥梁等劳动密集型基础设施项目和职业培训、失业福利、儿童防疫，并帮助小企业，以便在今明两年内创造50万个就业机会。最近半年，一方面美国经济呈现较为明显的复苏，各种经济指数普遍看好。另一方面，失业率今年1月份虽降至7.1%，但失业者仍超过900万。经济的结构性问题仍严重，尤其是政府、公司和私人债务巨大，对投资和消费的增长一直起阻遏作用。虽然去年第四季度经济呈上升势头，但消费增长的速度超过个人收入的增长，经济的增长难以持久，消费者信心仍难以恢复。鉴于1991年曾出现类似情况，引起经济下滑，所以克林顿不惜增加300多亿美元的预算赤字，稳定人心，防止经济开始复苏后又再度下滑。

克林顿的长期目标，是向经济的结构性痼疾开刀，开源节流，大幅度削减财政赤字。计划在4年内减少赤字4930亿美元，虽未兑现减一半的竞选诺言，但幅度达38%，亦相当可观。增收的主要措施包括一项美国有史以来增加幅度最大的税收计划，对年收入超过20万美元的家庭，税收上限由31%提高到36%，对年收入超过100万美元的人征收附加税，对富有的退休人员增收联邦税，其收入的85%纳入课税范围，取代现在的50%；对包括汽油在内的能源实行新税制，这将主要影响国内取暖油气的消费；商业税收上限由34%提高到36%。

关于削减开支，主要包括：联邦政府裁员10万人，联邦开支减少12%~14%，这两项加起来在今后4年内将节约90亿美元，裁员由白宫带头，在9月30日本财政年度结束时把白宫工作人员减少1/4；削减国防预算，对前总统布什关于在1993—1994财政年度削减80亿美元的防务开支的建议，将要求作进一步削减；撤销或压缩一些联邦项目，在今后几年内节约340亿美元；限制联邦向参加医疗照顾计划的医疗单位拨款。

美国经济的病根是消费和开支过大，导致储蓄率、投资率、生产率、竞争力落后于其他西方大国，集中表现在财政和贸易"双赤字"方面，特别是财政赤字，不仅导致投资和收入锐减，实际利率升高，抑制经济发展，而且限制了宏观调控余地；累积4万多亿美元的国债给美国经济带来沉重负担，影响今后几代人的生活。克林顿力图对症下药，提出公开支出的重点"从消费转向投资"，以扭转多年赤字的局面。在指导思想上，克林顿决心改变共和党政府12年强调减税和减少政府干预经济的"里根经济学"政策思想，实行增税和加强政府对经济活动的卷入。克林顿计划如能实现，将有利于祛除各种经济"顽症"，相当程度解决高财政赤字、高贸易逆差、高失业率和债台高筑等结构性难题，从而使经济走上振兴之路。

当克林顿总统在国会参众两院联席会议上提出这一经济计划时，他那长达一小时的讲演受到听众约达30次的起立鼓掌欢迎，颇有"一鸣惊人"的意味。但尘埃落定之后，各方评价有褒有贬、毁誉不一。克林顿经济计划既有有利条件，也存在困难甚至风险，能否成功，目前尚难预言。

克林顿2月17日向国会提出经济计划之后，即奔赴各地，面对民众寻求支持。根据《时代》杂志和有线电视新闻网民意调查，对于总统四年经济计划，多数表明支持态度。对于总统在经济复苏乏力、联邦赤字居高不下的情况下提出增加税收、紧缩开支方案表示理解。不过，正当克林顿和民主党国会领袖大力为四年经济计划解释游说之际，以前总统里根为首的共和党人开始发难，纷纷提出尖锐抨击，指责克林顿经济振兴计划过分强调增税，忽视削减开支，不但不遵守不让中等收入家庭增税的竞选诺言，反而不断降低增税人口的收入水平。代表大财团利益的《华尔街日报》也提出批评，认为此项经济计划的"致命弱点"是"过分强调增税而不是调整开支"。

当年里根上台，推销"里根经济学"，经过两年的时间才开始见效，如今,"克林顿经济学"要多久才能奏效?美国民众对克林顿提出的"牺牲和奉献",又会保持多久的忍耐和信心?这无疑将是克林顿总统经济振兴计划成败的最大考验。

(原载新华社《半月谈》杂志,1993年第六期。)

震惊美国的大卫派自焚惨剧

1993年4月19日中午,美国得克萨斯州韦科市郊16公里处的卡梅尔庄园大火骤起,盘踞在这座占地33公顷庄园内的大卫派教徒,除9人逃生外,86人葬身火海。这是继1978年年底"人民圣殿教"913名教徒到南美洲圭亚那首都乔治敦郊外森林自杀以来,发生的又一起举世震惊的美国宗教组织集体死亡惨剧。韦科市郊这场大卫教自焚的大火,烧出了美国政治问题,也烧出了美国的社会问题。

在当今美国,狂热的、非理性的异端邪说仍能迷惑信徒,蛊惑人们情不自禁地作出无谓的牺牲,这是多么不可思议!

其实,在美国,形形色色、五花八门的宗教狂热组织遍布各地。据《新闻周刊》报道,全国大约有700至5000个宗教狂热组织。加州一个称为"洛杉矶耶稣教会"的宗教狂热组织成员人数竟多达10万。这些邪门歪道往往组织机构严密,教规和教义荒诞离奇;它们散布悲观、绝望、厌世情绪,鼓吹世界末日将临,不让教徒有任何个人独立思考和离经叛道;信徒们必须群居,不得随便同家人联系,必须回家者须经教会批准,教徒必须汇报包括每天吃饭睡觉在内的一举一动;教派领袖拥有至高无上的权力,可以剥夺教徒的财产和生命,随意与女教徒淫乱。

大卫教派成立于1934年,以圣经新约《启示录》有关内容为教义,宣扬世界末日将临,天国即将到来。近年来不断向各国发展,拥有骨干教徒3000多人,有英国人、澳大利亚人、新西兰人等,成为美国众多邪教组织中规模不大却很活跃的一个。教主大卫·考雷什34岁,他竟宣称自己是耶稣转世。

考雷什为了达到他不可告人的目的,把大卫教总部设在与世隔绝的中世纪式的卡梅尔庄园。这里森严壁垒,四周有坚实的围墙,中间有一座四层瞭望塔。地下设有钢筋水泥构筑的地道和弹药库。在过去一年半内,考雷什购买了价值20万美元的武器，包括AK-47、AR-15、M-16等型号的步枪、冲锋枪及手枪数百支，弹药8000余磅。教徒在园内定期进行军事训练。

大卫教派对教徒进行严酷的经济剥削和思想控制。教徒入教后必须将薪水、银行存款交教主处理，为了"适应世界毁灭之日出现的灾难"，教徒经常不得吃饭、睡觉。据一位挣脱该教束缚的女教徒揭露，她在庄园接受过极为残忍的折磨和训练，其中包括如何将手枪放入口中自杀和如何用氯化物自杀，等等。

考雷什打着耶稣转世的幌子百般蹂躏妇女。他以上帝解救世人危难为名，诱奸了大批女教徒。上至年近7旬的老妪下到10多岁左右的未成年的少女，都难逃他的魔爪。考雷什的正式"妻室"有10多名，大多为十多岁的少女。

长期以来，对大卫派在韦科"围城"内干的那些见不得人的勾当，司法当局早有耳闻，也接到过不少投诉，甚至也掌握了囤积武器的情况，但一直未予过问。今年年初纽约世界贸易中心发生爆炸后，司法当局出于对恐怖主义的防范，开始对大卫派自1991年10月大量窝藏武器产生怀疑。2月28日，美国烟、酒与火器管理局的100多突击队员前往卡梅尔庄园搜查，不断遭到教徒们的伏击，4名突击队员中弹当场毙命，16人受伤，现场指挥头目也险些中弹，45分钟的枪战过后，搜捕行动以失败告终。

接着，美国联邦调查局接管此案，派出400多名军警及数十辆坦克、装甲车和直升机，把卡梅尔庄园包围了个水泄不通。受考雷什控制愚弄的教徒们负隅顽抗，考雷什扬言，教派拥有足够的火力把围困他们的装甲车炸飞到天上去。双方经过51天的对峙，无可奈何的司法当局下令4月19日晨开始对庄园发起武装突袭。M-728型坦克开路，同时施放催泪瓦斯，终于冲垮了防线。12时5分，庄园内建筑物三处起火，顿时成燎原之势。大火烧了33分钟，庄园变成一片焦土。与大火同归于尽的86人中，美籍教徒52人，其他外籍34人，其中包括24名儿童。

美国有一句漂亮的人权口号，这就是"宁可放过100个坏人，也不愿冤屈一个好人"。在大卫教派近百人毁于大火之后，许多人提出疑问：如果再拖一阵子，是否能多救出几条生命，特别是多救出一些儿童？联邦调查局为何失去耐心？根据狂热教派专家们的看法，联邦调查局对付考雷什的基本策略错了,才导致这场大火夺走86人生命的惨剧。他们认为,联邦调查局的错误在于,以营救被恐怖分子挟持的人质的基本策略来对付考雷什,而考雷什不是恐怖分子,而是狂热宗教分子,因而犯了缘木求鱼的错误。专门研究狂热教派信徒心理状态的纽约大学医学院教授格兰曾调查了近2000名狂热教派教徒。他发现这些教派吸引教徒的源泉是能为空虚、恐惧的心灵提供一种强烈的归属感和亢奋。这些人对家庭、社会、政治经济一切事务的信心都已幻灭。他们愿意付出任何代价以求得重新有所信仰的确定感。加入狂热教派时间越长,对教派的向心力越强,对外界便越排斥。他们不愿听到与他们信仰不同的声音,他们要生活在教派领袖给他们创造的隔绝世界之中,一旦外界力量出现在他们的生活中,就更证明他们深感恐惧的理由是真的,他们固守、内缩成一个小核心,宁愿死在一起,也不愿意降服于外力的侵犯。

一宗执法性质的治安事件,在联邦调查局无法控制的情况下,酿成80余人死亡的骇人听闻的惨剧,也使一些批评者对克林顿政府的能力与判断产生疑问。有的观察家指出,新政府在上台100天之内处理重大危机的成败,将被用来衡量其施政成败的标准,克林顿政府在处理大卫教派事件上的失误,对它无疑是一种政治损害。

(原载新华社《半月谈》杂志,1993年第十期。)

克林顿政府对华政策面临抉择

美国国会一年一度的延续对华最惠国待遇问题，已再次提上日程。从现在到6月3日这段时间，将成为美中关系的敏感性季节。与白宫无缘12年的民主党重新执政，如何跨越横亘在美中关系中的这一难关，不仅对克林顿政府是一个严峻考验，也关系到中美两国关系是继续向前发展，还是倒退。

对这一问题，无外乎三种选择：一是取消，二是无条件给予，三是附加限制性条件。实际上争论集中在后两种选择。从1989年开始，布什政府力主无条件给予中国最惠国待遇，连续3年否决民主党控制的国会所通过的限制性法案。由于克林顿在竞选期间抨击布什对华态度软弱，表示上台后要对中国施加更大压力，因此，在对华最惠国待遇问题上，克林顿政府何去何从，更加引人注目。

4月下旬，美国参议院民主党领袖米切尔和众议院民主党议员佩洛西先声夺人，首先公布一项对给予中国最惠国待遇附加"条件"的法案。这些"条件"包括：允许无限制移民；释放1989年"北京风波中和因其他原因和平表达意见而被捕者"；允许宗教自由，停止西藏宗教迫害及汉化运动；遵守导弹管制协定，停止向叙利亚、伊朗及巴基斯坦等国输出导弹或技术；与美国合作解决朝鲜战争及越南战争失踪的美军人员问题；遵守中英两国就香港回归签订的联合声明，等等。且不说这些"条件"多么荒唐，它们与贸易问题更是风马牛不相及。中国作为一个主权国家，对这些歧视性的干涉中国内政的"条件"当然不能接受。米切尔和佩洛西两人在布什政府期间，就是反对无条件给予中国最惠国待遇的急先锋。今年的提案同他们以往的提案没有多大区别，只是调门稍有降低，但增加了香港问题条款。

米切尔—佩洛西法案出笼后，在国会当即遭到一些人的反对。参议院共和党领袖多尔指责该法案损害美中贸易，从而"对美国的就业造成威胁"。代表美国大财团利益的《华尔街日报》发表社论，认为米切尔—佩洛西法案条款毫无意义，不可能实施。其后果对中国不利，对美国不利，对香港、中国台湾也不利。在民主党内，资深民主党人、众议院外交委员会主席汉密尔顿成为积极主张无条件给予中国最惠国待遇的干将，他最近多次强调，以立法方式取消或有条件延长对华最惠国待遇都是不明智的，都会使美中关系出现对抗。他认为，美国对华政策的中心目标不是孤立或打击中国，而是促使中国的国际行为规范化。因此他呼吁对正在变革中的中国应该持一种平衡的现实的而不是感情化的立场和态度。一向反对附加条件的民主党参议员鲍卡斯4月下旬致函克林顿总统，主张无条件延长中国最惠国待遇。他在致克林顿的信中慷慨陈词，认为"取消中国的最惠国待遇或附加严格的新条件就会危及美国重要的外交政策目标"。这些目标包括：中国愿意在联合国安理会起建设性作用；在环境保护方面进行合作和在亚洲加强军备方面采取克制态度；在诸如北朝鲜和柬埔寨的和平进程等共同关心的区域性安全问题上发挥作用。他还认为，决定最惠国待遇时，经济利益也必须起重要作用。美中商业关系对美国的农业生产、民用飞机和其他重要工业部门意义重大。将近80亿美元的美国出口品和多达15.7万美国人的就业机会，取决于向中国出售飞机、肥料、小麦、汽车和许多其他产品。成千上万个在零售企业等方面的就业机会取决于从中国进口产品。他强调，"最有可能使中国的人权状况、武器扩散问题和贸易政策赢得长期改善的政策，是无条件延长最惠国待遇""给最惠国待遇附加法定的或其他严格的条件会是特别有破坏性的。"

看来，两派在国会将有一场激烈的辩论。当然，最终则将取决于克林顿总统。那么，克林顿到底倾向何种选择呢？目前来看，克林顿要考虑的，有下面几个因素：

第一，克林顿政府的对外政策，包括对华政策，都服从并服务于总政策，即重振美国经济，维持"世界领袖"地位。克林顿入主白宫后一再宣称："我的外交政策的首要目标是恢复美国的经济活力，我将提高经济在外交政策上的地位。"国务卿克里斯托弗也与之呼应："我们将把美国的经济安全升格为外交政策的主要目标，这将会增加我们旨在维持我们重要外交承诺的能力。"

克林顿上台前一再批评中国的"人权记录",大搞"人权外交""民主输出"。作为对中国施加压力的手段,这种把戏今后还会继续玩下去,但美国断然不会冒险失去中国这个大市场。中共十四大确定的建设社会主义"市场经济"的原则,今年3月写入宪法,中国融入世界贸易大家庭的重大部署获得了"法律保证"。今年第一季度,美国电话电报公司、全球最大的金融公司美国美林集团、美国休斯航天公司、美国阿莫科东方石油公司等10多家大型企业,为中国市场所吸引,竞相来中国投资。美林集团成为首家在上海成立的美国证券公司。董事长施赖尔说,"我们在上海开设办事处,表明我们对中国市场有信心"。波音飞机公司更垂涎中国市场的潜力。中国迄今已购买194架波音客机,成交额超过100亿美元,在未来15年内,至少需要从国外购买800架客机。如果美国能获得这笔生意,以每架4000万至5000万美元计算,可从中赚取300亿至400亿美元。正因为中国是个十分巨大的市场,包括飞机制造业、汽车制造业、石油工业、医药业及粮商在内的美国工商界领袖都公开反对把美中经贸关系同人权等政治问题挂钩。他们一直游说白宫和国会无条件延长对华最惠国待遇。

第二,就中国方面而言,为了缩小中美两国之间的贸易不平衡,在双边贸易方面作出了许多积极努力。除了进一步对外开放市场和降低关税外,中国4月份派出数个贸易采购团赴美,达成了价值20多亿美元的大宗商品交易。5月份还要派团去美购买小麦和化肥。此外,中国在知识产权保护、禁止劳改人员产品出口等方面或立法,或作出严格规定。在人权问题上保持同西方一些国家对话,并采取了一系列相关行动。

第三,国际上主张无条件给予中国最惠国待遇的力量不断增大,形成一定声势。日本首相宫泽访美,专门同克林顿讨论了这一问题,力劝克林顿作出给予中国最惠国待遇的决定。韩国和港、台也都反对取消或有条件延长对中国大陆的最惠国待遇。香港总商会还派团去美国游说。世界银行行长普雷斯顿4月底在一次记者招待会上也敦促美国不要取消给中国的最惠国待遇。

第四,白宫和国会同属民主党天下,容易统一意见。布什当政期间,在野的民主党依仗在国会人多势众,竭力主张有条件延长对华最惠国待遇,其主要目的是为了以此影响布什的对华政策,试图在政治上击败布什。如今白宫回到民主党怀抱,民主党控制的国会没有必要再跟白宫唱对台戏。米切尔表示，他过去反对布什的对华政策是政治需要，虽然他又提出了法案，但他将尊重白宫的意见。

总之，克林顿在作出最后决断时，当会通盘考虑、瞻前顾后、权衡利弊，有可能在无条件和附加条件二者之间找到一种折衷方案。在同议会幕后达成默契后，宣布一项"行政命令"，而不是通过立法，决定延长中国最惠国待遇一年。同时重申支持附加条件的思想和宗旨，作为"软条件"。这些"软条件"并不十分明确，没有时间限制，较为空泛，不容易量度。这些"软条件"作为政策声明，也不严格同决定挂钩。

（本文写作于1993年5月26日。）

温哥华会晤与美俄关系的发展

为期两天的温哥华美俄首脑会晤，4月4日曲终人散。叶利钦和克林顿分别带着对方作出的提供16亿美元援助的承诺，和"坚决致力"于促进民主、法制和市场经济的保证，打道回府。温哥华峰会犹如一面镜子，它折射出的恰恰是当前美俄关系的一个缩影。

克林顿和叶利钦会晤后发表的《温哥华宣言》宣布，他们坚决致力于美俄之间富有生气、卓有成效地加强国际安全的"伙伴关系"，给全面发展美俄关系以新的动力。为此，将成立一个有两国政府高级官员参加，在经济、科学和技术合作领域有广泛权力的工作小组。双方还一致同意在能源和太空领域成立一个美俄技术合作委员会，由俄罗斯总理切尔诺梅尔金和美国副总统戈尔直接领导。其实，提出建立"伙伴关系"并非自今日始。远的不说，去年6月叶利钦对美国进行正式国事访问，就同布什总统签署了《美俄伙伴和友好关系宪章》。但是两国关系并非十分融洽。虽然今年初双方又签署了第二阶段《削减战略武器条约》，双方的核弹头仍相互瞄准着对方；俄罗斯认同西方的民主、人权和价值观，在外交上逢迎西方立场，并未取得"投桃报李"的效果。无疑，从战略上考虑，美国并不希望俄罗斯坐大，这个军事超级大国力量不断削弱才符合美国的利益。所以美国在俄美贸易、军售和西方向俄出口高科技等方面仍采取种种限制，奉行双重标准，并不履行"伙伴关系"义务。此外，俄政府在一些地区问题上同西方"保持一致"的政策，使自身利益蒙受重大损失，因此俄最近在南斯拉夫和伊拉克等问题上调整了做法，一是同西方拉开距离，显示其独立立场；二是公开批评美国"发号施令"，排斥俄发挥大国作用。据合众社报道，在此次首脑会谈期间，叶利钦一方面迫切需要西方的帮助，另一方面又不想看上去过于依赖从前的敌国，因此不失时机地对美国设置贸易壁垒和美俄核潜艇相撞事件表达了白宫官员所称的"怒气"。

温哥华会谈的中心议题是如何最有效地向俄罗斯提供紧急的经济援助，因此克林顿宣布提供16亿美元援助，这在俄罗斯国内经济、政治危机严重的时刻，自然更成为会谈最引人注目的成果。这笔钱一半左右用于俄向美购买粮食，其余用于加速俄经济私有化等，属于援俄一揽子计划，数额比会晤前预计的多6亿美元。这些援款基本上是布什政府前两年决定了而未动用的，无需国会重新审批。克林顿此举是经过深思熟虑的。会晤前，克林顿直言不讳地宣称，他决心援助叶利钦及其改革，是基于美国的自身利益，是"对美国未来的一笔很好的投资"。美国认为，俄罗斯的前途同美国和其他西方国家的利害息息相关。只有把俄纳入西方自由市场经济范畴，政治多元化，经济私有化，军事上无力与西方对抗，西方的安全和经济利益才有保障。因此必须确保俄的民主和改革进程不发生逆转。否则，美国将重新面临核威胁，国防开支将再度大幅度增加，经济振兴将再受拖累，此其一。其二，在美国和西方国家看来，叶利钦是俄民主、市场经济改革的关键人物，目前，只有叶利钦在台上最符合西方的利益。它们担心如果叶利钦在权力斗争中失败，俄民主改革进程就要中断，美俄关系将发生逆转，甚至有可能回到冷战时代。因此最近叶利钦陷入日益深重的经济和政府危机，处境艰难时，克林顿一再大声疾呼"援俄支叶"是当务之急，刻不容缓！温哥华会晤起到了"救急"的作用，双方都对会谈的结果表示满意。而在另一方面，也不难看出，正是出于"救急"，克林顿的一揽子计划带有明显的机会主义和实用主义色彩，同俄政府的要求仍然相距甚远。今年3月底俄罗斯外长科济列夫访美，在美利坚大学讲演时曾表示莫斯科的主要希望是：制订一个接纳俄罗斯加入西方七国集团使它成为享有平等权利的成员的时间表；取消巴黎统筹委员会对向俄罗斯提供先进工艺的限制，让俄罗斯畅通无阻地走上世界高科技市场，包括出售和发射商业卫星；修改原苏联还债期限，解除原计划用于稳定卢布的60亿美元款项的冻结。科济列夫在其他场合还讲到美国应当允许俄平等地进入世界武器市场。在温哥华会晤中，叶利钦要求美方取消冷战时代制定的限制原苏联向美出口的"杰克逊—瓦尼克修正案"。克林顿只是含糊表示，他和国会将在有关俄罗斯的限制性法律方面"尽可能多作些修改"。

温哥华会晤还表明，"援俄支叶"是当前美国对俄政策的核心，但美国也并未把赌注都押在一个人身上。它对即将在4月25日举行的全俄公民投票结果如何，并无把握。克林顿在会晤后举行的记者招待会上再次声明支持叶利钦的同时，也重申支持俄罗斯所有改革者，为自己留下了回旋的余地。美国已使自己深深卷入了俄罗斯的内部事务。克林顿已公开表明，"在涉及俄罗斯民主的问题时，美国不会袖手旁观。"不管俄罗斯内部政治危机如何演变，这都不能不对美俄关系未来发展产生负面影响。

（原载《瞭望》周刊，1993年4月12日。）

山本怪论聒耳

江泽民主席访美，举世瞩目。各国传媒大量报道，对其意义予以积极评价，但人们也稍许听到一些不和谐的声音，日本《产经新闻》记者山本秀也的鼓噪听来尤为刺耳。

山本先生发自檀香山的一篇报道声称，江泽民主席访问珍珠港可能会造成"刺激日本的结果"，在访美的热烈气氛中"给人以稍稍异样的感觉"。山本还攻击说，江泽民主席关于不要忘记珍珠港教训的讲话同美国总统克林顿两年前的讲话相比，"给人以不同的感觉"，云云。

檀香山是美国夏威夷州的首府，是中美交往的中间站，我国民族民主革命先行者孙中山先生曾在这里从事革命活动；这里又是50多年前日本侵略军偷袭美军珍珠港事件的发生地。美方邀请江泽民主席在这里落脚，显然是一番美意。江泽民主席利用这个机会参观亚利桑那纪念馆，凭吊美军抗日将士殉难地，让历史告诉今天不要忘记过去。这本来是顺理成章的事。

可是，江泽民主席的活动似乎触动了山本先生某根脆弱的神经，使其老大不自在，奇谈怪论流露笔端。说怪也不怪，在日本列岛，不总是有那么一些人不肯对那场侵略战争进行反省吗？不仅如此，有的人还千方百计加以掩饰，甚至美化，为军国主义亡灵招魂。明乎此，就不难理解山本先生的心态了。

中国古代有句名言："前事之不忘，后事之师。"周恩来总理在世时同日本朋友交谈一再引用这句话，告诫人们正确对待几十年前的那段历史。时代不同了，日本的有识之士也越来越多了。但是山本先生，还有其他大人物也从反面在提醒善良的人们：主流中还有逆流。

（原载《北京晚报》，1997年10月30日。）

海湾危机政治解决说明了什么

1997年11月20日,联合国安理会5个常任理事国代表在日内瓦紧急磋商,一致同意俄罗斯提出的一项消除海湾危机计划后,伊拉克总统萨达姆·侯赛因召开革命指挥委员会会议,宣布伊拉克同意包括美国人在内的联合国武器核查小组重返伊拉克。翌日,武器核查小组全体成员从巴林回到伊拉克,恢复武器核查工作。这就宣告了伊拉克同联合国围绕武器核查问题产生的危机实现了政治解决,同时也避免了美国同伊拉克之间一场军事冲突。

这场持续3周的海湾危机峰回路转、一朝化解,受到国际社会和阿拉伯国家的普遍欢迎和赞赏。这次危机,从表面上看是伊拉克同联合国在武器核查问题上发生顶牛和抵牾,实际上是1991年海湾战争以来伊美对抗的继续。

在海湾战争中,美国速胜,把伊拉克侵略军赶出了科威特,但并未完全解除伊拉克的武装,更没有把萨达姆·侯赛因这个"罪魁祸首"赶下台。美国舆论界称是一顿"夹生饭"。6年多来,美国假手联合国对伊拉克进行制裁,以达到"以压促变"的目的,但这着棋并未奏效。萨达姆·侯赛因桀骜不驯,经常向美国叫板,并以"哀兵"战略在国际上揭露美国的制裁给伊拉克人民造成的灾难。据伊拉克官方和国际人权组织公布的统计数字,几年来有大约150万伊拉克人因缺医少药或饥饿而死亡,其中大部分是妇女和儿童。伊拉克要求尽早解除封锁和制裁的呼唤,赢得了国际上的广泛同情和响应,而这却使以关心他国人权自居的美国如芒刺在背,下不来台。美国对萨达姆·侯赛因恨之入骨,因此,坚决不同意缓和对伊拉克的制裁,更不用说取消了。

这次危机可追溯到10月份,美国在英国支持下,向安理会提出提案,称伊拉克当局对武器核查工作处处作梗,必须给予新的制裁和惩罚。此议遭到俄罗斯和法国的反对。接着美英又提出修正案，要限制伊拉克有关人员出境。伊拉克在感到希望破灭之后对决议作出反应，禁止武器核查小组中的美国人入境，并把已在巴格达的美国核查人员轰走，从而导致了这场危机。美国宣布向海湾增派航母、军舰和飞机，伊拉克也扬言要击落侵入领空的美国U-2间谍飞机。美伊军事对峙剑拔弩张、逐步升级。

但是，事态发展并未演变到美国像去年那样对伊拉克实施空中打击，而是在俄罗斯调解后"就坡下驴"，接受政治解决方案。根据这一计划，在伊拉克执行安理会决议的基础上，俄罗斯将努力促使各方同意尽快取消对伊拉克的制裁。实际上，美国对伊拉克发出武力威胁，咄咄逼人，但要动武也有所顾忌。

——在安理会，美国的强硬政策不得人心，越来越受到抵制。联合国秘书长安南也坚决主张通过外交途径谋求和平解决。

——美国为建立冷战后中东地区新秩序，在海湾推行对两伊"双重遏制"政策，同世界多极化势头相碰撞。在伊朗问题上，法国和俄罗斯等大国出于各自国家利益，置美国的达马托法于不顾，坚决同伊朗发展经贸合作，使美国怒火中烧，在对待伊拉克的态度上，法俄两国公开主张逐步缓和制裁，对伊拉克的困难表示同情。冷战时代，两个超级大国在中东争霸。苏联解体后，俄罗斯虽然不再是超级大国，但是它在中东的地位和影响仍不容低估。

——在中东问题上，美国外交陷入困境。广大阿拉伯国家对美国不肯向以色列施加压力而造成中东和平进程严重受挫，公开表示不满。埃及、沙特阿拉伯和叙利亚等多数阿拉伯国家抵制在卡塔尔举行的有以色列参加的中东北非经济会议。他们认为，伊拉克违反联合国决议，以色列也违反联合国决议，但美国态度迥异，实行"双重标准"。因此，科威特和沙特阿拉伯等美国在海湾的"忠实盟友"，也公开表态不想卷入美国对伊拉克的军事对抗。这同海湾战争时形成鲜明对照。

——在实际操作上，美国对伊拉克所能采取的军事打击是有限的，并不能达到预期目标。伊拉克也已为各种可能的军事打击作好了准备。

——美国国内对克林顿政府采取军事行动也有不同意见。

这场危机虽然化解了，但矛盾依然存在。这就需要一个解决问题的原则。首先，伊拉克必须不折不扣地执行联合国的有关决议，以体现联合国决议的严肃性；其次，应当考虑伊拉克面临的实际困难，理解伊拉克渴求早日解除制裁的合理性，尊重伊拉克的独立、主权和领土完整。

（原载《瞭望》周刊，1997年12月1日。）

美国国务卿的尴尬

美国驻联合国前任大使奥尔布赖特女士在晋升为第二任克林顿政府国务卿后惊奇地发现，在处理中东问题上，远不像在联合国讲坛上对伊拉克总统萨达姆·侯赛因大张挞伐那样开心、顺畅、应付裕如。

年初，美国报界披露，这名捷克出生的女强人出身于犹太人世家。一项调查报告说，"二战"期间，其父母为逃避德国法西斯的迫害举家移民赴美，出于安全考虑，让这个幼女从小皈依基督教。这一"重大"发现为以色列带来一个惊喜。新闻界大肆炒作，闹得沸沸扬扬；当局也煞费苦心，准备为奥氏尽快来访"寻根问祖"营造一种温馨的氛围。但是，"醉翁之意不在酒"。以色列此举显然在于暗示来访者：在考虑施加任何压力的时候，请不要忘记自己的祖宗。

今年9月上旬，奥氏在当选国务卿半年多之后终于踏上中东这片对"美国利益"至关重要的土地。奥氏果然身手不凡，一举说服巴以双方同意恢复从3月中旬以来一直处于僵局的和谈。可是，以色列当局虚与委蛇，一方面同意在华盛顿恢复和谈，另一方面我行我素，继续在被占领土扩建犹太人定居点。更有甚者，公然派摩萨德在约旦首都制造暗杀巴勒斯坦哈马斯组织领导人事件。原定上月底举行的第二次华盛顿会谈泡汤。

这名超级大国国务卿终于按捺不住心头的恼怒，上月28日对记者发表谈话时，批评以色列造成和谈"裹足不前"，要求内塔尼亚胡总理必须将和平推向前进。奥氏无名火起还有另一个来由：俄罗斯外长普里马科夫乘机走访阿以冲突有关各方，受欢迎的程度丝毫不亚于她。普氏还公然向美国叫板：俄罗斯反对只说一个国家负责中东和平进程。

巴以目前会谈在以撤军和修建犹太人定居点等问题上的分歧仍然很大，如果会谈再次卡壳，这名以"强硬"著称的美国外交家，又将如何动作呢？人们拭目以待。

(原载《北京晚报》，1997年11月6日。)

非不能也,实不为也

据报道,世界上两个最亲密盟国的领导人,最近相互怄气。美国总统克林顿在以色列总理内塔尼亚胡访美时,给他吃闭门羹,说是因为太忙;内氏盛怒之余,要他的办公室主任不要再设法安排他同克氏的下一次会晤。他抱怨说,美国把他看作是"西方萨达姆"。

具有讽刺意味的是,克林顿却能在"百忙"中引人注目地会见以色列前总理佩雷斯和已故前总理拉宾的夫人。一亲一疏,个中原委尽在不言中。克氏对以色列无名火起自有道理。回顾前几年,巴以签署和平协议,约以缔结和平条约,在白宫南草坪举行盛典,何等风光?可是曾几何时,利库德集团上台后摒弃以"土地换和平"原则,叙以、黎以和谈中断一年有余;巴以和谈中断。半年后,最近虽然恢复,但"车轮转而车不行"。

更使克氏难以接受的是,大多数阿拉伯国家因中东和平进程受挫,对美国不满。昔日红红火火的"反萨达姆联盟"土崩瓦解。美国在海湾对两伊"双重遏制"战略受阻。

可是,阿拉伯舆论认为,内氏在中东和平问题上不唯华盛顿马首是瞻,美国咎由自取。美国虽然反对以色列在被占领土修建新的犹太人定居点,但在联合国安理会讨论哈尔霍马定居点问题时,又一再投否决票,致使以色列更加有恃无恐。

其实,内氏敢于同美国较劲,还有更深层次的原因,那就是无论共和党还是民主党,在同以色列打交道时,都小心翼翼,不敢开罪美国600万犹太人。

那么,美国真的对以色列没辙吗?非也。在海湾战争中,为避免以色列卷入而打乱整个"沙漠风暴"战略部署,即使在伊拉克向以色列发射"飞毛腿"导弹,布什政府也要求以必须按兵不动,否则将停止提供100亿美元的建房贷款担保。素以强硬著称的利库德政府总理沙米尔,也是"身在屋檐下，不得不低头"。

克林顿正面临有关"美国利益"的两种选择：要么对以施加压力，使其回到奥斯陆协议的和平道路上来；要么被内氏牵着鼻子走，使美国的中东外交继续陷入被动。

（原载《北京晚报》，1997年12月9日。）

中东问题华盛顿首脑会谈未果

1998年1月20日和22日，美国总统克林顿在白宫分别同以色列总理内塔尼亚胡和巴勒斯坦民族权力机构主席阿拉法特举行会谈，旨在挽救陷入危机的阿以和平进程，在新的一年中，为启动停顿已有10月之久的巴以和谈创造一个良好的开端。

结果是，以巴双方坚持各自立场，美国抛出了自己的方案，各说各的"聋子对话"，未达成共识。如果说有什么进展的话，那就是各方没有封口，仍表示可以继续谈下去。

中东的和平进程从1993年9月13日巴以双方在华盛顿签署和平协议连续三年取得进展和突破以后，1997年陷入全面停滞，症结是以色列右翼利库德集团拒绝执行前工党政府同巴方达成的奥斯陆协议，用"安全换和平"置换"土地换和平"方针。内塔尼亚胡政府以巴方不能保证以方安全为由，在1997年1月签署希伯伦协议后，就按兵不动，拒绝按协议规定从约旦河西岸撤军。更严重的是还加紧在被占领土扩建犹太人定居点。1997年3月，以政府在东耶路撒冷兴建哈尔霍马犹太人定居点，引发巴以关系新危机，和谈陷入中断。

一、内塔尼亚胡应邀同克林顿会谈，未携带任何新方案。启程之前，以内阁紧急会议讨论对策，放风说，以决不屈服美国压力，声称决不放弃约旦河西岸对以色列安全攸关的地区。内塔尼亚胡同克林顿会晤时摊出的底牌是，下一步归还的西岸土地不超过10%。实际上内塔尼亚胡仍坚持的是《大阿龙计划》，根据这一计划，将沿约旦河谷和1949年阿以战争停火线"绿线"建立两条平线的"安全带"，保留"大耶路撒冷"和其他战略地区的犹太人定居点群，算来算去，能还给巴方的土地，充其量不过40%，也就是说以色列将永久占领约旦河西岸60%的土地，以方的这一立场巴方根本不能接受，美国也无法同意。

二、阿拉法特同克林顿会谈时，仍坚持以方履行已达成的协议，包括1995年9月签署的扩大约旦河西岸自治协议（又称第二个奥斯陆协议和临时过渡协议）和希伯伦协议。根据这些协议，以色列除了已归还的29%的领土外，还应归还60%的约旦河西岸土地，根据希伯伦协议，以色列必须在1998年8月以前分三个阶段完成撤军。

阿拉法特向克林顿保证，巴全国委员会已通过取消巴宪章中消灭以色列条款在安全上采取了中央情报局认可的措施。

三、克利顿同内塔尼亚胡举行两次会谈，提出了美国方案：以色列分两步撤军，第一步分三个阶段，每个阶段撤出4%，加起来12%，每个阶段相隔几个星期，以考察巴方的安全措施。第二步再撤出更多土地。两步撤军不同最后地位谈判挂钩。美国的一揽子妥协方案遭到内塔尼亚胡的拒绝，两人会谈不欢而散。巴方也不同意美国建议。

记者问：1997年中东和平进程陷入全面停滞，根本原因固然是由于以色列政府奉行强硬政策，但是，作为调解人的美国应承担什么责任呢？

答：美国偏袒以色列是重要外因。美国作为调解人，本应采取公正和不偏倚立场，但以色列是兴建哈尔霍马定居点后，遭到国际社会一致谴责，美国连续两次在安理会行使否决权，使以有恃无恐。同时，美国为保持以色列对阿拉伯国家的"军事优势"还继续每年提供30亿美元军援和经援，提供世界上最先进的F15战斗机。

记者问：中东和平进程搁浅也不符合美国战略利益，难道美国真的对以色列没辙吗？

答：美国是超级大国，在军政和经济等方面以色列离不开美国，美国手中有很多牌，可以对以色列施加压力。布什政府期间，就曾以中断100亿美元住房贷款担保来要求以色列利库德集团沙米尔政府停止在被占领土修建定居点，以色列被迫就范。

记者问：那么，克林顿政府为什么不对内塔尼亚胡政府也施加同样大的压力呢？

答：这是个很令人感兴趣的问题。我在以色列工作期间，同许多人探讨这一问题，大致可以这么说："一、形势发展还未达到危及美国中东全盘战略的程度，时候未到；二、民主党向来得益于美国600万犹太人在大选中的支持。犹太人院外集团在政界、金融界、新闻界地位举足轻重。三、美国驻以色列使馆发言人斯科扎对我说,克林顿虽然不能再竞选总统,但他要为戈尔副总统2001年竞选保驾护航;四、美国国务院、白宫、议会直接同以色列打交道的官员不少是犹太人,在具体操作上难以摆脱犹太人情结。

记者问:1998年中东和平进程走向何方?

答:如果不出大的问题,中东和平进程仍将是拖的局面,谈谈停停,停停谈谈。我指的是巴以和谈,叙以、黎以和谈仍无法上路。

关键还是内因。只要内塔尼亚胡政府仍在台上,就很难有大的突破。

记者问:那么,内塔尼亚胡会不会倒台呢?外长利维已经辞职,桥党退出内阁,现政府在议会只占有微弱的61票,不是岌岌可危了吗?

答:内塔尼亚胡日子越来越不好过,可以说是四面楚歌,但仍能维持。反对党在议会得到61票,可以倒阁,但推翻不了内塔尼亚胡。因他是直接选举产生的,需要议会三分之二票才有效,但反对党可以要求提前大选。以色列内政如何发展是1998年值得关注的一个问题。

(广东人民广播电台专稿,1998年1月24日。)

美国中东外交毛病出在哪里

岁末年初，在大洋彼岸，美国一些"思想库"的专家、学者们对美国1997年的中东外交颇多微词，使用了"不顺""碰壁"甚至"失败"等字眼，总之"打分"不高。在探讨造成这种局面的原因时，人们更多是批评第二任克林顿政府未把中东放在外交日程的优先地位，总统本人也未能亲自掌舵，新任国务卿奥尔布赖特对中东事务不熟悉，一年内只去过一次，并且是在上任8个月之后，同前任克里斯托弗风尘仆仆、频繁穿梭形成鲜明对照。

局外人看来，上述点评也言之成理。但是，从更深一层的层面上来观察，追根溯源，恐怕毛病还是出在政策失当上。奥尔布赖特去年年初上任伊始，对记者发表谈话阐述美国中东政策时说，美国的中东外交是为"美国利益"服务的。她用颇为"贴近生活"的大白话解释说，那就是保证不再出现1973年中东战争期间美国人排长队抢购石油的局面。"石油"就是美国中东外交的出发点和归宿。为了这一目标，无论是共和党的布什政府，还是民主党的克林顿政府，都奉行"西促和谈、东遏两伊"政策，力图营造一种"冷战后中东新秩序"。可是严峻的现实表明，恰恰是这些政策出了问题。

其一，对中东和谈调解有失公正。美国和前苏联是1991年马德里中东和会的两主席。随着苏联解体，美国作为唯一超级大国，力图独揽阿以冲突调解事务。中东和平进程自1993年以色列同巴解组织签署和平协议连续3年实现突破后，1997年陷入全面停滞，根本原因固然是以色列右翼利库德集团上台后奉行强硬政策，但美国也难辞其咎。内塔尼亚胡政府去年3月悍然在东耶路撒冷兴建犹太人定居点，遭到举世谴责。可是，美国两次在联合国安理会否决绝大多数成员国同意的谴责以色列的提案。美国的偏袒和纵容，使以色列愈加有恃无恐。巴以关系随之愈加紧张，和谈愈加步履维艰。美国虽然对以色列拒不执行已达成的和平协议公开表示不满，但却不肯施加压力，迫使以色列就范。美国的不公正做法，严重挫伤了阿拉伯人民的感情，也使阿拉伯国家对美国调解持有的信心逐渐破灭。

其二，对两伊制裁不得人心。伊朗和伊拉克是海湾地区两个重要的伊斯兰国家。他们先后因伊斯兰革命和入侵科威特，而成为美国惩罚的对象。去年，美国国会又通过达马托法，加强对伊朗的制裁；在同伊拉克发生武器核查危机后，美国为迫使萨达姆总统下台，不仅反对缓和对伊拉克长达7年的制裁，而且要求联合国采取新的制裁措施。美国对两伊的制裁不仅使当事国受害，也给海湾其他各国造成深重的灾难和影响。去年11月在德黑兰举行的伊斯兰国家首脑会议上，与会各国领导人一致要求解除对两伊的制裁。

其三，美国倡导的中东新秩序违背潮流。随着大国关系的演变和全球多极化趋势的发展，美国独霸中东战略面临越来越多的挑战。欧盟多次向美国"叫板"，要求在中东和平进程中发挥"更大作用"，因为巴以签署和平协议4年来，欧盟已提供18亿美元，大大超过美国，应体现"谁出钱，谁点曲"的游戏法则。在海湾，俄罗斯和法国置美国的达马托法于不顾，致力于发展同伊朗的经贸合作，甚至同美国有"特殊伙伴关系"的英国也公开批评美国孤立伊朗的政策。英国外交大臣库克在华盛顿欧洲学会发表讲话指出，美国利用自己的国内法惩罚在伊朗能源部门投资的欧洲公司的做法，是不能接受的，"孤立伊朗并非上策"。在对待伊拉克问题上，美国在大国中也处于孤立地位。中国、俄罗斯和法国都不赞成动辄使用武力或以武力相威胁。他们主张，一方面，伊拉克应全面、切实地执行联合国有关决议；另一方面，伊拉克对主权和安全的正当关切也应当得到国际社会的尊重，其执行联合国有关决议所做出的努力也应当得到客观公正的评价。

一元复始，万象更新，世界在变。美国国内已有人向克林顿政府进言，希望对中东政策进行必要的调整。美国前总统卡特的安全事务顾问布热津斯基提出，美国对两伊实施制裁是"愚蠢的"。克林顿政府在新年伊始似乎也采取了一些新的举措。加大了调解中东和平进程的力度。奥尔布赖特在欧洲分别会见了以色列总理内塔尼亚胡和巴勒斯坦领导人阿拉法特。1月20日和22日，克林顿总统在白宫分别同他们举行了最高级会谈。

在同伊朗的关系问题上，美国对伊朗总统哈塔米关于改善关系的讲话作出了呼应。但是，据报道，克林顿同内塔尼亚胡两次会谈，各谈各的，未取得任何成果；而对于改善同伊朗关系，美国提出3个先决条件，遭到伊朗的断然拒绝。在对待伊拉克问题上，美国又扬言动武，美伊关系又出现新一轮危机。看来，美国如不审时度势，对政策进行实质性调整，在1998年恐怕仍然难以走出中东外交的误区。

（原载《瞭望》周刊，1998年2月16日。）

阿拉伯国家为何与美国拉开距离

在这次伊拉克武器核查危机中，美国国务卿奥尔布赖特和国防部长科恩等高级军政官员，先后到中东游说，试图说服阿拉伯国家支持美国对伊拉克发动惩罚性军事打击。美国的外交活动以失败告终：阿拉伯国家一致主张通过外交途径实现和平解决，反对诉诸武力。

1991年1月的海湾战争中，大多数阿拉伯国家参加了美国发动的反击伊拉克入侵科威特的"沙漠风暴"行动。埃及派出4万多名士兵和300辆坦克；叙利亚派出2万多名士兵，并在叙利亚同伊拉克边界地区部署5万军队；摩洛哥向阿联酋派出500名士兵，向沙特阿拉伯派出1500名士兵；在6个海湾阿拉伯国家中，除科威特在本土参战外，沙特阿拉伯向前线派出2万名士兵，200辆坦克和300架作战飞机；巴林、阿曼、卡塔尔和阿联酋共派出1万名士兵，一些军舰和战斗机。可是，7年后的今天，时过境迁，这些海湾战争中美国的阿拉伯"盟友"，却不愿再同美国为伍。

一、在"二战"后民族独立运动中阿拉伯民族形成的泛阿拉伯主义仍然在起作用。海湾战争中，多数阿拉伯国家搭上美国战车，是因为伊拉克占领了阿拉伯国家的一个兄弟，触犯"天条"。伊拉克被赶出科威特，受到制裁，也是咎由自取。但阿拉伯国家出于阿拉伯民族情结，也不愿意看到一个"兄弟"的阿拉伯国家被无休止地制裁下去，强烈要求国际社会充分理解伊拉克提出的合理和正当要求。引人注目的是，在危机愈演愈烈、军事打击一触即发之时，埃及和卡塔尔分别派出专机，运载药品，飞往巴格达，向缺医少药的伊拉克妇女和儿童表示慰问。巴林武装部队总司令哈利发强调说："只要这个国家不进行侵略，没有一个阿拉伯国家能够接受对另一个阿拉伯国家进行冒险导致其解体风险的军事打击，在任何情况下都是如此。"

二、美国在中东实行"双重标准"，激发了阿拉伯国家的反美情绪，增强了他们的民族危机感和团结自强意识。以色列内塔尼亚胡政府自1996年6月执政以来，公然置联合国决议于不顾，不断在被占领土上扩建犹太人定居点，受到举世谴责，美国却百般袒护，而对阿拉伯国家动辄就施加制裁和扣上"支持恐怖主义国家"帽子。这极大伤害了阿拉伯民族感情。约旦国王侯赛因访问阿联酋时，公开敦促阿拉伯国家反对"双重标准"。阿联酋总统阿勒纳哈扬表示，由22个成员国组成的阿拉伯联盟内部应结束海湾战争造成的分裂局面。

三、阿拉伯国家普遍对美国动武可能造成的灾难性后果担忧。

——担心转移国际社会对中东和平进程的关注，使已陷入僵局的阿以和谈雪上加霜。1997年中东和平进程严重受挫，地区局势不测因素增多，一度引起国际社会严重关切，各方相继利用各自影响，加大促和力度。今年1月，克林顿政府也采取了促和举措，分别邀请以色列和巴勒斯坦领导人在华盛顿会晤。如果海湾再次爆发战争，各方注意力将转移到海湾地区，顾此失彼，和平进程将被搁置。以色列也将以海湾战争为其"以安全换和平"的口号提供依据，无限期拖延第二阶段从约旦河西岸撤军计划，同时加紧在被占领土上兴建新的犹太人定居点，乘机制造更多的既成事实。

——担心伊拉克可能分裂和被肢解。美国如果实行军事打击，这次必将"一不做二不休"，把萨达姆政权一劳永逸地赶下台。这将导致伊拉克领土完整不复存在。据土耳其报纸报道，美国准备支持在伊拉克北部建立一个联邦国家，即日后独立的库尔德国家的雏形。穆斯林什叶派也将在伊南部建立自己独立的政权。被肢解后的伊拉克将陷入长期战乱之中，难免变成第二个塞浦路斯，大批难民涌向约旦、土耳其和欧洲，使海湾地区成为动乱的渊薮，永无宁日。

——担心海湾动乱局面将给地区发展和重建带来毁灭性打击。半个世纪以来，阿拉伯国家和以色列爆发了5次战争；近20年，海湾地区发生了两伊战争、海湾战争、也门内战等战乱。中东和海湾地区需要和平，以便休养生息和开发重建。

如军事打击造成伊拉克长期动乱，外国投资者将纷纷撤离，大批在伊拉克的阿拉伯国家劳工也将被迫逃离，约旦等依赖伊拉克石油供应的国家也将不得不寻找其他石油来源。

克林顿声称，美对伊进行军事打击，是为了彻底消除"伊拉克对邻国安全的威胁"。言外之意是，有关阿拉伯国家应为美国出兵出枪，为在阿拉伯国家领土上打杀阿拉伯人的战争出钱。海湾战争时的巨大开支使科威特100亿美元的海外资产锐减到300亿美元，也迫使世界头号石油出口大国沙特阿拉伯首次向海外举债。一些专家们预计，军事行动一旦实施，花费将是30亿到50亿美元。要分担费用，这两个伊拉克邻国首当其冲。

（原载《瞭望》周刊，1998年第十一期。）

犹抱琵琶半遮面

最近,美国政府宣布采取4项措施,放松对古巴的制裁。多年来,国际社会和拉美国家"千呼万唤",要求美国放弃对古巴长达近40年的封锁,美国"始出来",在调整对古政策上迈出了小小的一步。

古巴这个拉美小国,何以惹恼一个近在咫尺的超级大国呢?说来话长。20世纪50年代末一批由卡斯特罗领导的风华正茂的古巴青年,推翻在美国卵翼下通过政变上台的巴蒂斯塔独裁政权。这固然使美国主子难堪,但更重要的恐怕是另一个超级大国把"进攻性"导弹运到美国"后院"的这个加勒比海近邻。美国着实感到安全受到了威胁。肯尼迪总统食不甘味、坐卧不宁。

当年那场导弹危机早已成为尘封多年的历史陈迹,冷战也随着前苏联的解体而一去不复返。据报道,美国南方司令威廉将军宣称,古巴已不再对美国安全构成威胁,五角大楼也将提出报告,请国会讨论。其实,要说存在威胁的话,古巴未在90海里外的美国派有一兵一卒,倒是美国至今仍霸占着古巴南方的重要港口关塔那摩,那里成为美国在加勒比海的最大海军基地。那么,到底是谁威胁谁的安全呢?

古巴领导人卡斯特罗本月9日在接受多米尼加记者采访时,再次要求美国完全解除制裁。美国政府在对古巴政策上进行反思,改弦更张,此其时矣!

(原载《北京晚报》,1998年4月12日。)

巴以和谈死结难解

华府会谈，胎死腹中

巴以和谈目前面临的最大障碍是以色列从约旦河西岸撤军的范围问题。为此在英国首相布莱尔的斡旋下，美国国务卿奥尔布赖特在伦敦分别同以色列总理内塔尼亚胡和巴勒斯坦民族权力机构主席阿拉法特举行会谈，讨论美国为打破巴以持续一年多的和谈僵局而提出的"新建议"，即要求以色列从约旦河西岸13.1%的领土上撤军。尽管巴勒斯坦方面认为美国的新建议远远少于巴方要求数量，但为继续谈判进程，决定接受美国的方案。但这建议遭到以方断然拒绝，致使伦敦会议"卡壳"。奥尔布赖特宣布，美国为挽救中东和平进程，愿做最后一步努力，为此，克顿总统邀请巴以领导人5月11日在华盛顿举行最高级会谈，直接跨入"最后地位"谈判，条件是巴以双方必须在几天内先就13.1%的撤军幅度达成协议。由于阿拉法特随即接受美方建议，球自然又踢到以色列的场地。

由于以色列在撤军幅度问题上不买账，公开同美国对抗，致使美以关系跌到多年来的最低点。美国遭到难堪后，要求以色列在不到一个星期内改弦更张，接受撤军13.1%的建议，无异于对以色列发出"最后通牒"。内塔尼亚胡作出强烈反应，称以色列是主权国家，在国家安全问题上不会屈从任何一方的压力，如果美国坚持最后通牒的要求，他有可能拒绝前往华盛顿。克林顿总统在华盛顿同内塔尼亚胡展开论战，称美国希望重新获得已经失去的中东和谈势头，而不是把美国的主张强加给任何人。克林顿认为，内塔尼亚胡能够说服内阁成员接受美国建议，翻过横亘在和平进程道路上的这座山。他还警告说，以色列应当抓住中东和平的最后机会，机不可失，时不再来。阿拉法特和埃及等其他阿拉伯国家领导人也敦促内塔尼亚胡接受美国邀请，不要错过和平的最后机会。如果巴以华盛顿会谈能按照美国的策划如期举行，无疑将具有重要意义，对整个中东和平进程也将注入活力，对中东局势也将产生重要影响。克林顿政府应以方要求，派中东和谈特别协调员罗斯紧急赶赴以色列，同以色列领导人举行最后一分钟磋商。罗斯在8日和9日两次同内塔尼亚胡会谈，力劝以色列回心转意，但双方仍然谈不拢。内塔尼亚胡表示要举行内阁会议进行讨论。5月10日，以新闻顾问巴尔·伊兰宣布，因为部分内阁成员在国外访问，无法召开内阁全体会议讨论美国的"新建议"。他还补充说，美国要求在第二阶段撤军中向巴方归还13.1%的约旦河西岸土地，以方难以全部接受，因为撤军关系以国家安全。至此，5月11日在华盛顿举行和谈的建议成为泡影。

欧盟搭台，美国唱戏

自1997年3月以色列在东耶路撒冷修建哈尔霍马犹太人定居点以来，巴以和谈一直处于僵持状态，而且叙利亚同以色列的和谈、黎巴嫩同以色列的和谈，迄今中断已两年有余。今年3月初伊拉克武器核查危机缓解后，国际社会的注意力迅速转向中东另一热点问题——中东和平进程，打破巴以和谈僵局的迫切性增强，各方外交斡旋开始异常活跃。联合国秘书长安南、英国外交大臣库克、法国特使、欧盟特使、英国首相布莱尔等纷纷访问中东。阿拉伯国家也频繁接触、协调立场。埃及、叙利亚和沙特阿拉伯三国举行首脑会议。埃及、约旦和巴勒斯坦三方领导人也举行会晤。美国从海湾危机腾出手来后，罗斯、国防部长科恩和副总统戈尔等先后访问以色列和巴勒斯坦。这些外交活动的特点是，各方普遍要求推动中东和谈走出困境，国际社会对以色列压力增加，美国与以色列的分歧增大并日益表面化。

罗斯3月底访以，带去了美国的"新建议"，但遭到以色列的拒绝，以方坚持第二阶段撤军面积不超过9%。奥尔布赖特对罗斯无功而返深感恼火，警告中东和平进程已走到尽头，美可能甩手不管。英国首相布莱尔4月中东之行，成功地说服巴以领导人同意到伦敦举行会谈。英国是欧盟轮值主席国，布莱尔肩负英国和欧盟双重使命。近年来，欧盟对其在中东和平进程中出钱不少而发言权不大的现状忿忿不平，不满美国独揽包办，强烈要求发挥更大作用。法国参与调解伊拉克武器核查危机取得成功赢得阿拉伯国家的普遍好感，增强了在中东事务中的发言权，欧盟从中受到鼓舞。库克外交大臣和布莱尔首相的斡旋活动，着意显示了欧盟的独立性，向阿拉伯方面倾斜，这同美国一味偏袒以色列形成对照。当然欧盟也宣布并不想取代美国，而是对美国起配合和"辅助"作用。美国经过伊拉克武器核查危机，越发感到在中东问题上力不从心，因此对欧盟出面安排巴以在伦敦举行会谈，表示欢迎。

国际社会对伦敦会谈寄予厚望。但是，会前，以色列内阁几次开会讨论是否接受美国"新建议"，均议而不决，对内塔尼亚胡伦敦之行"授权有限"。有鉴于此，奥尔布赖特在启程前也已把"丑话说在前头"，要求人们不要对伦敦会谈取得突破抱过大期望。

成也萧何，败也萧何

当前，撤军幅度成为巴以和谈的一个死结。其实，美以双方立场的差距不过就是4个百分点。那么，以色列为何甘冒天下之大不韪，不同国际社会合作，特别是同自己的最大盟国美国硬顶呢？

从原则上来说，内塔尼亚胡领导的利库德集团联合政府是右翼政府，在治国方略上同中左的前工党联合政府大相径庭。它不赞成以"土地换和平"原则，反对奥斯陆和平协议，主张"安全换和平"，安全至上、安全第一，说穿了就是不愿放弃已经占领多年的阿拉伯领土，进嘴里的肉再吐出来很难。这也反映了在战场上得不到的东西在谈判桌上不会轻易得到的规律。

从现实的角度来看，内塔尼亚胡最终解决巴以冲突的蓝图是《大阿龙计划》。根据这一计划，在"最后地位"谈判中，以方最多只能还给巴勒斯坦人40%的约旦河西岸领土。以方不愿在第二阶段撤军中让步太多，以免再减少在"最后地位"谈判中讨价还价的筹码。此外，由于联合政府外交部长利维、财政部长梅里多尔等鸽派去年先后辞职，内塔尼亚胡在内阁中受制于鹰派政治势力和极端宗教党派，他们坚决反对在领土问题上作出新的让步，否则将会导致政府垮台。他们宣称，如果按美国"新建议"撤出13.1%的西岸土地，将危及一些犹太人定居点的安全，因为这些定居点将处于巴自治政府的管辖之下。内塔尼亚胡并非真的想同美国搞僵，而是自己在联合政府内部回旋余地太小。

但是，说到底，恰恰是由于美国长期偏袒和纵容以色列，而使和平进程偏离正轨。以色列是美国在中东不可或缺的战略盟国，保证以色列的安全符合美国利益。美国600万犹太人在美国政界和经济、金融等方面地位举足轻重。特别是民主党向来在大选中得益于犹太人选民的支持。副总统戈尔已公开提出在2000年大选中竞选总统，克林顿要为其保驾护航，更不敢同以色列闹崩。不久前，参院81名议员致函克林顿，反对向以色列施压。其实，美国提出13.1%的撤军幅度，已大大照顾和迎合了以色列的要求。以色列还掌握着一张"王牌"，那就是1997年1月签署希伯伦协议时，当时的国务卿克里斯托弗向以方许诺，以色列以后撤军幅度有多大，完全由以色列人自己来决定。

中东和平进程已进入实质性新阶段，复杂性和艰巨性更显突出，作为和谈调解人的美国及矛盾主要方面的以色列，其政策取向对和平进程前途至关重要。克林顿政府最近宣称，如果以色列仍在撤军幅度问题上同美国对抗，美方将不得不考虑采取"新的调解方式"。对此，人们将拭目以待。

（原载《瞭望》周刊，1998年5月18日。）

足球赛·橄榄枝及其他

——美伊关系新动向

在如火如荼的法国世界杯足球赛中，美国同伊朗的对阵颇为引人注目。俗话说"不是冤家不聚头"。可是，这两个国家运动员6月21日在赛场上，并未出现"仇人相见分外眼红"的火爆场面。更耐人寻味的是在开赛前，在大批电视和摄影记者的聚集之下，两队球员互致问候、互赠礼品，伊朗运动员每人还为对手送上一束鲜花。观察家透过这场足球竞技，不仅看到的是国际足联倡导的"公平竞争"，而且更多看到的是两国当局赋予的政治使命。

美伊关系有过"黄金时代"。二战后，巴列维国王11次访美，成为美国在中东最亲密的朋友之一。1979年，霍梅尼发动伊斯兰革命，废除帝制。在反美浪潮中，52名美国外交官被扣为人质。随后，两国不仅断绝了外交关系，并开始了长达近20年的尖锐敌对状态。去年5月哈塔米当选伊朗总统后，开始对外交政策进行调整，并向美国发出和解信号。对此，美国迅速作出积极反应，克林顿总统表示"深受鼓舞"，并传出口信，表示虽然美国对伊朗的某些政策仍存在分歧，但这些分歧是可以克服的。随后，美国放宽了对伊朗人访美的入境签证限制，也不再对去伊朗旅游的美国人发出安全警告。最近，在美伊足球赛前后，美国政府又发动规模空前的外交攻势，向伊朗频频挥动橄榄枝。

——6月17日，美国国务卿奥尔布赖特在谈到美伊关系时表示，美国决心谋求与伊朗建立信任的新措施，美国能够制订出"一项使两国关系正常化的方案"。

——6月18日，克林顿说，美国希望"同伊朗真诚地和解"，他确信伊朗正在"朝着积极的方向变化"，并希望两国足球队的比赛"能成为结束两国隔阂的起点"。

——6月21日，奥尔布赖特在接受采访时重申，新总统哈塔米上台以来，伊朗发生了一些重大变化，美国希望同伊朗实现关系正常化。

——6月22日，美国国务院发言人鲁宾祝贺伊朗足球队取得胜利，他说"场上的气氛显然是友善的"，对两国建立沟通桥梁以促进理解而言，"这场比赛是个典范"。

——6月22日，美国对伊朗作出又一和解姿态。鲁宾宣布，美国应伊朗的要求，将依法打击任何同反对伊朗政府的游击队进行接触的活动。

——6月23日，克林顿总统发表书面声明，否决了国会通过的对那些向伊朗提供导弹技术的外国政府和公司进行制裁的法案。

美国的这些表白和姿态，显然不是应景的外交辞令，而是表明美国对伊朗政策的重大调整。美国国务院1993年3月5日宣布，伊朗是"世界上发起恐怖活动的最危险国家"，后又宣布对伊朗实行制裁和遏制。那么美国为何现在要谋求同伊朗和解呢？诚然，就伊朗来说，新政府在政策方面的确发生了许多变化，但归根结底是出于美国自身利益的考虑。

首先，美国为确保在21世纪全球性大国的地位，越来越重视中亚里海地区的战略地位。伊朗在这一地区具有举足轻重的作用，改善同伊朗的关系已成为当务之急。美国战略思想家、前总统国家安全事务特别助理布热津斯基在其新著《大棋局》一书中，把从里斯本到海参崴这片欧亚大陆视为一个地缘战略大棋盘，是决定世界今后的稳定与繁荣，又决定美国保持世界主导地位的中心舞台，其中法国、德国、俄罗斯、中国和印度5国为地缘战略国家，乌克兰、阿塞拜疆、韩国、土耳其和伊朗5国为地缘政治支轴国家。在这个大棋盘中，有一块长方形地理区域，包括东南欧的一部分、中亚南亚的一部分、海湾地区和中东，被称为欧亚大陆的"巴尔干"，俄罗斯、土耳其和伊朗在这地区地位至关重要。除了战略地位之外，伊朗丰富的石油资源也对美国具有极大的吸引力。伊朗已探明的石油储量为1400亿桶，天然气储量为21亿立方米，居世界第二位。伊朗南涉波斯湾，北接里海，是唯一连接这两个能源库的国家。里海地区石油储量预测为2000亿桶，约占世界总储量的17%~25%，总价值约4万亿美元，可开采100年，是仅次于波斯湾的世界第二大油源。伊朗为了打破美国的封锁，近年来积极发展同其他里海沿岸国家的经济合作，一条耗资16亿美元，连接土库曼斯坦、伊朗和土耳其的长达2000英里的天然气管道，今年可望建成通气。伊朗还是里海石油的一个理想的输出口岸，目前经伊朗北方港口转运的哈萨克斯坦原油，每天高达3万至4万桶。俄罗斯《独立报》认为，谁在21世纪控制了中亚，谁就意味着控制了世界。

其次，防止核武器和大规模杀伤性武器扩散，是美国冷战后外交政策追求的重要国策之一。多年来，美国一直对伊朗的核能计划表示怀疑，但美国也清楚，若对伊朗逼迫太甚可能促其走极端，只有开创建设性的接触，才能保证有效的监督。

其三，美国为建立冷战后中东和海湾的"新秩序"而推行的"促进和谈、遏制两伊"战略，因连连碰壁而流产。由于美国在中东奉行双重标准，致使中东和平进程两年来陷入僵局，美国在中东的威信每况愈下。在对伊朗和伊拉克"双重遏制"问题上，美国也越来越感到并非明智，已有迹象表明美国准备改弦更张，把矛头单独指向伊拉克。

美伊关系解冻符合美伊两国根本利益，但是双方的对立和隔绝根深蒂固，不可能在一朝一夕得以消除，这一进程同时又受到各自国内种种因素的限制和制约，目前问题的关键仍然是美国应拿出具体的、实实在在的行动。

（原载《瞭望》周刊，1998年7月6日。）

抓住中东和平新机遇

以色列总理内塔尼亚胡和巴勒斯坦民族权力机构主席阿拉法特，在美国马里兰州举行首脑会谈，就以色列进一步从约旦河西岸撤军等问题，达成临时和平协议，标志巴以和谈朝着最终解决迈出了关键的一步。这也是中东和平进程的又一重要成果。

巴以首脑会谈是在中东和平进程严重受挫、局势不断恶化的背景下举行的。巴以和谈自1997年3月以色列在东耶路撒冷修建哈尔霍马犹太人定居点而陷入僵局已达19个月之久，叙利亚同以色列的谈判、黎巴嫩同以色列的谈判，也已中断两年半有余。1993年9月巴以签署奥斯陆和平协议开创的巴以两个民族的相互信任慢慢淡化，怀疑、失望和对立情绪与日俱增，一些阿拉伯国家同以色列建立的官方或半官方关系重新冻结。阿拉法特宣布，不管怎样，都将在1999年5月宣布建立巴勒斯坦国。内塔尼亚胡则扬言，如果巴单方面宣布建国，以色列将重新吞并加沙和约旦河西岸的巴勒斯坦自治区。如果出现这种局面，几年来巴以和谈的成果将付诸东流，中东和平全面倒退。

这次会谈极富戏剧性，跌宕起伏、风波迭起、节外生枝、险象环生。原定4天会议，结果5次延期。巴以领导人认真、坦诚，抓住了机会，排除来自各自激进和极右势力的干扰，痛下政治决心，终于达成协议。美国总统克林顿作为倡议者和调解人，9天的会议参加了7天，投入78个小时，对双方恩威并用、软硬兼施，显示了很大的政治决心。正在美国接受癌症治疗的约旦国王侯赛因，在会谈陷入危机时刻，两次抱病参加会谈。克林顿还同埃及总统通电话，进行磋商。他们的直接和间接参与，对会谈的成功，功不可没。

当今世界，和平与发展是两大主题。时代潮流为和平解决冷战时代形成的诸多热点问题提供了机遇。1991年，在美国和苏联主持下召开的马德里中东和平会谈，确定了"土地换和平"原则。已故以色列前总理拉宾领导的工党政府同巴勒斯坦解放组织在挪威首都奥斯陆举行秘密会谈，毅然决定相互承认。1993年9月13日，拉宾同阿拉法特在美国首都华盛顿白宫正式签署和平协议，两人实现了历史性的握手。奥斯陆协议揭开了阿以和解和中东和平的新篇章。巴勒斯坦人破天荒在加沙地带和约旦河西岸部分地区实现了自治。约旦同以色列经过谈判，于1995年缔结了和平条约，并建立了外交关系。叙利亚同以色列关于戈兰高地问题的谈判也进入了实质性阶段。

但是，中东和平的道路并不是一帆风顺的，江泽民主席今年7月同来访的阿拉法特主席会晤时说，中东问题是当今世界延续时间最长的热点问题，巴勒斯坦问题仍是其核心。世界上一些热点问题随着冷战的结束相继逐步得到解决或基本解决。中东问题有其特殊的复杂性和艰巨性。阿以交恶既有历史原因，又涉及领土、社会和宗教等问题。以色列1948年建国以来50年内，同阿拉伯国家发生过5次战争，占领了大片阿拉伯领土，双方积怨甚深。要想彻底化干戈为玉帛，实现中东全面、公正、持久和平谈何容易。但是，唯其复杂、艰难，更需要抓住历史机遇不放松，痛下政治决心，不把本世纪的难题带到21世纪。

巴以领导人以及克林顿总统，在结束最后一轮通宵达旦的会谈后几小时，来到白宫签署了临时和平协议。这是利库德政府1996年6月执政以来签署的最重要的一项和平文件。协议受到国际社会的普遍欢迎，也得到多数以色列人和巴勒斯坦人的支持或认可。但是，谈判难，执行更难，不可掉以轻心。

首先，以色列和巴勒斯坦强硬派都谴责这项协议，分别视之为投降和背叛。以色列的强硬派可能在利库德联合政府和议会内发难，设置障碍，阻挠协议的批准。在巴勒斯坦方面，伊斯兰抵抗运动（哈马斯）等激进组织很可能会制造新的暴力事件，力图使协议在阴沟里翻船。

此外，在履行协议过程中，随时可能由于对协议的不同理解和始料不及的障碍，在具体操作上耽搁时日，使第二阶段撤军无法按时在3个星期完成。

关于第三阶段撤军问题，一直是这次首脑会谈中争执不下的问题。巴方要求以方承诺，在第二阶段撤军完成后，开始第三阶段撤军，但以方坚持把这个问题放到最后阶段谈判中解决。双方最后达成妥协，要成立一个联合委员会商讨这一问题，但难免会旷日持久，议而不决。

和平协议规定，在双方政府批准后，开始就包括耶路撒冷地位在内的问题举行最后阶段谈判。这些问题要在明年5月4日奥斯陆协议规定的5年过渡期结束前解决，难度极大。

显然，今后巴以和平进程矛盾仍然是错综复杂的，存在各种变数，因此仍需要双方痛下政治决心，以使协议得到不折不扣的执行。

（原载《瞭望》周刊，1998年11月2日。）

从克林顿访以巴看美国中东政策走向

时近年终岁尾，美国总统克林顿1998年12月12日至15日对以色列和巴勒斯坦自治区进行正式访问。这是克林顿主持巴以领导人10月23日签署怀伊临时和平协议外交行动的延续。从怀伊协议到克林顿中东之行，表明美国为维护其中东和平主导地位和保护自身石油和安全利益，加大了和平调解力度，更深地卷入了中东和平进程。

从今年2月伊拉克武器核查危机缓解之后，美国政要立即先后访问中东，国际社会的注意力再次转向中东和平进程。美国中东和平协调员罗斯在巴以间进行紧锣密鼓的穿梭外交，并适时地提出了美国关于以色列从约旦河西岸13.1%的土地撤军的一揽子和平方案。经过几个月的酝酿和在国际社会各方的推动下，克林顿邀请以色列总理内塔尼亚胡和巴勒斯坦民族权力机构主席阿拉法特，在马里兰州的怀伊河畔举行最高级会谈，"毕其功于一役"，达成临时和平协议。9天会议，克林顿参加了7天，总共78小时，显示了很大的政治决心。克林顿政府1998年中东外交的积极态度，同1997年的情景适成鲜明对照。当时人们批评刚刚连任的克林顿政府未把中东放在外交日程的优先地位，总统本人也未能亲自掌舵，致使美国中东外交一再受挫。

美国中东外交的变化，还表现在偏袒以色列的一贯政策开始出现微调。以色列是美国在中东的战略盟友，美国每年向以色列提供30亿美元的军事和经济援助，以确保以色列在军事上对阿拉伯国家保持"质量优势"。但是美国作为超级大国，为了营造"冷战后中东新秩序"，有其自身的战略需求，那就是"西促和谈、东遏两伊"。利库德政府于1997年3月在东耶路撒冷修建哈尔霍马犹太人定居点，使巴以和谈陷入僵局。美国虽然两次在联合国否决谴责以色列的提案，但对以色列拒不执行奥斯陆协议也表示公开不满。美国今年为打破僵局提出折衷方案，一直遭到以色列的拒绝。在怀伊首脑会谈最后签署协议前，以色列还突然节外生枝，要求同美国释放以色列间谍挂钩，给克林顿一记闷棍，平添许多烦恼。

从巴勒斯坦方面看，尽管美国提出的关于以色列从约旦河西岸撤军13.1%的幅度同巴方的要求相距甚远，还是接受了美国建议，使美国感到高兴。克林顿夫人在东欧访问时公开表示同情巴勒斯坦人建国的愿望。在怀伊会议前，美国官员放风说将促以积极考虑巴勒斯坦人建国的要求。《纽约时报》也发表长文警告以色列，如拒绝巴勒斯坦人建国将不可避免地陷入被动。会谈期间，美官员私下抱怨以对巴"威逼太甚"，明显流露出对巴勒斯坦人困难处境的同情。因此，会谈期间美巴之间协调较好，美以间时有争执。以方威胁退出会谈时，巴方明确表示愿意留下来。当美国提出协议文本时，巴方立即表示接受，以方陷入被动。

这次克林顿访问以巴，双方态度迥异，巴方欢迎，以方不满。出访前，美国一再敦促以色列要不折不扣地执行协议，拒绝以方提出的新条件，引起以方的不满。更令以方恼火的是，美国牵头在11月30日举行"支持中东和平与发展会议"，宣布除继续执行每年向巴勒斯坦自治区提供1亿美元援助的计划外，同时承诺再提供4亿美元援助。克林顿乘总统号直升机去加沙，在巴全国委员会发表讲演，无异于间接承认巴自治区是个巴勒斯坦国政治实体。巴勒斯坦人也普遍认为，克林顿访问加沙，是美国总统首次访问巴勒斯坦，显然不仅仅是象征意义。

巴勒斯坦问题是中东问题的核心。美国紧紧抓住巴以和谈，一步一步走下去，以图在适当时机促进中东和平进程中叙利亚同以色列、黎巴嫩同以色列恢复和谈的外交努力。叙以和黎以和谈迄今已经中断近3年时间。巴以临时和平协议签署后，叙利亚总统阿萨德表示，愿意同以色列讨论恢复和谈，但不是从零开始，而是从与前工党政府会谈的基础上继续进行。此议遭到以色列的拒绝。美国正在同欧洲国家磋商，推动这方面的外交努力。

克林顿的中东之行，表面上是作为怀伊协议的一部分，参加巴勒斯坦全国委员会关于废止巴勒斯坦宪章中的反以色列条款的特别会议，实际上有更深邃的含义，那就是着眼未来。1999年将是中东和平进程关键的一年，奥斯陆协议5年过渡期将在1999年5月4日到期，怀伊协议规定的以色列3次撤军，至今只完成了第一次，最终地位谈判还未真正开始。显而易见，届时根本无法解冻。阿拉法特一再宣布，不管事态如何发展，都将宣布建立巴勒斯坦国。如果以色列继续同美国顶牛，采取不合作态度，巴以和谈再次陷入僵局也将是随时可能发生的。美国1999年的中东外交仍将面临十分严峻的考验。

（原载《瞭望》周刊，1998年12月21日。）

"超越遏制"与"和平瓦解"

——布什上台后的两次美苏最高级会晤

背景

苏联在二战后虽然成为超级大国,但为了同另一超级大国争霸世界,长期军备竞赛、穷兵黩武,进入80年代国力由盛而衰。经济处于难以自拔的困境,1981—1985年第十一个五年计划期间,经济持续低速增长。在政治上,勃列日涅夫当政后期,贪污腐败盛行,勃列日涅夫、安德罗波夫、契尔年科三位最高领导人相继病故,苏联最领导处于动荡、软弱乏力状态。在国际上,由于1979年入侵阿富汗,处境孤立、危机四伏。美国国务卿黑格1981年就预言苏联出现了明显的历史性衰落的迹象。

1985年3月11日,在契尔年科逝世后,戈尔巴乔夫接任苏共中央总书记。戈氏上台后,盱衡世局,认识到苏联经济已经出现停滞,科技水平同西方差距拉大,长期的庞大军费开支使经济难以承担。在这种形势下,苏联不应也不能继续同美国进行军备竞赛和在世界各地同美国进行对抗和争夺。为了扭转在经济和科技方面的颓势,保持苏联的超级大国地位和着眼于未来的综合国力竞争,苏联必须刻不容缓地进行国内体制改革。而为了保证在国内顺利实行改革,就必须有一个缓和的国际环境。出于上述考虑,戈尔巴乔夫提出了在国内"加速发展战略",在对外政策上要推出"新思维"。"新思维"的核心就是缓和苏联同美国和其他西方大国的关系。"新思维"的提出似"风乍起,吹皱一池春水。"在西方掀起强劲的戈尔巴乔夫"旋风",也迎来了苏联同美国历史上的第三次缓和。在这个时期,美苏两霸频繁举行最高级会晤。这成为当代一道独特的国际关系风景线。戈尔巴乔夫同第二任期的美国总统里根举行了四次正式最高级会晤。这些会晤基本上反映了美苏关系已经从紧张走向缓和、从对抗走向对话，并取得了一些具体成就。虽然缓和是美苏双方的共同需要，但总的说来，苏联的需要更大、更为迫切。里根接受戈氏的和平攻势，虚与委蛇，以实力为后盾，通过对话和谈判使苏联让步，以实现遏制和削弱苏联的目的。

1989年1月20日，乔治·布什接替里根成为美国第41任总统。美苏关系在缓和道路上又有了引人注目的新发展。布什对戈氏改革的看法经历了从怀疑、观望到肯定并积极支持的转变。5月12日，布什在得克萨斯农业和机械大学毕业典礼上发表了对苏政策的重要讲话，提出了"超越遏制"新战略。他在肯定过去遏制战略"取得成功"后说，"现在是越出遏制阶段进而为90年代制定一项新政策——一项充分承认世界各地以及苏联本身所发生的变化的政策——的时候了。西方的政策应当鼓励苏联朝着开放社会的方向演进，说到底我们的目标是欢迎苏联回到世界秩序中来。"为此，布什提出苏联应当采取积极回应步骤，减少军事力量；遵守二战快结束时承担的保证，支持东欧和中欧各国自决的义务，摒弃勃列日涅夫主义；同西方合作，通过外交途径解决全球的地区争端；实现持久的政治多元化、尊重人权；同美国协力解决紧迫的全球问题，如毒品泛滥、环境污染、恐怖主义等。布什的"超越遏制"战略显然旨在利用苏联日益加剧的内外困难削弱苏联的超级大国实力，"和平瓦解"苏联。但是苏联也不甘心被从欧洲和世界事务中排挤出去，苏美争夺并未停止，相互关系更加错综复杂。

布什上台后到1991年12月21日苏联解体近3年中，同戈尔巴乔夫先后在马耳他、华盛顿、赫尔辛基、巴黎和莫斯科举行五次正式和非正式会晤，笔者在新华社华盛顿分社工作期间，有幸采访了其中头两次会晤。目睹了苏联存在的最后年月美苏关系的风云变幻。这段历史为后人留下许多思考。

初会马耳他

布什提出"超越遏制"战略大约4个月后，苏联外长谢瓦尔德纳泽于1989年9月访美，同美国国务卿贝克在怀俄明州举行会晤。双方商定布什和戈尔巴乔夫1990年春夏之交举行两人第一次首脑会晤。但是由于东欧局势发生急剧变化，布什迫切希望了解两个方面的第一手情况，一是戈尔巴乔夫的处境及苏联国内改革的进程；二是苏联对东欧巨变能容忍到什么程度。10月31日，布什在白宫举行的记者招待会上令人意外地宣布，他已同戈尔巴乔夫商定，两人于12月初先在马耳他举行一次"非正式"首脑会谈。

两个超级大国之间的最高级会晤，向来吸引世界各国政界和新闻界的关注。专程前往马耳他采访的记者达2400多人，美国最多，苏联次之。引人注目的是日本派出200多名记者。日本已经崛起为经济超级大国，并寄希望成为政治大国。日本各大电视台派出精兵强将，人多势众，十分活跃。新华社总社电令其莫斯科分社首席记者唐修哲和我分别从莫斯科和华盛顿前往马耳他采访。新华社也是唯一一家派记者采访这次会晤的中国新闻机构。我们住在中国驻马耳他大使馆，梅平大使和全体使馆同志对我们的报道工作给予了全力支持，在办记者证、拜会马方官员、食宿、车辆和发稿等方面作出了周到的安排。美苏选择马耳他举行最高级会晤，具有象征意义。马耳他是个小岛国家，但是扼守地中海战略要冲。地中海作为欧洲的南翼，一直是两霸争夺欧洲战略的一部分。两国在地中海的海军舰只通常各保持在20艘上下。布什和戈尔巴乔夫12月2日和3日两天会晤，原定轮流在停泊于马萨什洛克湾海面上的苏联导弹巡洋舰"光荣"号和美国第六舰队旗舰导弹巡洋舰"贝尔纳普"号上举行。但是马耳他是个奉行独立自主、不结盟外交政策的小国，反对载核军舰进入本国港口靠岸。这一立场经议会批准，成为超党派之争的国策。为了了解会晤前夕动向，我们驱车前往马萨什洛克港采访，在中国港湾工程公司项目经理朴英男的带领下，顺利通过几道关卡，深入港内，爬上中国援建的防波堤上，眺望海上的两艘铅灰色的庞然大物，在雾气蒸腾中显得朦朦胧胧。"光荣"号长613英尺，排水量为1.25万吨；"贝尔纳普"号长547英尺，排水量为8575吨。两艘战舰都有载核能力。"贝尔纳普"号曾在意大利西西里岛附近海面同美国"肯尼迪"号航空母舰相撞，造成多人伤亡。特别可怕的是，大火几乎危及核弹头。当时美国海军曾下令发出特别警报。

天有不测风云。首脑会晤前夕，地中海风云突变，狂风挟带倾盆大雨，连续数天。马萨什洛克湾海面白浪滔天，驳船无法靠近军舰，会晤只好临时改在停靠在码头的苏联远洋客轮"高尔基"号上举行。一位马耳他朋友对中国记者半开玩笑地说，恶劣天气可能是苍天对在地中海兴风作浪的超级大国的抗议。出于会晤场所条件和安全等方面的考虑，记者采访受到极大限制，能上船的记者人数有限，现场采访的"普尔"（POOL）由美苏两家新闻单位和另外几家世界级新闻机构的文字和摄影记者组成，分成几个组，分批进入现场。来自世界各地的各国记者主要在瓦莱塔地中海国际会议中心活动。会议中心设备齐全、功能多样。白宫记者团设置了专门的发稿中心，按惯例，常驻美国的外国记者也可以利用他们的设备发稿。我在发稿中心门口碰见了白宫记者团团长、合众社华盛顿分社社长海伦·托马斯。她主动表示可以帮忙。美苏两家在地中海国际会议中心各包租了吹风室。美国新闻署和苏联新闻社也分别设置了摊位，向各国记者散发宣传材料。12月1日，苏联代表团举行背景吹风会，请美国加拿大研究所所长阿尔巴托夫回答记者提问。欧洲是美苏争夺的重点，几十年来北约和华约两大军事集团处于冷战对峙。在东欧国家相继发生"民主变革"局势动荡的背景下，美苏出于自身利益，各怀鬼胎。戈尔巴乔夫提出建立一个从乌拉尔到大西洋的"欧洲大厦"构想，以守为攻；布什则针锋相对，提出一个基于西方价值、可以自由往来的"完整、自由的欧洲"。我请阿尔巴托夫对这两个口号发表评论。他回答说，两个口号"有许多相似之处"。

布什和戈尔巴乔夫在两天中，共进行两轮大组会谈和"一对一"对话，总共8个小时。白宫新闻秘书菲茨沃特称会谈是在"务实，非常认真，非常庄重、微妙"的气氛中进行的，双方未发生争论。双方一致同意两人的首次正式会晤定于1990年6月在华盛顿举行，届时争取达成削减战略武器50%的协议。双方还希望加快欧洲常规力量和化学武器谈判的进程。

布什和戈尔巴乔夫会晤结束时举行记者招待会，发表联合声明，是马耳他会晤的压轴戏。唐修哲在马耳他新闻局官员萨木特的帮助下，拿到了上"高尔基"号上采访的记者证。我遵照总社关于拿到联合声明文本后即发回总社的电令，作拼抢文本的思想准备。由于记者招待会时间拖得较长，结束后双方经过整理共12页，印刷也需要一定时间。等待文本的记者排成了长龙。我通过美新署的熟人了解到，文本复印数量有限，很难保证每人一份。我离开队伍守候在美国新闻处办公室复印机室门口，当工作人员拿着一叠联合声明文本，刚推开门时，我即抢上去大声呼喊："请惠购一份！本人需要赶飞机回华盛顿！"我第一个抓到文件，即刻送文传中心传巴黎转北京。

从马耳他会晤来看，会谈主动权掌握在布什手中。以往，戈尔巴乔夫同里根会晤，总是主动出击，频频发动"和平攻势"，提出使人意料不到的建议，置美方于被动地位。这次不同，不仅会晤的举行是布什首倡，而且精心做了准备，一开始就提出16项建议，处于先手，置戈尔乔夫于被动地位。布什利用戈尔巴乔夫在国内和东欧面临的困难，软硬兼施，引导戈尔巴乔夫作出更多让步，为美国利益谋取最大好处。他敦促戈尔巴乔夫加快走市场经济道路和实行"民主改革"。在这个基础上，美方才能考虑答应苏联取得关贸总协定观察员资格的要求。布什还表示，俟苏联立法机构批准自由移民法，美将考虑给予苏联最惠国待遇。第一天会议结束后，美国单方面向新闻界透露了会谈内容。苏联外交部发言人格拉西莫夫对美方做法表示不满，向菲茨沃特进行了交涉。

马耳他会谈显示美攻苏守趋势，但并未从根本上改变两个超级大国互为对手的格局。双方在许多问题上达成一致或谅解，但分歧犹存。

再会华盛顿

1990年5月30日至6月3日，戈尔巴乔夫访美，同布什举行第二次最高级会谈。美苏关系从马耳他到华盛顿的半年历程，固然对抗与挑战趋于淡化，妥协与合作有所发展，但这一进程并非鲜花载途。美苏作为拥有最大军事力量的两个超级大国，眼前利益和长远利益各异。双方关系的基本态势仍然是互为敌手。美苏关于削减战略武器谈判一波三折，贸易谈判也坎坷不平。

这期间，美苏关系中又出现了一些新的因素。苏联波罗的海沿岸的加盟共和国立陶宛宣布脱离苏联"独立"，拉脱维亚和爱沙尼亚也起而效尤。美国借口从未承认立陶宛等三国并入苏联，而一再宣布支持它们"自决"，对苏联一再施加压力，甚至扬言，苏联政府采取的维护主权的措施可能危及华盛顿首脑会谈。此事使美苏关系蒙上了一层厚重的阴影。

此外，两个德国由于加快了"统一"步伐，统一后的德国的政治、军事地位，德国统一后欧洲安全结构问题，也提上议事日程。此事关系全局，牵涉到美苏和其他欧洲国家安全利益和战略决策。美苏各有自己的主张，双方针锋相对、各不相让。这更直接影响日益迫近的美苏首脑会晤的气氛。欧洲一向是两霸争夺的重点。虽然两大军事集团冷战对峙的坚冰开始消融，事实证明，欧洲问题仍然是美苏关系中的最大障碍。

贝克国务卿在首脑会晤前夕举行记者招待会，对两位总统能否就举世瞩目的战略武器条约达成协议，含糊其辞。关于美苏贸易协定讲得比较肯定，那就是因为苏联最高苏维埃迄今未通过自由移民立法，只能暂告阙如。贝克的稍显悲观讲话，使各国预测首脑会晤的前景时，感到扑朔迷离。

戈尔巴乔夫访美，对实现苏美贸易正常化抱有很大希望。这个问题对苏联改革意义重大，苏美签署贸易协定是互为最惠国的前提，也是苏联加入世界银行、国际货币基金组织和关贸总协定等国际经济机构的必由之路。5月30日戈尔巴乔夫抵达华盛顿前几小时，美国国务院把布什政府搁置美苏贸易协定的决定通知给苏联驻美国大使。31日下午，在白宫玫瑰园举行正式欢迎仪式后，布什和戈尔巴乔夫进入椭圆形办公室进行单独会谈伊始，戈尔巴乔夫就明确提出对签署苏美贸易协定的兴趣。当晚正式宴会上，两人私下交谈，戈尔巴乔夫再次提出这一要求。苏联代表团成员也向美方对口官员游说，暗示说，如苏美贸易协定告吹，将影响对美国农场主利益重大的苏美长期粮食协定的签订，苏联将转向其他国家购买粮食。6月1日上午，戈尔巴乔夫在苏联大使馆同美国国会两党领袖会谈时说，美国方面在贸易问题上作出姿态，不仅对苏联，也给美国商人提供机会；从政治上讲，美方作出这一姿态是"很重要的"。布什在椭圆形办公室自始至终收看美国有线电视新闻网（CNN）的实况转播，布什意识到，如贸易协定问题卡壳，华盛顿会谈可能以失败告终。布什同助手磋商并征求国会两党领袖意见后，决定签约。可是，这一决定只是下午在白宫东厅举行签字仪式不久前才通知苏方。

关于双方各削减50%的战略武器框架协议，在首脑会议前，两国专家代表团紧张工作了4天，在关键问题上仍未取得最后突破，最后经布什和戈尔巴乔夫首肯，贝克和谢瓦尔德纳泽1日下午连续会谈3个小时，原定的签字仪式两次推迟，美苏《关于进攻性战略武器条约的联合声明》才出笼。这只是一个双方各削减50%战略核武器的框架协议。由于时间仓促，双方关于未来谈判安排的一个文件，甚至都来不及复印就向新闻界散发了。

布什和戈尔巴乔夫华盛顿会谈，无疑是美苏关系史上的一次具有历史意义的事件。观察家们普遍认为会晤"成果不小，分歧也大"。成果主要表现为双方在一些重大国际和双边问题上达成了谅解；分歧在于，美方坚持统一后的德国仍为北约成员国，而苏方坚决反对；美支持立陶宛"自决"，而苏坚持这是苏内政，应按苏联宪法程序行事；尽管签署了贸易协定，但美方强调，只有苏联先通过自由移民的立法，布什政府才会把协定提交国会批准；在裁减战略武器问题上，双方在一些关键细节问题上仍争执不下。

华盛顿会晤表明，减少对抗，增加合作已成为美苏关系的基本态势。同时，由于苏联国内局势不断恶化，戈尔巴乔夫的领导地位日益虚弱。美国认为戈尔巴乔夫的前途越来越成为一个未知数，因此对苏攻势也越加咄咄逼人。

美苏华盛顿首脑会谈为各国新闻界又提供了一场新闻竞争的舞台。美国新闻传播事业高度发达，又在首都举行，组委会工作驾轻就熟，一切都井井有条，效率很高，令人无可挑剔。国际新闻中心设在乔治·华盛顿大学的杰尔斯·史密斯中心，位置适中，离白宫和国务院都很近，交通便利。白宫新闻处搬到会议中心办公，苏联新闻处也租了房间。白宫发言人菲茨沃特和苏联总统发言人马斯连尼科夫不定时联合举行"吹风会"和答记者问。史密斯中心实际上是个体育馆，主场上放置几千张长条桌，配备专用电话机，供记者写稿和发稿用。场地中央是一些大电视台的几十部电视摄像机，对准讲台。采访活动同马耳他会晤时相似，也组成若干个"普尔"（POOL），每个"普尔"由美苏和其他国家记者组成，三方人数大致相同，各种文件和材料统一由组委会散发。另外，美新署和苏联新闻社也分别散发各自的宣传材料。报名采访这次首脑会议的记者达5500人，美国占400人；其次是苏联，数百人；日本记者人数也相当多。

美国新闻界尽享天时、地利、人和优势，如鱼得水。电视台、电台、报纸、通讯社，八仙过海，各显神通，淋漓尽致地发挥各自的特点。但真正唱大戏的仍然是一些大新闻单位。四大电视网中，美国广播公司、哥伦比亚广播公司和全国广播公司三家，各以其巧妙的节目制作和安排、深邃的背景介绍和采访名家取胜，而有线电视新闻网（CNN），同马耳他会晤时一样，以其24小时新闻节目和尽可能多的现场直播而胜人一筹，成为人们从电视中了解和获取首脑会议新闻的第一选择。他们这次分兵多路，在白宫、国务院、苏联大使馆和戴维营部署重兵，日以继夜，枕戈待旦。他们还在华盛顿纪念碑顶上制高点架设摄像机，用长镜头拍摄戈尔巴乔夫临时安排或即兴的户外活动，同时又在戈尔巴乔夫车队经过的路线上"埋伏"小分队，随时进行抓拍。CNN独领风骚的是，除了实况转播戈尔巴乔夫在苏联大使馆会见国会两党领袖外，还抢拍到了戈尔巴乔夫三次在路上突然停车同行人见面交谈的镜头。

对于新华社来说，这次首脑会议报道有利之处是有分社作为大本营，同总社联系方便。但新华社在人力、财力和设备等方面仍然无法同其他一些大通讯社相比。在新闻采集方面，中国是第三国，加上中美、中苏关系的状况，很难得到第一手消息。

新华社作为社会主义中国的官方通讯社，对超级大国的首脑会谈，在报道上首先要体现新闻报道为外交政策服务的方针，同时考虑建设世界性通讯社，满足用户需求，那就是迅速、准确和全面地提供新闻。分社进行了分工，有人在会议中心采写现场新闻，有人在分社通过电视跟踪会谈进展情况。我作为分社主管外交的记者自然担子更重一些。前后几天中，分社所发消息有快讯、有详讯；有新闻分析、有综述；一些重大消息的快讯出手，时效并不亚于四大通讯社。在采写公开新闻的同时，还发回参考稿件和社办报刊专稿。

中国作为一个社会主义大国，在国际事务中的地位和发言权，是客观存在的，也是任何力量抵消不了的。我们轮流在史密斯中心值班时，不断有外国记者来向我们采访，了解中国对首脑会议的看法。布什和戈尔巴乔夫签署关于进攻性战略武器的联合声明当天，我很快撰写和发回新闻分析《美苏军控谈判的新成果》，总社对外播发后引起国际上的重视。合众社第二天报道各国反应时说："中国贬低华盛顿首脑会议的意义。官方的新华社记者发自华盛顿的新闻分析认为，国际形势变幻莫测，任何未知和突发因素都可能影响条约的最后完成。即便到年底能顺利签约，并切实执行，削减的范围和数量也是有限度的。"美新署设在华盛顿的外国记者中心官员斯科扎对我说，新华社的反应真快。

（原载中国驻外记者文丛《对抗与对话》，新华出版社1999年1月。）

甩掉了"客观公正"的盖头

西方新闻学家在林林总总的新闻学"经典"著作中，极力标榜西方"新闻自由"，鼓吹新闻报道要"客观、公正"。可是，从3月24日开始，以美国为首的北约对南联盟狂轰滥炸以来，人们发现，西方媒体完全甩掉了"客观、公正"的遮羞布，戴着有色眼镜对事实进行歪曲甚至恶意报道，活生生的事实完全暴露了西方"新闻自由"的虚伪性。

以美国为首的北约把南联盟电视广播设施作为轰炸的重要目标，在企图破坏正义声音的同时，又发动一场误导世界舆论的宣传攻势，首先极力丑化甚至"妖魔化"南联盟总统、最高统帅米洛舍维奇，造谣说他的夫人和孩子已离他而去，又无中生有地散布说他在塞浦路斯银行有大笔私人存款。凡此种种，都是为了搞乱人心。以美国为首的北约为了"证明"塞族对阿族进行"种族灭绝"，煽动阿族外逃，散布说阿族温和派领导人鲁戈瓦已遭到当局逮捕，甚至可能被害，但鲁戈瓦公开在电视上露面，谣言不攻自破。西方喉舌仍不死心，又胡说鲁戈瓦可能被迫发表违心的讲话。

笔者因工作需要，经常收看美国有线电视新闻网（CNN）和英国广播公司（BBC）的电视新闻节目。它们的报道有极其鲜明的倾向性，对科索沃阿族难民遭北约轰炸的报道轻描淡写，而派往阿尔巴尼亚和马其顿等国的记者，却大肆渲染阿族难民逃离科索沃，毫不掩饰地把罪责指向米洛舍维奇总统本人。

（新华社北京电，原载《中华新闻报》，1999年5月20日。）

第四部分

从中国观察美国（二）

"世界警察"的尴尬

美国作为世界唯一超级大国，自称"负有全球责任"，在没有得到国际认可的情况下就做起了"世界警察"。拉美地区对美国的安全至关重要，被称为美国的"后院"。"后院"不能出大乱子，否则"前院"也会遭殃。近来，美国的"后院"一波未平，一波又起。这难免让"世界警察"感到有些尴尬。

美国把拉美看作自己的禁脔，卧榻之旁岂容他人酣睡。这可以追溯到一百多年前的"门罗主义"。1823年12月2日，美国总统门罗在致国会的咨文中提出，"美洲是美洲人的美洲"，潜台词是"美洲是美国人的美洲"。"门罗主义"的目的是借反对欧洲列强干涉美洲之名，夺取和独占对拉美各国的控制权。"冷战"时期的20世纪60年代，美苏争霸世界，赫鲁晓夫曾把导弹运到美国"后院"的古巴，达摩克利斯剑在美国头顶高悬。两霸差点擦枪走火，发生一场核大战。以后的年月，再没有哪个豪强敢到美国"后院"搭台子，舞枪弄棒，在太岁头上动土了。但是，外部势力不敢来"后院"挑战，不等于"后院"就天下太平。

古巴的事情自不待言，最近海地又闹起来了。那位前总统阿里斯蒂德下台后，称自己是被绑架，企图卷土重来。他还声称要控告美国政府，使华盛顿当局十分尴尬。具有讽刺意味的是，阿里斯蒂德当年正是美国捧上台的。

委内瑞拉最近的局势更使美国感到头痛。查韦斯总统公开抨击美国干涉内政，背后支持反对派，搞小动作。在全国广播电视讲话中，他愤然向美国叫板：如果委内瑞拉遭到美国入侵，他将联合周边国家共同向美国宣战。查韦斯还特别警告说，一旦战争爆发，委内瑞拉将切断对美国的石油供应。这当然是极而言之，但华盛顿无疑很不受用。

《日本经济新闻》发自巴西圣保罗的一篇文章说，拉美国家在经济和外交场合强化了反美色彩，阿根廷在债务重组问题上同美国顶牛，巴西在贸易谈判中坚决要求美国废除反倾销措施和农业补贴。

虽然"后院"出现的种种麻烦对美国安全无大碍，但处于大选年，小乱子也可能掀起政海的大风浪。共和与民主两党互相扭打，互揪小辫子，无所不用其极。虽然布什政府高举"反恐"大旗，在阿富汗和伊拉克"战果"辉煌，颇为风光，但若有人指责当局外交政策倚轻倚重，忽视"后院"安全，说不定现政府还真有口难辩呢。

（原载新华社《国际警察》专栏，2004年3月。）

美国"大中东计划"少卖点

美国国务院负责政治事务的副国务卿格罗斯曼近日跑了一趟中东，先后访问了摩洛哥、埃及、巴林和约旦，回程中又在欧盟总部布鲁塞尔落脚。有报道说，格罗斯曼的皮包中装着一份所谓"大中东计划"。此行风尘仆仆，马不停蹄，但兜售使命却并不尽如人意。眼下，人们还无缘一览这项长达8页的宏伟计划的具体内容。但据《华盛顿邮报》披露，该计划包括一系列外交、文化和经济举措，是"冷战"结束以来美国进行的最雄心勃勃的"民主"努力。

按照计划草案的设想，美国将在中东推动和帮助自由选举，扶持新的媒体，培养有文化的一代，仿照欧洲战后模式建立大中东发展银行，把西方名著译成阿拉伯文，为小企业主尤其是女性提供5亿美元贷款，等等。

"大中东计划"勾勒出一幅中东美好远景，似乎不能贸然说该计划不好。但旁观者乍一看，感到似乎有点游离于中东的现实。巴勒斯坦问题、阿以冲突问题、和平进程问题，等等，这些迫切需要解决的问题，似乎在计划中付之阙如。巴勒斯坦民族权力机构主席阿拉法特有句名言：巴勒斯坦人并非要求得到一个月亮，而只是希望恢复巴勒斯坦的民族权利，全面、公正地解决中东问题。以色列政府也一再表示并非企望建立一个"大以色列"，而只是希望在一个安全边界内和平生活。巴勒斯坦自治政府总理库赖最近表示，当前必须制止以色列在被占领土上修建"隔离墙"，尽快按照中东"路线图"计划恢复和谈。

英谚云："良好的开端是成功的一半。"格罗斯曼这次中东探路之行表明，推销"大中东计划"的开端不够"良好"。受访的阿拉伯国家普遍不买账。阿盟秘书长穆萨在阿拉伯国家外长会议上公开表示，除非美国致力于解决中东地区冲突，恢复伊拉克稳定，否则阿拉伯国家不会支持"大中东计划"。格罗斯曼本来希望在布鲁塞尔游说时能找到知音，但欧盟也是满肚子狐疑。

据说，美国总统布什将在今年6月召开的八国集团首脑会议上正式推出这项计划，但在各方都不看好的情况下，如何紧扣现实，进行修改，以增加卖点，无疑是一个值得美国当局认真思考的问题。

（本文写作于2004年3月。）

美国政府的难言之隐

一年前，美国总统布什以最高统帅名义宣布对伊拉克开战，两河流域顿起狼烟。20万全副武装的美国大兵，势不可挡地向伊拉克各地挺进。伊拉克军队不堪打击，迅速土崩瓦解。军政要员东躲西藏，萨达姆本人最终也被生擒。一个"流氓国家"似乎"寿终正寝"。

令人纳闷儿的是，这么长时间过去了，布什总统不知为何一直未能正式宣布战争胜利。有评论家认为，美国胜之不武，因为美国是超级军事大国，伊拉克是个连像样的防空武器都没有的弱国，如同拳击场上重量级对最轻量级选手的一场较量。但是，从另一个角度分析，华盛顿当局保持低调可能有难言之隐，毕竟，伊拉克战争不是二战时的诺曼底登陆，或者是柏林会师。

一年来，美国发动伊拉克战争的"合法性"不断受到质疑。曾几何时，美国领导人言之凿凿，断言伊拉克拥有大规模杀伤性武器，必须采取"先发制人"战略，消除萨达姆对美国和盟友构成的安全威胁。可是，1000多名美国武器核查专家对伊拉克44.18万平方公里领土的土地搜查了无数遍，依然不见这些违禁武器的影子，真可谓"上穷碧落下黄泉，两处茫茫皆不见。"前美国武器核查小组负责人戴维·凯不得不宣布，他们没有在伊拉克找到大规模杀伤性武器。布什总统最近在回答记者提问时也只好闪烁其词，"顾左右而言他"。

美国在开战伊始，自诩为伊拉克的"解放者"，拯万民于水火。但是，伊拉克一直未出现万人空巷，箪食壶浆，夹道欢迎"正义之师"和"救世主"的盛大场面。相反，随着时间的推移，美国占领军及其一手建立起来的临时政权，越来越成为伊拉克前政权支持者和形形色色的伊斯兰反美武装分子的袭击目标，暴力和恐怖活动层出不穷，社会、民族和教派矛盾不断激化。

土耳其政府领导人在开战前就警告说，如果美国对伊拉克动武，必将揭开"潘多拉盒子"，后患无穷。诚哉斯言！

（本文写作于2004年3月。）

大沙漠煮夹生饭

最近,伊拉克"敌我友"形势发生戏剧性变化。昔日"倒萨"盟友掉转枪头指向美国占领军,美国军方称准备向伊拉克增派援兵。严峻的现实似乎表明,美国在伊拉克的大沙漠里煮了一锅夹生饭,吃起来还有细沙崩牙,胃口再好也难以消化。

一年前的4月9日,当巴格达市中心的萨达姆铜像"具有象征意义"地被拉倒时,美国人拍手称庆。可是以后的事态发展并不顺遂,令当局头痛的事情一桩接一桩。

由于在伊拉克找不到大规模杀伤性武器,布什政府企图补办"合法手续"的努力未能奏效,而"诚信"却受到质疑。国务卿鲍威尔近日公开承认,战前他向联合国提供的所谓伊拉克生物武器实验室的情报"不可靠"。鲍威尔的坦诚为"情报门"加上了浓重一笔。

美国希望如期在伊拉克移交权力,以便缓和国内和国际社会的压力。可是这个过程并不轻松。临时管理委员会建立起来了,临时宪法通过了,但各政治、宗教派别和族群势力的权力分配很难摆平,随时可能发生纷争和内讧。美国意欲把伊拉克改造成中东"民主样板",但这项计划疑问多多。

伊拉克战后的重建也迟迟不能走上正轨。由于安全形势糟糕,外国投资商望而却步。一些欧洲国家本来就不赞成对伊拉克动武,因此要它们掏腰包谈何容易。法国一再声称,美国必须首先归还伊拉克主权,然后再讨论参加重建问题。联军阵营内部也出现裂痕。西班牙大选后,新领导人表示要从伊拉克撤军,其后的"链式反应"恐在所难免。

华盛顿当局最感焦虑的是:伊拉克反美活动的规模和范围越来越大,暴力冲突愈演愈烈。当地什叶派穆斯林在萨达姆时期受到压制和歧视,因此一度成为美国"倒萨"的友方。可是时移世易,什叶派中的激进势力竟与美军反目成仇。原来势不两立的什叶派和逊尼派武装对占领军展开"两线"作战。仅在6日，就有12名美国海军陆战队士兵在拉马迪丧生。这成为伊拉克"主要战事"结束以来美军在伊伤亡最惨重的单日纪录之一。当然，冲突中伤亡的伊拉克平民远远多于美国军人。

美国民主党资深参议员爱德华·肯尼迪向以反对伊战著称。最近他又加大火力，称伊拉克已成为"布什的越南"。

美国人很难忘却30年前的越战及其结局。肯尼迪的言辞不乏选战两党相争之味道，但不能不令许多美国人深思。

（本文写作于2004年4月。）

"人质武器"用不得

最近，伊拉克反美武装分子在巴格达等地扣押数十名外国人作为人质，要求有关国家撤走占领军或维和部队。这种为达到自身政治目的而把矛头针对平民的斗争方式，不但违背了国际法和国际准则，而且有悖于应有的人道主义精神，因此必须予以摒弃。20世纪七八十年代，中东国家为反对帝国主义、霸权主义和扩张主义，曾经利用自己的特有资源——石油作为特殊的斗争方式，这就是著名的"石油武器"。差不多同时期，一些伊斯兰抵抗组织走向了极端和误区，劫持飞机和轮船或者绑架人质等，如伊朗青年扣押美国大使馆外交官为人质，黎巴嫩极端组织绑架西方人质等。"绑架风"甚至从中东吹到拉美等世界各地，闹得人心惶惶。

当前伊拉克武装人员劫持人质现象，有着深层次的原因。由于反美武装同占领军力量对比悬殊，他们之间进行的是一场不对称战争。伊拉克一些武装人员企图利用"人质武器"打破游戏规则，造成轰动效应，在政治上和心理上唤起有关国家内部民众和舆论的反战和反政府情绪。但事实上，由于绑架行为会严重损害人质的身心健康，这种行为往往会遭到国际社会，特别是这些人质所属国国民的强烈谴责。同时，这些绑架者提出的要求也难以得到满足。

人们希望，解决人质问题应当以保证人质安全为前提，因此最好的途径是通过协商求得和平解决。令人欣慰的是，在有关各方的努力下，伊拉克武装组织已经释放了包括法国、日本、韩国和俄罗斯等国被扣押的人质。但目前仍有许多国家的人质下落不明。

据报道，美国副国务卿阿米蒂奇日前扬言，美国在征得人质所属国同意后，将用武力解救人质。人们担心的是，美国的如此打算一旦付诸实施，人质问题将更加复杂化，不利于人质的安全，甚至可能造成新的人道主义灾难。分析人士认为，要杜绝当前在伊拉克不断出现的绑架人质现象，关键是要通过谈判摆平各方的政治利益。在这一点上，占领当局自然责无旁贷。

（本文写作于2004年4月。）

俄罗斯一票否决露峥嵘

2004年14月21日,联合国安理会投票表决美英两国提交的支持塞浦路斯统一方案的决议案,俄罗斯动用否决权,使美英提案泡汤。自联合国1945年成立之后,特别是"冷战"时期,原苏联为了同美国争夺世界霸权,在安理会使用否决权是常有的事。可是,近10多年来,俄罗斯却很少动用这一杀手锏。本次安理会上俄罗斯的表现似乎使人感到,俄罗斯在"普京时代"的外交不同寻常。俄罗斯常驻联合国副代表加季洛夫在解释俄罗斯的立场时,颇有点轻描淡写。他说,24日的塞岛全民公决应当在没有外界干涉和压力的情况下自由进行,美英无视安理会其他成员国的意见,强行要求表决,迫使俄罗斯出于"技术原因"投下反对票。

塞浦路斯问题是冷战时代遗留下来的一个热点问题,不仅牵涉塞岛自身的统一问题,也牵涉欧洲的整体利益。俄罗斯作为欧洲大国,关注塞岛问题的解决也是顺理成章的。据报道,在表决前的两天紧急磋商中,俄罗斯和其他一些安理会成员国表示,希望在希土两族24日就统一方案举行全民公决后再对决议案进行表决,但是美国坚持尽早表决,双方"针尖对麦芒"。分歧从表面来看是程序性的,但俄罗斯使用否决权,则是个大举动。此举似乎是发出一种信号:有我俄罗斯在,岂容你美国一手遮天。难怪英国常驻联合国副代表汤姆森公开对俄罗斯的否决表示失望。

俄罗斯在塞岛问题上向世界唯一超级大国挑战,不是偶然的。西方国家,特别是美国,并没有因为俄罗斯接受市场经济和西方"民主化"而根本改变打压俄罗斯的立场。北约"东扩",不但把一些原来属于华约的东欧国家囊括进去,而且吸收原苏联加盟共和国。北约战车开到了俄罗斯的大门口,直接威胁其安全。美国还紧锣密鼓地加紧对高加索和中亚进行渗透,蚕食俄罗斯的传统势力范围。俄罗斯《独立报》认为,尽管白宫信誓旦旦地说什么俄美两国利益接近,它决不把俄罗斯当作敌人,但对于美国来说，俄罗斯仍然是其主要对手和实现其地缘政治野心的障碍。普京执政以来推行"强国战略"众所周知。俄罗斯重振大国雄风，似乎为某些西方国家所"忧虑"。

具有讽刺意味的是，原苏联总统戈尔巴乔夫今年早些时候在接受《洛杉矶时报》记者采访时深有体会地说，西方、美国见到俄罗斯趴下就会高兴，"但俄罗斯不会趴下，俄罗斯不会窒息"。走笔至此，不禁想起前几年中国有部电影名叫《站直喽，别趴下!》，联想到今天的俄罗斯，那是多么振聋发聩的警语!

(本文写作于2004年4月。)

美国人权的一面镜子

从2004年4月28日美国哥伦比亚广播公司率先披露美军在伊拉克阿布格莱布监狱"虐俘"事件以来，更多黑幕相继被美国媒体抖落出来，一发不可收拾。如今，伊拉克就像一面镜子，折射出美国一桩桩违反人权的丑行。

可以说，"虐俘"丑闻犹如一颗重磅炸弹爆炸，其影响超出了美国、伊拉克范围，波及了整个国际社会。此事引起举世公愤不是偶然的。

首先，美国在一年前发动对伊拉克战争的理由之一是萨达姆专制独裁、践踏人权。美国大兴讨伐之师完全是为了"解放"伊拉克，给伊拉克人以"自由"和"民主"。而一年多的事实表明，美国占领军并没有给伊拉克人带来多少人权，却带来了许多人权灾难；美国大兵肆意侮辱穆斯林信众，过度使用武力，滥杀无辜，使成千上万平民百姓死于非命。伊拉克人越来越发现，美国"解放者"奢谈人权，同萨达姆相比是"五十步笑百步"。

其次，美国大兵在伊拉克监狱中极尽侮辱和体罚之能事，严重摧残了被关押者的身心健康。更恶劣的是，个别美国士兵还对囚犯进行了性侵犯。凡此种种，明显违背了关于战俘问题的日内瓦公约，也同现代文明社会的道德规范格格不入。值得人们关注的是，红十字国际委员会7日说，美军虐待伊拉克战俘的丑闻绝非孤立事件，而是系统侵犯人权的行为。据《华盛顿邮报》报道，美国国内监狱系统也存在大量虐待犯人的问题。

再者，美国向来自诩为"人权卫士"，并以"世界人权法官"自居。美国国务院每年都要发表《国别人权报告》，对别国人权状况横加指责；在每年的联合国人权会议上，美国代表更是挥舞人权大棒，指手画脚，挑起争论。美国在伊拉克漠视和践踏人权丑闻的曝光，成为对这个"人权卫士"和"世界人权法官"的绝妙讽刺。

应当指出的是，人权问题是世界上普遍存在的一个问题。由于各国政治、经济、历史、文化、社会发展的不同和差异，各国在人权问题上存在不同的情况。在多边或双边的基础上进行平等的人权对话无疑是有益的。中国有句俗话，叫"正人先正己"。美国当局如能对照伊拉克这面镜子，认真检查自身存在着的严重侵犯人权问题，反省自己，放下人权"教师爷"的架子，将有利于在世界人权论坛上营造良好的讨论问题的气氛。迫于虐俘丑闻导致的国际舆论的压力，美国国务院近日不得不宣布推迟发表关于美国在过去一年中如何在全球"推进自由和民主"的人权报告。的确，在自身人权问题上，美国该有所醒悟了。

（本文写作于2004年5月。）

且看美国如何在中东"冒险"

最近，美国国务卿鲍威尔在约旦死海之滨举行的世界经济论坛上发表讲演时宣称，美国为解决巴以问题，将不惜采取"冒险"行动。鲍氏语惊四座，但语焉不详。何谓"冒险"行动？一个多星期过去了，仍不见下文，真所谓"只听楼梯响，不见人下来"。鲍威尔的话听起来颇"玄"。但分析家们认为，解决当前中东问题的途径并不那么"玄"，关键是要"对症下药"，即解决以色列背离各方认同的"路线图"计划这个症结。美国倘若要使以色列改弦更张，必须要向以色列施加实实在在的压力。

首先，美国必须停止向以色列发出错误信号。以沙龙为首的以色列右翼政府上台三年多来，摈弃"以土地换和平"原则，采取强硬路线，致使以巴武装冲突不断升级。"以暴易暴"的恶性循环无情地吞噬着中东和平进程多年来取得的成果。布什政府在"9·11"事件后推行"反恐"战略，宣布一些巴勒斯坦武装组织为"恐怖组织"。当以色列军队在被占领土上因滥杀无辜和实行"定点清除"政策而遭到国际社会谴责时，美国又公开站出来，声称以色列"有权自卫"。布什还赞扬沙龙推行单边主义是一个"勇敢"的决定。美国的态度无疑使以色列有恃无恐。

其次，美国应回到公正调解巴以冲突的道路上来。本来，"冷战"结束后，美国作为唯一超级大国，独揽中东问题的解决大权。老布什和克林顿领导的两届美国政府大力开展中东外交，主持了巴以奥斯陆协议和约旦—以色列和平协议的签署。克林顿1998年邀请巴以领导人在美国马里兰州会谈，就以色列从约旦河西岸进一步撤军问题达成《怀伊协议》。虽然巴勒斯坦方面有时批评美国偏袒以色列，但总的来讲还是接受美国的调解，希望美国压以色列让步。但布什政府上台后，对克林顿政府的中东政策进行大幅调整，对待巴以双方的态度不是一碗水端平，而是更多批评以巴勒斯坦民族权力机构主席阿拉法特为首的巴自治政府。最近，布什在不同场合给巴勒斯坦泼冷水,说巴勒斯坦要求恢复民族权利的一些诉求不现实。对此,巴首席谈判代表埃雷卡特尖锐指出,巴勒斯坦人不希望美国越俎代庖,代表巴勒斯坦同以色列谈判。

美国媒体指出,布什政府在美国大选年频频向以色列献媚,是为了从600万美国犹太人中拉选票。特别是由于美国深陷伊拉克战争泥潭,民调支持率下降,布什政府就更不愿开罪犹太人了。但是,布什政府以牺牲巴勒斯坦利益谋求一己私利,无疑是一种短视。美国一位名人指出,政治家和政客的区别在于,前者是为了战略,后者是为了选票。美国在中东将采取什么"冒险"行动,令人拭目以待。

(本文写作于2004年5月。)

美国将向伊拉克移交什么

美国总统布什不久前在白宫举行的记者招待会上宣告,美国将在6月30日向伊拉克人民移交"主权"。布什表示,如期完成这一计划"具有重要意义"。这一讲话在美国电视黄金时段向国内外实况转播。可是,令人诧异的是,布什讲话话音刚落,军政高官纷纷出来对总统讲话进行解读,把布什许诺移交的"主权"来个七折八扣。

——国务卿鲍威尔说,美国移交主权后,美军仍将自由采取军事行动,伊拉克新政府将不得不放弃"一些主权要求"。

——负责政治事务的副国务卿格罗斯曼说,在向伊拉克交权后,美国将尽力征求和考虑伊拉克临时政府的意见,但美军指挥官将有"权力和义务"做最后的决定。

——国防部副部长沃尔福威茨说,美国交权后,美军仍有权在伊拉克境内不受限制地采取行动,因此,伊拉克主权是"有限的"。美军在伊境内活动是一个"政治"活动,而非"法律"问题。

——美国最新任命的驻伊拉克大使、现任驻联合国大使内格罗蓬特说,尽管在美国交权后,美军仍待在伊拉克,但伊拉克人仍将"享有许多主权(Iraqlls Will have a lot more sovereignty)"。

独立,主权和领土完整神圣不可侵犯,是20世纪世界各国人民经过两次世界大战和民族解放运动,用血的代价换来的国际公认准则。根据《简明不列颠百科全书》释义,在国际法和国际关系中,主权就是一个国家不受外来控制的自由(对外主权)……主权意味着国家的自主或独立。

(本文写作于2004年6月。)

联合国舞台不和谐的"二重奏"

美国国务卿鲍威尔和伊拉克临时政府总理阿拉维6日分别电告联合国安理会：美伊双方已就美国在6月30日"移交权力"后占领军继续驻留伊拉克问题达成协议。这仿佛是在联合国舞台上上演的一次"二重奏"，但双方各按自己担任的声部同奏一首乐曲，却并不和谐。

不知道鲍威尔和阿拉维在电函中是否透露了双方在何时何地签署了这项关系重大的协议。看来，美国并不在意任何繁文缛节，而只注重结果，即美国应享有"完全主权"的伊拉克临时政府之邀，将继续待在伊拉克。美国大兵当然不会待在伊拉克无所事事，按照鲍威尔在信中所说，以美国为首的多国部队将为维护伊拉克和自身的安全，采取范围广泛的行动，包括发动军事行动，以及基于安全理由实施逮捕和继续收缴武器等。

最近几个月来，布什总统每逢公开讲话，必谈6月30日向伊拉克移交权力，谈话语气不容置疑，似乎胸有成竹。果然，在美国最高行政长官布雷默的暗箱操作下，伊拉克临管会"推举"阿拉维为临时政府总理，由33人组成的临时政府应运而生。布什立即对临时政府建立表示欢迎，喜悦之情溢于言表。有媒体评称，布什这种喜不自禁的情绪是近几个月来少见的。当记者问起美国在临时政府组建中起什么"作用"时，布什巧妙地回答"零作用"。真是"此地无银三百两"！

布什对伊拉克临时政府感到满意不是偶然的。去年3月，美国未经联合国授权，悍然对一个第三世界主权国家发动军事入侵，既有悖国际法，又失信于国际社会，因此在国际上陷入孤立。上千名美国情报人员和专家花了几个月功夫也未能找到大规模杀伤性武器的踪影，美国"补办合法手续"的努力归于失败。显然，布什政府把最后赌注押在了临时政府身上。而脱胎于伊拉克临管会的临时政府也没有辜负"恩主"的期望。美国同伊拉克临时政府达成的协议使美国在伊拉克驻军名正言顺，"倒萨"理由的

"先天不足",得到了"后天补偿"。

  独立、主权和领土完整神圣不可侵犯,是上个世纪世界各国人民用血的代价换来的公认的国际准则。根据《简明不列颠百科全书》释义,在国际法和国际关系中,主权就是一个国家不受外来控制的自由(对外主权)。主权意味着国家的自主或独立。阿拉维就任临时政府总理后公开表示要收回"完全主权",而曾几何时,又同美国达成占领军驻留的协议,无疑阿拉维难以自圆其说。

(本文写作于2004年6月。)

伊拉克孕育新生

美国军事占领当局6月28日上午在巴格达举行仪式，正式向伊拉克临时政府移交权力。这标志着伊拉克在"结束占领，伊人治伊"进程中迈出了重要的一步。

去年3月，美国在没有得到联合国授权的情况下，对一个独立的主权国家——一个联合国成员国发动军事入侵，推翻了萨达姆政权。伊拉克政权旁落14个月后，终于回到一个完全由伊拉克人组成的政府的手中。伊拉克临时政府总统亚瓦尔在仪式上说，这是一个"历史性的日子"，是所有伊拉克人期待的一天。

得到国际社会认可并寄予厚望的伊拉克临时政府，将在没有美国人发号施令的情况下独立行政，这是可喜的。但是临时政府也将面临十分艰巨的任务和严峻的考验，这也是不言而喻的。首先，临时政府要致力于维护社会稳定和安全。进入6月份以来，随着美国"交权"进入倒计时，反美武装力量发动一系列流血袭击，并绑架数名外国人质，安全形势急剧恶化。美国总统布什多次宣布，不管发生什么情况，美国都将在6月30日如期向伊拉克移交"主权"。可是，令世人感到意外的是，美国突然把"交权"日期提前两天。仪式在秘密的小范围内举行，十分低调。美联社认为，此举是为了防止武装分子发动袭击。这也从一个侧面反映当前伊拉克安全形势的岌岌可危。

其次，临时政府必须妥善处理同角色转换过程中的美国军事当局的关系。这个问题十分要紧，事实上同前一问题又互为因果。根据联合国安理会本月早些时候通过的决议，伊拉克临时政府拥有"完全主权"。但是，应当看到，临时政府脱胎于美国占领当局任命的临管会。许多成员来自流亡海外的反萨达姆组织，在国内缺少民意基础。根据民意调查，多数伊拉克人对临时政府将信将疑。临时政府要取信于民，必须认真贯彻国际社会支持的"结束占领,伊人治伊"的原则。

另一方面,虽然布什宣布向伊拉克移交"主权",但美国高级官员早已把布什所说的"主权"解读为"有限主权"。政权移交后,美国13万多军队仍将留驻伊拉克。美国国防部副部长沃尔福威茨为权力移交不久前访问巴格达,更公开表示,如安全形势需要,美军将在伊拉克驻扎更长时间。可以预见,只要美军一天不撤离,伊拉克反美武装就不会放弃武装抵抗。"基地"组织也会乘机加大对美军的袭击。伊拉克仍将难有宁日。

独立和主权对于一个国家和人民来说,是须臾不可或缺的。中国古语说"皮之不存,毛将焉附"。美国人声称,他们发动伊拉克战争,将给伊拉克带来"民主、自由"。可是丧失了主权,何谈"民主、自由"。这恐怕也是一年多来美国占领给伊拉克人最深刻的教训。

(本文写作于2004年6月。)

美国"交人"背后有玄机

美国在6月28日向伊拉克"交权",两天后又"交人",把伊拉克前总统萨达姆移交给伊拉克临时政府司法管辖。分析人士认为,此举同"交权"一样,背后隐藏有不可告人的目的。

萨达姆·侯赛因本来是一个独立主权国家的元首,美国去年3月在未得到联合国授权情况下,发动对伊拉克的武装入侵,推翻萨达姆政权,又将萨达姆本人从藏身地逮捕。由于美国事后也无法证明开战前提出的两条理由——伊拉克拥有大规模杀伤性武器和同"基地"组织制造"9·11"事件有联系,"萨达姆危险论"和"萨达姆威胁论"等宣传归于破产。美国由于失信于国标社会而处境尴尬,被其监禁的萨达姆也成了烫手山芋。美国国防部今年1月9日正式宣布萨达姆为战俘,根据《日内瓦公约》,萨达姆应当享有相应的权利。国际红十字会6月13日向美国下达了"最后通牒",要求美国必须遵守国际法的规定,在6月30日前要么释放萨达姆,要么进行审判,不能老是拖着不表态。美国把"球"踢给两天前接管政权的伊拉克临时政府,自己来个"金蝉脱壳"。

美国国务院发言人6月30日宣布萨达姆的身份已不再是美军看押下的战俘,而是伊拉克司法管辖的囚犯。伊拉克临时政府接管萨达姆后明确表态,特别法庭可以判处萨达姆死刑。其实,几天前,临时政府司法部长马利克·杜汉·哈桑就公开表示,美方移交萨达姆后,伊方将举行一场"世纪审判",萨达姆应被处死,否则伊拉克人不会感到安全。美联社7月1日评称,美国对判处萨达姆极刑不会感到"恼火",因为它认为萨达姆领导的政府杀害了至少30万伊拉克人,罪有应得。这是美国"借刀杀人"。

一般来说,一个国家改朝换代,特别是久经战乱的国家,新的王者登上龙庭宝座后,往往采取"安内"措施,实现民族和解,休养生息,医治战争创伤。伊拉克临时政府的主要成员大多遭受过萨达姆的迫害,他们上台后要"秋后算账""血债血还"。分析人士认为,萨达姆政权是外国强权非法推翻的,审判萨达姆有可能在伊拉克内部引起分歧,激化矛盾,"基地"组织也势必乘机推波助澜,制造混乱。但是,伊拉克内乱可能正中美国人的下怀。联合国安理会6月8日通过的1546号决议授权美国军队继续留驻伊拉克,直到政治进程完成为止。美国完全可以用伊拉克安全形势恶化作借口,无限期延长驻留期。布什总统6月28日在伊斯坦布尔参加北约首脑会议时表示,根据需要,美军可以在伊拉克继续驻扎下去。

(本文写作于2004年7月。)

解铃还须系铃人

驻伊拉克美军正在对伊斯兰什叶派圣城纳杰夫内的主要目标进行围困，并已做好向据守在阿里清真寺等地的什叶派反美武装发动新的进攻的准备，摆出了一副最后摊牌的架势。圣城之危，犹如累卵。为了给伊临时政府同反美派别领导人萨德尔谈判创造一个良好的环境和氛围，并为最终解决危机铺平道路，美军先解除对纳杰夫的围困，撤走军队，不失为化解危机的第一步。

纳杰夫危机牵动千百万什叶派穆斯林的心，也引起了国际社会的高度关切。意大利总理贝卢斯科尼和英国首相布莱尔17日会晤，呼吁美国总统布什谨慎评估局势，避免损害穆斯林圣地，激起伊斯兰世界群众的更大仇恨。梵蒂冈官员表示，萨德尔的发言人已呼吁梵蒂冈出面调停，如果冲突另一方也提出相同要求，罗马教廷愿意进行斡旋。

正在巴格达举行的伊拉克千人国民政治会议17日派8人代表团前往纳杰夫，寻求化解危机的途径。他们同萨德尔的高级助手进行了会晤，但萨德尔本人以"美军仍然在侵略"为由不肯会见代表团。分析家们认为，在美军重兵围困的情况下，萨德尔显然不愿签署"城下之盟"。萨德尔的一名助手说，萨德尔是出于安全考虑及纳杰夫的严密炮火等原因而拒绝同代表团见面的。

俗话说，解铃还须系铃人。应当指出，萨德尔派同美军的对抗发展到今天的地步，在很大程度上是驻伊美军当局推行高压政策造成的恶果。萨达姆政权被推翻后，原来处于"专制"统治下的政治、宗教和部族派别纷纷涌现出来。他们有不同的政治取向，甚至带有浓厚的功利主义和投机倾向，这本来是正常现象，但萨德尔派因为表现出反美倾向而为占领当局所不容，遭到了"封杀"，导致双方冲突愈演愈烈。

伊临时政府为了落实今年6月联合国安理会通过的旨在实现"结束占

领,伊人治伊"的决议,采取了一系列举措,争取民族和解,社会稳定,以便排除障碍进行战后重建。为了解决纳杰夫问题,临时政府总理阿拉维亲自前往圣城访问。但是,美国继续在伊各地使用武力,激化矛盾,引起不满,也使临时政府陷入尴尬境地。就连伊临时政府副总统对美军攻击纳杰夫造成大量人员伤亡也颇有微词。

由此看来,为了解决当前已趋白热化的纳杰夫危机,美国先让一步,未必不是可取之举。

(本文写作于2004年8月。)

美国反恐形象危机

在美国大选角斗场上，民主和共和两党总统候选人过招渐趋白热化，克里指责布什政府反恐使世界更加仇恨美国，布什反唇相讥说对伊拉克开战时克里也投了赞成票，言外之意是"免开尊口"。姑且不去评论"驴象之争"的个人是非曲直，人们透过现象不难发现，这场争论的实质关系到世人面前的"美国形象"是否因伊拉克战争而遭到毁坏的问题。

总部设在华盛顿的阿拉伯—美国协会不久前公布的一份最新调查报告显示，近两年来，美国在阿拉伯世界的形象越来越糟，对美国抱有好感的人的比例大幅下降。2002年，对美国有好印象的埃及人占15%，现在只有2%；对美国有好感的沙特阿拉伯人的比例从2002年的12%锐减到今年的4%；在摩洛哥、约旦和黎巴嫩，这一比例分别从2002年的38%、34%和26%骤然下降到今年的11%、15%和20%。问题是，不喜欢美国的阿拉伯人为什么越来越多？调查报告的结论是，阿拉伯民众对美国在伊拉克战争和巴以冲突等问题上的政策十分厌恶。

美国前助理国防部长约瑟夫·奈最近在《耶鲁全球化》在线杂志上著文指出，伊拉克战争，特别是阿布格里卜监狱虐囚事件，都使美国的全球声誉大打折扣。2003年，对美国有好感的欧洲人的比例下降了约30%。

具有讽刺意味的是，"9·11"事件后，美国一度受到国际社会的广泛同情，国际威信大增。可是曾几何时，美国假反恐之手推行强权政治，形象一落千丈。2002年春天，《纽约时报》发表了曾因《撒旦诗篇》被伊朗人追杀多年的英国作家拉什迪的题为《美国和反美国人》的文章。文章意在说明，美国在阿富汗的反恐战争胜利后，为什么阿拉伯世界和欧洲的反美情绪普遍高涨。拉什迪警告说，越来越广泛的反美主义情绪也许会比恐怖分子更加危险，更难对付。

据报道，美国当权者也意识到了世界"反美主义"的高涨，美国国务院专门举行了研讨会。布什总统2003年1月签署了一项行政命令，正式成立白宫全球宣传办公室，负责向全世界宣传美国的外交政策，抵制"反美主义"，改善美国的国际形象。

目前，美国一些专家学者纷纷为应对美国的"形象危机"出谋划策，强调加强美国的"软实力"。但是，说到底，要想真正改善美国的国际形象，无论将来哪个政党在大选中获胜，哪位总统候选人入主白宫，都必须深刻反思，摈弃单边主义路线。就伊拉克而言，美国应尽可能早地撤军，完全恢复"伊人治伊"，在联合国主导下实施战后重建。否则，美国在伊拉克泥潭将会越陷越深，因遭受国破家亡厄运而对美国怀有仇恨的伊拉克人，是笃定不会让美国人安生的。

（本文写作于2004年8月。）

乐观的预言与不乐观的现实

正当国际社会担心由于伊拉克安全形势持续恶化，明年1月伊拉克大选能否如期举行之际，驻伊美军司令凯西将军保证，在今年12月底之前美军完全可以把全国大部分地区的安全交由伊拉克"本地人控制"，从而为伊拉克选举提供保障。军中无戏言，但凯西的乐观调子却与当前伊拉克的严峻现实形成鲜明对照。

据报道，凯西的"本地人控制"概念的内涵包括伊拉克安全部队能够维护安全，地方政府能够有效执政，国家得以重建和经济能够复苏。当前，为了实现"本地人控制"安全的目标，凯西正在计划落实伊拉克安全部队的训练日程和装备发放。他同美国驻伊拉克大使内格罗蓬特共同协商具体步骤。但是，要完成这个任务谈何容易。

美国国防部长拉姆斯菲尔德原来说伊拉克已有21万名安全部队士兵受过训练，最近又改口把这一数字砍掉一多半，变成了9.5万人。拉姆斯菲尔德讲话前后矛盾授人以柄，在竞选白热化的节骨眼上遭到美国民主党的质疑和攻击。五角大楼公布的统计数字表明，伊拉克受过训练的警察缺员60%多，受过训练的军队缺员50%多，车辆、通信器材和防弹衣也都严重不足。

凯西是个军人，考虑问题从纯军事角度出发，认为只要伊拉克安全部队训练有素，装备精良，就可以把伊拉克安全搞定。姑且不去谈论美军能否在100天的时间内使伊拉克安全部队"达标"，但常识告诉人们，一支武装力量能否称职，还取决于其他一些因素，不是一加一等于二那么简单。中国有句俗话叫"打起招军旗，自有吃粮人"。驻伊美军参谋部夏普中将近日表示，尽管今年以来已经有700多名伊拉克安全部队人员被武装分子打死，但仍有很多伊拉克人愿意从戎。可是，伊拉克应召的"吃粮人"果真能心甘情愿地听命于"非我族类"的美国大兵吗？

美国甩开联合国悍然发动伊拉克战争的两条"理由"——伊拉克拥有大规模杀伤性武器和同"9·11"恐怖袭击事件有牵连,最后都被证明子虚乌有,并成为国际笑柄。联合国秘书长安南上周接受英国记者采访时指出,美国对伊拉克开战是"非法的"。伊拉克形形色色的武装组织,不管背景和动机如何,它们打出的旗号都是要求美军撤出伊拉克,这一要求是无法辩驳的。这不能不对伊拉克安全部队的士气产生影响。

去年5月,布什总统踌躇满志地向全世界宣布美国在伊拉克的"大规模军事行动结束"。可是,近1年半以来,伊拉克抵抗力量同美军武装冲突不断升级,在伊丧生的美军士兵人数已突破千名;被绑架的外国人已超过百名,一些人质惨遭砍头斩首杀害;从北部的摩苏尔到南部的巴士拉,从"逊尼三角"地带到什叶派圣城纳杰夫,自杀炸弹和汽车炸弹袭击此起彼伏。法国总统希拉克9月13日在马德里同德国总理施罗德和西班牙首相萨帕特罗会晤时沉痛地说,伊拉克就像一个被打开的潘多拉盒子,"现在我们无法把它再关闭起来"。面对伊拉克看不到尽头的乱局,人们对凯西将军所作的乐观的预言,恐怕只能打上一个大问号。

(本文写作于2004年9月。)

无奈的提醒

据共同社报道，日本北海道知事高桥春美日前在地方政府大楼与美国驻日大使托马斯·西佛举行会谈，要求美方在美海军第七舰队旗舰"蓝岭"号进入北海道的室兰港后确保全舰官兵严守纪律。

这是一次严肃的外交交涉，却含有深刻的讽刺意味。按理说，一国军舰造访另一个主权国家港口，水兵上岸休息、购物、游览，遵守外交礼仪和受访国法纪，是国际惯例，更是国际常识，何须地方长官约见相关国家特命全权大使，面对面地郑重提出要求。

由于历史原因，美国目前在日本保留着4.7万人的驻军和一系列军事基地。几十年来，由于部队纪律涣散和疏于管教，一些美国大兵时常在驻地及附近违法乱纪，胡作非为。由于《日美地位协定》规定驻日美军享有各种特权，美军犯罪案件往往被大事化小、小事化了或不了了之。仅去年底以来，驻日美军犯罪案件频繁见诸报端2005年12月22日，驻神奈川县厚木美军基地的一名女兵，驾驶军车在东京街头撞伤3名正在过人行横道的小学生后驾车逃逸。2006年1月3日，美驻日横须贺基地的"小鹰"号航空母舰的几名水兵，将一名56岁的日本公司女职员佐藤好重杀害。1月22日，美国停泊在长崎县佐世保海军基地的"埃塞克斯"号军舰上的一名船员，涉嫌对一名日本妇女进行抢劫。

为了改变日美关系中的不平等状况，日本方面这些年来也进行了一定的努力。2001年2月，时任日本外相的河野洋平说："坦率地说，我对美军一而再、再而三犯罪感到很气愤。"但是，要改变美军特权谈何容易。2003年在冲绳发生美国海军陆战队士兵托里斯强奸日本少女案件后，美日两国举行了45天谈判，但仍未能就如何处理涉嫌在日犯罪的美军人员问题达成协议。

就在这种情况下，日本首相小泉纯一郎竟于去年11月同到访的美国总统布什会谈时说，日本将继续努力寻求驻日美军基地周边居民的理解和合作。美军的存在使日本民众享受"和平与安全"，而日本民众需要为此作出一些"牺牲"。

看来，北海道知事要求来访的美舰士兵对自己的行为多加检点仅仅是一种提醒，其中渗透着几多无奈。

（本文写作于2006年2月。）

从基辛格的见解说起

当前,以色列和巴勒斯坦关系中最大的疙瘩莫过于以政府和刚刚获得执政地位的巴伊斯兰抵抗运动(哈马斯)互不承认。这个疙瘩不解开,中东和平进程将难以为继。美国前国务卿基辛格最近以战略家的眼光为打破当前巴以困局发表的见解,值得有关各方认真思考。

在法国《费加罗报》发表的《沙龙的遗产、获胜的哈马斯与和平前景》一文中,基辛格认为,巴以双方应互相承认对方的生存权,以推动和平进程。他指出,人们所说的"和平进程"是建立在一种准备相互妥协的基础上,双方都承认对方的合法性,并保证各自的生存权。

基辛格发表这番见解,事实上是在呼吁中东和平的有关各方理性地面对现实。

从以色列方面来说,认识并面对巴勒斯坦政治现实依然是一个没有终结的过程。1993年巴以达成《奥斯陆协议》前,以色列一直拒绝与巴勒斯坦解放组织谈判,因为巴解组织宪章宣称要消灭犹太国。《奥斯陆协议》签署后,以色列同巴解组织谈判,但只同意巴方实行领土自治,而不同意其享有主权。沙龙则于2001年一出任总理就出人意料地赞同建立一个巴勒斯坦国。最初,以方将此视为一种必要,后来根据以色列的利益将这种必要变为一种战略需要。那么,以色列又该如何面对被其指责为"恐怖组织"的哈马斯在巴获得执政地位的现实?

从哈马斯方面来说,同样存在一个面对现实的问题。须知,以色列已在中东地区存在了几十年,是联合国的一个成员国,得到了世界上许多国家的承认。

美国作为巴以和平的主要调解人,更应摆正自己的位置,理性面对巴以政治现实。"9·11"事件发生后,布什政府出于全球反恐战略的需要,调整中东政策,宣布哈马斯和伊斯兰圣战组织(杰哈德)等巴激进组织为

"恐怖组织"。但是，华盛顿的这一立场并未得到整个国际社会的认同，而且直接导致哈马斯胜选后美国不能理性面对巴以政治现实的局面。美国为了给哈马斯组建政府设置障碍，对哈马斯采取政治孤立、经济制裁等措施。美国国务卿赖斯亲自出马走访埃及、沙特阿拉伯、黎巴嫩和阿联酋四国，试图说服阿拉伯国家停止对巴勒斯坦的援助，结果铩羽而归。

目前，越来越多的国家能够冷静和理性地面对巴以政治现实，采取积极促和态度，争取巴以双方能够尽快回到和平谈判轨道上来。作为中东和平进程有关四方中的一方，俄罗斯率先邀请哈马斯派代表团3月初访问莫斯科，莫斯科还表示俄从未认为哈马斯是恐怖组织，欧盟也于27日宣布向巴勒斯坦提供12亿欧元（约合1.42亿美元）的大规模援助，以缓解巴马上可能面临的财政危机。此外，埃及、约旦和土耳其等阿拉伯和伊斯兰国家领导人纷纷表示不赞成美国和以色列对哈马斯实施高压政策。

哈马斯正在积极组建巴勒斯坦民族团结政府。人们希望，即将问世的巴勒斯坦新政府从维护巴人民的根本利益出发，继续推动中东和平进程向前发展。

（本文写作于2006年2月。）

加沙战争与奥巴马中东外交

美国当选总统、民主党人奥巴马1月20日将入主白宫。上台伊始，奥巴马面对的是执政8年的共和党总统布什留下的一个"烂摊子"，国内外问题堆积如山、千头万绪，而岁末年初新近发生的巴以冲突将首当其冲。这是一个非常棘手的问题，但是，对于立志要调整美国外交政策，重建美国的"世界领导地位"的奥巴马来说，这场突如其来的加沙战争，或许会成为奥巴马开创有别于布什政府中东外交的契机。

"精明"的以色列人选择布什即将下台还未下台、奥巴马即将上台还未上台的绝佳时期，对加沙发动大规模军事打击，经过20多天的现代战争运作，基本上达到了重创巴勒斯坦伊斯兰抵抗运动（哈马斯）的预定目标，但却给巴勒斯坦带来了骇人听闻的人道主义灾难，造成1200多名巴勒斯坦人死亡，5300多人受伤，财产损失估计至少高达数亿美元。

以色列发动的这场加沙战争对中东和平进程无疑是一次重创。在2007年11月举行的安纳波利斯会议上，布什总统作出的关于在2008年底达成巴以和平协议的许诺，在加沙战争的炮火中彻底灰飞烟灭。

以色列是美国在中东的铁杆盟友，在美国两届政府忙于交接而对以色列疏于"关照"的情况下，在加沙大开杀戒，造成如此惨烈的人道主义灾难，对美国的中东外交显然也是一次重创，美国形象进一步受损。加沙的惨剧固然是以色列一意孤行、我行我素的结果；而以色列如此有恃无恐，从根本上来讲，也是布什政府背离美国传统的两党一致的中东外交政策造成的恶果。奥巴马上台"遭遇"加沙战争，想躲都躲不开。囿于"一国无二主"的理念，从以色列2008年12月27日对加沙开战以来，奥巴马一直保持沉默，避免抢在布什的前头批评以色列。奥巴马上台在即，外界对奥巴马政府中东外交如何开篇，也只能进行猜测。但他在去年5月的一次讲演中表示，以色列必须作出适当让步，不得不用力搬开一些沉重的挡路石。分析家们认为,奉行"改变"的奥巴马将如何"改变"备受诟病的布什政府中东外交政策,恐怕在以下几个问题上需作出重大调整:

一、美国回到阿以冲突(相对)公正的调节人的位置上来。美国作为超级大国,同以色列和阿拉伯国家都保持关系,在历次中东战争中都充当调节人的角色,美国的这一地位没有任何人能取代。保证以色列的安全是美国的国策,要做到绝对"公正"是不可能的,但是美国在以色列修建隔离墙和扩建定居点等问题上,还是可以对以色列施加相当压力的,是有些牌可打的。但是布什执政期间,特别是第二个任期期间,"偏以压巴"非常明显,受到巴勒斯坦、阿拉伯和伊斯兰世界的强烈批评。2008年,布什政府虽然批评以色列继续在约旦河西岸和东耶路撒冷扩建犹太人定居点,但过于温和,以色列置若罔闻。10多年来,以色列在约旦河西岸的定居点不断膨胀,犹太人定居者从15万增加到25万。

二、巴以冲突的要害是土地问题,即以色列根据联合国第242和第338号决议从被占领的约旦河西岸和加沙地带撤走。1991年马德里中东和会确定了解决巴以争端"以土地换和平"的原则。布什政府在2001年"9·11"事件后把巴以问题纳入"反恐"的范畴,宣布巴勒斯坦武装组织哈马斯、伊斯兰圣战组织和阿克萨烈士旅等为"恐怖组织",一再宣布支持以色列"有权自卫",在加沙和约旦河西岸对哈马斯等组织的领导人实行爆炸、暗杀等"定点清除"行动,甚至滥杀无辜,造成巴以之间"以暴制暴""冤冤相报"愈演愈烈。这次加沙战争期间,布什政府仍然宣布以色列"有权自卫",致使以色列迟迟不同意停火。

对于哈马斯,俄罗斯、中国、阿拉伯世界以及广大第三世界国家,虽然批评其从事某些极端主义恐怖行动,但并不同意宣布其为"恐怖组织"。

三、美国应当支持巴勒斯坦内部各派实现和解,动员阿拉伯世界支持巴以和平进程。布什政府在巴勒斯坦内部拉一派打一派,在大选中支持一派,甚至提供竞选资金。哈马斯大选获胜组成合法政府,美国和以色列不予承认。巴勒斯坦主流派法塔赫同哈马斯内讧,兄弟相残,无法组成同以色列和谈的统一战线,使以色列有借口拖延中东和平进程走上正轨。

2004年4月20日,埃及总统穆巴拉克访问法国接受《世界报》采访时说,伊拉克战争以及美国支持以色列暗杀哈马斯精神领袖亚辛和新领导人兰提西之后,"中东的阿拉伯人比以往任何时候都更恨美国了"。人们普遍注意到，奥巴马竞选期间宣布上台后将从伊拉克撤军，这对中东是"利好"消息。而在巴以问题上，倘若能以处理加沙战争作为"良好开端"，采取比较平衡、务实和健康的中东政策，必将有利于中东地区的和平与稳定，也必将逐步改变美国在中东的形象。凡此种种，无疑符合美国的最大利益。

（本文写作于2009年1月。）

奥巴马推行反恐新战略意味着什么

奥巴马今年1月入主白宫后，在反恐问题上摈弃布什政府所谓"全球反恐战争"口号，代之以集中打击盘踞在阿富汗和巴基斯坦边境地区的"基地"组织的"阿富巴"战略，避免"反恐战争"字眼，而用"海外紧急军事行动"。奥巴马总统的反恐和国土安全高级顾问约翰·布伦南，8月6日在美国战略与国际问题研究中心发表讲话说，奥巴马政府用新战略取代"全球反恐战争"，把"基地"组织作为新政府反恐的主要打击目标，是因为"基地"组织仍然对美国构成"持续且不断发展的威胁"。

这是民主党奥巴马政府"新政"的重要组成部分，也是奥巴马主张在外交上融合硬实力和软实力组成"巧实力"理念的重要实践，更是奥巴马恒定美国"世界霸权大战略"的重要一环。

美国新政府的反恐战略调整，同我国利害攸关，特别是在军事行动上，重心从亚洲西部的伊拉克转向南亚的阿富汗和巴基斯坦，在濒临我国西部边界地区摆战场。这场战争耗时多久，无人能够回答。英国候任总参谋长戴维·理查德兹8月8日表示，北约从阿富汗撤出是"绝对不可能的"，英国在阿富汗的使命可能要持续40年之久。显然，美国在阿富汗和巴基斯坦扩大战火，对同阿巴接壤的我国西部安全构成威胁，不能不引起我们的高度警惕。

布什的反恐遗产

布什开始当政的2001年9月11日，"基地"组织对美国发动震惊世界的恐怖袭击，造成近3000人死亡。布什政府举全国之力对"基地"组织的庇护所阿富汗开战，一举推翻塔利班政权。布什政府在阿富汗的"反恐战争"得到国际社会和阿富汗周边邻国的广泛支持。布什在阿富汗得手后，

"反恐战争"一发而不可收,肆意将反恐扩大化,把美国引上了同伊斯兰世界对抗的不归路。2003年3月,布什政府未经联合国授权,以伊拉克拥有大规模杀伤性武器为由,悍然发动伊拉克战争。布什打了阿富汗,又打伊拉克,还威胁要收拾其他"邪恶轴心"国家以及一些不听话的"失败国家"。在巴以问题上,布什偏袒以色列,给巴勒斯坦和阿拉伯国家的一些武装组织如哈马斯和真主党等戴上"恐怖组织"帽子。布什还把伊朗纳入到"支持恐怖主义"黑名单,称穆斯林什叶派极端分子和逊尼派极端分子没有不同,伊朗领导人和真主党与"基地"组织也没有不同。

布什甚至发明了新名词"伊斯兰法西斯主义",并一再强调"反恐战争"是一场自由民主对"伊斯兰法西斯主义"的意识形态战争。布什在2006年更把几年来的"反恐战争"重新定义,称之为"对伊斯兰恐怖主义的战争"。布什在发动战争的同时,还鼓吹"大中东民主计划",要改造中东特别是阿拉伯世界的"专制政权",引起这些国家领导层的强烈反弹。

布什在2006年3月16日发表的《美国国家安全战略报告》中说:"美国正在打仗。""我们的重大挑战是,在一个鼓吹憎恨和谋杀的攻击性意识形态煽动下,恐怖主义在不断升级。"布什还说,"发动并赢得反恐战争,推动自由以取代暴政和绝望",是4年来主导美国政策"不可或缺的优先选项"。

布什推行的"反恐战争"在国际和国内都日益不得人心,可布什依然一意孤行。其实,布什政府内部白宫与五角大楼之间曾就"反恐"究竟应称之为"战争"还是"斗争"的问题发生争论,出现关系紧张。军方主张称"斗争",布什坚持使用"战争"这个字眼。随着时间推移,由于伊拉克仍然找不到大规模杀伤性武器,伊拉克战争的合法性越来越受到质疑,布什2006年9月2日仍宣称:"文明世界的安全取决于反恐战争的胜利,后者取决于在伊拉克获胜,而美国在取胜前不会离开。"他还狡辩说,"如果美国提前从伊拉克撤军,美国国内街头将出现恐怖分子"。

可是,布什并没有赢得"反恐战争"胜利,反而陷入伊拉克泥潭不能自拔,而阿富汗陷入"夹生饭",被推翻的塔利班东山再起。阿富汗美军最高指挥官麦克里斯特尔最近承认,塔利班武装"占了上风",迫使美军改变应对战略战术。

美国为布什总统的"全球反恐战争"付出了沉重代价,两场战争耗掉了纳税人近万亿美元，在伊拉克丧生的美国军人超过数千人。美国在阿拉伯和伊斯兰世界的形象一落千丈，"软实力"严重受损。美国马里兰大学教授什比利·泰尔希米说，世界各地的许多穆斯林认为，"美国打了8年的反恐战争实际上是对伊斯兰教的攻击"。人们普遍憎恨美国人，称"美国人是恶棍"。

布什本人更成了"过街老鼠，人人喊打"。2005年5月，布什访问格鲁吉亚，在首都第比利斯发表讲演时险遭一枚手榴弹袭击。2006年9月，英国电视台制作了一部影片《总统之死》，以纪实风格虚拟了布什总统被刺身亡的故事，背景是伊拉克战争，杀手来自叙利亚。这部"恶搞"布什的影片客观上无疑反映了伊斯兰世界人们仇恨"反恐战争"的现实。2008年12月，即将卸任的布什访问巴格达，在同记者见面时，遭到一名伊拉克记者投掷的"鞋弹"袭击。布什国内民调支持率越来越低。年过八旬的美国著名记者、黎巴嫩裔的海伦·托马斯采访过多届美国总统，认为布什口碑是最差的。

今年1月20日奥巴马就职的第二天，哈佛大学肯尼迪政治学院教授、前助理国防部长约瑟夫·奈在《洛杉矶时报》著文说：'9·11'恐怖袭击事件的影响使美国偏离了正轨。恐怖主义是个重大威胁，但对极端分子的挑衅行为过度反应给我们造成的伤害比恐怖分子更大。反恐斗争的胜利意味着为美国用外交政策取代'反恐战争'找到一个新的重要前提。"

奥巴马改弦更张

对于布什留下的反恐遗产，奥巴马上台伊始就进行大刀阔斧的修正，对阿拉伯和伊斯兰国家开展微笑外交，套近乎、造气氛，力图重塑美国同穆斯林世界的新关系。1月28日，奥巴马上任后首次接受海外电视媒体采访，就选了总部设在阿拉伯联合酋长国首都迪拜的阿拉伯电视台，发出美国不是穆斯林敌人的信号。2月18日，国务卿希拉里·克林顿打破传统，首次出国访问选择亚洲，第二站就是奥巴马童年故乡——伊斯兰世界人口最多的国家印度尼西亚，寻求全世界穆斯林的合作，对抗极端主义分子。4月6日，奥巴马出访欧亚，有近7000万穆斯林人口的土耳其成为他上任后走访的第一个伊斯兰国家，他在安卡拉大国民会议发表演讲，宣布美国不会同伊斯兰世界打仗。他还亲切地提到土耳其两名篮球运动员在美国NBA打球。

在这些铺垫和"预热"做足后,奥巴马终于正式粉墨登场,于6月4日在阿拉伯世界最有影响的国家埃及的开罗大学发表演讲,为重建美国同伊斯兰世界关系正式定调:"我来到这里是要在美国和穆斯林世界之间寻求一种以共同利益和相互尊重为起点的新开端——基于美国和伊斯兰教并不互相排斥、不必互相竞争的真情。"奥巴马还重申:"我在安卡拉明确表示,美国并非——也绝不会——与伊斯兰教交战。但我们会无情抗击对我国安全构成严重威胁的暴力极端主义分子。"

奥巴马在长达一个小时的讲话中没有使用"恐怖主义"一词,而代之以"极端主义"。这同布什讲话中"恐怖主义"不离口、"恐怖主义"帽子满天飞形成鲜明对照。奥巴马讲话的另一重点是关于反恐重心东移问题,一是结束在国内外引起巨大分歧的伊拉克战争,在2009年7月前从伊拉克城市撤出作战部队,2012年年底前将所有作战部队撤出伊拉克。二是决心打击在阿富汗和巴基斯坦"暴力极端主义分子","尽管这需要付出代价,但美国的决心不会减弱。"奥巴马说,"不同于阿富汗的是,伊拉克战争是一场可以选择不打的战争。"奥巴马的这句话实际上是对布什的否定,也是一种反思。

希拉里国务卿7月15日在美国外交学会阐述奥巴马政府外交政策五点方针时,在第四点中谈到了"阿富巴战略"。她说:"在阿富汗和巴基斯坦,我们的目标是破坏、瓦解,最终击败'基地'组织及其极端主义同伙,防止他们重返这两个国家中任何一国……美国人常问,'基地'组织的头目在邻国巴基斯坦,我们为什么要我们的年轻人在阿富汗出生入死?这个问题很好回答:我们和我们的联盟在阿富汗作战是因为塔利班在保护'基地'组织,并依靠其支持,有时还在协调行动。换言之,为了铲除'基地'组织,我们必须打击塔利班。"

美国深陷阿富汗困境

美国总统奥巴马年初上台以来,阿富汗安全形势不断恶化。美国深陷"越战式"泥沼不能自拔,在增兵还是撤军问题上,国内两派争论不休,盟国也三心二意。奥巴马"进亦忧，退亦忧"，举棋不定。

毛泽东主席当年在谈到美帝国主义在世界各地侵略扩张时形象地说，美国遍布世界各地的军事基地就像一个个套在他们头上的绞索，无法解脱。今天美国在阿富汗的战争也是套在美国头上的一个绞索，无法解脱。最近，美国放出试探气球，希望中国在阿富汗助美国一臂之力，企图拉中国下水为其解套。

美国媒体最近炒作中国同阿富汗的经济合作，《纽约时报》发表的评论专栏文章称，在阿富汗"美国打仗，而中国在获益"。言外之意是中国应当为美国的阿富汗战争出力、做贡献。

凡此种种，引起中外媒体的关注和猜测。《国际先驱导报》援引国内一位美国问题专家的话说，深陷阿富汗泥潭的奥巴马政府此时提出加强美中反恐合作，可能有把中国拉入阿富汗反恐、希望中国承担一部分责任的考虑。意大利《新闻报》称中国若向阿富汗派兵可能"为阿富汗问题提供一个解决办法"。香港亚洲时报在线甚至妄评解放军"跨越"演习是暗示出兵阿富汗。

奥巴马今年3月提出反恐新战略，将重心从西亚的伊拉克东移阿富汗和巴基斯坦，加强在阿富汗的兵力部署，打一场"必须打"的战争。但半年多的事实表明，奥巴马的阿富汗战争前景凶多吉少，难逃1809年英国和1979年苏联侵略阿富汗失败的命运。

阿富汗战争的性质

根据马克思主义观点，决定一场战争胜败的根本因素是战争的性质、人心的向背，包括正义还是非正义、侵略还是反侵略。当前的阿富汗战争并非正义战争，塔利班武装要求赶走外国军队是正当行动。

"基地"恐怖组织发动"9·11"袭击后，布什政府发动阿富汗战争，意图摧毁"基地"在阿富汗的巢穴，推翻庇护"基地"组织的阿富汗塔利班政权。这场战争得到联合国授权和阿富汗周边国家的支持，在国际上没有争议。

塔利班政权垮台后，新建立的以卡尔扎伊为首的阿富汗政府，得到美国和西方国家的支持，也得到国际社会的认同。阿富汗作为独立主权国家，作为能够正常实施国家行为的正常国家，不允许外国军队继续留在阿富汗，阿富汗人民也有权要求外国军队撤走。这是天经地义的事情。

8年前，美国发动阿富汗战争的理由是："9·11"事件中袭击美国本土的"基地"组织大本营在阿富汗。现在8年过去了，"基地"恐怖组织要员已经逃离阿富汗，在巴基斯坦西北部山区建立新的"庇护所"。那就是说，美国军队在阿富汗的反恐使命已经完成，继续在阿富汗驻军没有法理依据，撤走应当是理所当然的。

"基地"组织逃往巴基斯坦的事实，美国政府高官也公开承认。美国《新闻周刊》今年10月19日载文说，美国参谋长联席会议主席迈克马伦最近承认了美国情报机构以及所有独立观察员一直所强调的，"'基地'组织在巴基斯坦境内"，"过去8年源自该地区所有针对西方的袭击活动都来自巴基斯坦，而不是阿富汗。即使是美国最近挫败的一起袭击事件所牵连到的首名制造恐怖活动的阿富汗人，祖籍也是巴基斯坦。"另据《华盛顿邮报》报道，驻阿富汗美军最高指挥官斯坦利·麦克里斯特尔在8月底向五角大楼提交的阿富汗形势评估报告中说，"为了实现奥巴马总统关于阻止'基地'组织重返阿富汗的目标"，需要一个目标宏大得多的计划。

其实，今年7月15日，希拉里国务卿在美国对外关系委员会发表外交政策讲演时说得非常清楚。她说，"在阿富汗和巴基斯坦，我们的目标是破坏、瓦解，最终击败'基地'组织及其极端主义同伙。""然而，美国人常问，'基地'组织的头目在邻国巴基斯坦，为什么要我们的年轻人在阿富汗出生入死？"希拉里说，这个问题提得好，"我们在阿富汗作战是因为塔利班在保护'基地'组织。"希拉里在这里未说明是阿富汗塔利班还是巴基斯坦塔利班，有意模糊化。

奥巴马8月17日在亚利桑那州菲尼克斯对退伍军人团体发表讲话时解释说，"9·11"事件的策划者仍在图谋对美国发动新的袭击，如果美国坐视阿富汗塔利班武装东山再起，就意味着恐怖组织将再次利用阿富汗作为袭击美国的基地。

可是具有讽刺意味的是，8年前庇护"基地"组织的阿富汗塔利班政权在美军打击下顷刻瓦解，人员作鸟兽散。但另一支阿富汗塔利班却"春风吹又生"，几年来越来越壮大，活动范围遍及全国70%以上地区。10月，美军死伤惨重，成为8年前阿富汗战争爆发以来美军单月死亡人数最多的月份。目前，美军方要员强烈要求增兵，美国前国务卿基辛格也加入增兵请命行列。那么，阿富汗塔利班何以越打越强呢？

阿富汗塔利班最高领导人奥马尔今年9月19日庆祝开斋节发表声明，奉劝西方读读历史，汲取以往西方人入侵阿富汗失败的教训，以史为鉴，从阿富汗撤军。阿富汗塔利班明确提出，只要外国军队继续留在阿富汗，就不同阿富汗政府谈判，也不参加阿富汗选举。应当看到，阿富汗塔利班要求外国军队撤出阿富汗，是符合民意的，是符合阿富汗人民的根本利益的，阿富汗人不光受极端伊斯兰宗教教义的洗脑，他们也有爱国主义和民族感情。这同我国"九·一八"事变后大批爱国青年奔赴抗日前线没有本质区别。英国《卫报》8月15日报道说，一位普什图诗人兼记者告诉该报，"在这里，95%的阿富汗人都支持塔利班"，"外国军队不是穆斯林，没有经过全民公决他们就来到这里。真主让我们与侵略对抗，所以人民反对侵略"。

阿富汗塔利班注意策略和强化纪律。10月14日，阿富汗塔利班在网站上致函上合组织，指出美国和北约是侵略者，要求上合组织成员国帮助塔利班把阿富汗从美国军队手中"解放出来"。

据英国《每日电讯报》7月31日报道，北约部队在一次军事行动中发现一本阿富汗塔利班发行的题为《行为法规》的小册子，是奥马尔亲自批准发行的，全书分13章，内容主要是教导塔利班战士在与"压迫者"开战时如何避免不必要的"自杀式"袭击和平民伤亡。

麦克里斯特尔在评估报告中形容美军像一头牛，而阿富汗塔利班像个斗牛士。他惊呼，阿富汗人正在对美国和北约部队失去信心，不增兵，美国必败。但是，增兵多少才够用呢？中国《孙子兵法》有言："备前则后寡，备后则前寡，备左则右寡，无所不备，则无所不寡。"实际上，即使再增兵4万，加起来10万之众，也只能达到当年苏联侵阿军队总人数的水平，对塔利班武装仍将处处被动，处处是寡，处处挨打。

有趣的是，苏联阿战老兵、退役中将鲁斯兰·奥舍夫10月14日对俄《共青团真理报》说，他以资深"旁观者"的身份，给白宫出主意：美国在阿富汗犯下的错误与当年苏联如出一辙。阿富汗塔利班不是恐怖组织，而是阿富汗民众的一部分，别乱贴"恐怖分子"标签。阿富汗问题的出路只有一条，那就是从阿撤军。但愿奥舍夫这番苦心不是对牛弹琴。

"恐怖主义"的不同标准

由于美国等西方国家垄断了国际论坛的话语权,谁是恐怖组织,何谓恐怖主义,任由它们来定。大凡反对美国和以色列的,都逃脱不了上黑名单的厄运。最近,希拉里国务卿威胁要把朝鲜重新纳入"支持恐怖主义国家"行列,又是一例。正像一句顺口溜所说:"说你是,你就是,不是也是;说你不是,就不是,是也不是。"其实,关于恐怖主义概念和定义,在联合国至今还没有达成一致。也就是说,国际社会没有一个成文的统一的说法。

联合国早在20世纪60年代初开始关注恐怖主义问题,已就打击劫机、爆炸、挟持人质等恐怖主义行为制定了13项专门公约和议定书,这些文件涵盖了几乎所有形式的恐怖主义行为。但联合国迄今还未有一项包含有完整恐怖主义定义的全面公约。

制定恐怖主义定义有助于消除在反恐斗争中出现的"双重标准",有助于恐怖嫌疑犯的引渡,有助于加强国际反恐合作。"9·11"事件以来,尽管有不少国家在各自的法律中对恐怖主义定义作了规定,但这些定义或多或少都带有一定的倾向性。此外,由于对恐怖主义的认识存在偏差,各国在打击恐怖主义的斗争中也出现了步调不一的情况。一些被一国认为是"恐怖分子"的人,却被别国当作"自由战士",如车臣分离主义头目逃往英国,受到当局礼遇,拒绝俄罗斯提出的遣返要求。由于缺乏恐怖主义定义,恐怖分子和恐怖组织也难以界定。

此外,制定恐怖主义定义将充分展现国际社会在反恐方面的团结,有助于加强联合国在反恐斗争中的主导作用,具有重要的象征意义。

实际上,联大早在1996年就根据印度提案,设立特设委员会,着手制定一项包含恐怖主义定义的全面公约。但是经过9年的艰苦谈判,到2005年,特设委员会仍未拟定这项公约的最后草案,而阻碍谈判取得突破的关键问题,就是如何界定恐怖主义。

2005年,第59届联大主席、加蓬外长让·平在第59届联大首脑会议《成果文件草案》中,草拟了恐怖主义定义,即以胁迫一定人口、一个政府或国际组织为目的,旨在造成平民或非战斗人员死亡或严重身体伤害的行为，都是不能辩解的恐怖主义行为。根据草案，各国应在第60届联大期间（即2006年9月前）就恐怖主义定义达成一致，为《关于国际恐怖主义全面公约》早日制定铺平道路。2005年6月21日，在磋商9月联大首脑会议文件时，中国常驻联合国代表王光亚发言，呼吁尽快就《关于国际恐怖主义全面公约》草案达成一致。但遗憾的是，联大法律委员会11月29日宣布，未就反恐公约草案达成一致，暂时中断《关于国际恐怖主义全面公约》草案的谈判。这一中断迄今将近5年。

那么，《关于国际恐怖主义全面公约》草案难产的症结何在呢？其实，在2005年第59届联大期间，大多数国家代表对该草案有关恐怖主义的字面表述并无多少异议，这一定义和让·平提出的措词并无明显差别。多年来，各国一直争吵不休的是这一定义或公约的适用范围，即公约草案的第18条（排除条款）。根据这一条款，一些行为应排除在公约的涵盖范围之外。

排除条款草案共有两种，一种是由特设委员会谈判协调员提出的，主张将武装冲突中武装部队的活动以及一国军队执行公务的活动，排除在全面公约的涵盖范围之外，理由是这两方面的活动有国际人道主义法和其他国际法管辖。另一种是由伊斯兰会议组织提出的，要求武装冲突中，"包括外国占领情况下各方"的活动都排除出公约的约束范围，同时主张一国军队的活动只有在符合国际法时，才能不受公约的管辖。

美国等西方国家普遍支持协调员提出的排除条款案文。但这一案文遭到伊斯兰世界和其他发展中国家的反对。马来西亚常驻联合国代表阿里对记者说，拥有57个成员国的伊斯兰会议组织早在2000年就向特设委员会提交了排除条款的修正案，其对恐怖主义的立场众所周知。该组织认为，根据《联合国宪章》和国际法，各国人民拥有反抗外国占领和统治的权利。因此，为获得民族解放与自决而进行的反抗外国占领、侵略和殖民的武装斗争不应被视为恐怖主义行为。此外，伊斯兰国家还坚持认为，一国军队违反国际法的行为，如在冲突中滥杀无辜平民，也应是该公约予以追究的行为，即"国家恐怖主义"。

西方国家不赞成"国家恐怖主义"提法。而伊斯兰国家认为，如果西方国家在特设委员会的谈判中，继续罔顾巴勒斯坦长期被占领的政治现实，不愿在全面公约中体现伊斯兰国家的关切，谈判僵局将很难打破。

在2005年特设委员会就恐怖主义定义举行的最后一轮磋商中，西方国家提出愿意在该草案的序言中增加民族自决权的条款，以此换取伊斯兰国家在排除条款上的让步，但这一妥协建议最后未能被伊斯兰国家接受。

阿富汗战争背后有美国的大战略

我们应当从美国的全球战略观察当前的阿富汗战争。奥巴马称阿富汗战争"必须要打"，因为事关"美国的根本利益"。"美国的根本利益"，用奥巴马竞选时的外交政策顾问、前国务卿布热津斯基在他的名著《大棋局》中的话，就是"美国的世界霸权"。布什在这本书中说，希特勒和斯大林两人都认为，欧亚大陆是世界的中心，而谁控制了欧亚大陆也就控制了世界。

布什似乎在鞭挞希特勒和斯大林，实际上他在《大棋局》中也认为，从里斯本到符拉迪沃斯托克这片欧亚大陆被视为一个地缘战略大棋盘，是既决定世界今后的稳定与繁荣，又决定美国保持世界主导地位的中心舞台。

"9·11"事件恐怖袭击美国本土，使世界唯一超级大国猝不及防。但这也为美国打入欧亚大陆中心地带提供了契机。这也正是《大棋局》重点着墨的地方。奥巴马尽管受到各方的压力，但他也绝对不会放弃阿富汗这块战略家们不惜代价竞争的地方。这也是他讲的"美国的根本利益"的文中之意。

从布什到奥巴马，尽管风格不同，但服务于"美国的根本利益"是相同的。他们在阿富汗和巴基斯坦打击他们所说的"恐怖主义"是真的，但背后都有美国的"大战略"。

（本文写作于2009年11月。）

对奥巴马访华承诺宜听其言观其行

美国总统奥巴马首次访华取得成功。从上海到北京，从故宫到长城，所到之处，刮起一股不大不小的旋风，"暖风熏得游人醉"。

我国政府从国家战略利益出发，对这次访问做了充分准备，遵循中国几千年好客传统，给予奥巴马个人高规格礼遇，为访问成功创造了良好氛围。

一家著名英国报纸甚至把奥巴马中国之行同1972年尼克松访华的破冰之旅相媲美；国内不少学界知名人士也纷纷在电视上露面，表示对奥巴马承诺喜出望外，一位著名美国问题专家称"（中美）两国从未像现在这样平等过"，另一位美国问题学者称对奥巴马承诺感到"惊喜"，上海一所大学美国研究中心负责人对奥巴马承诺作了发挥，称美国不认为中国发展是威胁，"而且号召亚洲各国乐见中国崛起"。

对专家们的看法笔者不敢苟同。奥巴马访华是在世界金融和经济危机尚未结束、中国地位凸显的背景下进行的，是其推行"巧外交"的一次实践机会，在个人风格和魅力上同历届总统访华相比，这次访华秀的确有独到之处。笔者认为，奥巴马这次访华最大特点是表明美国更加重视中国，但是"更加重视中国"不等于更加对中国友好，也不等于两国利益更加趋同。总的来看，奥巴马承诺虚多实少，有的需要"听其言而观其行"，有的说不定背后藏有玄机。

一、关于"奥巴马政府"与"美国政府"异同

美国政治制度是行政、立法和司法三权分立，相互制约，三者统一称"美国政府"，总统率领的行政机构（the administration）其实是"美国政府"的一部分。因此，"奥巴马政府（the Obama administration）"不等

于"美国政府（the U.S.Government）"。笔者在新华社华盛顿分社工作期间，曾出了笑话。一次分社宴请《华盛顿邮报》著名外交记者奥伯托佛，笔者说美国政府答应给予中国贸易最惠国待遇，而国会反对。奥伯托佛纠正说："不对。是布什政府。国会是美国政府的一部分。（No.It is the Bush Administration. The Congress constitutes part of the Government of the United States.)"

美国的行政、立法和司法都服务于美国国家利益，但在处理内政外交重大问题时由于角度和利益不同，有时观点并不完全一致。在对外政策上，总统的行政班子通过的行政法令和政策，有时在国会受阻，不能成为国家行为。美国历届总统批准的国际条约，在国会搁浅的事例很多，如联合国1996年通过的《全面禁止核试验条约》，克林顿政府签署了这项条约，但美国国会至今未予批准。

在20世纪80年代末90年代初，美国政界辩论关于中国贸易最惠国待遇问题，布什政府同意，却遭到国会连年否决。关于当前中国方面提出希望美国承认中国市场经济地位问题，随同奥巴马访华的美国商务部长骆家辉在北京美国商会举行的午餐会上说，美国国会决定，任何国家如果想得到市场经济地位被美国承认，必须满足国会的6个条件。这不是政治定义，也不是可以讨价还价的。

奥巴马上台前后，一直主张"改变"小布什政府的一些做法，但由于国会作梗，奥巴马"新政"并不顺利。奥巴马今年一上台就签署命令，要在2010年1月前关闭关塔那摩监狱，11月18日，他在北京接受美国记者采访时承认无法如期关闭关塔那摩监狱，但仍希望在明年关闭，但不再设定时限，因为"这取决于同国会的合作"。同样，在中东问题上，原来奥巴马政府对以色列总理内塔尼亚胡施加压力，要求以色列停止在约旦河西岸扩建犹太人定居点，以便重启巴以和谈，一度造成美以关系紧张。由于犹太院外集团游说国会对奥巴马政府施加影响，国务卿希拉里最近访问以巴时改变调门，受到巴方的强烈批评。

显然，奥巴马政府的对华政策，不可能违背美国政府"大战略"下的既定对华方针，即不允许中国成为一个威胁美国在亚洲和世界霸权的世界强国。

美国不仅在国会存在强大的反华、疑华势力，被称为美国"第四政府"

的媒体也难说对华保持公正态度。美国新闻界经常炮制"中国威胁论",毒化美中关系气氛。美国前总统卡特都觉得美国媒体太过分,于1997年8月10日在《纽约时报》著文《对中国妖魔化是错误的》(It is Wrong to Demonize China)。

所以,判断美国对中国的态度,不仅要看奥巴马政府的态度,还要看美国国会以及代表美国军火、石油等大垄断财团利益的势力集团的态度。有人说,美国白宫和国会一个唱红脸,一个唱白脸。

二、关于"伙伴关系"

11月17日,中美发表联合公报强调,双方致力于建设21世纪积极合作全面的中美关系,并将采取实际行动稳步建立应对共同挑战的"伙伴关系"。公报只强调了美国的一面,而实际上美国还有另一面。奥巴马10月9日接受路透社记者采访时讲了两面,即美国与中国关系,既是"伙伴",又是"竞争者"。

关于美中关系定位,美国国内其他势力集团和机构也有不同说法。9月15日美国国家情报总监办公室发布四年一度的《2009年国家情报战略》报告。这份报告与四年前的报告相比,最大区别是直接点了中国和俄罗斯、伊朗、朝鲜四个国家的名,将其一道列为挑战美国利益的主要国家。报告说:"中国与美国存在许多共同利益,但其在外交领域不断加大对自然资源的关注并推进军事现代化,是复杂的全球挑战之一。"

11月19日,美国国会下属的"美中经济与安全评估委员会"发表2009年度报告,莫须有地宣称所谓中国间谍正积极偷取美国机密,以加强在军事和政治方面的势力。

奥巴马政府到底如何定位美中关系,人们不妨再稍等两个多月,到明年2月奥巴马政府2010年度的《四年防务评估报告》出台,将会给出一个答案。根据1996年美国国会通过的《军队结构评估法案》,新政府上台后需向国会提交防务评估报告。克林顿总统1997年提交了首份防务评估报告。布什政府分别在2001年和2006年提交了报告。布什政府2006年2月6日正式向国会提交的报告中,中国的"地位"更加突出。

克林顿政府的防务报告中,美国将中国和俄罗斯并列为美国潜在的

"挑战对手"；布什政府在2001年的报告中，称中国是美国的"战略竞争对手"；到了2006年，《四年防务评估报告》虽然将中国、俄罗斯和印度并列为处于"战略十字路口"的国家，却强调中国在军事上是挑战美国"最有潜力"的国家，并明言对三国采取"两面下注"策略。报告对印俄的内容只有一个自然段，而对中国却用了三个自然段。

三、关于"遏制"

关于奥巴马提出的"美国并不寻求遏制中国"，倒使人提高了警惕。本来，美国多年来一直在军事、经济和政治各个方面遏制中国，现在说不"遏制"，有点"此地无银三百两"的意味，听起来也有点怪怪的。奥巴马的"不寻求遏制"背后有什么不可告人的目的？这不禁使人想起当年美国对苏联采取的"超越遏制"战略（Beyond Containment）。

1989年5月12日，布什总统在得克萨斯农业和机械大学毕业典礼上发表讲话，提出了对苏"超越遏制"新战略。布什说，西方的政策是鼓励苏联朝着一个开放社会的方向演进，欢迎苏联回到世界秩序中来，"超越遏制"就是要求苏联同西方合作，通过外交途径解决全球的地区争端；实现持久的政治多元化、尊重人权；同美国协力解决紧迫的全球问题，如毒品泛滥、环境污染、恐怖主义等。实际上，"超越遏制"是要对苏联进行"西化"，结果搞乱了苏联的人心，搞垮了苏联经济，瓦解了苏联的国家体制。

四、关于"一个中国"

奥巴马在上海大谈遵守一个中国、三项公报的原则，并刻意不提《与台湾关系法》，在中美联合公报中，美方也未提《与台湾关系法》。但奥巴马在同胡主席会谈后共同会见记者时提到了该法，并把美中联合公报与《与台湾关系法》并列，这才是他的真实思想。美国几届政府正是援引该法对台湾出售大批先进武器的。

另外需要指出的是，他用"中华人民共和国和台湾"这种并列表述形式，给人造成"一中一台"的印象。现在世界上恐怕不会再有人明目张胆搞"两个中国"了，当前我们应特别警惕有人搞"一中一台"的阴谋。

五、关于西藏问题

奥巴马引人注目地不在访华前会见达赖,但在访华前两个月,派出高级代表团去达赖在印度的老巢达兰萨拉,与"西藏流亡政府总理"桑东仁波切会谈,还会见达赖的私人代表甲日·洛迪以及"藏青会"头目次旺仁增等人。

奥巴马11月14日在东京讲演中语气强硬地谈到美国价值观,说"为我们珍视的基本价值观大声疾呼,美国从来都不会动摇"。果然,他在同胡主席会谈后会见记者时干涉中国内政,要求中国政府同达赖喇嘛代表早日恢复对话。奥巴马是否在访华后会见达赖,将是检验他对中国真实态度的试金石。

(本文写作于2009年12月。)

"拉登近照"丑闻与拉登实用价值

今年1月15日,美国国务院网站发表"基地"组织首领本·拉登通缉令,附有一张"拉登近照"。这份通缉令和这张"拉登近照"似乎告诉世人:拉登还活着,不仅活着,还有"近照";美国情报机构神通广大,获取了这张"近照"。

不过曾几何时,世人震惊地获悉:这张"拉登近照"不是真的拉登近照,而是美国联邦调查局搞的"换头术"。1月18日,西班牙议员利亚马萨雷斯愤怒地指出,这张"拉登近照"是自己数年前发表在互联网上的竞选照片。联邦调查局移花接木造假丑闻大曝光,不得不向利亚马萨雷斯道歉。但对方愤怒之余仍表示要诉诸法律。这场跨国公案如何收场,观察家们仍有好戏可看。此是后话。

本·拉登是制造2001年"9·11"恐怖袭击事件的元凶,布什政府为抓拉登发动阿富汗战争,推翻庇护"基地"组织的阿富汗塔利班政权,"基地"组织恐怖嫌犯纷纷被抓,送往关塔那摩监狱收审,而本·拉登却侥幸逃脱。美国发出全球通缉令,悬赏2500万美元,"活要见人,死要见尸"。迄今,阿富汗战争打了8年有余,就是不见拉登踪影,也无人提供线索认领这2500万美元重赏。拉登似乎像神话小说中描绘的"来无影去无踪"、身穿"金刚罩铁布衫"的神人。阿富汗总统卡尔扎伊一向宣称拉登在巴基斯坦一边,而巴基斯坦前总统穆沙拉夫称拉登不在巴基斯坦,而仍在阿富汗。巴基斯坦现政府高官最近仍公开驳斥阿富汗方面关于拉登在巴基斯坦一边的说法。拉登到底在哪里,是死还是活,是一个谜,足可以构思一部新《天方夜谭》。

其实,美国固然为抓拉登付出了巨大代价,但华盛顿决策者们也发现了拉登的实用价值,8年来把"坏事变好事"。一是让拉登"活着",可以警钟常鸣,增强"危机意识",为国内政治服务;二是高举"抓拉登"打击"基地"组织,大旗世界无人敢提出异议,美国借机比较容易地推行海外扩张战略。

一、为国内政治服务

那么,奥巴马政府眼下为何不择手段伪造"拉登近照",制造新的"拉登神话"呢?本来,奥巴马去年1月上台后极力向伊斯兰世界示好,刻意"淡化"反恐战略,在开罗等几次重要讲话中不提"恐怖主义"和拉登名字,对"基地"也只定性为"极端主义组织"。但奥巴马围绕反恐等问题上的"新政"在国内遭到共和党等保守势力的强烈批评,一年来新政府的民意支持率大大下降。奥巴马去年上台伊始提出的关于2010年1月20日关闭关塔那摩监狱的得意主张,由于国会作梗而泡汤。特别是去年圣诞节在美国本土发生的炸机未遂恐怖事件,使奥巴马惊出一身冷汗。奥巴马班子可能意识到,为了扭转民主党今年中期选举可能出现的颓势,政府必须审时度势,及时调整"钟摆幅度",而灵丹妙药就是不失时机地炒作"拉登神话",在国家安全问题上做文章,加大在阿富汗和巴基斯坦的反恐战争力度,对也门围剿阿拉伯半岛"基地"分支的战争问题上施加更大压力。

布什政府把反恐作为国内政治中的一张王牌,炒作"拉登神话"达到了极致。布什穷兵黩武,搞单边主义,发动伊拉克战争,提出"伊斯兰法西斯主义"论调,国际上四面树敌,美国国际形象严重受损,"软实力"受挫,国内支持率不断下降。美国著名记者海伦·托马斯称布什是美国历史上表现最差的总统。

布什政府往往在国内政治斗争关键时刻,就散布"拉登神话"。情报部门心领神会,编造似是而非的假情报,称拉登正在策划对美国本土包括机场、地铁等设施进行恐怖袭击谎言,吓唬美国公众,以证明自己是所谓"强势总统"地位,能够保证美国安全。如2005年10月6日,纽约市长布隆伯格发布关于纽约地铁将遭受恐怖袭击的警报,可能在6日或9日发生,人们惊恐万状,最后证明是假情报。2005年12月26日的英国《苏格兰人报》报道说,美国情报部门获悉,拉登正秘密实施一项代号为"美国广岛"的核袭击计划,"基地"从前苏联国家购买了至少40枚核武器,包括手提箱核弹、核地雷、核炮弹,已将多枚完全组装好的核弹偷运到美国,并通过美墨边境将数枚起爆器走私进了美国。布什政府高官相信,"美国广岛"计划将使数百万美国人死亡。

在2004年总统选举年,布什政府及共和党就是靠渲染拉登恐怖威胁,宣扬布什最有能力保卫美国国土安全,而击败强劲竞选对手、民主党的约翰·克里,连任美国总统。败选后,克里长时间怒不可遏,在美国哥伦比亚广播公司电视台一个访谈节目中说,目前驻扎在伊拉克的美军不是正义象征,相反他们属于恐怖分子。

二、推行海外扩张战略

布什政府在阿富汗开战不久,就以伊拉克拥有大规模杀伤性武器和同本·拉登的"基地"组织有联系两项莫须有罪名为借口,在2003年3月20日对伊拉克发动侵略战争,推翻了一个独立主权国家的合法政府。布什政府还以抓拉登和围剿"基地"和塔利班为名,对中亚国家施加压力,取得军事存在、租用基地、后勤保障以及空中、陆地国境等特权,在地缘战略上取得立足点,威胁俄罗斯和中国。

奥巴马上台后,将反恐战略重心从伊拉克东移阿富汗与巴基斯坦,抓拉登成为这场战争"合法性"与"合理性"的护身符。美国国防部长盖茨不久前声称,根据情报,拉登在巴基斯坦西北部山区活动,有时从巴基斯坦到阿富汗一边,然后再返回巴方一边。奥巴马去年3月提出"阿富汗—巴基斯坦新战略"时给出的理由,就是拉登在巴基斯坦西北部山区,美国增兵阿富汗和派无人机进入巴基斯坦领空空袭"基地",就是防止"基地"东山再起,策划对美国本土发动新的恐怖袭击。

美国从其全球战略出发,一直企图控制巴基斯坦这个具有重要地缘战略地位的南亚国家,美国一再宣称拉登在巴基斯坦,对巴不断施加压力,"胡萝卜加大棒"、恩威并施,迫使现政府俯首帖耳,造成巴基斯坦内乱愈演愈烈。今年1月21日,美国国防部长盖茨访巴,宣布向巴提供无人机,进一步加强"美国人出钱出枪用巴基斯坦人打巴基斯坦人"的力度。具有讽刺意味的是,1月15日国务院网站刊登的通缉令中的虚假"拉登近照",表明美国情报机构并不掌握拉登的真实信息。拉登行踪和命运仍然只有"天知道"。盖茨在巴基斯坦也只字不提拉登和"基地",而是强调支持巴基斯坦打击塔利班。

"9·11"事件发生后，中国同国际社会绝大多数国家都支持美国对"基地"组织发动阿富汗战争。但后来的事态发展，美国在反恐问题上奉行双重标准，在关系到我核心利益涉疆问题上，美国拒绝遣返关押在关塔那摩监狱的中国籍"东突"嫌疑犯，不顾我国一再交涉把他们移交给第三国。

关于拉登行踪，西方国家媒体多次居心叵测造谣"拉登在中国"。2001年9月22日，英国《卫报》称，本·拉登已逃离阿富汗，目前正躲藏在中国某个地方。时任外交部发言人朱邦造在新闻发布会上予以严正驳斥。2004年10月13日，一位英国记者又在报纸上造谣说，美国卫星已经拍摄到本·拉登现在居住的具体位置，也就是中国靠近巴基斯坦边界的一个小湖的附近。10月19日，外交部发言人章启月在新闻发布会上再次驳斥西方谣言。

笔者认为，我媒体在反恐问题报道上，要体现我国独立自主的外交政策，要认识到中美两国不同的反恐观。不要落入西方圈套，跟着西方舆论跑。

（本文写作于2010年2月。）

热词注解：战略性保障

"战略性保障"（strategic reassurance）这个概念是美国常务副国务卿詹姆斯·斯坦伯格针对美中关系首先提出来的。

2009年9月24日，斯坦伯格出席华盛顿智库"新美国安全中心"举行的最新研究报告《中国登场：一个构建全球关系的战略框架》发布会上，发表题为《本届美国政府关于美中关系的设想》讲演，创造了这个术语。

正像小布什政府执政时期常务副国务卿佐利克抛出中国是"负责任的利益攸关方"概念一样，斯坦伯格提出"战略性保障"后也在国内学术界引起关注。如何字面上理解"战略性保障"？国内媒体出现了不同的译法，有"战略保证""战略再保证""战略保障"和"战略再保障"等。

美国国务院国际翻译局把"strategic reassurance"翻译成"战略性保障"。新华社《参考资料》2009年10月16日刊登了该局翻译的斯坦伯格演讲全文。美国官方的版本似更贴近原文。

"战略性保障"提出的背景

斯坦伯格认为，美中1979年建交30年来，中国取得了"令人赞叹不已"的"长足进步"。回首这30年，重温以尼克松总统为开端，后由卡特总统实现的美中建交的远见卓识，"人们从根本上认识到，更有利于美国长期利益的不是试图挫败中国的抱负，而是探求中国能否与美国结为伙伴的可能性"。斯坦伯格指出，尽管20世纪70年代美国开创对华关系的有关决策，重点是争取中国的帮助制衡苏联，"但面对今天的现实，重提上述基本认识尤为重要"。

那么，什么是"今天的现实"呢？斯坦伯格引用他的上司——国务卿希拉里2009年7月15日在美国外交协会所作关于美国外交政策五项方针的讲话中所阐明的论点：有两种不可回避的事实决定了今日之现实，"首先，没有一个国家能单独应对世界上各种挑战","其次,大多数国家对共同的全球威胁感到担忧"。

斯坦伯格认为,从上述认识处理美国同中国的关系,"不免从根本上面临两难的局面"。"考虑到中国的实力和影响日益增强,我们尤为迫切地需要同中国共同应对全球性挑战,然而,中国自身的规模和重要地位也带来了相互竞争与对抗的风险,结果有可能阻碍相互合作"。

斯坦伯格还引用古希腊修昔底德等历史学家们的一个论点,即大国的崛起会引发一系列冲突,结果打乱旧秩序并对现有权利结构提出挑战。"因此,中国的崛起也可能导致同样暗淡的前景。"

斯坦伯格的潜台词是:美国致力"探求"中国"同美国结为伙伴的可能性",但是,美国又对中国不放心,担心中国挑战美国的全球霸主地位。那么,如何来解决这个难题呢?斯坦伯格提出,一方面需要保护美国的国家利益,另一方面也需要适应中国的崛起。"这是我们这个时代的重大战略挑战之一",而应对这个挑战的关键就是"战略性保障"。

"战略性保障"的要害

按照斯坦伯格的设想,战略性保障取决于一项关键的相互约定,或许也是一个不言而喻的条件,即美国"欢迎中国作为一个繁荣昌盛的大国登场",同时"中国也必须向全世界其他国家保证,中国的发展及其在全球日益增长的作用将不以其他人的安全和福祉为代价","维护这项条件必须成为美中关系的重点"。

其实,这是一个不平等的"相互约定"和"条件"。本来,中国作为一个大国登场是中国的权利,而按照"战略性保障"则要符合美国设定的条件。

斯坦伯格提出美中关系中"继续存在不信任和分歧"的九个领域要求中国作出保证,以便使美国放心:

一、消除美国对中国军事活动方面的疑虑特别关键。中国在海上、空中和太空的实力都有所加强,中国要求对专属经济区行使权利"过宽",引起美国对中国意图提出质疑。

二、美国敦促中国提高军事透明度,消除亚洲和全世界其他所有国家对其意图的疑虑。美国关心中国和台湾之间的关系。

三、在战略核武器和太空领域不信任风险尤为严重，在网络空间也日甚一日。

四、资源竞争值得关注，中国增长迅速、人口众多，对油、气和矿物资源需求急剧上升，采取"资源重商主义"不妥。

五、中国"重商主义"倾向扰乱了市场，还导致同伊朗、苏丹、缅甸和津巴布韦等国进行有问题的接触。

六、经济关系是导致美中关系紧张的另一个领域。有关"经济民族主义"情绪不断上升的预言和"贸易战一触即发"的评论数不胜数。

七、人权问题并非同美中战略关系不相干。一个尊重法制和国际惯例的中国可以打消别国的疑虑。

八、"战略性保障"不仅涉及美中两国关系，美国的亚洲合作伙伴必须同样能够确信，中国作用日益强大，不至于以牺牲他们的利益为代价。

九、在涉及国际体系问题上，必须确保中国这样的新兴大国能够在交往中采取适宜的姿态，不至于引起恐惧或不信任。

斯坦伯格提出的"战略性保障"只要求中国做出种种保证，却并未提出美国应该对中国做出什么样的保证。

（本文写作于2010年4月。）

以袭击国际救援船事件使美国陷入窘境

以色列在错误的时间、错误的地点，对错误的对象发动的一场错误的军事行动，再次把以色列送上世界道德法庭的被告席，同时把美国奥巴马政府置于尴尬境地。以色列此举对以美关系、以土关系、以巴关系，乃至中东和平进程都将产生美国不愿看到的负面影响。

第一，上台一年多来的奥巴马政府在国际上面临许多挑战和难题。虽然同中国关系恢复了正常，但伊拉克和阿富汗两场战争，骑虎难下的对伊朗制裁问题，"天安"舰事件引发的朝鲜半岛局势紧张，美国同日本就普天间基地搬迁产生的纠葛及其导致的日本政府倒台问题等，都弄得奥巴马政府焦头烂额。美国显然不希望再出别的乱子。为了在中东"维稳"，美国费了九牛二虎之力才把巴以双方推上了"间接谈判"的谈判桌。以色列在美国外交多事之秋的背景下横马立刀制造了这场大麻烦，扰乱了美国的外交棋局，华盛顿无疑内心感到恼火。

第二，以色列这次给美国"添乱"，可能给美以关系带来微妙影响。

奥巴马政府也将不得不在"百忙"中腾出些精力修补两国关系。可以预见，美国很快会派高官去以色列，帮助处理袭击救援船事件的"善后"事宜，并进一步"规范""麻烦制造者"以色列的下一步行为，阻止事件无休止"发酵"。

以色列是美国在中东的战略盟友，保护以色列的安全是美国的国策。鉴于以色列在美国有600万犹太人作后盾，美国民主和共和两党都轻易不敢开罪以色列。奥巴马今年面临中期选举，有求于美籍犹太人选票，因此不希望美以关系出现大的波动。

以色列这次是在公海上肇事，针对国际和平、人道和慈善机构，造成了数十人伤亡惨剧，遭到举世谴责，美国也不得不同意安理会最后通过的大大降低了谴责调门的"主席声明"。奥巴马此前单独表态中只是表示"深感遗憾"，实际上仍在袒护以色列。

奥巴马政府上台后对小布什的中东政策进行了微调，在扩建犹太人定居点问题上加大对以色列施压的力度，推动以巴恢复和谈。以色列感到很不适应，美以关系一度出现紧张局面。在对待伊朗问题上，美国也强烈要求以色列不要对伊朗核设施采取单独行动，以色列对此也表示异议和不满。最近，在联合国审议《不扩散核武器条约》大会上，以色列公开指责美国出卖了它。

以色列目前在国际上空前孤立，美国是以色列的唯一靠山。以色列虽然对美国有意见，但在"大局"问题上，还得听美国的。以色列这个美国宠坏的"顽皮孩子"也得"学乖"一点了。

第三，以色列同土耳其关系恶化使美国感到为难。

本来，土耳其是同以色列保持良好关系的屈指可数的几个伊斯兰国家之一。土以之间外交、经济，军事和体育来往密切。几年前，土耳其还主持以色列同叙利亚之间的"间接谈判"。

近年来，土以关系趋冷。土耳其基于穆斯林的兄弟情谊，非常关心巴勒斯坦人的疾苦和安危，去年达沃斯论坛年会上，土耳其总理埃尔多安同以色列总统佩雷斯就以色列封锁加沙发生争吵，埃尔多安愤然退场。

在伊朗核问题上，美国和以色列声称伊朗发展核武器鼓动国际社会对其进行严厉制裁，土耳其作为伊朗的邻国，奉行睦邻政策，并批驳伊朗发展核武器的论调，公开反对制裁。最近，土耳其、巴西、伊朗三国在德黑兰签署关于在土耳其进行交换浓缩铀协议。以色列和美国对土耳其的外交斡旋非常恼火。

这次由"自由加沙运动"倡议组织的国际救援行动，土耳其非政府组织担任主要任务。以色列选择土耳其"马维·马尔马拉"救援船作为袭击目标显然是有预谋的，目的在于"枪打出头鸟"，给土耳其政府"颜色"看。

在这次事件伤亡的数十人中，多数是土耳其人。土耳其官方和民众反应强烈，安理会"主席声明"发表后，埃尔多安总理在大国民议会发表讲话，强烈谴责以色列"血腥屠杀"。他说这件事是一个"历史转折点"，誓言土耳其将继续支持巴勒斯坦，并警告以色列"没有人可以轻易测试土耳其的耐心"。同时，土耳其警告说，海军将派护航船只前往加沙海面，突破以色列的封锁。

土耳其地理上横跨欧亚，是中东地区大国，面积78万平方公里，人口7000万。在历史上，土耳其人建立的奥斯曼帝国称雄过欧亚非几个世纪。现代土耳其是一个世俗的民主的伊斯兰国家。二战后成为北约成员国，西方阵营的一员，在人数上军事力量仅次于美国。当前，土耳其是新兴经济体、G20成员，在伊斯兰世界和发展中国家具有重要影响。如果以色列同土耳其结仇，后者进一步加强同阿拉伯世界的关系，对以色列来说，后果是严重的。

美国与土耳其是传统盟国。即便是冷战后的今天，土耳其的地缘战略地位仍不可低估。奥巴马上台后访问的第一个伊斯兰国家就是土耳其，并在土大国民议会发表"（美国）不同伊斯兰开战"的著名言论。显然，土以交恶不利于美国的全球战略利益。

第四，以色列拦截和袭击国际救援船队使巴以和平进程前景更加暗淡。

以色列的无法无天，使巴勒斯坦和阿拉伯民众感到极其愤慨，对奥巴马政府"新伊斯兰"政策更加怀疑，对通过谈判收复被占领土的愿景更加感到渺茫。阿尔及利亚政治家布卡塔伊亚说："我们不仅要谴责以色列，也要谴责美国。正是美国放任以色列为所欲为。以色列是美国娇纵的孩子。"

这次事件可能诱发阿拉伯和伊斯兰世界的激进组织增加对美国和以色列的暴力和恐怖袭击。

二战后阿拉伯和中东地区的伊斯兰激进主义思潮和恐怖主义产生的根源，在于以色列占领巴勒斯坦和阿拉伯领土，以及对巴勒斯坦人民抵抗以色列占领的武力镇压和对巴勒斯坦人民的残酷压迫和迫害。解决中东极端主义和恐怖主义要"标本兼治"，而要解决这个"本"，就必须解决中东的根本问题——阿以冲突，而巴勒斯坦问题是中东问题的核心。贫困问题不是解决中东激进主义和恐怖主义的"本"。

（本文写作于2010年6月。）

美俄关系的一个历史羁绊

俄罗斯总理普京2010年6月17日在与美国雪佛龙集团领导层会谈时表示，以美国《杰克逊—瓦尼克修正案》为代表的"历史悠久的绊脚石"阻碍俄美关系的发展。普京指出，类似的障碍"设置于俄美早期关系的时代，在今天无疑干扰了两国关系的发展"。

普京在俄罗斯总统梅德韦杰夫访问美国之前，当着美国企业界巨头的面提出这个问题，显然是向奥巴马政府传递一个信号，即俄罗斯政府希望美国搬掉这块阻碍俄美两国关系发展的"历史悠久的绊脚石"。由于这个"绊脚石"，俄美贸易一直处于低水平，2009年双边贸易额仅为184亿美元。那么，《杰克逊—瓦尼克修正案》到底是什么呢？

《杰克逊—瓦尼克修正案》的来龙去脉

《杰克逊—瓦尼克修正案》是1974年美国国会通过的《贸易改革法案》的附属法案。其内容是禁止给予苏联和东欧等限制移民出境的社会主义国家贸易方面的优惠，也就是所谓"贸易最惠国待遇"。

该法案冠名者之一的瓦尼克是俄亥俄州众议员。1973年12月11日，他向国会提交一项改革贸易法修正案，规定"在苏联允许犹太人和其他少数民族自由移民国外之前，禁止向苏联提供最惠国关税待遇和得到美国政府贷款"。其目的是通过此案向苏联等社会主义国家施加经济压力，并拉拢社会主义国家中所谓"渴望自由的人"。一年以后，美国参议院又以全票通过了华盛顿州民主党参议员杰克逊提出的另一项与瓦尼克修正案内容相近且更加具体的贸易法修正案。他的修正案要求苏联"为不幸的移民打开大门，以每年至少准许6万名犹太人移居国外作为取得最惠国待遇地位的交换条件"。

1989年，苏联和东欧社会主义阵营发生重大变化。当年5月12日，美国（老）布什总统宣布，鉴于苏联和东欧的演变，他愿意考虑放弃《杰克逊—瓦尼克修正案》，积极争取为苏联提供贸易最惠国待遇，但条件是苏联要向着美国希望的方向进行"改革"。

1989年10月23日，东欧社会主义国家匈牙利正式更改国名，宣布实行"资产阶级民主与民主社会主义价值"，得到美国赞许。3天后，（老）布什总统签署一系列文件，宣布给予匈牙利"贸易最惠国待遇"，撤消《杰克逊—瓦尼克修正案》对匈牙利的限制，使匈成为第一个不受此案限制的东欧原社会主义国家。

戈尔巴乔夫的努力未果

在历史即将跨过20世纪最后一个10年的门槛时，美国和苏联两个超级大国的领导人（老）布什总统和戈尔巴乔夫主席，于1989年12月在地中海岛国马耳他马萨什洛克港的苏联"高尔基号"客轮上进行了为期两天的"非正式会晤"。

在冷战时代，两个超级大国领导人的最高级会谈，不仅对东西方关系，而且对整个国际局势都具有重大影响。因此受到各国新闻界的高度重视。

平心而论，戈尔巴乔夫提出"改革"和"公开性"，与美国等西方阵营改善关系，初衷也是重振苏联超级大国雄风。可是却落入西方圈套，一味让步，造成国内失控，进而苏联解体。在马耳他会谈时，除了削减战略武器等议题外，戈氏特别敦促（老）布什履行他上半年关于放弃《杰克逊—瓦尼克修正案》，给予苏联"贸易最惠国待遇"的承诺。（老）布什在会谈中则敦促戈氏在国内"走市场经济道路"和实行"民主演变"。在这个基础上，美方才可以考虑答应苏联取得关税及贸易总协定观察员资格的要求。（老）布什还表示，一俟苏方立法机构批准移民法，美将考虑给予苏联"贸易最惠国待遇"，把皮球踢给戈氏一边。但两人相约，于1990年年中在华盛顿举行"正式"最高级会谈，解决悬而未决问题。

苏联对（老）布什与戈氏在华盛顿最高级会谈中签署苏美贸易协定寄予厚望。实现苏美贸易关系正常化对苏联改革意义重大。苏美贸易协定是互为最惠国的前提，也是苏联加入世界银行、国际货币基金组织和关贸总协定等国际机构的必由之路。

可是，在华盛顿最高级会议之前，突然出现的波罗的海问题使美苏之间产生一种危机气氛。4月30日，（老）布什向戈氏发出一封绝密信函，称最高级会议期间无法签署美苏贸易协定和向苏联提供"贸易最惠国待遇"。5月1日，美国参议院以73票对24票通过一项议案，要求（老）布什政府推迟达成美苏贸易协定。另一方面，苏联最高苏维埃原定在华盛顿最高级会议前夕的5月31日讨论通过新移民法，鉴于美方态度也不得不临时把移民法问题从议程上拿掉。

但是，戈氏同（老）布什在白宫椭圆形办公室单独会谈时仍然明确表示了对苏美贸易协定的兴趣。当晚正式欢迎宴会上，两人私下交谈，戈氏再次提出此事。苏联代表团成员也向（老）布什政府对口官员游说并暗示，如苏美贸易协定告吹，将影响对美国农场主利益重大的美苏长期粮食协定的签订，苏联将转向其他国家购买粮食。6月1日上午，戈氏在苏联大使馆同美国国会两党领袖会谈时说，美国方面在贸易问题上做出姿态，不仅对苏联，也对美国商人提供机会。从政治上讲，美方做出这一姿态是"很重要的"。

可是，戈氏在他担任苏联总统的最后岁月中也没能打掉《杰克逊—瓦尼克修正案》对苏美贸易关系的束缚。

奥巴马面临考验

世事沧桑、斗转星移。从苏联解体到俄罗斯复兴，日历又翻过了20年。现在俄罗斯人仍然在讨论横亘在俄美关系中的《杰克逊—瓦尼克修正案》问题；在叶利钦总统时代，俄罗斯同美国关系进入了"蜜月期"，美国都没有废除该法；到了桀骜不逊的普京时代，美国人更不会解决这个问题；现在到了梅德韦杰夫时代，奥巴马总统能否踢开这个"历史悠久的绊脚石"？

说来也巧，笔者1993年9月至1997年9月担任新华社耶路撒冷分社首席记者，同苏联移民到以色列的犹太人有过很多接触。据夏兰斯基说，俄罗斯早就放开了犹太人移民限制，到达以色列的犹太人近百万。他们组建了政党，势力强大。当年苏联指责夏兰斯基是不同政见者，对他进行迫害，踏出国门根本是不可能的事。他到了以色列后立马成了以色列政府部长。令人不解的是，美国1974年通过《杰克逊—瓦尼克修正案》不就是为了惩罚苏联禁止犹太人移民国外吗？俄罗斯早就敞开了国门，为什么还要惩罚俄罗斯呢？俄罗斯要做出多少让步才能满足美方的要求呢？

2010年6月22日至24日，梅德韦杰夫对美国进行他当选总统后的首次正式访问，受到奥巴马的热烈欢迎，标志美俄关系正式"重启"。奥巴马还别出心裁，创造了"汉堡外交"新花样，气氛相当融洽。就梅德韦杰夫这次访问着眼加强俄美经济合作，奥巴马答应继续支持俄罗斯加入世界贸易组织（WTO）进程。

7月12日，梅德韦杰夫在外交部会见俄驻外使节，并发表重要讲话，宣布了以西方为优先的对外政策。这一讲话被媒体诠释为"外交政策大转弯"，是一场"革命"。但梅德韦杰夫的外交"转向"也引起国内的不同反应。

苏共总书记久加诺夫7月13日提出严厉批评，称俄罗斯正在向美国"下跪"。他指出，"讨好美国并没给俄罗斯带来好处。到目前为止，美国也没有取消从1974年起实施的对俄罗斯歧视性的《杰克逊—瓦尼克修正案》"，"我们所看到的现行对外政策是'戈尔巴乔夫主义'的危险征兆"。

显然，奥巴马政府能否解除《杰克逊—瓦尼克修正案》对美俄贸易正常化的限制，能否给予俄罗斯"贸易最惠国待遇"，将是对梅德韦杰夫外交新政的考验，也是对奥巴马"重启"美俄关系真实意图的考验。奥巴马既然答应支持俄罗斯加入WTO，首先应当搬开《杰克逊—瓦尼克修正案》这个美俄关系"历史悠久的绊脚石"。对此，人们拭目以待。

（本文写作于2010年7月。）

关于"国家利益"与"国家核心利益"

最近一个时期以来,国际关系中两个政治概念——国家利益与国家核心利益经常见诸报端,引起媒体和舆论的热议。

国家利益,从结构层面来说,可以分为国家政治利益、国家经济利益、国家文化利益和国家长远利益等;按重要程度,可分为国家安全利益、国家战略利益、国家根本利益和国家核心利益等。

国家核心利益是国家的最高利益,与国家与民族的生死存亡攸关,因此在国际交往和谈判中不可让与,没有妥协的余地。

国家利益的性质

关于国家利益概念的内涵,不同国家和不同历史时期有不同内容,也受到国家性质、政治制度和意识形态的制约。维护和捍卫国家利益特别是国家核心利益,是任何国家政府至高无上的天职,是衡量"爱国"还是"卖国"的唯一标尺。

国家利益说问世已经有数百年历史。19世纪英国首相帕麦斯说,对于一个国家来说,"没有永远的朋友,只有永远的利益"。上世纪英国政治家丘吉尔套用帕麦斯的话,称国家间"没有永恒的友谊,只有永恒的利益"。这句话后来成为国际上广泛引用的一句名言。

国家利益在性质上有"扩张性"和"自卫性"之别。19世纪后半叶,西方大国社会发展从资本主义膨胀过渡到帝国主义阶段。为了谋求自身国家利益,列强用坚船利炮轰开了广大亚洲、非洲和拉丁美洲国家的国门,疯狂掠夺资源和财产,攻城略地、贩卖奴隶、瓜分殖民地。列强铸就的国家利益是以损害和牺牲广大弱小国家的国家利益为代价的。

由于资本主义发展不平衡，西方大国争夺战略要地，划分势力范围，狼狈为奸，受伤害的仍然是广大亚非拉国家的国家利益。如1844年美国强迫中国清政府签订的《望厦条约》规定，中国"如另有利益及于各国，（美利坚）合众国民应一体均沾"。美国利用"利益均沾"的强盗逻辑，不仅享受了其他帝国主义国家在中国所取得的一切利益和特权，而且成为其他帝国主义国家援引以扩大对中国侵略、掠夺的借口。

20世纪五六十年代开始，亚非拉广大殖民地和半殖民地国家掀起了轰轰烈烈的民族解放运动，开展武装斗争，赶走了帝国主义和殖民主义，实现了民族独立，赢得了国家主权，走上了发展经济的道路，在和平与发展的过程中，重新弘扬了国家利益。

冷战结束后，美国作为世界上唯一超级大国，极力维护不合理的国际政治和经济秩序，追求国家利益最大化。美国还输出"美国价值观"，散布"人权大于主权"等谬论，肆意干涉别国内政，践踏别国主权，甚至不惜进行颠覆和侵略。广大发展中国家维护和捍卫国家利益任重道远。

中国"国家核心利益"

新中国建立以前的一百多年间，中国是世界上遭受帝国主义侵略和压迫灾难最深重的国家之一，割地赔款，丧权辱国，国家利益任人践踏。1949年新中国诞生，标志着中国人民站起来了。60年间扬眉吐气，随着新世纪的到来，中国和平崛起，世人刮目相看，国家利益和国家核心利益得到了有效维护和伸张。

近年来，中国领导人在同外国领袖会晤时特别强调"尊重各自的核心利益"，普遍得到了对方的积极响应。那么，中国的国家核心利益是什么呢？国务委员戴秉国去年在华盛顿参加中美第一次战略与经济对话时，明确提出中国的国家核心利益内容：第一是维护基本制度和国家安全；其次是国家主权和领土完整；第三是经济社会的持续稳定发展。外交部发言人在不久前的记者招待会上把这一表述凝缩为国家安全、主权和领土完整。

在公开外交场合，关于我国国家核心利益，中方讲的最多的是涉台问题和涉藏问题。而正是在这两个问题上，美国总统奥巴马今年初悍然触及我国核心利益底线，导致中美关系出现严重波折。

今年7月以来，美国和韩国一再宣称要在黄海举行联合军演，甚至扬言可能派遣排水量9.7万吨的"华盛顿"号核动力航空母舰参加黄海军演。我外交部发言人多次严正指出，中国反对美国在包括黄海在内的中国近海举行军演，因为这危及中国的安全利益。我国军方对美军可能派"华盛顿"号航母参加黄海军演表示"非常反对"，警告说这涉及中国的核心安全。

中国奉行和平外交路线，永远不称霸；主张和平解决国家间存在的悬而未决问题。因此，中国维护自己的国家利益与核心利益，完全是"自卫性"的。

"美国的持久利益"

在美国，"美国利益"是美国政治词汇中最热的热词之一，也是美国人、舆论和媒体的口头禅。"美国利益"是两百多年来美国历届政府对外政策的落脚点和指导方针。奥巴马政府上台后于今年5月27日向国会提交的首份《美国国家安全战略报告》提出："我们的国家安全战略应着眼于重振美国的领导地位，使我们能够在21世纪更有效地推进美国利益。"

美国的国家利益是全方位的，是全球性的，不仅仅限于美国本土，这就决定了其属性是"扩张性"的。这种"扩张性"决定了其可能同远离美国大陆十万八千里之外的国家的国家利益发生矛盾和龃龉。美国国务卿希拉里今年7月23日在河内参加东盟论坛会议时称，"南海有美国的国家利益"。她9月2日在华盛顿主持巴以直接谈判时称，美国推动巴以和谈"符合美国国家利益"。

美国不用"核心利益"这个字眼，在前文提到的《美国国家安全战略报告》中使用了"美国的持久利益"这个术语。它包括：

"美国、美国公民以及美国的盟友和伙伴的安全"；"在一个开放和促进机会与繁荣的国际经济体系中，保持美国经济的强大、创新和增长"；"在国内和全世界尊重普世价值观"；"在美国领导下，通过紧密合作建立促进和平、安全和机遇的国际秩序，以应对各种全球挑战"。

笔者注意到，在美国的任何战略与安全报告中都不见别国最关心的

"主权与领土完整"条文,因为美国明白,世界上没有任何国家可能在这个方面对美国提出挑战。

(本文写作于2010年9月。)

美国撤军后伊拉克局势不容乐观

美国 2010 年 8 月 19 日开始从伊拉克撤走最后一支成建制的战斗部队，8 月 31 日撤完。这标志着美国 2003 年 3 月 20 日开始武装入侵伊拉克迄今长达 7 年半的军事占领的终结。按计划，驻扎在伊拉克境内的约 5 万名"非战斗部队"将于 2011 年底前撤走。美国大兵完成"任务"拍屁股走人，可美国发动伊拉克战争造成的严重后果和影响却将在伊拉克长期存在。

（一）

早在伊拉克战争爆发之前，美国的北约盟国、伊拉克的邻国土耳其就忠告美国，发动伊拉克战争将造成严重后果。2003 年 1 月 4 日，土耳其总理居尔访问叙利亚时警告说："不应当在伊拉克打开潘多拉盒子。否则，这个盒子一旦打开，就可能再关不上。"

无独有偶。2004 年 9 月 13 日，当时反对伊拉克战争的"老欧洲""三驾马车"——法国总统希拉克、德国总理施罗德和西班牙首相萨帕特罗在马德里举行峰会，希拉克在谈到伊拉克问题时说："我认为，伊拉克就像一个被打开的潘多拉盒子，现在我们无法把它重新关闭起来。"

希拉克是在伊拉克战争爆发一年半以后，针对伊拉克局势说这番话的。今天，6 年过去了。这 6 年的伊拉克仍然是一个"被打开的潘多拉盒子"，无法关闭。以今年 7 月为例，伊拉克官方统计数字显示，这个月是 2008 年以来伊拉克暴力袭击事件死亡人数最多的一个月。8 月 17 日，在巴格达政府征兵站发生自杀式袭击，60 人死亡，125 人受伤，成为近年来伤亡最惨重的单一暴力袭击事件。可以预见，随着美国撤军，伊拉克固有的各种矛盾和冲突将进一步激化，被打开的"潘多拉盒子"，更加难以"重新关闭起来"。

（二）

一、伊拉克国内形形色色背景的反美武装将继续对美国目标和伊拉克军政人员开展暴力袭击活动。

布什总统以萨达姆政权发展大规模杀伤性武器和与"基地"组织有联系为借口，不顾全世界人民的反对，悍然发动伊拉克战争。其真实目的，一是为了控制伊拉克的石油；二是为了地缘战略目标，即进一步控制中东，在阿以冲突问题上支撑以色列，打击巴勒斯坦，削弱阿拉伯统一战线。

美国为这7年半的战争也付出了沉重代价，截至2010年8月，美军死亡4415人，伤3.2万人，战争支出7423亿美元。显然，美国不会一走了之。所谓"美国撤军"，不是"美国撤走"。明年底美国撤出5万名"非战斗部队"后，在伊拉克还会保持强大的"美国存在"。美国军人摇身一变，可能成为伊拉克各级军政机构中的顾问、参谋人员，以及美国军火公司、石油公司、保安公司人员。美国情报机构也要在伊拉克情报机构安插人员。引人注目的是，美国在巴格达建造了世界上最大的大使馆，可以容纳1000多人在里面办公和服务。美国大使馆将来注定会成为凌驾于伊拉克政府之上的"太上皇"。

伊拉克的反美武装包括美国所指控的来自不同国家的"基地组织分支"成员、萨德尔领导的亲伊朗什叶派武装。被推翻的萨达姆阿拉伯复兴社会党武装人员，近年来有的从地下浮出水面，有的是从叙利亚等流亡地回来当"还乡团"。这些反美武装是不会对美国人和伊拉克亲美政权善罢干休的。

二、伊拉克政府同美国"太上皇"控制与反控制斗争将加剧。

美国大军2003年3月拿下巴格达，被美国等西方国家豢养的伊拉克流亡人员也重返故土，成为伊拉克临时政府要员，这些人当然为伊拉克群众所不齿。2005年和2010年伊拉克举行两次大选，因为大选是在美国军事占领下举行的，产生的伊拉克新政权的合法性和权威性也受到许多伊拉克人的质疑。他们为了证明伊拉克政府是伊拉克人的民选政府，不是美国"傀儡"，更不是伊奸，必定会设法同美国"太上皇"保持距离，以表明伊拉克新政府坚定执行2004年联合国安理会1546号决议关于"主权在伊、伊人治伊"的决定。可是，美国绝不会扔掉指挥棒，放弃支配权。可以预见，随着时间的推移，双方的矛盾和龃龉将会表面化。

三、宗教和民族矛盾将会加剧，不排除国家分裂的可能性。

伊拉克是个多教派、多民族国家。同属伊斯兰教，但有逊尼派和什叶派等派别之分；一个统一国家，由阿拉伯人、库尔德人和土库曼人等不同民族组成。在萨达姆当政时期，萨达姆总统推行"铁碗"政策，由少数的逊尼派当政，其他教派和民族受到压制和镇压，甚至对库尔德人使用毒气。

美国入侵伊拉克后，极力把不同教派和民族捏合在一起，达到某种权力和利益的暂时平衡。但是，从伊拉克临时政府过渡阶段到两次大选，代表不同教派和民族利益的政党明争暗斗，闹得乌烟瘴气。今年大选已过了半年，新政府仍然难产。另外，逊尼派与什叶派穆斯林之间相互仇杀，冤冤相报、水火不容。血腥暴力事件层出不穷。

在近代史上，西方列强为了瓜分殖民地和便于对亚非拉国家实施占领和统治，常常使用"分而治之"的策略。在萨达姆当政时期，美国等西方国家有人提议支持将伊拉克一分为三，即南部给什叶派，中部给逊尼派，北部属于库尔德人。

美军撤走后，库尔德人的动向最值得注意。作为一个跨国民族，库尔德人中的仁人志士在二战后轰轰烈烈的民族解放运动高潮中，也曾渴望实现民族独立，但由于种种原因，这一愿望始终没能实现。经过几十年的奋斗，在伊拉克北部聚居的库尔德人"自治"已经达到"雏形国家"的水平，颇有"万事俱备，只欠东风"的味道。这个"东风"是否会随着伊拉克国内出现政治纷争而到来？不排除伊拉克库尔德人中有人想铤而走险的可能。

四、邻国和其他外部势力可能乘虚而入，利用教派和民族矛盾以及利益分配的不平衡，插手和干预伊拉克内政，造成伊拉克同邻国关系持续紧张，麻烦不断。

土耳其一向坚决反对库尔德人独立。多年来，土耳其军队经常跨界到伊拉克境内，打击盘踞在伊拉克北部山区的土耳其库尔德工人党武装。伊拉克战争前后，美国一直对土耳其施加压力，规劝土方保持克制，不要干扰和破坏美国打击萨达姆政权的大局。美国从伊拉克撤军后，土耳其肯定会加大跨界打击伊拉克北部库尔德工人党武装的力度，这肯定遭到伊拉克政府的反对。

近年来，伊拉克政府一直怀疑叙利亚当局纵容萨达姆的阿拉伯复兴社会党分子利用叙利亚领土作为根据地，跨界对伊拉克政府发动"恐怖袭击"。叙利亚方面一直予以否认。但两国关系一直疙疙瘩瘩。美国撤军无疑为忠于萨达姆的武装分子向伊拉克政府"反攻倒算"提供了更加方便的可能。

伊朗和以色列的动向尤其值得关注。伊朗是伊斯兰什叶派占主导地位的国家，同伊拉克南部的什叶派同属一派。萨达姆政权时期，什叶派政治人物受到迫害，不少人流亡到伊朗避难和从事"倒萨"活动，美国入侵伊拉克后，他们中不少人返回故土，在伊拉克政府中担任要职，其中包括今年大选中得票前两名中的马利基总理。可以预见，如果美国和以色列要对伊朗核设施发动"外科手术式"的袭击。伊朗肯定会利用对伊拉克什叶派的影响，在伊拉克开辟新战场。

历史上，犹太人在两河流域的活动可以追溯到远古时期。以色列1948年建国之前，这个地区就有不少犹太人繁衍生息。以色列建国后，政党和政府中就有来自伊拉克的犹太人。伊拉克战争爆发后，一直有消息说以色列情报部门加紧在伊拉克活动，关于美国军事当局通缉的萨达姆政权要犯行踪的情报，有的就是以方提供的。

以色列历来与库尔德人关系密切，把库尔德人看作是在中东地区少数非阿拉伯盟友之一。据英国《卫报》援引美国《纽约客》的报道说，前几年以色列情报部门曾采取代号为"B计划"的行动，在伊拉克、叙利亚和伊朗等库尔德人聚居区从事秘密活动，训练突击队员，准备与伊朗什叶派相抗衡，防止伊朗势力在伊拉克坐大。

五、伊拉克安全部队是美国军队帮助组建和训练的，成分复杂。在美军撤走后，不排除反美武装渗透进来进行策反，倒戈从事反美反政府暴力活动。

(本文写作于2010年11月。)

刘晓波事件发出的反华信号

今年10月8日,挪威诺贝尔委员会宣布将2010年和平奖授予中国在押刑事犯刘晓波,并决定于12月10日在奥斯陆举行颁奖仪式。这是以美国为首的西方反华势力继1989年授予达赖和平奖后,又一次利用和平奖挑战中国政治制度和中国国家核心利益的丑恶表演。刘晓波事件表明,西方反华势力并未因金融和经济危机而收敛在意识形态领域分化和西化中国的图谋,"人权"问题仍然是美国企图搞乱中国、遏制中国和平发展的屡试不爽的利器。

刘晓波事件背后的美国因素

挪威诺贝尔委员会选择刘晓波作为2010年和平奖得主不是偶然的。中国改革开放30年,特别是最近几年中国的"和平崛起",引起西方焦虑和恐慌。在西方遭到金融和经济危机重创时,中国和平发展道路(有学者称"中国模式")焕发出强大生命力,中国特色社会主义影响越来越大。胡锦涛主席在深圳改革开放30周年庆祝大会讲话中,强调了深圳的成功体现了社会主义制度的优越性,这一表述也无疑使以美国为首的西方国家感到不是滋味。为了防止"中国模式"的多米诺骨牌效应,美国和西方国家认为必须弘扬西方的"普世价值",在制度层面上打压中国。而眼下比较方便的机会就是诺贝尔和平奖。因此,在筹划2010年和平奖人选问题上,美国极力施加影响。起初和平奖得主另有其人,美国国务卿希拉里等人不断为刘晓波游说,"打动"了诺贝尔委员会作出了最后的"政治决定"。

美国在刘晓波问题上的举动,是奥巴马政府"价值观外交"的一种具体体现。希拉里今年10月28日在对亚太地区为期13天的访问行程开始之际,在夏威夷发表美国亚太政策讲话中强调,捍卫和倡导"美国价值观"

是"美国对外政策一切工作中的一个关键因素"。希拉里声称,"令我们痛心的是,亚洲是全世界唯一其三位德高望重的诺贝尔奖获得者——昂山素季、达赖喇嘛和刘晓波——受软禁、被关押或遭流放的地方","对于在上述问题上我们与之存在分歧的合作伙伴,我们在深化同他们的接触的过程中,将继续敦促他们采纳能够改善治理、保护人权并推动政治自由的各项政策"。

果然,几天后,在中国政府和舆论强烈谴责挪威诺贝尔委员会的决定的时候,希拉里在中国的海南岛同中国国务委员戴秉国会晤时提出了关于释放刘晓波的要求。

最近几年来,美国一直在挑选中国的"有影响"的所谓"异见分子"作为和平奖的候选人,其中包括中国新疆民族分裂分子热比娅。美国认为,刘晓波目前对中国政府最有"杀伤力",一是他在中国国内活动,可以起到特洛伊木马的作用。二是他作为高级知识分子,"含金量"高,比流亡在美国的那些"民运"分子更可靠。其实,刘晓波作为美国"独立中文笔会"负责人,一直受到有美国政府背景的美国国家民主基金会的资助。

挪威诺委会搬起石头砸自己的脚

诺贝尔和平奖设立的初衷是奖励"为促进民族和睦,增进各国友谊,推动裁军以及为召开和宣传和平会议而努力的人"。挪威诺委会倒行逆施,去年奖给了上台不久的奥巴马总统,已经引起广泛争议;今年又秉承美国意旨,授予中国服刑犯刘晓波,使诺贝尔和平奖名誉扫地,对挪威的国家利益也是损害。

眼下,离颁奖还有两个多星期,中国、俄罗斯、古巴、哈萨克斯坦、摩洛哥和伊拉克等6国公开宣布拒绝出席,另有16国在回复期限内没有回复诺委会的邀请,被解释为"默认缺席"。这样的尴尬局面在诺贝尔和平奖颁奖历史上从未出现过。恼羞成怒的诺委会指责中国进行了"前所未有的外交施压"。而诺委会却不反省自己不识时务。

中国作为世界上最大的新兴经济体,同欧洲国家的经济关系越来越密切,其中包括北欧的挪威。挪威诺委会的做法不可能不对挪中关系产生负面影响。

诺委会秘书长伦德斯塔气急败坏，扬言如果到时无人领奖，不排除今年将收回这一奖项。当然，出现这种情况，对诺委会来说，也是悉听尊便。

关于刘晓波事件的几点思考

中国围绕刘晓波事件同美国等某些西方国家的这场斗争，并不会因为颁奖结束而画上句号。这场斗争事关中国的核心利益，关系到国家安全大局，必须坚决顶住西方压力，没有妥协的余地。

"价值观外交"概念是美国前民主党总统卡特最早提出的，为后来民主党政府所遵循。可以预见，奥巴马政府第一个任期的最后两年，在对华关系上可能进一步挥舞"人权"大棒，施加压力。

在讨论"人权"问题的唇枪舌剑中，我们要据理力争，美方提出中国的"人权"问题，我们也可提出美方的人权问题，变被动为主动。当年，笔者在华盛顿采访随戈尔巴乔夫总统访美的苏联外交部发言人回答美国记者提出的苏联"人权"问题时，巧妙回应称苏联存在"人权"问题，美国也存在"人权"问题，双方是平等的。这次记者招待会给笔者留下深刻印象。

从刘晓波事件说开去。奥巴马政府上台后调整对华政策，说了不少好话。今年年初以来，奥巴马总统突然变脸，公开会见达赖，宣布对台军售，在人民币汇率等问题上对中国施压，中美关系起起伏伏，甚至大起大落。如何解读奥巴马政府的对华政策，在学界和舆论界引起很大争论。有人说奥巴马政府战略上对中国进行"遏制"，有人表示不同意"遏制"说，等等。

分析奥巴马政府提出的"亚太新战略"及其同时发生的刘晓波事件，似乎能够帮助人们深层次地看清美国政府战略与战术的变与不变。

（本文写作于2010年11月。）

奥巴马"不谋求遏制中国"承诺价值几何

美国总统奥巴马2009年11月16日来华访问前夕，在东京发表关于美国亚洲战略演讲时称"美国不谋求遏制中国"（The United States does not seek to contain China）。

眼下时逢年终岁尾，人们回过头来发现，一年来特别是最近几个月来的事实表明，奥巴马的承诺，充其量不过是一张空头支票。可是，千万不要低估这张空头支票的"价值"，它的"价值"在于促使善良的中国人警醒、清醒、猛醒：对于超级大国包藏祸心的任何声明或承诺，诸如"不遏制中国"和"华盛顿"号核动力航空母舰参加黄海军演不针对中国等，都不要天真地百分之百信以为真。

话说回来，中美建交30年，美国历届政府对中美关系三个联合公报都不严格遵守，遑论一张没有法律约束力的空头支票！

奥巴马"不遏制"承诺引起学界广泛争议

"风乍起，吹皱一池春水。"奥巴马在东京做出"不遏制"承诺后，在上海和北京又说了不少"好话"，同中方签署了访华联合公报，强调建立"积极合作的全面"美中关系。奥巴马的承诺和好话，受到一些学者的过分解读，颇多溢美之词。其个人魅力和平民背景，也博得不少人的好感。有人认为，中美将迎来两国关系的"最佳时期"，再次进入"蜜月"，等等。可是，曾几何时，2010年伊始，奥巴马政府接连对中国发难，先是在谷歌问题上敲打中国，接着奥巴马总统宣布对台军售和接见达赖，在涉及中国核心利益问题上挑战中国安全底线。就像中国川剧变脸一样，奥巴马态度来了一个180度的大转弯，把中美关系推向低谷。中国人开始看到了一个真实的奥巴马——超级霸主美利坚合众国总统奥巴马。

一年来，中美关系起起伏伏，大起大落。中国在贸易、人民币汇率等双边问题和朝核、伊核等国际问题上不断承受美国施加的压力。而关于美国到底是不是"遏制"中国，学界一直存在争论。今年9月1日，中国国际问题研究所前所长、前驻英国大使马振岗在《环球时报》著文指出，"美国对华政策历来具有两面性，合作与遏制、协商与施压并存"。9月8日和25日，中央电视台国际频道分别两次邀请美国问题著名学者、清华大学研究员陶文钊和两位国防大学教授张召忠和孟祥青讨论中美关系，陶文钊两次都明确表示不同意美国"遏制"中国的说法，当场分别受到两位军内学者的反驳。

美国国务卿希拉里似乎注意到中国内部的这场争论。9月28日，她在夏威夷首府檀香山就美国亚洲战略发表声明演讲时特意否认中国有人提出美国决心遏制中国的说法。11月5日，在大陆有较大影响的香港凤凰卫视《时事开讲》节目中，时事评论员郑浩认为，美国并没有围堵（遏制）中国，是中国国内有人神经过敏，无理指责美国。同样是境外华文媒体的美国《世界日报》，12月10日载文论述美国遏制中国政策，标题就是《美国重新包围中国》。其实，"包围"也就是"遏制"。

关于美国"遏制政策"与"遏制"本意

美国的"遏制政策"（Policy of Containment）理论最早是美国驻苏联临时代办乔治·凯南1946年2月22日向国务院发回的一篇长达8000字的电报中提出的。1947年1月，凯南应美国对外关系学会邀请发表关于《对苏政策》演讲。这篇演讲后来发表在当年7月号《外交季刊》上，题目为《苏联行为的根源》。凯南认为，"美国有力量极大地加大压力，限制苏联政策的推行，迫使克里姆林宫采取比近年来所推行的做法要克制和谨慎得多的态度，以此来促进那种最终必将导致苏联政权瓦解或逐步软化的趋势发展"。这一政策主张以军事包围、经济封锁、政治颠覆和持续性的政治冷战，来遏制苏联等社会主义国家的发展和影响。凯南的遏制理论后来成为历届美国政府对外政策的基本方针之一。

1989年5月12日，老布什总统提出对苏"超越遏制"（Beyond

Containment）政策，就是要求苏联同西方合作，通过外交途径解决全球的地区争端；实现持久的政治多元化、尊重人权；同美国协力解决紧迫的全球问题，如毒品泛滥、环境污染、恐怖主义等。实际上，"超越遏制"是要苏联进行"西化"，结果搞乱了人心，搞垮了苏联经济，瓦解了苏联国家体制。

关于英文"Contain"，《牛津高阶英汉双解词典》释义为：To keep（sth/oneself）under control；To Keep within limits；To hold back。

中文意为控制（某事/自己）；抑制；克制；遏制。新华社最早把"Contain"翻译成"遏制"，一直沿用至今。而境外华文媒体则翻成"围堵"。近年来，大陆媒体也有的使用"围堵"。笔者认为，"遏制""围堵""包围"意思相近，但"遏制"似乎更准确一些。

新加坡《海峡时报》11月18日刊登题为《中国路上的一排巨石》的文章说，美国"由于遏制中国已经不可能了"，就在中国对外通道口处设置一排巨石，以"绊倒"崛起中的中国。这个巨石"绊倒术"也就是"遏制"。

关于"遏制"与否的争论事关重大

关于美国是否对中国进行"遏制"的争论，并非是一般的学术争论，而是关系到中美关系定位的战略问题。中央领导同志在许多场合提醒全党和全国人民要加强"忧患意识"。这包括国际和国内两个方面。人们还记得，毛泽东等第一代领导人一再警告说，帝国主义"亡我之心不死"，企图对我"和平演变"的"本性不会改变"。改革开放以来，历届领导人也一再强调西方反华势力图谋对我进行"分化"和"西化"，在国际关系中要立场鲜明地反对霸权主义和强权政治。

当然，对西方保持警惕，不是说要重新关起大门；强调进行有理、有利、有节的斗争，不是主张对抗，更不是"言战"。

现在，在国际问题研究和外交斗争领域，还是应当用马克思主义的立场、观点、方法来观察形势，分析形势，求得科学、客观和正确的判断，避免主观和片面性。

必须指出的是，近年来，我们一些媒体，在一些国际问题的宣传上跟着西方舆论跑，偏离我国独立自主的外交路线。有些智库以及学术研究机构同美国等西方国家的对应单位进行学术交流、合作，在经费上接受对方资助，自觉和不自觉地接受西方观点。这是非常危险的。须知，西方负有"特殊使命"的学术机构、非政府组织和研究单位，从来没有放松在中国的渗透、拉拢活动。一切爱国者都要提高警惕。

（本文写作于 2010 年 11 月。）

年初看中美关系

2011年新年伊始，中美关系出现新气象。国家主席胡锦涛应美国总统奥巴马邀请，于1月18日至21日对美国进行国事访问。同时，中断近一年的中美军事交流，也随着美国国防部长盖茨1月9日来访而回归正常。

中国人笃信"一年之计在于春"。西方也有"良好的开端是成功的一半"的谚语。去年同期，中美关系因奥巴马对台军售和会见达赖损害中国"核心利益"而骤然降温，流年不利。人们寄希望于2011年，希望2011年中美关系以开春华盛顿峰会为契机，促进两国"积极、合作和全面"关系的新发展。

中美关系路线图

经过几个月筹备，最近美国常务副国务卿斯坦伯格访华，中国外长杨洁篪访美，为胡奥峰会议程做最后润色。人们期待这次访问取得圆满成功。

胡锦涛访美意义重大，将为新时期的中美关系勾画出新的路线图。美国著名战略评论家布热津斯基认为，胡锦涛这次访问有可能是30年前邓小平访美以来最重要的一次访问。

对中国来说，胡锦涛此访的时机非比寻常。

2011年是党的"十六大"设定的21世纪头20年中国"四化"建设"战略机遇期"第二个10年的第一年；

2011年是国家"十二·五"规划的开局之年，是我国经济转型的关键一年。

2011年是2012年召开"十八大"两代领导集体交接和政府换届的筹备年。

2011年迎来中国共产党诞生90周年。

人们深刻认识到，如果我们不能很好地处理同外部世界的关系，营造一个相对和谐的国际环境，新世纪头20年由国际形势总体和平、大国关系相对平稳和新科技革命迅猛发展提供的发展机遇就可能丧失。而处理好中美关系尤其重要。中美关系在奥巴马上台两年期间大起大落，双方似乎都希望两国关系平稳发展。如这次访问经过艰苦博弈达成一个新的共识，签署一个类似中美三个联合公报样式的文件，将大体上成为今后若干年指导中美关系发展的蓝图，具有标杆意义。

但是，中美关系的发展又不完全决定于中方。在中美关系这对矛盾中，美国是矛盾的主要方面。因此，在新的历史时期处理好中美关系，将集中体现新中国建国60余年积淀的中国外交智慧和睿智：在外交风格上不卑不亢，在策略上有理、有利、有节，在总体把握上斗而不破。其实，中国提出和谐世界理论，具体到外交斗争，就是以柔克刚。在中国武学中，高手较量，手持软兵器的一方往往以自己深厚的功力"四两拨千斤"。

美国如何"定义美中关系"

美中1979年建交以来的30余年来，历届美国政府根据不同历史时期"美国利益"的需要，用不同的字眼定义美中关系。后来，"Define the relations（定义这种关系）"也成了个热门词组。

美中建交初期，美国为了拉中国对付苏联，称美中是"战术盟国"。里根总统访华前称中国是"建立在暴力和宣传之上的"国家。他访华后改口，称中国发生了很大变化，是"个所谓的共产主义国家"。在克林顿总统时代，克里斯托弗国务卿1996年访问上海时称美中将建立"21世纪伙伴关系"，后来把"伙伴关系"淡化为"合作关系"。

2000年小布什上台后称中国为"战略竞争者"，2001年"9·11"事件后变调称美中建立"坦诚关系"。奥巴马在担任总统之前称"美中既不是敌人，也不是朋友。他们是竞争者"。奥巴马上台后首次访华前，2009年11月9日在华盛顿接受路透社记者专访时说"中国既是重要的合作伙伴，又是竞争对手"。随后奥巴马同胡锦涛主席在北京签署中美联合公报，双方确定建立"积极、合作和全面"的美中关系。

最近几年，根据国际形势变化和中国和平崛起，美国外交部门高官绞尽脑汁炮制种种企图约束中国发展的新概念。2005年4月21日，佐利克副国务卿提出中国是"负责任的利益攸关方"。当时许多人对这一提法莫名其妙。2010年8月2日，美国国务院朝鲜和伊朗制裁协调官埃因霍恩在韩国首都首尔解释说："我们希望中国成为国际体系中负责任的利益攸关方，那意味着配合联合国安理会决议，意味着不趁机捞好处，不利用其他国家负责任的自我克制。"

2009年9月24日，美国常务副国务卿斯坦伯格发表题为《本届政府关于美中关系的设想》讲演，创造了"战略性保障"这个术语，要求中国在9个方面做出保证，以便使美国放心。

2010年3月18日，美国驻华大使洪博培应邀在清华大学畅谈美中关系，表示首先要"定义这种关系（Define the relations）"。据出席演讲的著名媒体人熊蕾教授说，大使讲话绕来绕去，听众终于明白美国所要的美中关系就是"美国吆喝，中国听喝"，"我提要求你跟从"。

中美关系中几个认识问题

《孙子·谋攻》篇说："知彼知己，百战不殆。"具体到中美关系，国内有些学者，无论是对美国，还是对我们自己，都难说做到了"知彼知己"，而是若明若暗。对美国认知上若明若暗，就很难得出客观、正确判断；要么产生幻想，要么出现偏激。

一、美国"奥巴马政府"并不等同于"美国政府"。奥巴马政府制定的政策由于受到国会参众两院、朝野两党、军方，以及金融、军工和石油等垄断利益集团，甚至被称为"第四政府"的美国媒体的制约，不一定全部成为美国国家行为。

美国政治制度与中国不同。"美国政府"是一个大概念，包括行政、立法、司法三部分；三权分立，互相制约。我们把美国政府中的行政机构英文The Administration译成"政府"，容易同大概念的"美国政府"相混淆，在媒体上常常出现美国政府与国会并列的错误，实际上应当是（奥巴马或小布什或克林顿）政府与国会并列，或者称白宫与国会，不能称政府与国会。

美国总统权力很大，但受到各方制约，到了选举年羁绊更多，被称为"跛鸭总统"。笔者在华盛顿工作期间，老布什政府主张给予中国贸易最惠国待遇，却连年遭到国会否决。老布什总统慨叹，他只能掌控70%的美国外交大权，"而这就是美国制度（But this is American System）！"

因此，在同美国打交道时，不仅要着眼于奥巴马政府，还要做国会等方面的工作。

二、奥巴马2009年上台后，提出一些"新思维"，主张"改变"小布什的单边主义政策，颇得不少阿拉伯和伊斯兰国家好感。特别是挪威诺贝尔委员会授予奥巴马2009年诺贝尔和平奖，更使奥巴马头上光环闪耀。一时间，国内一些人，包括学者甚至外交人士，都认为美国霸权主义政策变了，对中国的敌意也变了。

《环球时报》2010年12月3日刊登清华大学教授何茂春的文章称，美国"在中国周边的外交活动，是美国正常的对外关系，不可夸张地理解为包围中国"。国防大学教授李大光2010年7月19日在同一家报纸著文说，美国核动力航母开进中国近海黄海演习令中国人担心和警惕，"但是过于高估美国趁这次韩美联合演习针对中国实施军事威吓的图谋可能有所不妥"。

同某些中国学者认为中国周边相安无事相反，美国不断在西太平洋地区的关岛、日本的冲绳加强军事部署，派驻最先进的隐型战机F22和进攻性战略核潜艇，同时派出三艘核动力航空母舰深入"第一岛链"耀武扬威，对中国沿海安全构成空前威胁。

奥巴马总统2011年1月7日签署2011财年国防授权法案，包括战争拨款在内，国防预算总额度高达7250亿美元，比2010财年国防预算7080亿美元又有增加。美国尽管还没有完全摆脱金融和经济危机，但用于研制大规模杀伤性武器的经费不减反增，它到底要干什么？美国如果不是为了打仗，准备打仗，要花那么多财力，那么大的力气，搞那么多的武器干什么？苏联大文豪高尔基1931年就欧洲列强加紧扩军备战回答法国记者关于"有没有另一次战争危险问题"的提问时说："甚至手枪也不是用来装饰客厅而是用来杀人或自杀的——更不能设想那些战舰、潜水艇、坦克和诸如此类的东西是为了世界旅行的目的而使用的！"

三、奥巴马政府上台后，进行战略调整，"重返亚洲"，重心东移，反恐行动也许不再是重点。美国国防部长盖茨2010年9月底在《外交事务》

杂志上明确宣称,"美军将来不会再重复类似在阿富汗和伊拉克的任务",美军部队未来的对手将转回传统的国家军队。

中国人民大学国际关系学院副院长金灿荣2010年5月6日接受《环球时报》采访时预言,在新的10年中,对美国构成最大威胁的还是恐怖主义。他还说,如果美国把其他大国当成主要防范对象,事实将证明并不符合美国的国家利益。美国战略重心转移动向值得警惕。

(本文写作于2011年1月。)

美国急切要求恢复军事交流背后有玄机

年终岁尾,国防部外事办公室2010年12月28日宣布,美国国防部长盖茨应中国国防部长梁光烈邀请,将于2011年1月9日至12日访华。此前,马晓天副总长已于12月10日在华盛顿同美国国防部副部长弗卢努瓦主持了两国国防部第11次防务磋商。这些事态发展表明,由于奥巴马总统2010年年初宣布对台售武而变冷的两军关系开始回暖。

去年中国方面宣布中断两国军事交流后,特别是5月取消盖茨访华后,美国方面显得十分焦急,军方高官在许多场合一再呼吁恢复两军交流。国防部长盖茨和参谋长联席会议主席马伦上将7月21日分别在韩国发表讲话,要求恢复同中国的军事交流。奥巴马总统还亲自表示希望中方尽快落实盖茨的访华安排。

回首2010年,中美关系由于美方原因而出现大的波折。随着时间的推移,两国总体关系逐渐恢复平稳,胡锦涛主席定于2011年1月19日开始对美国进行国事访问。中美军事关系作为两国关系的重要组成部分,恢复交流也是题中之义。奥巴马政府特别重视美中军事关系,《华盛顿邮报》2009年10月15日刊文认为,奥巴马总统对中国的首次访问,希望增强同北京的关系,"最重要的是,他还旨在改善美国同中国军方的关系"。

中国政府决定恢复中美军事交流,着眼于推进中美关系发展的大局。但是,必须指出的是,最近几年来,西方反华势力推进"分化"和"西化"中国图谋,更把目标锁定在中国人民解放军头上。奥巴马政府和美国军方特别重视、迫切要求恢复两军交流,其背后到底掩盖一种什么不可告人的"潜台词",值得中国有关方面慎重思考和警觉,在交往中对美国的"暗算"不能不防。

美国军方提出一系列"要求"

根据美国军方公开讲话和媒体披露的信息,美方对以下几个方面的问题特别表示"关注"。

一、美国军方一再指责中方"透明度"不够,也就是说中方应当亮明"家底","竹筒倒豆子"说个明白,以便美方掌控中国军方的动向,有针对性地制定关于遏制中国防卫力量的战略计划,通过各种途径对中方人员施加影响。

美国负责亚太安全事务的助理国防部长格雷格森在参加中美第11次防务磋商后,去年12月14日在美国智库"进步政策研究所"表示,中国有权利发展国防军备,但"问题在于中国的透明度不够,而且军备类型超出防卫的实际需要"。他呼吁中国领导人明确阐述其计划和意图。

在各类军备中,美国特别"关注"核武、太空和海军的研发。2010年5月3日奥巴马政府向世界公布了自己的核"家底",包括"非作战状态"核弹头在内,美国核武库现存5113枚核弹头。

国务卿希拉里当天呼吁其他有核国家"仿效并遵守"美国的做法。一名五角大楼匿名官员专门点了中国的名,称"最希望看到中国的透明"。三年前,小布什政府曾邀请中国核武器负责人访美进行"核战略对话",遭到中方拒绝,美方至今耿耿于怀。

二、美方要求美中建立"军方对军方"关系,不受两国政治关系的影响。

美国国防部副部长弗卢努瓦在与马晓天副总长共同主持两国防务磋商后说,两国需要建立"连贯的"防务关系,不应出现中国针对它不喜欢的美国政策所强加的"关系冻结"。美国副助理国防部长希弗2010年12月21日接受《环球时报》采访时说,他期待国防部长盖茨明年访华时,使"可持续和可靠的军方对军方的关系"出现实质性进展。

值得指出的是,美国常务副国务卿斯坦伯格去年12月初就胡锦涛2011年1月访美"峰会议题"发表演讲时公然要求中国军方"摆脱政治"。

美方这些要求包藏极大祸心。最近几年,西方反华势力制造和散布军队"非党化""非政治化""军队国家化"谬论,旨在离间中国共产党对人民解放军的绝对领导。对于西方的这些蛊惑人心的言论，国内也有某些所谓"自由派知识分子"随声附和。对此，解放军军事科学院军队建设部研究员季德源曾在2007年9月号《法治中国》上发表专论，题为《党指挥枪，八十年不变的军魂——驳军队"非党化"论调》。

三、在朝鲜半岛局势问题上，对中国施加压力，要求中方"配合"美方逼迫朝鲜就范，离间中朝传统友好关系。

近年来，五角大楼曾表示希望同中方"合作"讨论所谓"朝鲜政权崩溃"的突发事件。去年发生韩朝炮击事件后又要求中国"管束"朝鲜，制止其"挑衅"。马伦上将去年12月1日在华盛顿题为"美中关系——安全和军事交流"研讨会上发表谈话声称，中国是对朝鲜有影响力的国家，有责任"纠正"朝鲜的作为。

中美军事交流的三大障碍

中国对中美军事交流采取积极态度，但两国"核心利益"不同，社会制度各异，存在结构性矛盾，"道不同，不相为谋"。

马晓天副总长2010年6月5日在新加坡参加第九届亚洲安全大会时，提出推动中美两军关系发展美方应当消除三大障碍：第一是美国对台军售；第二是美国军舰、飞机在中国南海、东海对中国进行高强度监视、侦察；第三是美国国会通过的《2010财年国防授权法》和《迪莱修正案》对12个领域的两军交流进行限制。

马晓天在中美第11次防务磋商中，再次向美方提出了两国军事关系中存在的这三大障碍问题。

可是，美方对中方提出的关于两军交往设置障碍的责任不在中方的观点，不予正面回答，而是"顾左右而言他"。马伦上将2010年12月1日在"美中关系安全和军事交流"研讨会上提出了美方关于加强美中军事交流的"三点建议"：第一，美中首先应该在对话开始就确定一个恰当基调，并在交流中保持相互尊重；第二，美中应具有地区和国际的多重视角。双方交流不应局限于亚太，而需要更广泛、特别是美中有共同利益和中国力量能作出贡献的地方；第三，美中应该面向未来而不是执著于过去。应该从致力于解决具体问题和服务双边关系，转变为致力于达到双方更广泛的一致目标，用长远的眼光解决现实的问题。

显然，中美双方对军事交流关注的方面存在很大差距。中方关注的是维护中国的国家核心利益问题，而美方关注的则是中方如何在地区与国际问题上同美国"合作"，强化美国世界霸权地位。

三点思考

一、中美两军关系复杂、微妙。在当前国际形势复杂多变的背景下，我军更应当增强敌情观念和使命感。"凡事预则立，不预则废"。

目前，中国是联合国安理会五个常任理事国中唯一一个还没有完全实现统一的大国。中国还存在台湾问题。这个问题实际上是中国内战的遗留问题。2005年3月14日第十届全国人大第三次会议通过的《反分裂国家法》规定和平统一的目标，但同时规定在出现三种情况下，采取"非和平方式"的选择。这三种情况是："台独"分裂势力以任何名义、任何方式造成台湾从中国分裂出去的事实；或者发生将会导致台湾从中国分裂出去的重大事变；或者和平统一的可能性完全丧失。

美国从其全球战略出发，并不希望中国大陆与台湾实现统一。如果美国干预导致出现上述三种情况，美国可能援引《与台湾关系法》引发中美对抗。

"养兵千日，用兵一时。"在台湾问题上我们应当是两手准备，而不能一手准备，要做好防美国、日本介入的军事准备。原全国政协副主席、中美友协会长徐匡迪去年底参加对外友协与清华大学联合主办的中美关系研讨会上指出："任何时候都要做最坏的准备，争取最好的结果。"

二、军队涉外部门和国际战略研究、教学机关应当加强学习，提高政治和军事素养，适应新时代的要求。最近朱成虎少将著文谈阅读由胡锦涛主席作序、郑必坚主编的《当代世界问题概论》，提出用世界眼光孕育战略思维。笔者认为，读点历史，以史为鉴也大有裨益。

当年毛泽东主席特别主张军事家和政治家阅读《资治通鉴》，对此书他本人爱不释手，一生通读17遍。笔者20世纪60年代在外交学院念书时，陈老总（陈毅副总理兼外长同时担任外交学院院长）不止一次号召大家学习《资治通鉴》，强调外交要讲究艺术、谋略，要博古通今、古为今用。陈老总本人作为军事家、政治家和外交家，从阅读《资治通鉴》中受益匪浅。为庆祝新中国成立60周年中央电视台播放的电视剧《解放》第10集中，就有画面显示陈老总1947年在山东战场夜间挑灯阅读《资治通鉴》，同副司令员粟裕交谈的情景。

毛主席1961年委托何其芳作序的《不怕鬼的故事》一书，对处理当前国内外问题，也是一本励志的好书。

（本文写作于2011年1月。）

怎样理解"国家核心利益"?

问：编辑同志，近来，"国家核心利益"一词经见诸报端。请问什么是国家利益？比如，中国和美国的国家核心利益各体现在哪些方面？请专家作一解答。

上海读者：李剑英

李剑英同志：

您好！国家利益说问世已经有数百年历史。19世纪英国首相帕麦斯说，对于一个国家来说，"没有永远的朋友，只有永远的利益"。上世纪英国政治家丘吉尔套用帕麦斯的话，称国家间"没有永恒的友谊，只有永恒的利益"。这句话后来成为国际上广泛引用的一句名言。关于国家利益概念的内涵，在不同国家和不同历史时期有不同的内容，也受到国家性质、政治制度和意识形态的制约。国家利益，从结构层面来说，可以分为国家政治利益、国家经济利益、国家文化利益和国家长远利益等；按重要程度，可分为国家安全利益、国家战略利益、国家根本利益和国家核心利益等。国家核心利益是国家的最高利益，与国家、民族的生死存亡攸关，因此在国际交往和谈判中不可让步，没有妥协的余地。维护和捍卫国家利益特别是国家核心利益，是任何国家政府至高无上的天职，是衡量"爱国"还是"卖国"的最重要的标尺。

国家利益在性质上有"扩张性"和"自卫性"之别。19世纪后半叶，西方大国社会发展从资本主义阶段过渡到帝国主义阶段。为了谋求自身国家利益，列强用坚船利炮轰开了广大亚洲、非洲和拉美洲国家的国门，疯狂掠夺资源和财产，攻城略地、贩卖奴隶、瓜分殖民地。列强铸就的国家利益是以损害和牺牲广大弱小国家的利益为代价的。20世纪五六十年代，亚非拉广大殖民地和半殖民地国家掀起了轰轰烈烈的民族解放运动，赶走了帝国主义和殖民主义，实现了民族独立，赢得了国家主权，在和平与发展的过程中重新弘扬了国家利益。冷战结束后，美国作为世界上唯一超级大国，极力维护不合理的国际政治和经济秩序，追求国家利益最大化。为此，美国输出"美国价值观"，散布"人权大于主权"等谬论，肆意干涉别国内政，践踏别国主权，甚至不惜进行颠覆和侵略。广大发展中国家维护和捍卫国家利益任重道远。

在美国，"美国利益"是美国政治词汇中最热的词汇之一，也是美国民众、官员和媒体的口头禅。"美国利益"是200多年来美国历届政府对外政策的落脚点。奥巴马政府上台后，在2010年5月27日向国会提交的首份《美国国家安全战略报告》中提出："我们的国家安全战略应着眼于重振美国的领导地位，使我们能够在21世纪更有效地推进美国利益。"美国的国家利益是全方位的，是全球性的，不仅仅限于美国本土，这就决定了其属性是"扩张性"的。例如，2010年7月23日，美国国务希拉里在河内参加东盟论坛会议时称，"南海有美国的国家利益"。美国不用"核心利益"这个字眼，《美国国家安全战略报告》中使用了"美国的持久利益"这个术语。其内容包括：美国、美国公民以及美国的盟友和伙伴的安全，在一个开放和促进机会与繁荣的国际经济体系中，保持美国经济的强大、创新增长；在国内和全世界应当尊重普世价值观；在美国领导下，通过合作建立促进和平、安全和机遇的国际秩序，以应对各种全球挑战。

近年来，中国领导人在同外国领袖会晤时特别强调"尊重各自的核心利益"，普遍得到了对方的积极响应。那么，中国的国家核心利益是什么呢？2009年7月，国务委员戴秉国在华盛顿参加中美战略与经济对话时，明确提出了中国的国家核心利益内容：第一是维护基本制度和国家安全；其次是国家主权和领土完整；第三是经济社会的持续稳定发展。外交部发言人在一次记者招待会上把这一表述凝缩为国家安全、主权和领土完整。在公开外交场合，中方反复重申涉台和涉藏问题触及的就是中国的国家核心利益。而正是在这两个问题上，有的国家经常触及我国核心利益底线，导致双边关系出现严重波折。中国奉行和平外交路线，永远不称霸，主张和平解决国家间存在的悬而未决问题。因此，中国维护自己的国家利益与核心利益，完全是"自卫性"的。

（原载《红旗文稿》，中宣部2011年2月。）

中东乱局牵制美国战略重心东移

统治埃及30年的"阿拉伯王"穆巴拉克总统，在突尼斯"茉莉花革命"掀起的阿拉伯风暴中于2月11日轰然倒台。中东乱局必将牵制奥巴马政府正在着手进行的战略重心东移，造成顾此失彼。而美国受制于中东乱局，对我和平崛起、办好中国自己的事情有利。

美国在中东影响力严重受挫

埃及在阿拉伯世界地位举足轻重，穆巴拉克总统是美国在中东的重要盟友。埃及政府倒台标志美国在中东的霸权地位和影响力进一步受到挫折。

中东由于其独特的地缘战略地位和丰富的石油资源，在冷战时期一直是美国和苏联两个超级大国争夺的重要场所。20世纪90年代，随着冷战结束，美国成为世界唯一超级大国，为了独霸中东，老布什总统提出了建立"冷战后中东新秩序"的口号，在外交上"西促（巴勒斯坦与以色列）和谈，东遏两伊（伊拉克和伊朗）"。

1991年2月，老布什政府发动海湾战争，把伊拉克军队赶出科威特的时候，它得到了几乎所有阿拉伯国家的支持。翌年上台的克林顿总统萧规曹随，继续奉行"西促和谈，东遏两伊"政策，1993年9月13日，在白宫南草坪主持以色列总理拉宾同巴勒斯坦领导人阿拉法特签署具有历史意义的《奥斯陆协议》。一年后，约旦和以色列的和平协议也在白宫南草坪签署。那时候人们想象不出，除了美国之外，谁还能成为中东和平的庇护人。美国在中东的影响力如日中天。克林顿在第二个任期内，继续努力推进中东和平进程。

可是，小布什总统2000年上台后，由于在巴以和谈问题上严重偏袒以色列，打着"反恐"旗号发动伊拉克战争，推行的"大中东民主计划"受到抵制，美国在中东的形象一落千丈，软实力受到重挫，阿拉伯反美主义盛行。

奉行"改革"的奥巴马总统2009年上台后，在中东问题上力图修正小布什的政策，对阿拉伯和伊斯兰世界示好。他在开罗发表讲演时承诺，将尽快帮助解决巴以冲突，实现巴勒斯坦建国的梦想。但是，奥巴马执政两年有余，巴以和谈仍止步不前，以色列在约旦河西岸犹太人定居点问题上要价不断提高，巴勒斯坦建国夙愿更加遥远。

阿拉伯人对美国的失望助燃了他们强烈的反美情绪。以埃及为例，2010年，美国皮尤全球态度调查显示，82%的受访者表示厌恶美国，仅有17%的受访者表示对美国有好感。这个数字是全世界最糟糕的。

在埃及这次为期18天的"倒穆（巴拉克）"风暴中，几十万甚至上百万群众参加示威游行，虽然矛头所向是要求穆巴拉克下台，但反美反以情绪贯穿其中，在游行队伍打出的阿拉伯文标语中，不乏"穆巴拉克是美国的走狗""打倒美国和以色列的代理人穆巴拉克"这样的词句。美国《洛杉矶时报》以"反美情绪在埃及逐渐浮现"为题报道说，一些标语称看到了美国的伪善。报道引述一名记者的分析说，美国的风险是正在失去对这一地区的影响力。

美国挥泪斩马谡

从去年底发生的突尼斯"茉莉花革命"到今年1月25日爆发的埃及"倒穆"风潮，美国情报部门事前似乎都没能作出预判，致使奥巴马政府在如何对待"倒穆"示威者和穆巴拉克总统问题上猝不及防，显得非常被动。白宫和国务院表态相互矛盾。奥巴马主张"有序过渡"要"快刀斩乱麻"，一步到位，那就是不同意穆巴拉克拖到今年9月大选前下台；国务卿希拉里和奥巴马特使都提出不应匆忙行事，以避免忙中出错。

法新社报道说，美国政府犹如走钢丝，一方面支持民众发出的推翻"独裁者"的民主呼声；另一方面又要避免公开舍弃它在中东的一个长期盟友，避免触发其他产油国爆发反政府浪潮。美国副总统拜登声称："穆巴拉克在很多问题上是我们的盟友。他在地缘政治利益上十分负责，他保持中东和平，努力与以色列关系正常化。我们不会称他为独裁者。"

据法新社报道，面对穆巴拉克坚持不立即下台，美国不断施加压力。埃及武装部队总司令坦塔维一直同美国国防部长盖茨保持联系，先后通过5次电话，最后一次是在2月10日。埃及军方终于作出决断，逼走穆巴拉克。

美国对埃及前景忧心忡忡

自从埃及同以色列媾和后，美国每年给埃及军队13亿美元援助。在为期18天的"倒穆"风潮中，美国把埃及军队视为一股"稳定力量"。奥巴马说："埃及军队发挥爱国热忱，扮演国家守护者的角色。它现在得确保民众所要求的民主过渡。"

埃及军方2月11日接管权力后，宣布现政府留任，直到选出新政府。穆巴拉克下台，满足了示威者的政治诉求，但埃及下一步可能更加复杂。如何保障大选平稳进行，权力"有序过渡"，并最终确保政治稳定，将考验埃及人的智慧。

奥巴马2月11日对穆巴拉克辞职表态说，这标志着埃及变革的开始，埃及从此将不再一样。但埃及到底将怎么"不再一样"，现在谁也说不准。

美国人最担心的是什么？

一是以色列的安全。美国副国务卿斯坦伯格2月10日宣称，中东局势变化不会威胁到以色列的安全，不管埃及出现什么样的政府，都必须"履行同以色列签署的历史性和平协议"。

二是担心伊斯兰激进组织穆斯林兄弟会势力坐大左右埃及方向。该组织是这次"倒穆"风潮的中坚力量，并参加了副总统苏莱曼举行的同反对派协商会议。穆斯林兄弟会在埃及和一些阿拉伯国家势力雄厚，在埃及一直处于非法状态，一直以反美闻名。美国国务院发言人公开表示，美国未同穆斯林兄弟会接触，他们中的一些领导人一直反对美国。

三是美国和以色列担心"基地"组织插手埃及政局。埃及一直是宗教激进主义的温床，当年埃及总统萨达特就因为与以色列媾和而遭到宗教激进主义分子的暗杀。"基地"组织领导人扎瓦赫里和"9·11"事件指挥阿塔也都是埃及人。路透社援引苏莱曼副总统的话说，埃及示威期间数以千计的囚犯越狱，可能是"基地"组织策划的。以色列警方2月9日警告说，"基地"组织派多达100名自杀式炸弹手渗透到埃及，准备参加埃及示威者的暴力活动。

四是担心伊朗影响扩大，要求伊朗"弃核"更难。

中东乱局牵制美国战略重心东移

五角大楼2月8日公布《美国国家军事战略报告》，把亚太地区作为美军新的战略重点，媒体普遍认为这份报告矛头直指中国。埃及和中东的动乱必将损耗美国的外交资源，牵制美国的精力，从而直接影响其在东亚的战略步伐。美国在中东的战略困局无疑会牵制美国战略重心东移步伐，减轻我国外交压力。

（本文写作于2011年2月。）

美国担心用武力解决伊核问题将损害美国全局利益

自国际原子能机构2011年11月发表关于伊朗在2003年底前曾研制核武器的报告后,伊朗核问题不断升温。以美国为首的西方国家掀起一片喊打声,以色列甚至扬言将在2012年春轰炸伊朗核设施。一时间,对伊朗动武似乎进入倒计时。

但是,美国总统奥巴马今年2月5日接受美国全国广播公司(NBC)采访时似乎给紧张局势泼了点冷水,表示美国将尽全力阻止伊朗取得核武器,但要对伊朗动武先得考虑所面对的巨大"风险"。此前,国防部长帕内塔在发表演讲时也表示,由于面临诸多意想不到的"后果",不到"万不得已"不会对伊朗动武。那么,美国到底怕冒什么"风险"?担心会出现什么样的"后果"呢?

第一,美国很难复制"利比亚模式",获得联合国安理会的某种授权而拥有某种动武的"合法性"。中国、俄罗斯等国一向反对用武力解决伊朗核问题;最近美国与欧盟加紧对伊朗实施石油禁运,并对其他进口伊朗石油的亚洲国家施加压力,但印度公开表示不会减少从伊朗进口石油;在日前举行的慕尼黑国际安全会议上,土耳其外长等阿拉伯国家代表都公开表示反对美国和以色列对伊朗动武。

第二,发动一场新战争,对受金融和经济危机重创而复苏乏力的美国经济将是雪上加霜。战争不是儿戏。美国对阿富汗和伊拉克的战争,10年耗资超过万亿美元,伤亡5万多人。

第三,对伊朗动武,将对世界经济特别是能源供应造成灾难性后果。伊朗是世界第二大石油输出国,第三大天然气输出国,发生战争将可能导致世界能源危机。伊朗扼守世界石油通道霍尔木兹海峡,根据美国能源部材料,海湾国家2008年生产的石油占全球石油供应量的29.8%,其中大部分通过这个海峡运往世界各地。一旦其被封闭，后果不堪设想。

第四，对伊朗动武必将带来"连锁反应"，引发一场新的中东战争，损害美国的全局利益，而这也许是美国最为担心的。奥巴马2月5日接受美国全国广播公司采访时说，"在波斯湾地区采取任何形式的额外军事行动，都将扰乱整个局面。这对我们影响极大"。"因此，我还是希望透过外交解决问题。"奥巴马的意图是当前要继续加大对伊朗的制裁，以压促变。

从伊朗方面来看，它一再宣称如果美国和以色列对其动武，伊朗除全国总动员进行反击外，还将同中东地区所有反对美国和以色列的国家和组织建立统一战线，也就是加强德黑兰—大马士革—贝鲁特轴心，公开支持叙利亚收复失地，支持黎巴嫩真主党武装和巴勒斯坦伊斯兰抵抗运动（哈马斯）抗击以色列占领。为此，一些阿拉伯学者认为，如果美国和以色列发动对伊朗的战争，很可能就是阿拉伯国家收复失地的历史性机会。

（原载中国国际广播电台《国际在线》专稿，2012年2月。）

中国如何应对俄日岛屿主权之争

自从俄罗斯总统梅德韦杰夫2010年11月1日登上南千岛群岛（日方称"北方四岛"）的国后岛以来，俄罗斯与日本关于南千岛群岛归属问题的"口水战"和外交战愈演愈烈，引起国际上的广泛关注。鉴于俄日岛屿之争牵涉到如何对待"二战结果"，而中国是二战的战胜国，又身受日本军国主义侵略之害，中国在这个问题上似应间接支持俄罗斯立场。

俄日岛屿之争的实质是如何对待"二战结果"

2011年2月24日，日本内阁官房长官枝野幸男和外相前原诚司在日本国会发表讲话称，俄罗斯对"北方四岛"（俄称"南千岛群岛"）的控制"没有法律依据"。此前，前原诚司甚至称俄罗斯对"北方四岛"是"非法占领"。

俄罗斯外交部2月25日作出反应称，俄罗斯对南千岛群岛"拥有全部法律权利"，主权完全合法，不容置疑。这以第二次世界大战结果为基础，并通过《雅尔塔协定》和《波茨坦公告》等国际法文件得到了确认。俄罗斯外交部发言人卢卡舍维奇当日还就美国表态支持日方立场发表谈话强调："在这一情形下，我们再次表明在千岛群岛问题上的原则和不可动摇的立场。绝不允许任何人企图干涉这一双边问题，不允许重新修订美英苏三国首脑1945年签订的《雅尔塔协定》有关远东问题的条款中写明的第二次世界大战的结果。"

显然，俄日岛屿之争不是一般意义上的双边领土纠纷，其实质是承认与不承认、接受与不接受"二战结果"。

1945年，二战以全世界反法西斯力量取得胜利和德、意、日法西斯国家失败而宣告结束。1943年签署的《开罗宣言》和1945年签署的《雅尔塔协定》《波茨坦公告》等国际法文件集中体现了"二战结果",包括对侵略战争发动者的惩罚,表明了反法西斯战争的合理性、合法性和正义性。正是《雅尔塔协定》作出了南千岛群岛归属苏联的决定,日本作为侵略战争的发动者和战败国必须接受这一规定,承担战败国的义务。日本企图否定"二战结果",搞翻案,是不能得逞的。

2010年9月28日,胡锦涛主席同来华访问的俄罗斯总统梅德韦杰夫发表的《关于第二次世界大战结束65周年联合声明》强调,"《联合国宪章》和其他国际文件已对第二次世界大战作出定论,不容篡改"。梅德韦杰夫总统1个月过后就登上了南千岛群岛的国后岛视察。

关于《雅尔塔协定》和《波茨坦公告》

根据世界知识出版社1988年出版的《世界知识大辞典》释义,《雅尔塔协定》全称《苏美英三国关于日本的协定》,是苏联、美国和英国三国政府首脑斯大林、罗斯福和丘吉尔于1945年2月11日在苏联克里米亚半岛的雅尔塔会议上秘密签订的。主要内容包括:在欧洲战场战事结束后2个月或3个月内,苏联对日本作战,库页岛(今萨哈林岛)南部及邻近一切岛屿须交还苏联;千岛群岛须交予苏联;苏联租用旅顺口为海军基地;苏中共同经营中长铁路;苏联表示要和当时的中国政府签订友好同盟条约。

《波茨坦公告》全称《中美英三国促令日本投降之波茨坦公告》,也叫《波茨坦宣言》,是中国、美国和英国三国政府首脑于1945年7月26日在德国波茨坦会议过程中发表的。苏联同年8月8日正式加入。主要内容包括:盟国对日作战直到它停止抵抗为止,日本政府应立即宣布无条件投降;《开罗宣言》的条件必须实施,日本的主权必将限于本州、北海道、九州、四国及盟国所决定的其他小岛之内;日本军队要完全解除武装,日本军国主义必须永久铲除;日本战犯将交付审判,阻止日本人民民主的所有障碍必须消除;不准日本保有可供重新武装的工业等。

《雅尔塔协定》和《波茨坦公告》将日本永远钉在历史的耻辱柱上,日本作为侵略战争的发动者和战败者要想成为"正常国家",必须像德国一样,接受"二战结果",彻底赎罪。

"二战结果"关系到中国"核心利益"

中国是二战的战胜国,并直接参与确定"二战结果"的国际会议和文件。中、美、英三国政府首脑于1943年11月22日至26日在开罗举行会议,商谈联合对日作战计划以及击败日本后如何处置日本的问题,并于12月1日发表《开罗宣言》。该宣言主要内容包括:剥夺日本在第一次世界大战开始后在太平洋上夺取或占领的一切岛屿;把日本侵占的中国领土如东北、台湾、澎湖列岛归还中国;把日本从它用武力或贪欲所攫取的所有土地上驱逐出去;让朝鲜自由独立;坚持日本无条件投降。两年后发表的《波茨坦公告》重申日本必须执行《开罗宣言》规定的对日条款。

显然,《开罗宣言》和《波茨坦公告》对中国在二战中被日本占领的台湾和钓鱼岛等中国固有领土都有明确认定。美国和日本某些反华势力以及"台独"分子散布"台湾地位未定论",日本政府声称钓鱼岛属于日本领土,都是与"二战结果"相违背的论调,都是站不住脚的。

《雅尔塔协定》中规定苏联掌管中长铁路和旅顺口海军基地,这些条款无疑是对二战盟友中国主权的损害,但在中华人民共和国成立后不久,苏联政府先后将它们移交给了中国。

中国应支持俄方立场

日本在美国支持下,公然挑战"二战结果",紧锣密鼓地发动舆论和外交攻势,还拉拢格鲁吉亚建立反俄统一战线,企图压俄罗斯"归还北方四岛",日本政府领导人不断搞小动作,从空中远眺"北方四岛"宣示"主权"。

俄罗斯方面反应强烈,自从梅德韦杰夫总统登岛后,政府和军方高官以及社会名流也接踵而至,不绝如缕。同时,俄罗斯军方一再表示要加强南千岛群岛的防务,防止"日本夺岛"。俄罗斯参谋长马卡罗夫2月25日表示,俄正准备派遣至少1艘最近购买的强大的法制"西北风"级两栖攻击舰前往南千岛地区,"不排除是为了解决该地区的安全问题"。俄国防部长谢尔久科夫前往远东地区视察,并于2月26日说,将在国后岛和择捉岛驻扎俄第18机炮师，通过部署最新式武器和通讯系统、电子战设备、雷达台站等现代化技术手段，提高实战能力。他同时透露，俄最新型"北风之神"级战略核潜艇的第一艘"尤里·多尔戈鲁基"号将交付太平洋舰队，该核潜艇将装备俄新型"布拉瓦"洲际弹道导弹。俄罗斯加强南千岛地区防务，一方面针对日本，另一方面针对"重返亚洲"战略东移的美国的战略态势。

关于俄日岛屿主权之争，我外交部发言人马朝旭2月17日在例行记者招待会上回答记者提出的"北方四岛"问题时表示，"北方四岛"问题是俄日双边问题，希望双方通过协商解决。马朝旭回避就岛屿归属问题进行表态。

（本文写作于2011年2月。）

关于利比亚战争的警示和思考

2011年3月19日，西方大国美英法发起对利比亚战争。这场战争持续多久、如何收场，战争发动者没有给出说明。但是，迄今一个多星期的战争走势，已足以引发人们对当代战争与和平，以及国际关系准则等问题的深刻思考，对渴望和平与发展的世界各国人民提出了严峻的警示。

第一，利比亚战争是21世纪发生的又一场西方大国对一个不结盟的、发展中的伊斯兰小国的围攻。从世界各国对这场战争的政治取向上，大致可以看出当今世界的政治分野仍然是东西、南北关系。

在联合国安理会表决关于建立"利比亚禁飞区"的1973号决议时，老牌帝国主义国家美国、英国和法国投了赞成票，投弃权票的5个国家中，俄罗斯和中国属于传统意义上的"东方"国家，印度和巴西也不属于西方阵营。引人注目的是，这4个国家都是新兴的"金砖国家"。投弃权票表明这些国家不赞成西方对利比亚动武，只是出于种种原因而没有投反对票。随着西方大国扩大对安理会的授权范围，疯狂对利比亚进行空中打击，造成新的人道主义灾难，俄罗斯和中国外交部都"表示遗憾"。俄罗斯总理普京公开抨击说，美英法对利比亚的进攻就像西方当年的"十字军"东征。

属于西方阵营的日本，虽然忙于地震救灾，但仍不忘表态支持西方对利比亚军事打击。在传统意义的"东方"国家中，朝鲜、古巴和曾遭到西方国家武装打击的原南联盟塞尔维亚都公开表明态度，反对西方动武破坏利比亚的独立、主权和领土完整。

在南方国家中，两个地区组织非盟和阿盟都表示反对西方国家违反1973号决议"保护平民"的本意，对利比亚进行武力打击，制造新的人道主义灾难。非盟还在亚的斯亚贝巴举行国际会议，邀请利比亚政府和反对派参加，劝和促谈。非盟委员会主席让·平未参加在巴黎举行的由法国总统萨科齐主持的关于军事打击利比亚的国际会议，并表示不参加定于3月

29日在伦敦举行的相关会议。

委内瑞拉总统查韦斯和阿根廷总统克里斯蒂娜公开抨击西方大国军事打击利比亚。

第二，冷战结束20年来，不仅冷战思维仍然在西方泛滥，冷战框架也依然存在，并在起作用。

北约组织秘书长拉斯穆森3月27日宣布，北约已正式从美国手中接过武力打击利比亚的军事指挥权。北约是在冷战时代西方国家针对苏联及东欧社会主义国家于1949年9月成立的军事同盟。可是这个冷战机器并没有随着冷战结束和苏联阵营解体而进入历史博物馆，而美国为了推行霸权主义转而赋予其新的历史使命。不断"东扩"的同时，北约战车开始从欧洲驶向世界各地，先是驶向与中国西部接壤的阿富汗，从事"反恐"使命，现在又开往北非，执掌"利比亚禁飞区"任务。北约内部虽然在利比亚问题上有分歧，但在美国的压力下，仍然达成一致。德国出于自身是二站战败国可能对动用武力有所顾忌等因素，对1973号决议投了弃权票，但默克尔总理表示，要增派侦察机去阿富汗，让美国腾出力量加强利比亚战线。显然，德国不参加北约对利比亚军事行动，丝毫不会削弱北约的集体"防务能力"。

当前，在世界一体化的大潮中，北约正在完成"全球化"的历史性"转型"。对于北约今后的动向，特别是在中亚和南亚的军事存在，中国等广大发展中国家切不可掉以轻心。

第三，联合国又一次扮演了西方大国推行霸权主义、以强凌弱、干涉小国内政的工具。

联合国是二战后成立的，成员国最多、代表性最广泛的国际组织。在1945年10月24日成立的当天，中、法、美、英、苏和其他24个国家批准了《联合国宪章》，其宗旨是"维护国际和平和安全"，"制止侵略行为"，"发展国际间……友好关系"，"促成国际合作"等。为实现此宗旨，各国应遵循下列原则：各国主权平等、各国以和平方式解决国际争端、在国际关系中不使用或威胁使用武力、联合国不得干涉各国内政等。

在美国的操纵下，安理会先后通过1970号和1973号两个决议，对联合国会员国利比亚进行制裁和建立"禁飞区"，直接导致西方大国对利比亚的军事打击。来自韩国的联合国秘书长潘基文秉承美国旨意，积极推动两个决议获得通过。在3月24日通过1973号决议后，迫不及待地前往巴黎参加由萨科齐总统主持的多国会议，落实安理会决议。美英法三国3月19日开始对利比亚进行空中打击。西方的行动遭到国际上的广泛反对，非盟等要求各方立即停火。中国外交部发言人强调各方应遵循《联合国宪章》的宗旨和原则，尊重利比亚的主权、独立、统一和领土完整，通过对话、协商和平解决分歧。3月23日，安理会应阿盟等的要求举行非正式磋商，讨论利比亚局势。潘基文不顾国际上的强烈呼声，坚持要采取更多措施对利比亚政府施加压力，声称利比亚仍未履行安理会决议。潘基文还决定参加3月28日在伦敦举行的国际会议，商讨进一步打击利比亚。

另外一个值得注意的动向是，目前在韩国要求把"利比亚模式"套上朝鲜的舆论甚嚣尘上。就在利比亚遭空袭的当天，韩国记者直接询问潘基文，潘不置可否。

当前，联合国秘书长和国际原子能机构总干事两个关键职位分别由韩国人潘基文和日本人天野之弥担任，这对公正、公平、合理解决相关国际问题十分不利。

第四，美国等西方国家善于制造谎言，蒙骗不明真相的国家和人民，以售其奸，这套伎俩屡试不爽。

联合国安理会2011年2月28日通过1970号决议，宣布对利比亚进行制裁。理由是，按照联合国有关机构的说法，利比亚当局屠杀了1000名平民，数十万人逃亡，造成了严重的人道主义灾难。利比亚政府否认指控，称与事实不符，并要求联合国、阿盟、非盟等派人进行国际调查。班加西医院院方称死亡人数为200多人。俄罗斯媒体也指出，联合国的数字夸大其词，根据俄罗斯的监控系统，利比亚根本未发生"大屠杀"。不管怎样，事实真相终究会水落石出的。但是，美国炮制谎言是有前科的：

——美国为了对越南发动战争，制造关于越南鱼雷艇于1964年8月在北部湾（东京湾）攻击美国一艘驱逐舰的谎言，这次莫须有的"罪名"成为美国对越南大规模战略轰炸的诱因。多年以后，根据美国官方解密文件，美国中央情报局和军事情报系统的监听画面显示，实际上根本不存在所谓的"东京湾事件"。

——1999年3月24日，以美国为首的北约开始对南联盟长达78天的空中轰炸。其由头也是蓄意制造的谎言。克林顿政府和媒体编造塞族在科索沃对阿族实施"种族灭绝""种族屠杀"的谎言。国防部长科恩称有10万阿族年轻人可能已遭屠杀,更有报道说被杀的阿族人多达50万。8年以后,塞尔维亚政府公布的调查数字显示,在科索沃境内死亡和失踪的人员共8700名,其中有阿族,也有塞族。塞方所公布的数字大多为科索沃驻联合国机构认可。

(本文写作于2011年4月。)

美国为何从利比亚退居"二线"

（一）

美国总统奥巴马3月28日在华盛顿国防大学发表关于美国在利比亚军事行动的政策声明，重申美国对利比亚的军事行动是"有限的"，并宣布美国将在3月30日把军事指挥权移交给北约，北约将接任"禁飞区"指挥、武器禁运和保护平民三项任务。奥巴马还特别明确，美国今后只"发挥辅助作用——包括情报、后勤支持搜索和救援，以及干扰（利比亚）政府军的通讯能力"。

3月31日，北约正式从美国手中接过利比亚军事行动指挥权，指挥中心从美国设在德国斯图加特的美军"非洲司令部"转移到北约在南欧的意大利那布勒斯军事基地，军事行动代号由"德赛黎明"变为"联合保护者"，指挥官为加拿大的布沙尔中将。

为了表明美国的作用是"有限的"，国防部长盖茨4月1日进一步宣布，美国从4月2日开始撤出在利比亚执行空袭任务的90架战斗机，军舰也从11艘减少到9艘。

美国作为当今世界唯一超级大国，冷战后西方的一切军事、政治行动都由它这个北约"龙头老大"一手操办。这次从3月19日巴黎会议后开始的西方五国对利比亚的空中打击，也是美国直接指挥的。那么，奥巴马政府为何在一个多星期后突然决定"淡化"角色，退居"二线"，当"甩手掌柜"呢？

（二）

一、奥巴马3月28日在国防大学的讲话中说得明白，指挥权移交北约后，美国对利比亚"这一行动的风险和代价——对我军和美国纳税人——将大大减小"。盖茨在对议员和媒体解释美国战斗机为何停止空袭行动时说，他担忧美国会陷入一场"昂贵的"战争。

五角大楼发言人称，截至3月29日，美国在利比亚的军事花费高达5.5亿美元，北约接管指挥权后，美国纳税人的花费每月可控制在40000万美元左右。从3月19日到4月2日，美国军舰和潜艇向利比亚共发射221枚"战斧"式巡航导弹，一枚"战斧"导弹价值150万美元。

美国现在仍然深陷伊拉克和阿富汗两场战争泥潭，战争费用浩大。美国从2008年开始遭受金融和经济危机，今年虽然形势稍有好转，但仍不稳定。五角大楼国防预算被迫压缩，如再卷入旷日持久的第三场战争，对争取连任的奥巴马总统来说，无疑将是雪上加霜。奥巴马说，美国的任务是动员国际社会采取集体行动，与盟国和伙伴合作，以便分担责任和费用。

二、奥巴马政府对利比亚动武在国内面临种种压力。此举未经美国国会批准，遭到一些国会议员的"违宪"指控。奥巴马一再强调只是参与建立"禁飞区"打击利比亚的防空能力，不会向利比亚派遣地面部队。

其实，奥巴马的言行一直处于矛盾之中。美国的底牌是"制裁、制裁、再制裁"，"不战而屈人之兵"，迫使卡扎菲下台和离开利比亚。当时，美国军方领导人和包括国防部长盖茨在内的政府高官都不赞成建立"禁飞区"。但联合国安理会2月底通过1970号决议后，阿盟首先向安理会要求在利比亚建立"禁飞区"，法国和英国等盟国也高调要求建立"禁飞区"，奥巴马犹豫再三，担心被"边缘化"。3月19日，还在巴西访问的奥巴马仓促作出决定，授权美军对利比亚采取"有限的军事行动"。头上闪耀诺贝尔和平奖光环的奥巴马，一方面宣称动武并非自己首选，也不是美国愿意看到的结果；另一方面又自我解嘲地强调作出动武决定并非轻率之举。

三、奥巴马总统的利比亚政策受到"新兴"大国、地区国际组织和世界反战舆论的质疑和制约。奥巴马对国际上强烈的反对之声，也不敢完全置若罔闻。美国把北约推到前台，让法英打头阵，自己躲在后边，一旦事情搞糟也可"金蝉脱壳"，不承担责任。

安理会1970号决议虽然获得一致通过，但3月17日安理会表决关于建立"禁飞区"的1973号决议时，中国、俄罗斯、印度和巴西四个有重大影响力的"新兴"大国投了弃权票，美国的北约盟友德国也投了弃权票。美英法对利比亚实施空中打击后,俄中两国对西方超出1973号决议的授权范围对利比亚进行空中打击、滥用武力公开表示反对。胡锦涛主席同法国总统萨科齐在北京会晤时,表示只有对话才是解决利比亚问题的必由之路。非盟和阿盟都对西方大国违背联合国1973号决议的初衷,制造新的人道主义危机,表示谴责。非盟积极斡旋,力图利用"非洲方式"解决利比亚危机。非盟先是在埃塞俄比亚首都亚的斯亚贝巴召开特别会议,邀请利比亚政府和反对派代表与会,由于利反对派缺席,调解努力未能成功。但非盟坚持不懈,又准备派由毛里塔尼亚、马里、刚果、南非和乌干达领导人组成的非盟委员会访问利比亚,寻求解决利比亚问题的新途径。

四、美国向北约移交指挥权,还可达到"一箭双雕"的不可告人的作用。一是让北约扩大"防务范围"实践,在21世纪充当美国霸权主义打手和工具;二是抑制法国"地中海霸权"的冲动。萨科齐在利比亚危机爆发后大出风头,抢夺主导利比亚局势的话语权,高调主张建立"禁飞区"。法国还是世界上最早宣布承认利比亚反对派政权的国家,并宣布与其"建交"。利比亚反对派亲法倾向明显,甚至打出"法国万岁"的旗号。显然,法国企图把美国"撂在一边"的做法使美国感到不悦。法国曾企图与英国联手主导利比亚军事行动指挥权,美国当然不希望法国当头。据《华盛顿邮报》报道,奥巴马对萨科齐施加巨大压力,迫使萨科齐同意由北约负责利比亚战事,包括政治指挥权。

五、奥巴马政府在利比亚危机问题上另一个"低调"姿态,就是宣布不向利比亚反对派提供武器。美国对利比亚反对派能否成其大事一直存有疑虑。希拉里国务卿与利比亚反对派高级领导人加布里勒进行过两次会晤。她认为,作为一个组织,反对派仍然相当神秘,"我们对他们所知道的,并不像我们希望知道得那么多"。特别是有报道说利比亚反对派成分复杂,有亲美派,也有反美派,甚至混入了"基地"组织成员。在将来"后卡扎菲"时代权力再分配时,如"基地"分子抢班夺权,对美国和西方来说,不啻是"搬起石头砸自己的脚"。

西方大国中目前已有法国和意大利宣布承认利比亚反对派政权机构,阿拉伯国家中卡塔尔也宣布承认。眼下,还没有任何迹象表明美国准备尽快承认利比亚反对派政权。

（三）

当然，美国把军事指挥权移交北约，绝不意味着完全从利比亚脱身。北约的控制权和主导权属于美国，西方大国对利比亚军事行动的策划者仍是美国。

盖茨和美国参谋长联席会议主席马伦上将4月1日表示，美国虽然宣布战机从4月2日停飞，但仍然"随时待命"，如果利比亚反对派武装面临"足够可怕的"局面，北约行动指挥官可以请求美国帮助。

果然，4月3日，北约发言人称，由于恶劣天气导致联军行动效果受限，特请求美国把对利比亚空袭延长48小时。五角大楼表示，美国同意北约的请求，决定将对利比亚空袭行动延长到4月4日。

（本文写作于2011年4月。）

美国要求在伊拉克驻军长期化

今年4月份以来,美国政府和军方高官频频到访巴格达,向伊拉克政府施加强大压力,企图逼迫伊拉克当局"主动请求"美国政府延长美军在伊拉克的驻留期限。美国目前在伊拉克仍驻扎大约4.7万人。

伊拉克总理马利基今年5月11日在巴格达举行的记者招待会上表示,他将召集伊拉克各政治派别领导人尽快举行会谈,讨论如何正式答复美方提出的关于延长美军驻扎期的要求。

2003年3月20日,小布什政府以伊拉克拥有大规模杀伤性武器的莫须有罪名,未经联合国授权,发动伊拉克战争,推翻一个联合国独立、主权国家的合法政府。美国入侵伊拉克受到世界各国的强烈反对和谴责。联合国秘书长安南多次批评伊拉克战争是"非法的"。迫于国际社会关于"结束占领、伊人治伊"的强烈要求和伊拉克人民反美斗争的压力,小布什政府2008年同伊拉克政府签订美国驻军协定,规定美军在2011年12月31日之前全部撤离伊拉克。

奥巴马总统2009年上台后一再坚定表示要按期从伊拉克撤军,并把结束前任小布什发动的伊拉克战争上升到美国战略调整的高度。奥巴马已经宣布参加明年大选谋求连任。显然,奥巴马甘冒言而无信的指责,改变初衷,是其中东政策的一个重大调整。

美国赤裸裸施加压力

今年4月9日是美国占领巴格达8周年。4月6日晚,美国国防部长盖茨飞抵巴格达进行为期3天的访问。盖茨在同马利基总理和其他伊拉克军政领导人会晤时,要求伊拉克方面同意原定在2011年12月31日前撤出伊拉克的美军继续留驻。盖茨宣称,由于时间紧迫,马利基政府必须尽快作出决定。

4月22日，美军参谋长联席会议主席马伦上将访问伊拉克。在巴格达郊外美军营地举行的新闻发布会上，马伦说，访问期间，伊拉克政府没有向他提出关于美军继续留驻的请求，"如果伊拉克政府表达出挽留部分美军的些许愿望，我确信，我的政府乐意与之对话。但这样的对话得抓紧时间了"。马伦说他给马利基总理的时限为"几周"。

美国众议院议长博纳2011年5月4日在巴格达对记者说，美国在相当长的时期内要在伊拉克保留少量军队，并与伊拉克政府就这一问题深入交换了意见。

博纳说："我与美国在伊拉克的外交官和军事指挥员就在伊拉克保留部分美军问题进行了讨论，并达成了一致。另外我还同马利基总理协商过这个问题。"

博纳希望很快就这个问题同伊拉克当局签署协议。他还透露，关于具体人数，美军方的看法是保留一万名美军。

伊拉克当局反对美军赖着不走

当前的伊拉克政府是在美军占领下通过民选上台的。为了向伊拉克人民表明自己不是美国的傀儡，几届伊拉克政府都刻意强调伊拉克的独立、主权和领土完整。2008年签署驻军地位协定后，要求美军按规定撤走的立场更加明确。对于最近美国施压，伊拉克政府也采取明确抵制态度：

伊拉克政府发言人达巴格2011年4月8日说，伊拉克不希望美国延长驻军期限，要求美方按协定在2011年底之前全部撤出伊拉克。达巴格说："马利基总理在同美国国防部长盖茨会面时说，在没有获得当事国许可的情况下美军不应当在任何国家留驻。"

伊拉克总理办公室4月20日针对美国参谋长联席会议主席马伦的访问发表声明说："马利基总理已经排除签署任何新安全协议以延长美军驻留的可能性，因为目前的驻军地位协定在这方面有明确规定。"

马利基总理在5月11日记者招待会上当有记者问到他本人的态度时，马利基没有正面回答，只是说："如果他们（其他政治派别）接受（美军继续驻扎），我会同意；如果他们拒绝，我也反对。"

美国要求延长驻军期限的背景

奥巴马总统上台后，在保持美国外交政策的连续性的同时，决定对美国的全球战略作出适当调整。按照奥巴马的如意算盘，一方面维持"西线无战事"局面，一劳永逸地从伊拉克撤出全部作战部队；另一方面实施"阿富巴战略"，打赢小布什留下的"反恐"战争。先向阿富汗增兵3万，然后从2011年7月开始从阿富汗撤军。这些安排都将为美国"战略重心东移"做好铺垫。

但是"人算不如天算"。2010年底发生的所谓突尼斯"茉莉花革命"引发的政治风暴，迅速席卷北非和西亚大地。这场巨变打乱了美国的阵脚，美国的安全利益受到了严重威胁，迫使美国更深地卷入其中。美国要求延长在伊拉克驻军就是奥巴马政策变化的一个重要方面。西亚北非乱局中美国最担心哪些问题呢？

一、美国担心伊拉克局势恶化。盖茨4月8日在巴格达对记者说，美军继续留驻符合美国利益。美国担心伊拉克无法在今年年底美军撤出之前建立伊拉克保安部队，对付伊斯兰极端组织的反美力量。

二、美国担心穆巴拉克总统下台后埃及强化反对以色列立场，重新建立反以统一战线。埃及撮合巴勒斯坦解放组织同哈马斯和解使以色列感到威胁。

三、伊朗在西亚北非乱局中势力坐大，军舰通过苏伊士运河，同埃及外交关系正常化。伊朗从利比亚卡扎菲"弃核"仍遭到西方入侵的事实吸取教训，"拥核"立场更加强硬。

四、美国担心自己参加对利比亚军事打击，可能陷入另一个泥潭不能自拔。

五、美国担心"基地"组织和其他伊斯兰激进组织"浑水摸鱼"，损害美国在该地区利益。

伊拉克政府面临严峻考验

美国要求毁约，态度蛮横，不达目的绝不会罢休。马利基政府同其他政治派别谈判结果如何尚待观察。不管结果如何，伊拉克的反美主义必将继续高涨。伊拉克政府面临双重压力。

4月8日，数千名伊拉克群众在巴格达市中心解放广场举行示威，要求美军全部撤出伊拉克。在全国其他城市也有数千人上街抗议活动。伊拉克什叶派反美宗教领袖萨德尔警告说，如果美军继续赖在伊拉克，他将重新集结武装民兵，组织"迈赫迪"军，武装反抗美国占领。

（本文写作于2011年5月。）

奥巴马中东"新政"释放什么信号?

美国总统奥巴马5月19日从白宫来到国务院富兰克林厅,发表2009年上台以来第二个中东政策演讲,这是一次精心安排的政策宣示。演讲选择中东地区晚上电视黄金时段进行,最大程度为中东受众提供方便,充满"巧外交"韵味。

这次时长45分钟的演讲发出一个清晰的信号,即鉴于今年年初以来中东地区发生的连锁性"革命",奥巴马政府感到必须重新审视美国的中东政策,深化中东地区对美国国家利益的重要意义和在美国全球战略中的重要地位的再认识。由此,对美国外交议程的轻重缓急进行必要的调整。奥巴马宣布,美国的中东"新政"将掀开美国外交的"新篇章"。

"西线无战事"突变"西线多战事"

两年前奥巴马总统上台后,对前任小布什政府外交政策保持连续性的同时,审时度势,对以"反恐战争"为中心的美国整体外交战略进行了较大调整。根据欧洲和中东大体上"西线无战事"形势,确定在2011年12月31日前从伊拉克撤出全部近5万名美军,挥师东进,推行反恐的"阿富巴"计划,先向阿富汗增兵3万,计划从2011年7月开始从阿富汗撤军,完成在南亚地区的"反恐战争"。从而实施美国全球战略重心东移,以亚太地区为中心应对包括中国在内的新兴经济体国家的挑战。

然而,突尼斯所谓"茉莉花革命"引发的政治风暴,迅速席卷北非和西亚整个阿拉伯世界。亲西方的突尼斯总统本·阿里和埃及总统穆巴拉克轰然倒台,利比亚、也门、叙利亚政府岌岌可危。中东固有的巴勒斯坦—以色列冲突,伊朗—海湾阿拉伯国家矛盾,以及某些国家穆斯林什叶派同逊尼派纷争,进一步加剧。中东政治大地震使美国猝不及防,特别是美国在中东战略支柱的穆巴拉克政权倒台，更使美国对中东前景感到十分不安。"西线无战事"变成了西线多纷争，严重威胁着美国的国家利益。

在这一背景下，奥巴马政府不得不考虑在保持美国21世纪全球战略重心东移政策不变的前提下，进行局部政策调整，进一步介入中东乱局，巩固在中东的战略地位。一是打着联合国旗号同法英等西方国家在北非燃起战火，旨在推翻利比亚卡扎菲政权；二是对叙利亚巴沙尔政权进行制裁；三是对伊拉克政府施加强大压力，要求伊方同意美国无限期延长在伊拉克的驻军。

针对奥巴马政府的这一变化，中国现代国际关系研究院美国研究所所长袁鹏5月19日形象地说，对于美国，美洲是头部和躯干，胳膊伸向欧洲和亚洲，怀抱着的是中东；对于美国的全球战略来说，亚太地区明天可能更加重要，但中东仍是"今天"美国战略的优先地区，亚太是关键，中东是首要。

奥巴马中东"新政"难改美国中东颓势

中东地区的主要矛盾是以色列占领大片阿拉伯领土而引发的阿以冲突，巴勒斯坦问题是中东问题的核心。阿以冲突绵延几十年得不到公正解决，原因固然是多方面的，但主要原因之一是美国历届政府奉行偏袒以色列政策，致使联合国224号和338号等有关决议无法执行。"9·11"事件后，小布什政府把巴以冲突纳入反恐范畴，宣布哈马斯等巴勒斯坦抵抗组织为"恐怖组织"，支持以色列对巴勒斯坦武装组织不断发动袭击，致使巴以冲突愈演愈烈，"和平进程"裹足不前。

两年前，上台后不久的奥巴马顶着诺贝尔和平奖光环，到埃及开罗大学发表题为《美国与穆斯林的新开端》演讲，在谈到巴以问题时，表示美国不会反对巴勒斯坦拥有合法的尊严和国家，美国"不承认以色列继续扩建定居点的合法性"。而正是由于以色列不断在巴勒斯坦被占领土上建立定居点，才导致巴以和谈不能走上正轨。

在2011年2月18日举行的联合国安理会上，当表决关于谴责以色列在约旦河西岸和东耶路撒冷持续修建定居点决议草案时，美国行使否决权，而其他14个成员国都投了赞成票。美国的庇护使以色列有恃无恐。

奥巴马政府实际上同"布什主义"在巴以问题上并无二致。5月20日，奥巴马发表中东"新政"演讲的第二天，国务卿希拉里发表声明称，根据美国移民法和国籍法219条规定，以及13224号行政命令，决定把另一个巴勒斯坦武装组织"伊斯兰军"列入"恐怖组织名单"。

奥巴马在"5·19"讲话中提出"巴以和谈以1967年边界为基础"。这是历届美国总统第一次作出如此明确表态，似乎要以色列对巴方作出重大让步，在修正"偏以"政策上迈出重要一步。果真如此，那是应当欢迎的。但是，这一"新态度"在以色列和美国国内引起轩然大波。面对强大压力，奥巴马5月22日在"美国—以色列公共事务委员会"对影响力强大的犹太人院外集团成员发表讲话，声称他的讲话被"误读"了，称"从来没有要求以色列退回1967年以前边界"。

奥巴马的中东"新政"讲话的另一重要内容是鼓励中东民主变革，把阿拉伯国家分成三六九等，推行"双重标准""多重标准"，对成功把领导人赶下台的埃及和突尼斯大加奖赏，将推行一项刺激经济的所谓"中东马歇尔计划"；对利比亚和叙利亚大张挞伐，两国领导人如不能领导变革，就要下台；对巴林、也门等国提出了相对温和的要求。

奥巴马企图通过对中东进行经济援助承诺来博得阿拉伯和其他穆斯林国家的"好感"，缓解日益增长的反美主义，实际上是做不到的。奥巴马上台曾努力修补同伊斯兰世界的关系，但两年来，接受皮尤调查的阿拉伯民众对美国的"好感"有减无增。美国《时代》周刊认为，解决巴以冲突才是中东的当务之急。

（本文写作于2011年5月。）

台湾问题是中美关系的重中之重

——驳"对台军售反应过度"论

今年年初,奥巴马总统宣布向台湾出售近64亿美元军火并接见达赖喇嘛,引起中国强烈反弹,美国方面倒打一耙,指责中方"反应过度"。美常务副国务卿斯坦伯格3月访华后接受《环球时报》采访时诡称,奥巴马政府对台军售是"延续美国两党历任政府的一贯态度"。言外之意是,奥巴马总统是"照章办事",没什么值得大惊小怪的地方。斯坦伯格3月29日在华盛顿外国记者中心阐诉美中关系问题时又重弹这一论调。

上海复旦大学美国研究中心副主任吴心伯4月21日在《环球时报》著文说,他最近访美期间,美方官员和专家不断问他:"美国对台出售武器并不是第一次,为何中方这次反应如此激烈?"

《人民日报》记者周德武4月在华盛顿世界核峰会期间采访时发现,一些美国人又炮制出一套新的奇谈怪论,声称美国对台军售和奥巴马见达赖触及的都不是中国的核心利益,只有支持"台湾独立""西藏独立"才是真正挑战中国的核心利益。

凡此种种,"潜台词"就是中美关系今年以来出现的波折,责任不在美方,是中方"傲慢""强硬"。这完全是颠倒黑白。因此我们对"反应过度论",必须予以批驳,绝不能让其谬种流传。

必须指出的是,台湾问题涉及中国的核心利益,是中国内政,不允许外国干涉。对这个问题中国从来没有含糊过。20世纪90年代初期,美国为当时的台湾当局领导人访美开绿灯,中国一度中断中美有关军控以及核能领域的磋商,甚至召回驻美大使回国述职。这次中国政府作出强烈反应更是理所当然的,是有理有节的,中国还按照正常外交关系向美国派出了新大使,还允许美国军舰停靠香港。

那么，中国究竟如何做才不算反应过度呢？按照美国的"标准"，那就是不管美国如何挑衅，如何损害中国的核心利益，中国都只能逆来顺受地吞下苦药丸，不能说半个"不"字。

奥巴马政府对台军售用心险恶

诚然，美国历届政府都无视中美"八一七"公报原则向台湾出售武器。但奥巴马政府此次军售非比寻常。

第一，这次军售中有的武器并非是美国所声称的"防御性"。比如"爱国者–3"导弹，是该类导弹中最新型的，可以同日本和美国的同类导弹联网。那就是说，美国通过在台部署"爱国者–3"导弹，把台湾纳入它在西太平洋的导弹防御体系，这无疑对我国构成了更大威胁。

第二，奥巴马宣布对台出售先进武器还有更深层次的不可告人的目的。当前，海峡两岸关系稳定和平发展势头良好，奥巴马此举，一是对执政的"蓝营"势力产生微妙影响，二是对"绿营"台独势力起到鼓舞作用。

马英九上台后，大陆与台湾关系发展顺利，实现了"三通"，经贸关系也迈开了大步。特别是在世界金融和经济危机发生后，大陆对台湾采取许多优惠措施，使台湾民众受益良多。海峡两岸的和平发展引起美国的忧虑和不安，千方百计施加外力要台湾当局"刹车"。

法国《费加罗报》今年2月24日载文一针见血地指出，奥巴马军售决定对台湾主要产生"心理"作用，使台湾"更加自信和感觉安全"，从而使它同中国大陆的关系相隔更远。

美国是解决台湾问题的最大障碍

2005年3月14日，第十届全国人大第三次会议通过的《反分裂国家法》指出，台湾问题是中国内战的遗留问题，"国家主张通过台湾海峡两岸平等的协商和谈判，实现和平统一"。这个属于"宪法"类的国家大法意思很明确，就是解决台湾问题的终极目标是"统一"。"和平发展"是手段，不是"目的"；"目的"是"统一"。也就是说，通过"和平发展"，达到"不战而屈人之兵"，实现"和平统一"。

奥巴马上台后一再表示美国政府"一个中国"政策没有改变，但同时又重申任何一方都不应改变海峡两岸的"现状"。这句话的意思也很明确，那就是企图使台海两岸双方的分裂状态常态化、永久化，就像两条平行线无限延长，永不相交。这显然同国家统一的目标"南其辕，北其辙"。其结果就是事实上的"一中、一台"。

二战后，美国从其同苏联争霸全球的战略考虑，把台湾作为其遏制共产主义蔓延的"不沉的航空母舰"。在朝鲜战争爆发的第二天，就派第七舰队驻扎台湾海峡，阻挡中国军队跨海解放台湾。

1979年1月1日，中美两国正式建立外交关系，根据建交公报，在处理台湾问题上"断交、废约、撤军"，即美国同台湾断交，终止美台《共同防御条约》和从台湾撤出美国军队。在此情况下，卡特总统认为有必要重新调整处于新形势下的美台关系，遂于1月26日提出就美台关系作立法调整的《与台湾关系法》议案，国会众参两院于3月下旬予以通过。

《与台湾关系法》违背两国建交公报双方同意的原则和美方的承诺，要害是继续将台湾当作"国家"对待，企图在某种程度上保持美台《共同防御条约》，干涉中国国家统一大业。几十年来，美国历届政府就是援引该法不断向台湾出售武器，干涉中国内政。《与台湾关系法》实质上成为一把悬在中国头上的"达摩克利斯剑"。

20世纪90年代中期台海危机，在介入与不介入选择上，克林顿政府奉行"模糊战略"，这无疑助长了台独势力的嚣张气焰，虽然美国政府在是否会协防台湾问题上模棱两可，但实际上，美台军事合作不断升级。美国太平洋司令部拟订了台海作战方案，五角大楼也不断派员去台湾评估防务态势，美国高官还亲自观摩台湾军队的"汉光演习"等。

根据中美签署的"八一七"公报，中方要求美方逐年递减对台军售，直到完全停止。实际上，美国历届政府仍然援引《与台湾关系法》，对台售武在质和量上呈递增趋势，不断给中美关系制造麻烦。今年以来，美国方面大肆渲染大陆对台湾的空中优势，五角大楼向国会提交报告，称台空军不堪一击，为向台出售F-16C/D战机大造声势。美国方面还宣扬解放军海军军力增强，为美方向台出售潜艇制造舆论。在美国的煽动下，台湾当局又考虑重新启动一度中断的射程可以覆盖北京的中程导弹研制计划。

显然，对奥巴马军售决定，必须坚决反对，并配合相应的"反制"措施，根本不存在什么反应"过度"问题。否则，美方会认为中方软弱可欺，从而得寸进尺，置中美关系大局于不顾。

中美围绕台湾问题的斗争是长期的

台湾问题是中美关系的重中之重，是国家核心利益的重要一环。解决台湾问题，实现祖国统一，恐怕是建国60年来中央几代领导人最殚精竭虑的问题。台湾问题可能是中国政府在对外交往中动用外交资源最多的议题。中国领导人出访总要首先感谢对方支持中国在台湾问题上的严正立场，感谢对方奉行"一个中国"政策。

胡锦涛主席多年来在许多重大场合一再提醒全党和全国人民要有"忧患意识"，要"居安思危"。除了国内的"忧患"外，笔者认为，最大的国外"忧患"就是美国对中国解决台湾问题设置障碍。

必须指出的是，《反分裂国家法》第八条规定："'台独'分裂势力以任何名义、任何方式造成台湾从中国分裂出去的事实，或者发生会导致台湾从中国分裂出去的重大事变，或者和平统一的可能性完全丧失，国家得采取非和平方式及其他必要措施，捍卫国家主权和领土完整。"

应当看到，解决台湾问题还存在若干不确定因素，现在的"和平发展"能否导致"和平统一"，面临诸多挑战。如，马英九能否在2012年选举中连任？如果马英九连任，他是否仍坚持"不独、不统、不武"？主张"台独"的民进党能否东山再起取代国民党执政？如民进党上台，是延续国民党的大陆政策还是重回陈水扁的台独道路？

奥巴马4月12日在华盛顿同胡锦涛会晤时重申美方坚持一个中国政策，尊重中国主权和领土完整，尊重中国核心利益，将谨慎处理敏感问题。对奥巴马的承诺，仍要"听其言，观其行"。

香港《南华早报》4月著文说，奥巴马国内医改已搞定，现在对华打交道的政治地位比先前强势得多，在中期选举后可以选择对台出售F-16C/D战机。

美国是两党轮流坐庄，下一轮大选上台的政党，不管是民主党，还是共和党，在对台售武问题上恐怕仍然要援引《与台湾关系法》。因此，中美围绕美国对台售武问题的斗争未有穷期。

（本文写作于2011年5月。）

北约为何压不服卡扎菲?

截至2011年7月19日,由美国主导、北约牵头,以"倒卡(扎菲)"为目标的空中打击行动,将过去整整4个月。可是,这位利比亚领导人"困兽犹斗"、宁死不屈。1999年,美国和北约曾用78天的空中打击,迫使米洛舍维奇的南联盟就范,而现在花了100多天仍拿不下这个人口只有600万的小国,使西方列强颜面尽失。人们不禁会问:何等强大的美国和北约,为何压不服卡扎菲?

不管卡扎菲最终命运如何,他敢于同唯一超级大国美国和世界最强大的军事集团北约对抗,已经创造了小国同列强斗争史上的一个奇迹。探讨和分析这个问题,无疑具有深刻的启示意义。

美国和北约不在"理"上

作为一场战争,如果对比军力,美国和北约与利比亚双方力量悬殊,不在一个水平。但美国和北约动武不在"理"上,底气不足,制约了力量发挥。

第一,联合国安理会通过的1973号决议"先天不足",中国、俄罗斯、印度、巴西和南非五个新兴国家以及北约成员国德国投了弃权票,许多发展中国家、不结盟国家和伊斯兰国家也不赞成。从3月19日开始,美国和北约对利比亚展开空中打击,逐步升级,夜以继日,还动用了武装直升机,把联合国1973号决议关于"建立禁飞区"和"保护平民"的规定转换成"推翻卡扎菲政权",大大超越了决议的授权范围。特别是北约空袭造成大量平民伤亡,更是严重违背1973号决议的初衷。

随着时间的推移,狂轰滥炸不能奏效,美国同北约盟国之间和北约成员国内部,均出现严重分歧甚至分裂。"倒卡"的"合理性"与"合法性"

遭到质疑,涣散了北约内部的斗志。

美国国防部长盖茨在北约防长会议上公开批评欧洲国家对利比亚战事不积极,表现"吝啬";挪威宣布从8月份起从利比亚前线撤出空中力量;意大利外长弗拉蒂尼6月22日呼吁"立即暂停"对利比亚的军事行动,缓解利比亚"很严重的"人道主义状况;对利比亚军事打击最积极的法国最近也公开表示支持政治解决并同卡扎菲的代表举行了间接谈判。

第二,美国在战事开始不久宣布"退居二线",把包袱甩给英法,北约控制和指挥不畅。奥巴马政府由于受到国会《战争权力法》的约束,无法全力参战,致使北约空中打击力量弱化。由于奥巴马政府一开始就宣布不会派遣地面部队,北约秘书长拉斯穆森也一再作出同样表示,也使逼迫卡扎菲下台的军事手段受到局限。

第三,西方"倒卡"军事行动不断加剧,在国际社会不断受到抨击和谴责。要求政治解决呼声日益高涨。

——6月16日,胡锦涛主席与俄罗斯总统梅德韦杰夫在莫斯科发表联合声明,强调有关各方必须严格遵守安理会1970号和1973号决议,不得随意解读和滥用。双方支持非盟调解利内部冲突的倡议。

——非盟一直反对西方动武,极力劝和。非盟于6月30日召开首脑会议,讨论政治解决利比亚问题。南非总统祖马6月26日参加非盟关于利比亚专门委员会会议,抨击北约试图改变利比亚政权,对卡扎菲实施"政治暗杀"。祖马谴责北约军事行动超出了联合国安理会授权范围,干扰了非盟的外交调解。

——阿盟秘书长穆萨6月22日质疑北约空袭能否奏效并表示"政治解决的时刻已经到来"。

——联合国秘书长潘基文为了实现连任,讨好美国等西方国家,积极配合西方通过1970号和1973号决议,并迫不及待地飞往欧洲参加巴黎"3·19"会议,落实对利比亚的军事打击。最近,潘基文开始转调,授权利比亚问题特使,谋求利比亚各派政治谈判。

利比亚反叛组织是乌合之众

美国和北约大力支持利比亚反叛组织"全国过渡委员会",假手利比亚人打利比亚人，推翻卡扎菲政府，建立一个西方傀儡政权。

利比亚反叛组织的组成是个大杂烩，有突尼斯所谓"茉莉花革命"掀起的北非政治风暴中的"弄潮儿"，有卡扎菲的旧臣，有卡扎菲推翻的伊德里斯封建王朝的孝子贤孙，也有"基地"组织北非分支成员。美国对在多大程度支持利比亚"全国过渡委员会"一直犹豫不决，特别是对极端分子保持警惕。

在联合国安理会通过1973号决议之前，在利比亚东部班加西为大本营的利比亚反叛武装受到政府军的围剿，处境十分被动。利比亚反叛组织领导人贾利勒2月28日曾极力表白："我们没有与美国进行任何形式的联系，更反对来自美国和其他外国的军事介入和干涉。"反叛组织军事发言人古卡3月2日也表示，他们决心要在不借助外国军队干预的情况下推翻卡扎菲，即便为此付出更多流血牺牲。

在美国和北约实施"倒卡"空中打击后，利比亚反叛组织立即开始180度大转弯，投靠和依附西方以及其他外国势力，在西方空中力量的掩护下对政府军发动猛烈反扑。

利比亚反叛组织在西方列强入侵自己祖国时，出卖民族利益，是不得人心的。没有西方支持，他们也成不了大气候。

反叛组织石油和财政事务部门负责人塔尔胡尼6月18日公开指责西方国家未能兑现提供紧急援助的承诺，只开"空头支票"，说数月战事令他们"弹尽粮绝"。

强人卡扎菲

美国和北约3月19日开始对利比亚空中打击后，西方媒体差不多每过一个星期就掐指预测卡扎菲倒台进入"倒计时"，但是卡扎菲就是打不倒。

北约在狂轰滥炸的同时，紧锣密鼓地发动网络战、舆论战和心理战，制造了大量的谣言和谎言，对卡扎菲的"妖魔化"也登峰造极。北约6月27日又指使国际刑事法院对卡扎菲发出通缉令。尽管国际环境非常恶劣，卡扎菲依然不为所动。

西方永远搞不懂他们打不倒卡扎菲的原因，那就是世界上还是有公理在，"倒卡"战争根本是非正义的，是侵略行为，是不得人心的。

卡扎菲6月22日发表电视录音讲话时再次发誓,即使无路可退也要抵抗到底,"不管袭击我们多久,是2年、3年、10年还是100年"。

另一方面,卡扎菲政府一再宣布希望停火,通过谈判解决问题。这一立场在国际上受到欢迎。这一立场同美国和北约天天喊打的态度形成鲜明对照。

(本文写作于2011年7月。)

中国脸美国心

——美国新任驻华大使骆家辉

美国商务部长、第三代华人政治家骆家辉被美国总统奥巴马提名为新任驻华大使,7月27日经国会参议院批准,8月1日在国务院宣誓就任,已于8月12日抵京履新。

被称为"非洲的儿子"的奥巴马任命一个被称为"中国的儿子"的骆家辉为驻华大使,这在美国是件新鲜事,自然引起了媒体的浓厚兴趣,人们议论较多的是骆家辉的华人血统及其可能的含义。也许怕引起误会,骆家辉有言在先:"我以我的中国血统自豪,我以我的祖先自豪,以华裔为美国的贡献而自豪。但我是百分之百的美国人。"毫无疑问,"百分之百的美国人"骆家辉也不会拥有一颗如香港歌手张明敏所唱的《我的中国心》。明乎此,国人在今后发现骆家辉一门心思为美国利益服务而毫不理会中国人的利益时,就不会产生感情上的纠结。

经济、安全和价值观(人权、民主、自由)号称美国外交的三大支柱。民主党前总统卡特最早提出了美国"价值观外交"概念。过去30多年中,人权问题更是美国干涉中国内政、破坏中国稳定的利器。

在美国当权者看来,突尼斯发生的所谓"茉莉花革命"引发的今春西亚、北非政治风暴,笃定要席卷欧亚大陆其他地区,包括中国,因此公开支持中国的人权活动分子、民族分裂分子和流亡海外的"异见人士",颠覆中国现政权,或退而求其次,扰乱中国的政治稳定。虽然不是美国大使的公开使命,但"私下的活动"一直没有离开美国对华政策的其中一个选项。

今年5月9日,在华盛顿举行的中美第三轮战略与经济对话的第一天,奥巴马总统、拜登副总统和希拉里国务卿三人一起就人权问题向中国开炮。希拉里在致开幕词时指责说:"包括公益律师、作家、艺术家和其他人在内的公民被拘押或失踪。"

5月11日,美国《大西洋月刊》刊登该刊对希拉里的专访。希拉里以罕见的尖刻语言恶毒攻击"中国人权纪录糟糕"。她声称中国人"担心"发生中东式的革命,"他们试图阻止历史,这是愚蠢的,他们办不到,但是他们要坚持尽可能长久。"

骆家辉7月23日在参议院听政会上保证,他将成为美国人权理念和商业利益的"强有力的提倡者"。他表示,将利用个人经历和故事,与中国民众"打成一片",不会羞于启齿那些"敏感问题"。骆家辉来者不善。

骆家辉担任新一届驻华大使,我外交部发言人表示欢迎。《人民日报》发表署名文章说:"在21世纪第二个年代之初,骆大使正肩负起继续稳定并深化中美关系发展的历史性使命。"骆家辉血管中流淌着华人血液,也希望血管中流淌着"道德的血液"(注:这里套用温家宝总理的一句名言)。但愿这不是一厢情愿。

(本文写作于2011年8月。)

美借"反恐"打压中国露虚伪面目

2001年美国发生"9·11"事件后,布什政府发动"反恐战争",出兵阿富汗,推翻庇护"基地"组织的塔利班政权。美国此举得到联合国授权,也得到中国、俄罗斯等许多国家的支持。但是,美国出于遏制中国和俄罗斯的战略考虑,在国际"反恐问题"上却采取了"双重标准"。

多年来,中国作为一个负责任的大国,对国际"反恐"斗争作出了自己的重要贡献。早在"9·11"事件之前,在2001年6月15日"上海合作组织"正式成立当天,中国就促成该组织5个成员国共同签署了《打击恐怖主义、分裂主义和极端主义上海公约》。在美国陷入长达10年的阿富汗"反恐战争"中,上海合作组织"成员国向美国提供了有力的后勤支持。

但是,在国际反恐问题上,中国支持美国,而美国却并不支持中国。前段时间,美国发表了《2010年国家反恐报告》,对中国政府针对打击"东突"势力采取的行动做出了错误的解读,甚至声称那并不是反恐。华盛顿在处理中国最关注的打击"三股势力"问题上的态度,反映了其打压中国的战略目的。

最近几年,新疆发生多起恐怖暴力事件,其背后都有"东突势力"的影子。从根本上来说,新疆问题既不是民族问题,也不是宗教问题,而美国官方和媒体却异口同声地把它们归结为"人权""民主"和"自由"诉求,污蔑中国对少数民族进行"镇压""过度使用武力"。美国在"反恐"问题上奉行"双重标准",理所当然受到中国政府和人民的强烈反对。

2006年4月20日,时任美国总统布什在白宫接待到访的中国国家主席胡锦涛时,曾慷慨激昂地表示,美中之间正致力于"深入加强合作以对付来自全球性的恐怖威胁"。可是,仅仅4天过后,美国军方召开的有91个国家230名代表参加的第四次国际反恐大会,却不邀请中国参加。另外,据《华盛顿邮报》披露,美国决定,"中等威胁和低威胁的囚犯一律送回原籍国，由原籍国依照司法程序进行处理"。但美国当局对中国籍被羁押者采取了不同态度，拒绝将"东突"恐怖嫌犯遣送回中国。

美国在关塔那摩关押了二三十名拥有中国国籍的"东突"恐怖嫌犯。中国政府一直坚持把"东突"恐怖嫌犯遣送回中国。然而，美国不顾中方一再强调的国际反恐合作及中美双边关系大局，公然把5名"东突"分子移交阿尔巴尼亚。事实上，这5个人和他们的家属都承认，他们在被俘前确实在阿富汗接受过本·拉登训练营的"强化训练"，包括如何使用武器和制造炸药。他们接受训练的目的"不是反对美国政府或者美国的海外利益，而是反对中国，要分裂中国新疆维吾尔自治区"。但是美国当局总以"维护人权"和担心他们回国后会"遭迫害"为由，对中国政府的要求予以无理拒绝。

2009年1月奥巴马上台后，表示要关闭关塔那摩监狱。对于仍留在监狱中的中国籍"东突"恐怖嫌犯的去向问题，中国外交部一再要求美方进行遣返，但美国仍表示拒绝，并千方百计寻找接受国。而得到美国支持的新疆分裂主义组织"世维会"头领热比娅离开中国到美国后，甚至公开同这些"东突囚犯"取得联系。

中国政府一贯主张应以《联合国宪章》、国际法和其他公认的国际关系准则为基础加强国际反恐合作，反对将恐怖主义与特定的国家、民族或宗教相联系。美国从遏制中国的战略角度出发，在国际"反恐"问题上奉行"双重标准"，暴露了其关于"国际反恐合作"的虚伪面目。

（原载中国国际广播电台《国际在线》专稿，2011年9月。）

美国在国际"反恐"中奉行"双重标准"

2001年美国发生"9·11"事件后,布什政府发动"反恐战争",出兵阿富汗,推翻庇护"基地"恐怖组织的塔利班政权。美国此举得到联合国授权,也得到中国、俄罗斯等许多国家的支持。但是,10年来,美国出于霸权主义和"价值观外交"考虑,在国际反恐问题上奉行"双重标准",使一些国家深受其害,严重破坏了"国际反恐合作",受到相关国家的揭露和批评。

中国国家主席胡锦涛2004年6月17日在塔什干出席上合组织峰会讲话时就强调必须反对一切形式的恐怖主义,不能搞"双重标准";必须加强国际合作,团结各国共同开展反恐斗争,不能将恐怖主义与特定的民族和宗教联系等同起来。

俄罗斯前总统普京多次谴责美国和其他西方国家把俄罗斯车臣分裂主义分子称为"自由战士",并向逃亡海外的车臣非法武装头目提供政治庇护,拒绝俄方提出的引渡要求。

委内瑞拉总统查韦斯一再要求从美国引渡策划炸毁民航客机造成73人死亡的恐怖分子波萨达回国,遭到美国拒绝。查韦斯抨击美国的决定是"强国的无耻行径"。委内瑞拉副总统兰赫尔指出,美国在打击恐怖主义行动上实行"双重标准"。

巴勒斯坦民族权力机构谴责以色列不断对加沙进行武装袭击和"定点清除",是"国家恐怖主义"。美国和以色列反诬巴勒斯坦武装抵抗运动是"恐怖组织"。

中国遭受美国"双重标准"之害

多年来,中国作为一个负责任的大国,对国际反恐斗争作出了自己的重要贡献。早在"9·11"事件之前，在2001年6月15日"上海合作组织"正式成立当天，中国就促成该组织5个成员国共同签署了《打击恐怖主义、分裂主义和极端主义上海公约》。在美国陷入长达10年的阿富汗"反恐战争"中，上海合作组织成员国向美国提供了有力的后勤支持。

中国在国际上是恐怖主义的受害者之一。打击企图分裂新疆的"东突厥斯坦"（下称"东突"）分离主义事关中国核心利益。因此中国政府在国际反恐问题上的立场十分鲜明和坚定，主张和践行在联合国框架下加强国际反恐合作。

但是，华盛顿在处理中国最关注的打击恐怖主义、分裂主义和极端主义（下称"三股势力"）问题上，暴露了美国在反恐问题上奉行"双重标准"的虚伪面目和打压中国的阴险目的。最近几年，新疆发生多次恐怖暴力事件。2009年乌鲁木齐发生"7·5"事件，造成184人死亡。2011年7月18日、21日和8月5日，新疆半个月内在和田等地发生三起恐怖暴力事件。这些事件的背后都有"东突"民族分裂分子的阴影。从根本上来说，新疆问题不是民族问题，也不是宗教问题，而美国官方和媒体却异口同声地把它们归结为"人权""民主"和"自由"诉求，污蔑中国对少数民族进行"镇压"，"过度使用武力"。

事实证明，在国际反恐问题上，中国支持美国，而美国却并不支持中国。美国在反恐问题上奉行"双重标准"，理所当然受到中国政府和人民的强烈不满和反对。

2006年4月20日，布什总统在白宫接待来访的中国国家主席胡锦涛时慷慨激昂地表示，美中之间正致力于"深入加强合作以对付来自全球性的恐怖威胁"。可是，仅仅4天过后，美国军方召开的有91个国家230名代表参加的第四次国际反恐大会，却不邀请中国参加。《华盛顿邮报》披露，美国决定，"中等威胁和低威胁的囚犯一律送回原籍国，由原籍国依照司法程序进行处理"。但美国当局对中国籍被羁押者采取了不同态度，拒绝将"东突"恐怖嫌犯遣送回中国。

美国在关塔那摩关押二三十名拥有中国国籍的"东突"恐怖嫌犯。中国政府一直坚持把他们遣送回中国，反对把他们移交第三国。2006年，美国不顾中方一再强调的国际反恐合作及中美双边关系大局，公然把5名"东突"分子移交阿尔巴尼亚。这5个人和他们的家属都承认，他们在被俘前确实在阿富汗接受过本·拉登训练营的"强化训练",包括如何使用武器和制造炸药。他们接受训练的目的"不是反对美国政府或者美国的海外利益,而是反对中国,要分裂中国新疆维吾尔自治区"。但是美国当局总以"维护人权"和担心他们回国后会"遭迫害"为由,予以无理拒绝。

2009年1月奥巴马上台后,表示要关闭关塔那摩监狱。关于仍留在监狱中的中国籍"东突"恐怖嫌犯的去向问题,中国外交部一再要求美方遣返中国,但美国仍表示拒绝,并千方百计寻找接受国。得到美国支持的新疆分裂主义组织"世界维吾尔代表大会"头领热比娅离开中国到美国后,曾公开同这些"东突"囚犯取得联系。

美国借中国民族新疆分裂主义遏制中国

2009年7月5日在新疆乌鲁木齐发生打砸抢严重恐怖暴力事件。这次事件得到境内外"三股势力"的支持。流亡美国的"世维会"主席热比娅扮演了不光彩的角色,而热比娅背后的美国因素也变得更加清晰。

2009年7月22日,外交部副部长何亚非在答记者问时公开揭开了"东突"势力背后美国因素的盖子。何亚非指出,热比娅在国外包括在美国从事分裂祖国的活动,这一点中国人民很清楚,美方也应该很清楚,希望美方能约束热比娅,不要让其利用美国领土从事分裂活动。何亚非还表示,中方将于7月27日在华盛顿举行的首轮中美战略与经济对话会议上向美方提出热比娅问题。

从20世纪初开始,"泛伊斯兰主义"和"泛突厥主义"(下称"双泛")一直是新疆民族分裂主义的思想动力。新中国成立后,"东突"势力头面人物纷纷作鸟兽散,大多流亡海外。但他们"人还在,心不死"。在新疆内部,"双泛"思潮也阴魂不散。20世纪八九十年代,伊朗霍梅尼发动的伊斯兰革命开创了所谓"伊斯兰复兴"的新时代,伊斯兰"革命输出"甚嚣尘上。同时,80年代末90年代初,随着冷战结束和苏联解体,在中亚和高加索地区诞生了哈萨克斯坦、乌兹别克斯坦、吉尔吉斯斯坦、土库曼斯坦和阿塞拜疆5个"突厥语"独立国家。土耳其作为世界上最大的突厥语国家,重温奥斯曼帝国美梦,声称"突厥世界"涵盖的范围从亚得利亚海一直延伸到中国的长城。这就使"双泛"思潮在属于突厥语系的新疆维吾尔等少数民族部分人群中沉渣泛起,新疆"三股势力"借尸还魂。在西方反华势力支持下形形色色的"东突"组织纷纷浮出水面。整个90年代,"东突"组织中的恐怖主义分子在新疆制造了大量暗杀、爆炸、绑架等恐怖事件。1996年,"东突"势力叫嚣"96年动手,97年大干,2000年实现(新疆)独立"。

美国前总统克林顿任职8年间,多次秘密会见"东突"代表。1999年,美国政府发表的《中国人权报告》首次公开指控中国政府的新疆政策。克林顿在公开场合与恐怖组织"东突民族代表大会"主席艾尼瓦尔会面,并接受了新疆维吾尔人所谓遭受迫害的材料和录像。霍普金斯大学中亚-高加索研究所和史密斯—里查德森基金会也派出专人抵达哈萨克斯坦的阿拉木图,会见新疆民族分裂组织首领。

但是,长期以来,由于种种原因,流亡海外的"东突"势力散居在中亚、土耳其、德国、澳大利亚和美国,派系林立、勾心斗角。一派主张"国际化"和以政治斗争谋求"新疆独立",一派主张以搞暴力恐怖活动为主,达到把新疆分裂出去的目的。由于群龙无首,互不服气,各派很难达成一致形成合力。特别是"9·11"事件后,布什政府把反恐作为全球战略重中之重,全球反恐需要中国支持,在支持"东突"问题上有所收敛。迫于中国压力,美国同意把中国公安部公布的四个恐怖组织之一的"东突厥斯坦伊斯兰运动"("东伊运")列入恐怖组织名单。一时间海内外"东突"组织士气低落,感到前途茫茫,纷纷陷入解体状态。西方反华势力感到,刻不容缓的是寻找到一个众望所归的"领军人物",能够整合各派势力,以便东山再起。热比娅就是在这一背景下"应运而生",被美国发现后,经过包装,逐步成为美国和西方分裂新疆图谋的代理人。

热比娅最早引起美国人注意是在1995年,《福布斯》杂志把热比娅列入"全球富豪榜",称其拥有2亿人民币财富,列为"中国富豪"第八位、新疆女首富。《福布斯》热捧热比娅增加了她的知名度,引起美国反华机构的关注,为其在美国出头埋下伏笔。

在国内,热比娅是两面派,一方面伪装进步,赢得不少闪光的头衔,具有很大欺骗性。另一方面,她却积极从事分裂祖国的活动。她曾与丈夫一起去土耳其,拜会"东突"代表人物艾沙。她在境内向"东突"分子提供很多资助,被称为"东突"势力的国内"钱袋子"。

1996年，热比娅的第二个丈夫司地克肉孜流亡美国。他本来是新疆大学教师，曾因从事新疆民族分裂活动而入狱。热比娅利用丈夫在美国的关系，非法向境外提供情报，配合美国的反华行动。1999年，热比娅因间谍罪获刑8年。

美国国会在热比娅关押期间，专门通过决议为其辩护。2004年，挪威一机构授予在狱中的热比娅"人权奖"。2005年3月，美国国务卿赖斯访华前夕，美方提出一个释放被关押的所谓"中国人权斗士"的要求，刑期未满的热比娅提出保外就医而被释放。当天在美国外交官陪同下前往美国。

热比娅到美国后很快成为新闻人物和反华势力的代言人，要么到国会和人权机构发表讲演，要么接受"美国之音""自由亚洲电台"等反华媒体采访，大肆攻击中国的新疆政策。2006年，热比娅在美国成立"国际维吾尔人权与民主基金会"，并担任"美国维吾尔人协会"主席。同年9月，热比娅获得诺贝尔和平奖提名。11月，在德国慕尼黑举行的第二届"世维会"上"当选"主席。

2007年6月5日，布什总统在捷克参加"民主与安全"大会上攻击中国人权状况，会后接见热比娅，并与其合影，并称赞她是维吾尔人的"优秀代表"。2008年7月29日，布什在前往中国参加北京奥运会开幕式前，在华盛顿再次会见热比娅和"民运"分子魏京生等人。

经过几年来美国人的打造，热比娅已经羽翼丰满。2009年5月，热比娅在华盛顿主持召开第三次"世维会"大会，制订了"五十年分三步走"的所谓"新疆独立"计划。在美国操控下，一方面高唱和平主义高调，另一方面指使"东突"组织中的恐怖分子，在新疆制造新的暴力恐怖事件。

国际社会应努力消除"双重标准"

联合国早在20世纪60年代初开始关注恐怖主义问题，已就打击劫持飞机、爆炸和挟持人质等恐怖主义行为制定了13项专门公约和议定书。这些文件涵盖了几乎所有形式的恐怖主义行为。但由于美国等西方国家作梗，迄今还未通过一项包含有完整恐怖主义定义的全面公约。

由于美国等西方国家垄断了国际论坛的话语权，谁是恐怖组织，何谓恐怖主义，任由它们来定。大凡反对美国和以色列的，都逃脱不了上黑名单的厄运。正像一句顺口溜所说："说你是，你就是，不是也是；说你不是，就不是，是也不是。"

国际社会制定一个成文的、完整和统一的恐怖主义定义，有助于消除在国际反恐斗争中出现的"双重标准"，有助于恐怖嫌犯的引渡，有助于加强国际反恐合作。

此外，界定恐怖主义将充分展现国际社会反恐斗争的团结，有助于加强联合国在反恐斗争中的主导作用，具有重要的象征意义。

（本文写作于2011年11月。）

对伊朗动武,美以准备好了吗?

国际原子能机构本周可能出台的一份涉及伊朗发展核武器"新证据"的报告。这份报告在最近一周牵动全球神经,引发了关于"伊朗战争"的各种争执和猜想。一些西方媒体称美国国防部已提交方案准备对伊朗动武。以色列也正在为对伊朗动武大肆造势。过去几年中,军事打击伊朗的话题不时出现。但这次似乎有所不同,美以是动真格对伊朗动武,还是再次虚张声势的恫吓施压?

以色列会否上演"先发制人"?

6日,以色列总统佩雷斯警告伊朗,"现在,比起外交选项,军事打击伊朗的可能性离实现正越来越近",因为"伊朗正越来越接近拥有核武器"。上周,以色列空军在北约位于意大利的军事基地,进行了针对伊朗的远程导弹打击演习。

与此同时,以色列媒体披露,总理内塔尼亚胡和国防部长巴拉克上周已经开始在内阁征求对伊朗动武意见,他们一再要求对伊朗实施"先发制人"的打击。

30年前,以色列就是用"先发制人"的战术2分钟内摧毁了伊拉克的核设施,如今它会否用同样的战术对付伊朗?

中东问题专家马晓霖认为,综合以色列的表态和它历来的做法看,"先发制人"的可能性是存在的。以色列对伊朗抱有深刻的敌意,因为伊朗领导人也多次公开鼓吹要消灭以色列,在这种情况下以色列是不会掉以轻心的。

但是,也有专家认为,以色列这次很可能是虚张声势。新华社世界问题研究中心美国问题专家怀成波7日在接受新华网采访时说:"以色列目前比较着急主要是面临国内大选，内塔尼亚胡想做出全国一致的样子。它有可能制造一些小危机、小动作，在红海等地制造事端，把罪名加在伊朗身上，为进一步的行动找借口。"新华社世界问题研究中心军事问题专家杨民青说："以色列目前的战略环境受到压缩，不会在美国没授意的情况下单干。"

美国真要对伊朗动武吗？

英国《卫报》4日报道，美国打算对伊朗一些重要设施发起导弹袭击，将要求英国参与。美国国会有关伊朗问题的听证会上，五角大楼递交了多份军事行动方案，"包括从全面战争到有限战争"。美国退役陆军上将基恩敦促加快打击伊朗步伐，他说，听证会上已经讨论了打击伊朗的众多方案，如加大秘密行动、发起更多网络攻击和制裁等。另外，美国共和党总统参选人佩里更是公开表示，如果当选美国总统，将支持以色列空袭伊朗。

奥巴马真的做好准备对伊朗动武了吗？军事问题专家彭光谦7日在接受新华网采访时说，"现在还看不出来，奥巴马的军事部署还没到位，还只是舆论阶段，没有做好立即动手的准备。加上2012年大选对奥巴马来说是一个很大的考虑因素，在大选前动武的可能性不大，但也不能绝对排除。伊朗的力量不像萨达姆，也不像卡扎菲，应该说比他们更有意志，战斗力更强一些。如果奥巴马要下决心动手的话，应该要有更充分的把握。现在还没看出他的把握在哪里"。

怀成波说，短期内不可能打起来，美国主要还是通过经济、军事的制裁来向伊朗施压。他还可能寻求在安理会通过决议，如果能迈过中国和俄罗斯的坎，那就比较名正言顺。当决议不能获得通过时，再寻求单独打击，像伊拉克战争一样。短期一两个月之内看不出行动的可能。

德黑兰大学国际关系教授伊兹迪表示，在对伊朗动武方面，美国充满了担忧，主要原因是伊朗有能力控制霍尔木兹海峡，而这会极大地损害美国及其他西方国家的经济和石油利益，所以美国现在不敢妄动。

如果说美国现在尚未做好准备，还不敢轻举妄动，最近又为何揪住伊朗不放，对伊朗频频亮剑，制造出箭在弦上的紧张局势？对此，彭光谦认为，首先，伊朗一直是美国的一个心病，以前受恐怖主义威胁、阿富汗战争拖累，无暇顾及。现在从伊拉克、阿富汗逐步撤军后，有点精力可以关注其他问题。其次，伊朗近些年特别是海湾战争以来，影响力不断扩展，在美国发动的几场战争中它是获利者。最后，伊朗最近国内核开发的进展也令美国等国感到很大危机，如果伊朗进一步做大，他就没办法了，现在这是一个临界点。

（原载新华网，2011年11月8日。）

美国高调宣称"重返亚太"意在遏制中国

在出席2011年11月19日东亚峰会前,美国总统奥巴马和国务卿希拉里分别访问澳大利亚、菲律宾、泰国。近期美国一直高调宣扬"美国的太平洋世纪",要"重返亚太",其背后的真实战略意图究竟是什么?

希拉里出访前称,随着亚太地区逐渐成为21世纪全球战略与经济重心,"这里也将成为美国外交战略的重心,美国外交在未来十年最重要的任务就是在亚太地区增大投入"。

据美国《华尔街日报》报道,在访问澳大利亚期间,奥巴马将宣布增强美国在澳军事存在,确保美国在亚太地区的利益。日本《每日新闻》称,为了维护在亚洲的霸权,美国正悄然构建对华包围圈。奥巴马的此次亚太之行充分暴露出了这一战略意图。

新华社世界问题研究中心研究员怀成波认为,美国宣称做太平洋领导者,其矛头实际所指是中国,而且美国也不隐晦这样的战略意图或安排。随着中国崛起以及与东盟国家关系越来越好,美国感觉中国越来越可能对其霸权构成威胁。因此,美国战略东移的目标实际上是牵制、遏制中国,平衡中国的发展。

中国政策科学研究会副秘书长彭光谦认为,美国正在加紧进行针对中国的军事战略布局,意在遏制任何可能对美国构成挑战的对手,继续维持美国的全球霸权。怀成波认为,美国意图在澳大利亚驻军看起来是单独事件,实际上是其整个战略东移的一部分。

美国外交事务委员会网站称,美国正在为一个亚洲世纪的到来做准备,贸易政策在改变。英国《金融时报》16日发表文章称,美国希望重新参与亚洲事务并不令人意外。亚洲是一个大有作为的地区,平均增长率在7%以上。美国希望利用亚洲市场,来实现奥巴马出口翻倍和创造就业的目标。

由于欧债危机升级，美国经济复苏面临困难。乔治敦大学教授查尔斯·库普钱说，奥巴马在2012年的连任机会取决于他的经济业绩，"当你寻找光线，也就是增长的来源时，主要答案之一是对亚洲的出口。这是本届总统需要重点关注的事情，特别是在选举期间。"

怀成波认为，美国转向亚太是长期的战略转移，意图在太平洋重新谋棋布局。彭光谦说，美国经济军事调整双管齐下，并在政治上加大对亚太地区的渗透，构成了相互配合的整体亚太战略。

法国《费加罗报》引用澳大利亚专家杰弗里·加勒特的观点称，在与中国对话的同时，美国也想缔结一些新的军事和经济同盟。

(原载新华网，2011年11月。)

美国在东海地区对中国的安全威胁

奥巴马2009年上台后,对前任小布什政府全球战略进行重大调整,公开宣布"重返亚洲",战略"重心东移",在西太平洋地区,特别是在包含东海在内的所谓"第一岛链"海域推行行为所谓"'前位'(又译前沿部署)外交(Forward-deployed Diplomacy)",严重威胁中国的国家安全。

东海地区形势严峻

东海是中国海的一部分,三大边缘海之一。东海北起长江口北岸到韩国济州岛一线,与黄海比邻;东北面以济州岛、五岛列岛、长崎一线为界;南以广东省南澳岛到台湾省本岛南端一线同南海为界;位于中国大陆和台湾省、琉球群岛和九州岛之间,经对马海峡与日本海相连,濒临中国的沪、浙、闽、台四省市,面积77万平方公里,多为200米以下的大陆架。东海地缘战略地位重要,是我东出太平洋、南入南海,穿过马六甲海峡进印度洋的咽喉水域。

中国是一个陆地大国,总面积960万平方公里,同时也是一个海洋大国,拥有近300万平方公里海域,海岸线全长32000公里。以明朝郑和下西洋为典型,我国历代都重视海洋,早在唐、宋时代,就开辟了通往非洲与欧洲的"海上丝绸之路"。从1840年鸦片战争开始,外敌入侵利用坚船利炮从海上轰开中国的大门,中国沦为半殖民地、半封建社会,中国沿海成为国家安全的"软腹部"。

新中国成立后,美国企图把这个新生的社会主义大国扼杀在摇篮之中,于1950年发动朝鲜战争,同时向台湾海峡派出第七舰队。美国还把日本、琉球群岛、台湾、菲律宾和马六甲海峡串联起来,构筑成所谓的"第一岛链",从东北、东部和东南三个方向对中国形成一个C形包围圈,企图把中国困死在"第一岛链"之内。

毛泽东作为战略家，洞悉敌人的战略意图，进行了针锋相对的斗争。2009年12月2日《百年潮》杂志刊登了周世钊记述的1950年10月27日毛泽东会见他和王季范关于朝鲜战争伟大意义的讲话："不错，我们急切需要和平建设，如果要我写出和平建设的理由，可以写出百条千条，但这百条千条的理由不能敌住六个大字，就是'不能置之不理'。现在美帝的侵略矛头直指我国的东北，假如它真的把朝鲜搞垮了，纵不过鸭绿江，我们的东北也时常在它的威胁中过日子，要进行和平建设也会有困难。所以，我们对朝鲜问题，如果置之不理，美帝必然得寸进尺，走日本侵略中国的老路，甚至比日本搞得更凶。它要把三把尖刀插在中国的身上，以朝鲜一把刀插在我们的头上，以台湾一把刀插在我国的腰上，把越南一把刀插在我国的脚上。天下有变，它就从三方面向我们进攻，那我们就被动了。我们抗美援朝就是不许它的如意算盘得逞。'打得一拳开，免得百拳来。'"

胡锦涛2009年7月在第11届使节会议上谈到外交工作重点，第一项是大国外交，第二项就是维护中国周边稳定大局，做实做深构筑周边地缘战略依托工作。总体来看，我国奉行"睦邻"政策，解决了同所有邻国的陆地边界问题，成为"好邻居、好伙伴、好朋友"，保证了我国周边南、西、北三个方向的和平稳定。但我国东部的海洋环境却十分严峻。我国提出的建立"和平世界""和谐海洋"号召未得到响应。

在东海，我国面临的挑战尤其严峻，挑战包括日本和韩国对历来属于我国的一些岛屿提出领土要求、台湾统独未定和美国的"进取型"安全威胁。这"三国一方"在应对中国的大方向上保持某种一致。

——日本在钓鱼岛和东海海洋权益等问题上咄咄逼人。

继去年9月"钓鱼岛事件"中日方撞我渔船、抓我船长后，今年又阻挠我春晓油气田的开发。日本防卫相北泽俊美8月2日在内阁会议上提交2011年度《防卫白皮书》，渲染所谓"中国威胁"；日本内阁官房长官枝野幸男今年8月10日在参议院会议上蛮横地扬言，"冲绳县尖阁群岛（即我钓鱼岛及附属岛屿）归我国有效控制。如果其他国家来犯，我们将不惜一切行使自卫权驱逐外敌"；8月21日共同社援引防卫省官员的话披露，日本已经启动西南地区的与那国岛基地，加强对中国的侦察活动。

——韩国与中国的东海争议主要集中在苏岩礁问题上。

苏岩礁位于中国东海大陆架上，自古就是我国渔民活动的渔场，位置明确标注在清政府的海路图上。2001年1月26日，韩国地理院为了拓展海洋专署经济区，将苏岩礁非法命名为"离於岛"。韩国一再通过"以礁变岛"的做法，试图将苏岩礁及周边水域纳入其专署经济区。

韩国政府今年7月3日决定在年内向联合国大陆架界限委员会提交关于东海大陆架划界的正式文件。2009年5月，韩国向该委员会提交的东海大陆架划界预备资料将其外大陆架划界延伸到了中国内海，曾引起中方的强烈抗议。

——台湾当局领导人马英九提出"不统、不独、不武"口号，旨在长期维持现状，无异于把台湾永远变成美国在东海一艘"不沉的航空母舰"。

日本在台湾的殖民统治长达半个世纪，培植了一大批"哈日派"。李登辉就公然宣称钓鱼岛是日本领土。2010年12月8日，马英九发表声明，表示完全赞同美、日、韩在黄海一带举行针对朝鲜和大陆的大规模军演，并声称自己已经做好准备，随时配合美、日、韩的行动。台湾"国防部副部长"杨念祖8月10日声称，台湾的防御力量牵涉到东海地区的区域安全，如果美国不出售F-16C/D战机给台湾，美军将来就不得不派遣军队巡弋台湾海峡。

美国在东海建立"进取型立足点"

在东海地区，美国从三个方面采取"进取型"态势，对中国安全核心利益构成严重威胁。

第一个方面，美国国务卿希拉里2010年10月28日在夏威夷发表关于美国亚太政策的讲话，提出"前位外交"概念，主要特点就是在亚太前沿地区建立"进取型立足点"，全方位地把各种外交资源（包括军事力量）派遣到每个角落，矛头指向中国。

在东海地区主要是加强美日和美韩同盟，而美日同盟尤其重要，是美国在亚太地区"前位外交"的基石。目前美国在日本驻军大约3.3万人，在韩国有2.85万人，部署有先进的F-22隐型战机与进攻型核潜艇，在日本横须贺港驻扎美国第七舰队的"乔治·华盛顿"号核动力航空母舰。

美国鼓励与日韩两国的军事关系向多边演进。虽然美日、美韩之间的军事同盟关系已经延续半个多世纪,但日韩之间由于历史积怨和现实分歧一直没有建立正式的军事关系。2010年12月,美军参谋长联席会议主席马伦访问韩、日两国,推动日韩军事合作。2011年1月10日,日本防卫大臣北泽俊美在韩国首都首尔与韩国国防部长金宽镇就开始磋商签署《相互军需支援协定》和《军事情报保护协定》达成共识。在美国撮合下,日韩军事合作谈判是否会将东北亚军事格局引向一个多边军事同盟,值得人们密切关注。

2010年是美日《共同合作与安全保障条约》签署50周年。希拉里已经公开表示这个条约涵盖钓鱼岛安全,矛头直指中国。2010年12月日本自卫队在美国第七舰队配合下,动用陆海空立体打击力量进行"夺岛演习"。这是二战以来,日美两国首次以中国为假想敌的实兵军事演习。

2011年6月21日,美日外长和防长在华盛顿举行4年来首次"2+2"会议,会后发表的共同声明暗示,两国将联手牵制中国,美日两国还同意将延迟原定于2014年解决的美军驻冲绳普天间基地搬迁问题。希拉里在会议上就所谓中国频繁进出东海活动声称,"这在该地区带来紧张"。日本外相国松本刚明也在会议上声称"中国在东海和南海产生摩擦"。

第二个方面,美军不断对中国沿海地区进行抵近侦察。中国人民解放军副总参谋长马晓天2010年6月5日在新加坡举行的第9届亚洲安全大会上指出,美国军舰和飞机在中国南海、东海对中国进行高强度侦察,对中国安全构成严重威胁。

中国人民解放军总参谋长陈炳德2011年7月11日在北京同来访的美军参谋长联席会议主席马伦联合举行的记者招待会,在回答《华尔街日报》记者提问时指出,最近美军无人侦察机在中国近海侦察时距离中国海岸最近只有16海里,确实已经很近很近了。陈炳德要求美方停止这样的侦察活动。

可是,马伦2011年7月25日在华盛顿外国记者中心表示,美国一架侦察机6月29日在台湾海峡遭到中国两架苏-27战机的拦截。马伦扬言,美国不会停止在国际空域所进行的飞行活动。

第三个方面,美国违反中美"八一七"公报精神向台湾出售武器,阻挠两岸和平统一的大趋势,损害中国的国家核心利益。由于中方坚决反对,奥巴马政府今年决定不向台湾出售价值55亿美元的F-16C/D先进战机，但仍将对已售给台湾的F-16A/B战机进行升级改装，价值42亿美元。美国实际上是玩弄一种骗人把戏，企图蒙混过关。

当年中美两国签署"八一七"公报，美国国会接着通过《与台湾关系法》，并在私下对台湾安全作出"六项保证"。因此，中国反对美国向台湾出售武器的斗争将是长期的、曲折的。

（在上海举行的"中日东海问题研讨会"的讲稿，2011年12月。）

美国全球战略重心东移与中美关系

2011年是美国全球战略重心向亚太地区转移标志性的一年。今年下半年，美国总统奥巴马、国务卿希拉里和国防部长帕内塔一齐对亚太地区发动战略性外交攻势，为美国"重返亚太"打上一个深深的印记。希拉里10月27日在接受《时代》周刊访谈中宣称："美国已将中枢转移到亚洲。"

美国从第二次世界大战后建立跨大西洋体系到当前构建跨太平洋体系，是一次历史性和格局性的战略转圜。在地缘战略上，这一转变对正在"和平崛起"的中国构成一种环环相扣的包围和遏制态势。中国如何在21世纪第二个十年"战略机遇期"中应对这一挑战，将是中国对美外交的一个严峻课题。

美国"重返亚太"的背景

亚洲是二战的两大主要战场之一。二战后，美国为了遏制共产主义蔓延而发动的对朝鲜和越南两次侵略战争都发生在亚洲大陆。亚洲对美国的重要性不言而喻。但是在冷战期间，美国同苏联对峙的主要战场在欧洲。欧洲自然成为美国全球战略的重心。

随着冷战结束和苏联解体，20世纪90年代初期老布什政府曾着手对美国的亚太政策进行审议和修订，试图改变对欧亚倚轻倚重的局面。五角大楼1992年向国会提交《亚太地区战略目标》报告。但是，在冷战结束后第一个十年，美国仍然把主要注意力放在欧洲，首要目标是北约东扩吸纳前华约国家投向西方，二是处理南斯拉夫解体的战争，三是压制欧洲盟国坐大以免对美国构成挑战。

"后冷战"时代的第二阶段始于"9·11"事件。此后的十年，美国的焦点是在"大中东"地区围剿恐怖主义，为此在阿富汗和伊拉克发动两场代价昂贵的战争，导致6000多名美军丧生，经济损失超过1万多亿美元。美国深陷"反恐"战争的十年，给中国等"新兴"国家提供了崛起的历史性机遇，美国当权者深为"顾此失彼"而懊恼。

奥巴马2009年上台后决定给这"失去的十年"画上一个句号，把重点转向亚太。奥巴马首先给自己戴上"太平洋总统"桂冠。国务卿希拉里2000年在曼谷高调宣布"我们（美国）回来了"。

2010年是奥巴马政府"战略东移"思想实际起步的一年。希拉里在河内公开宣布中国南海事关"美国利益"。10月28日，在奥巴马走访亚洲之际于夏威夷发表关于美国亚太政策讲话，确定美国的总体目标，即保持和加强美国在亚太地区的领导能力，改善安全、扩大繁荣和促进美国价值观。

一年后的2011年10月11日，希拉里在美国《外交政策》上发表题为《美国的太平洋世纪》文章，具体阐述美国21世纪未来十年的亚太战略，"把外交、经济、战略和其他方面大幅增加的投入锁定在亚太地区"，其特点首先是"长期地致力于我过去所说的'前沿部署'外交。这意味着继续把我们的外交资源——包括我们最高级别的官员、我们的发展专家、我们的跨部门团队和我们的永久资产——分派到亚太地区的每个国家和每个角落"。

希拉里所说的"亚太地区"概念包括"从印度次大陆一直延伸到美国西海岸，横跨太平洋和印度洋两个大洋"。美国把战略重心转移到这片地区推行霸权主义强权政治，无疑危及我国安全。而美国在这个地区十年战略安排恰恰同我国设定的下一个十年"战略机遇期"相重叠。

2012年中美关系充满变数

2011年中美关系发展总体平稳，但也经历种种暗流涌动和公开摩擦。由于各种矛盾叠加且短期难以摆平，在新的一年里两国关系仍不容太过乐观。

第一，两国各自国内政治生态变化可能对两国关系产生微妙影响。胡锦涛总书记在中共建党90周年大会上讲话和中共十七届六中全会关于推动文化体制改革的讲话中，都强调了毛泽东思想的地位。2012年中国共产党将举行"十八大",产生新一届党中央。美国当局对"十八大"后的中国政策走向十分敏感、忐忑和焦虑,担心发生不利于美国的变化。奥巴马政府急于谋划如何与未来中共领导人打交道,迫不及待地派遣副总统拜登访华,并希望习近平同志年内回访。

美国2012年举行大选,无论是谋求连任的奥巴马还是共和党总统候选人都将拿中国说事。奥巴马为了避免共和党攻击他对中国"太软",有可能采取损害中美关系的行动。而中国方面如正面回应,美国极右势力必将煽动反华气焰,毒化中美关系氛围。2010年年初,中国政府批评奥巴马会见达赖和对台售武,美国媒体一哄而起,指责中国方面"傲慢""强硬"。

第二,台湾问题是中美关系中涉及中国核心利益的重大问题。奥巴马今年宣布对台出售价值58亿多美元的武器,受到中国方面的坚决反对。共和党控制的美国国会众议院外委会不久前通过决议,要求行政当局向台湾出售先进的进攻型战斗机F–16C/D。奥巴马政府正面临巨大压力。

2012年1月台湾地区领导人进行选举。目前国民党的马英九与民进党的蔡英文竞选正酣,民调支持率相差无几。如后者胜出,因其否认"九二共识",有可能颠覆两岸和平发展的大方向,造成倒退和麻烦不断。如果出现新的台海危机,甚至极而言之,出现把台湾从祖国分裂出去的紧急情况,中国必将依据2005年全国人大通过的《反分裂国家法》进行处置。美国也可能援引《与台湾关系法》和所谓美国对台湾的"六项保证"对应,可能导致中美对抗。

而如果马英九成功连任,前景也充满不确定性。马最近声称如当选任内也不会会见大陆领导人,并将继续要求美国向台湾提供先进武器。这也同大陆方面提出的和平发展、和平统一愿景背道而驰。

第三,美国加大"价值观外交"力度,在人权问题上对中国施加压力。希拉里2011年11月10日在夏威夷大学发表演讲中称,美国对近年来中国藏区年轻人自焚事件表示"关注"。她还批评中国政府"软禁"山东盲人律师陈光诚。

得到美国支持的境外反华势力正在为推举陈光诚为诺贝尔和平奖候选人大肆活动,企图把他塑造成为新的达赖和刘晓波。

第四,美在中美经济关系上继续老调重弹,无休止地要求人民币升值,停止所谓对美国和其他外国公司的"不公平待遇"和"歧视",保护外国知识产权。奥巴马在夏威夷举行的亚太经合组织领导人峰会期间声称，中国经济改革步伐慢令美国对中国失去"耐心"。

另外，美国在2012年将继续大力推广"泛太平洋战略经济伙伴关系协定"（TPP），挑战中国在亚洲的影响力，企图边缘化中国。

第五，继续拉拢中国周边国家，挑拨中国同邻国关系，搞乱中国的周边环境。

美国企图利用南海问题进一步离间中国同越南的关系；奥巴马在亚洲访问期间打电话给缅甸反对派领导人昂山素季，准备派希拉里12月访问缅甸，目的在于挖中国的墙脚；美国众议院拨款委员会主席沃尔夫11月对尼泊尔政府施加压力，要求给"流亡"藏人颁发签证，否则将掐断对尼泊尔的援助；在与巴基斯坦关系上，继续派遣无人机侵犯巴领空，杀害无辜平民。

第六，在军事方面，美军航母继续在中国近海频繁进行联合军事演习，兴风作浪。美国不顾中国军方坚决反对，坚持对中国进行海空抵近侦察，破坏两军建立互信的努力。

（本文写作于2011年12月。）

奥巴马政府强化对我西化分化图谋

冷战结束20多年来，美国历届政府对华一以贯之的政策是"接触加遏制"。奥巴马总统2009年上台后，一方面将全球战略重心转移到亚太地区，军事前沿部署逼近中国，加大遏制中国的力度。另一方面扩大对中国"接触"，推行"巧实力"外交，从思想文化、意识形态和政治制度等方面强化对中国的渗透和施压，煽动中国内部矛盾，介入中国政治派别纷争，物色和培育反共亲美势力，煽动中国内部矛盾，推行西化分化图谋，企图从堡垒内部瓦解中国。

奥巴马总统上台后，利用各种机会干涉中国内政。2009年11月奥巴马首次访华，点名要求我国南方的一家报纸对其进行专访。奥巴马此举不是偶然的，美国人认为，这家报纸是"中国最自由的媒体"。

奥巴马2009年12月10日在领取诺贝尔和平奖仪式讲话中说，"鉴于文化大革命的种种恐怖，尼克松与毛泽东的会晤似乎不可饶恕"。中国古语说，欲灭其国，必乱其史。奥巴马把文化大革命同恐怖主义挂钩，攻击尼克松总统访华与毛泽东主席会晤，是别有用心地企图抹黑中国历史。

奥巴马2010年5月访问澳大利亚前夕在白宫接受澳大利亚记者采访时公然宣称："如果13亿中国人也过上美国和澳大利亚人那样的生活，那将是整个人类的悲剧和灾难。"奥巴马在这里重复了过去西方污蔑中国人为"黄祸"的无耻谰言。

2011年在西亚和北非发生所谓"阿拉伯之春"，实际上是以推翻长期执政的国家领导人为特征的阿拉伯世界内乱。这使美国等西方国家欣喜若狂，希望把祸水引向俄罗斯和中国等美国不喜欢的其他地区国家。

2011年2月，美国策动中国境内外反共亲美势力，通过互联网社交网站号召群众在北京等大城市举行中国版"茉莉花革命"。美国驻华大使洪博培亲临王府井，大批西方记者聚会王府井准备报道"盛况"，结果以失败告终。这个洪博培离任回国后,在竞选共和党总统候选人电视辩论时,公然鼓吹"我们应该联合我们的盟友和中国国内的支持者","扳倒中国"。

2011年4月,希拉里国务卿接受美国《大西洋月刊》题为《中国的制度死定了》的采访时狂妄地声称中国领导人"很担心"中东局势:"他们试图阻挡历史,这是蠢事。他们办不到,但他们要尽可能坚持长久。"

2011年5月,在中美战略与经济对话当天,奥巴马总统、拜登副总统和希拉里国务卿当面就人权问题向中国官员施压,要求中国政府给予那些煽动颠覆国家政权而触犯刑律的公益律师、作家、艺术家"公民人权"。

2011年美国在中国策动反华亲美分子搞颜色革命未能得逞。他们不死心,伺机在2012年中共"十八大"之前制造动乱,打击损毁中国党和政府形象,动摇我国社会主义根基。新年前后,美国一些媒体唱衰中国,在美国亚洲协会上,一些学者妄言"阿拉伯之春"将在中国重演。

美国华裔律师章家敦2011年12月29日在《外交政策》杂志发表文章诅咒,2012年中国一些城镇将发生骚乱,失控并蔓延到其他地区,"中国崩溃"行将到来。这位"预言家"曾在2001年出书,打赌中国在10年内即2011年底前"崩溃"。章家敦表示绝不收回原来的"预言"。

奥巴马总统任命华裔商务部长骆家辉担任驻华大使是美国当权者的深谋远虑,旨在利用其黄皮白心"香蕉人"的"特殊条件"推行其第一线"接触"的特殊使命。

骆家辉在公开讲话中声称要在自己任上促进美中关系发展,乐见中国崛起,赢得不少中国人的好感。不过没过多久他就在多个场合攻击中国的人权状况,声称中国人权越来越"恶化",美国支持中国"舆论和信仰自由"。

骆家辉去年2011年8月12日刚到北京机场,就以其身背双肩包、坐经济舱、用优惠券买星巴克咖啡等"平民作风",赢得中国媒体的热议。骆家辉9月23日对《华尔街日报》说,他希望自己"不爱摆谱的低调生活方式"有利于展示美国、展示美国人多么信奉多样性、开放性和普遍自由。

骆家辉的"作秀"也为其在我国思想文化界大力开展"公共外交"做了预热。果然,在不到半年时间里,骆家辉涉足中国国内的政治领域,先后拜访广东和重庆等省市领导,了解所谓"广东模式"和"重庆模式"的底牌,触摸中共"十八大"前中国政治动向的脉搏。另据英国广播公司

（BBC）2011年12月15日报道，骆家辉承认，上任以来他同中国很多领域的活跃分子、律师和宗教领袖有过接触。

2011年9月12日中秋节前两天是中国的教师节，骆家辉夫妇携带3个孩子，在中国童话作家郑渊洁陪同下，前往北京798艺术区探访北京打工群体子弟，再度引起中外媒体的关注。由于北京郊区一些打工子弟学校因故关闭，孩子们上学一时间遇到困难。骆家辉鼓励打工子弟继续接受教育，称自己也是"打工者"。打工子弟向美国客人赠送了自己的绘画习作，并在第二天美国大使馆纪念"9·11"仪式上展览。

骆家辉这次活动意味深长，一是798艺术区是首都超前美术家的活动场所，政治上比较敏感。二是打工子弟上学问题一段时间成为人们话题。

美国国务卿希拉里2011年11月10日在夏威夷大学发表讲演，批评中国政府"软禁"山东盲人律师陈光诚。得到美国支持的境外反华势力一直在为推举陈光诚为诺贝尔和平奖候选人大力活动。骆家辉对希拉里的讲话心领神会。机会终于来了。

张艺谋执导的电影《金陵十三钗》男主角克里斯蒂安·贝尔去年12月来北京出席该片首映式。12月15日，他在美国大使馆新闻文化处安排下，自行驱车前往山东临沂沂南县东师古村，企图"探访"触犯中国法律的盲人律师陈光诚。贝尔会见陈光诚的图谋没能得逞，还振振有词，对其"反体制"行为表示支持。为了制造国际影响，美国有线电视新闻网（CNN）驻京记者、摄影师和翻译特地随行拍摄报道。美国电影"巨星"贝尔未经中国当局安排的山东之行，无疑为中国民间一股躁动不安的气氛火上浇油。骆家辉对张艺谋新作《金陵十三钗》表示欣赏，认为贝尔去山东活动无可厚非，是表现美国人的"良知"。

美国对中国的"接触加遏制"政策，对"遏制"的一面，国人看得比较清楚，但对"接触"包藏祸心的一面往往认识不足。

中国有句古话"凡事预则立，不预则废"。对于美国将全球战略重心转向亚太的政治、经济和地缘战略含义，我们一定要保持清醒头脑，设计应对之策。千万不要被美国忽悠和洗脑。

（本文写作于2012年1月。）

奥巴马政府急切同习近平交往凸显美国焦虑

美国白宫副国家安全顾问、奥巴马总统对华政策高参罗兹2012年1月30日宣布，习近平副主席将于2月中旬访美。美国对习近平此访极为重视，罗兹称，这将是美中两国关系的又一标志与里程碑。

胡锦涛主席2011年1月访美同奥巴马总统签署的中美联合声明中确定，"中方欢迎拜登副总统于2011年访华。美方欢迎习近平副主席此后访美。"

奥巴马总统2011年9月宣布对台出售价值58亿多美元的军事装备，中美关系再起波澜，美国担心习近平对拜登2011年8月访华的回访泡汤。2012年2月7日，拜登又主动打电话给习近平，唯恐访问计划有失。

根据中国共产党政治、组织制度，在2012年下半年举行的中共"十八大"上将进行新旧两届领导人交接，习近平同志将担任中共下一届最高领导人。

奥巴马同胡锦涛每年有多次峰会，讨论双边关系和国际重大问题，美中之间还有战略与经济对话等很多渠道磋商和处理具体问题，奥巴马特别要求安排没有实权的副总统拜登同习近平互访，有其深远考虑，其目的一是着眼于为奥巴马同中共"十八大"后的中国最高领导人尽早建立关系，二是企图探询中共"十八大"政策动向，三是当面"考察"和了解习近平的政治态度以及上任后中国政策的可能走向。

奥巴马政府急切同习近平交往，反映了美国对中国政治生态变化"不摸底"而产生的焦虑、恐慌和不安。

一、美国担心习近平接班政策可能有变。根据年龄"七上八下"原则，"十七大"政治局委员中，将有一部分新成员进入"十八大"政治局，主导领导层。美国和西方舆论界认为，习近平作为毛泽东、邓小平时代老革命家的接班人，思想意识和意志品格都比较传统，表现强硬。

二、胡锦涛主席在2011年中国共产党成立90周年大会的讲话和中国共产党十七届六中全会关于建设社会主义文化强国的讲话中都重申了毛泽东思想的重要地位。2012年第一期《求是》杂志刊登了胡锦涛讲话中关于抵御境外敌对势力对中国西化分化图谋的内容。胡锦涛要求全党"警钟长鸣、警惕长存"。凡此种种，都使美国和西方感到迷惑。美国驻华大使骆家辉2012年1月接受中国记者采访时敦促中国继续改革开放。

三、美国担心中国外交变得更加强硬。中国国务院新闻办2011年9月发表《中国的和平发展》白皮书，重申："尊重各国人民自主选择社会制度和发展道路的权利，不干涉别国内部事务，反对以大欺小、以强凌弱，反对霸权主义和强权政治。""反对霸权主义和强权政治"这类表述，在中国官方语言中相当一段时间不提了。

中国在2012年2月4日安理会表决关于叙利亚问题决议时毅然投了反对票，使美国等西方国家炮制的颠覆叙利亚政权的议案遭到否决。美国恼羞成怒，扬言要中俄对叙利亚流血冲突负责。中国这次站在道德制高点投反对票，体现了中国的原则立场。

美国凯托学会高级研究员、前总统里根特别助理道格·班多2011年10月就著文指出"当盟国利用一项授权在利比亚采取'人道主义'行动的决议推动政权更迭时，中国和俄罗斯均表示后悔。它们不大可能再被愚弄。"

从2012年3月召开人大和政协两会，到下半年中共召开"十八大"，将是中国政治生态敏感时期。树欲静而风不止。美国等西方国家以及它们支持的境内外敌对势力，肯定会要制造各种动静和麻烦，企图影响和破坏中国政治生活的正常和顺利进行。

在军事上，美国把全球战略重心转向亚太对中国构成威胁态势的同时，必将对中国发动紧密"价值观外交"攻势，强化对中国西化分化图谋。2012年2月4日慕尼黑安全会议上，美国资深参议员麦凯恩公然发难，声称"阿拉伯之春"应当进入中国。当中国外交部副部长张志军反驳"中国出现阿拉伯之春"是幻想时，麦凯恩抢过话头，攻击中国人权问题，要求中国走美国设定的所谓"普世价值"之路。

笔者斗胆猜测，不排除美国方面利用习近平访美之机作各种手脚，玩小动作，不得不防。

（本文写作于2012年2月。）

美国对伊朗动武担心什么"风险"?

国际原子能机构2011年11月发表关于伊朗在2003年年底前曾研制核武器报告后,伊朗核问题不断升温,以美国为首的西方国家一片喊打声,以色列甚至扬言将在2012年春轰炸伊朗核设施。对伊朗动武似乎进入倒计时。

可是,美国总统奥巴马2012年2月5日接受美国全国广播公司采访时似乎对紧张局势泼了点冷水,表示美国将尽全力阻止伊朗取得核武器,但要对伊朗动武先得考虑所面对的巨大"风险"。国防部长帕内塔2011年12月2日在"萨班论坛"发表演讲时表示,由于面临诸多意想不到的"后果",不到"万不得已"不会对伊朗动武。那么,美国到底怕冒什么"风险"和担心会出现什么"后果"呢?换句话说,奥巴马政府有什么顾忌呢?

美国目前不会对伊朗动武

第一,美国很难复制"利比亚模式",获得联合国安理会的某种授权而拥有某种"合法性"。中国、俄罗斯等新兴国家一向反对用武力解决伊朗核问题;最近美国与欧盟加紧对伊朗实施石油禁运,并对其他进口伊朗石油的亚洲国家施加压力,企图困死伊朗,但印度公开表示不会减少从伊朗进口石油;在2月5日举行的慕尼黑安全会议上,土耳其外长达武特奥卢和卡塔尔等阿拉伯国家代表都公开表示反对美国和以色列对伊朗动武。

第二,虽然对伊朗动武得到美国国内民主和共和两党以及广泛民意支持,但发动一场新战争,对受金融和经济危机重创而复苏乏力的美国经济将是雪上加霜。美国因阿富汗和伊拉克两场战争深陷泥潭,10年耗资超过万亿美元,伤亡5万多人。就是卡扎菲的利比亚,一个仅有600万人口的小国,仍能组织长达7个月的有效抵抗。伊朗不是伊拉克,也不是利比亚,而是一个面积163.6万平方公里、人口7004.9万（2006年统计）的地区大国，军事实力也不可小觑。如果战争进展不顺利或进入持久战，对大选年竞选连任的奥巴马将十分不利。当年，民主党的卡特总统因营救被伊朗学生扣押为人质的使馆外交官失败，在国内名誉扫地，竞选连任也遭到惨败，对奥巴马不能不说是个前车之鉴。

第三，与伊朗动武对世界经济特别是能源供应将造成灾难性后果。伊朗是世界第二大石油输出国，第三大天然气输出国，发生战争将导致世界能源危机。伊朗扼守世界石油通道霍尔木兹海峡，根据美国能源部材料，海湾国家2008年生产的石油占全球石油供应量的29.8%，每天有400万吨石油通过这个海峡运往世界各地。一旦海峡封闭，后果不堪设想。

第四，对伊朗动武必将带来"连锁反应"，引发一场新的中东和海湾战争，成为连环套，损害美国的全局利益。这也许是美国最担心的。奥巴马2月5日接受美国全国广播公司采访时说，"在波斯湾地区采取任何形式的额外军事行动，都将扰乱整个局面。这对我们影响极大"。

伊朗一再宣称，如果美国和以色列动武，伊朗除全国总动员在波斯湾地区展开一场全面反击战外，还将同中东地区所有反对美国和以色列的国家和组织建立统一战线，开辟"第二战场"，也就是加强德黑兰—大马士革—贝鲁特轴心。伊朗总统内贾德2006年1月和2010年10月分别访问叙利亚和黎巴嫩，公开支持叙利亚收复失地，支持黎巴嫩真主党武装和巴勒斯坦伊斯兰抵抗运动（哈马斯）抗击以色列占领。

以色列至今拒绝归还在1967年中东战争中占领的巴勒斯坦领土，反对巴勒斯坦建国，继续霸占叙利亚的戈兰高地和部分黎巴嫩领土。一些阿拉伯学者认为，如果美国和以色列发动侵略伊朗战争，很可能是阿拉伯国家收复失地的历史性机会。最近，巴勒斯坦内部团结出现突破，巴勒斯坦解放运动（法塔赫）与哈马斯达成建立统一政府协议。哈马斯领导人哈尼亚2月10日引人注目地出席在德黑兰举行的伊朗庆祝伊斯兰革命33周年大会。

黎巴嫩真主党总书记纳斯鲁拉2月7日说，自1982年以来，真主党一直从伊朗得到各种形式的援助，如果以色列袭击伊朗核设施，真主党将考虑如何行动。分析人士认为，纳斯鲁拉暗指攻击以色列。

美国当前的战略意图是：继续在外交上加大对伊朗的制裁和强化对伊朗的孤立，在波斯湾部署强大军力进行战争恫吓和武力威胁，以压促变，最理想的是促使伊朗发生"阿拉伯之春"式的内乱，不战而屈人之兵。

以色列对伊朗动武预演不成功

美国前总统小布什2006年4月10日宣布"我们不能让伊朗人拥有核武器，或是制造核武器的能力，或是懂得怎样制造核武器"的"三不"政策。针对伊朗的核活动，他一直在考虑对伊朗核设施发动袭击。以色列也一直威胁要对伊朗核设施发动一场"外科手术"式的轰炸，类似以色列空军1981年和1997年分别成功轰炸伊拉克和叙利亚的核设施。

在美国的支持下，以色列2006年7月对黎巴嫩南部和首都贝鲁特的真主党地盘发动为期34天的大规模轰炸。据美国王牌记者赫什在2006年8月21日出版的《纽约客》上披露，布什政府的最大愿望是，期待以色列强大的空中火力摧毁伊朗支持的黎巴嫩真主党构筑的坚固地下堡垒、坑道以及指挥控制中心和导弹发射基地，使以色列获得安全保障，并借以色列的"胜利战果"作为日后摧毁伊朗核设施的捷径。美国情报机构认为，伊朗帮助真主党构筑地下工事，并提供1.2万枚中短程导弹，而伊朗的一些核武设施也建在地下。

赫什指出，以色列空军出动9000架次，狂轰滥炸34天，造成1000多名黎巴嫩平民死亡，基础设施的重大破坏和财产损失，恢复重建需要5年至10年时间。但这场战争以色列并没有打赢，全球几乎所有军事评论家都说真主党打赢了这场战争。理由是真主党领导层未被动摇，仍在纳斯鲁拉的有效领导之下，军事指挥系统也未被打乱。真主党对以色列北部发射了6000枚至8000枚火箭弹，约有160名以色列人丧生。真主党炮火还重创一艘以色列军舰。

以色列"长胜不败"的神话被打破。以色列承认这是他们数十年来所遭受的最坚强的阿拉伯武力抵抗。美国前副国务卿阿米蒂奇对赫什说，中东地区最强的以色列国防军无法制服人口400万的黎巴嫩，美国则应该好好想一想如何对付人口7000万的伊朗。以色列狂炸黎巴嫩的结果是促使所有阿拉伯人团结起来对抗以色列。

法国著名中东地缘战略专家肖布哈德认为，以色列对黎巴嫩的战争是美国对伊朗战争的预演，伊朗是这场战争的胜利者。

（本文写作于2012年3月。）

中国政府提升"周边外交"地位浅析

——读温家宝总理《政府工作报告》

第十一届全国人民代表大会第五次会议审议和通过的《政府工作报告》，把"周边外交"确定为2012年中国全盘外交工作的首要目标，代替以往排在第一位的"大国外交"。这不是一般意义的次序变换，而是中国外交轻重缓急的一次重大战略性调整，具有深远意义。

外交工作"重点"次序重大变化

胡锦涛主席在2009年7月举行的第十一次使节会议上提出中国外交工作的四项"重点"，依次是运筹好大国关系；二是做实做深构筑周边地缘战略依托工作；三是巩固发展中国家在中国外交全局中的基础地位；四是积极开展多边外交，大力加强各领域外交工作。

中国国务院新闻办2011年9月发表的《中国的和平发展》白皮书关于中国外交工作"重点"的表述，同胡锦涛在使节会议上讲话类似，依次是探索建立和发展新型大国关系，二是发展同周边国家和亚洲其他国家的友好合作关系，三是加强同广大发展中国家的团结，四是积极参与多边事务和全球性问题治理。

2012年3月16日公开发表的《政府工作报告》关于中国外交"重点"的段落抄录如下：在新的一年，"我们将继续深化同周边国家的睦邻友好关系，积极参与周边各种合作机制，推动区域合作深入发展，共同营造和平稳定、平等互利、合作共赢的地区环境。我们将与广大发展中国家加强团结合作，深化传统友谊，扩大互利合作，推动实现联合国千年发展目标，维护发展中国家的正当权益和共同利益。我们将加强与各大国的战略对话，增进战略互信，拓展合作领域，推进相互关系长期稳定健康发展。我们将积极参与多边事务和全球治理，推动国际秩序朝着更加公正合理的方向发展。"

多年来，在中国外交实践中，通常把中国外交工作"重点"简明地概括为"大国外交""周边外交""发展中国家外交"和"多边外交"四项，其先后次序也多年相延成习。但是，随着21世纪第二个十年国际政治和安全形势的剧烈变化，特别是美国全球战略重心转向亚太，中国周边安全面临的威胁陡增，在外交界和学者层面，纷纷要求提升"周边外交"在中国外交大棋局中的地位。

温家宝总理3月5日的《政府工作报告》谈到中国外交工作时，首次把"周边外交"提到第一位。3月14日人大全体会议最后通过的《政府工作报告》，把"发展中国家外交"提到了第二位，而把"大国外交"降到了第三位。

"周边外交"提升的背景

中国政府将中国外交四项"重点"重新排序，把"周边外交"提到首位，不是偶然的。总理3月5日的《政府工作报告》关于中国外交部分，经过人大代表特别是外交界和学术界代表10天的审议和认真讨论，最后定案，是个深思熟虑的过程。

首先，提升"周边外交"地位是客观形势的要求。中国为了实现和平发展，用好本世纪第二个十年的战略机遇期，需要一个和平的国际环境，周边安全首当其冲。这也就凸显了中国政府"周边外交"的重要性。

中国有广阔的领土和辽阔的海洋，陆地边界2.2万多公里，大陆海岸线1.8万多公里。中国是世界上拥有周边邻国最多的国家之一，陆上邻国有14个，海上邻国6个。如果算上"大周边"，"邻国"就更多了。

中国周边国家多，情况复杂，有大国，也有小国；有富国，也有穷国；有社会主义国家，也有发展中国家；有信仰佛教国家，也有信仰伊斯兰教国家，还有信仰东正教国家。

中国坚持与邻为善、以邻为伴、睦邻友好的方针，发展同周边国家的友好合作关系，开创了"周边外交"的新局面。但是，随着新世纪的到来，中国周边地缘战略地位提升。

中国周边环境越来越面临复杂多样的传统和非传统安全挑战，越来越受到分裂势力和恐怖主义等威胁。同时，中国和平发展也越来越依靠周边国家的合作与配合。例如，2011年，中国国内原油需求量超过4.5亿吨，进口量超过2.5亿吨。这一年中国超过日本成为全球最大煤炭进口国，达到1.824亿吨。周边和大周边国家成为我国能源的重要来源和运输通道。

其次，美国全球战略重心转向亚太，对中国周边安全构成严重威胁，特别是在中国周边地区增加军事部署，频繁举行军演进行战争恫吓，对中国周边国家极尽拉拢、挑拨和离间之能事。凡此种种，都对中国"周边外交"提出了严峻挑战。"来而不往非礼也"，中国必须沉着应对。

中国要加强"周边外交"，笔者认为有三点需要特别注意和重视。

一是要抓好关键国家的外交工作；二是处理好海上领土和海洋权争议；三是要特别警惕和防范"台独""藏独"等分裂势力的抬头。

(本文写作于2012年3月。)

美国为菲律宾挑衅中国壮胆

菲律宾4月10日制造的黄岩岛事件,迄今1月有余,仍不见松动。菲律宾说大话、狠话扬言不惜一战,向中国叫板,有人说这是走夜路吹口哨壮胆。其实不然,菲律宾之所以嘴硬,有恃无恐,一个重要原因是由于美国背后为其壮胆。

美国重返亚太,菲律宾首当其冲

奥巴马政府2009年1月上台后宣布重返亚太,在继续强化美日、美韩军事同盟的同时,积极加强对东南亚地区的军事渗透,扩大军事存在,以构建对中国的合围态势。

冷战时期,美国通过东北亚、东南亚、关岛、澳大利亚和新西兰以及夏威夷群岛五大基地群,构筑遏制中国等社会主义国家的三重岛链,其中以菲律宾的苏比克湾海军基地和克拉克空军基地为中心的东南亚基地群为岛链战略承上启下的一环。美军1992年撤出苏比克湾海军基地和克拉克空军基地,从而结束美军在菲律宾近一个世纪的存在。但美国曾是菲律宾的宗主国,影响仍然不可低估。美国重返菲律宾无疑是重返亚太战略的一项重要选择。

美国重返亚太,重新整合配置资源,牢固确立在亚太地区的霸主地位,南海海上争议则成为美国可资利用来沟通西太平洋与印度洋和牵制中国等新兴国家发展的一个重要焦点和抓手。

中国的某些南海邻国为了在海上争议问题上增加同中国抗衡的筹码,对美国重返亚太持欢迎态度,其中菲律宾和越南最积极。对菲律宾来说,从南海海上争议中谋求更大利益是菲律宾外交的首要任务。

2009年3月10日,菲律宾时任总统阿罗约不顾中国反对毅然签署《领海基线法》,将中国的南沙群岛的中业岛和礼乐滩等岛礁,以及中沙群岛的黄岩岛划入菲律宾领土范围。中国驻菲律宾大使馆翌日表示强烈反对和严正抗议。

早在菲律宾议会通过这一议案时,中国时任副外长王光亚就指出,中方希望菲方以两国关系大局和两国人民利益为重,以南海地区的和平与稳定为重,停止一切侵犯中国主权的行为,维护南海稳定。然而,中国的外交努力没能阻止阿罗约最终签署《领海基线法》。

2010年7月23日,在河内举行的第十七届东盟地区论坛外长会议上,美国国务卿希拉里强调美国对南中国海的关注与兴趣,称南中国海岛屿领土争议事关美国的"国家利益"。希拉里的话无疑意味着在南海声索国同中国的争端中,美国站在菲律宾和越南等国一边。

美国驻菲律宾大使托马期2011年6月14日就菲中南海海上争议紧张局势称:"美国在所有问题上都站在菲律宾一边。"

阿基诺三世总统在美中之间选择美国

阿基诺三世2010年6月9日在大选中胜出,当选菲律宾第15任总统。

阿基诺三世的前任阿罗约虽然也奉行亲美路线,但2004年7月菲律宾政府宣布从伊拉克撤军,以拯救遭伊拉克武装人员绑架的卡车司机德拉克鲁斯。阿罗约的"背叛"令美国怒火中烧,斥责此举使美国领导的"反恐联盟"遭受重创。美国国务院发言人鲍彻称,任何撤军都"向绑匪发出错误的信息"。美国从此事吸取"教训"决定更深卷入菲律宾内政,在2010年大选中支持对美国绝对忠诚的阿基诺三世。

阿基诺三世是菲律宾已故前总统阿基诺夫人的独生子。阿基诺夫人出生于菲律宾华裔名门望族,曾祖父生于中国福建漳州龙海市鸿渐村。阿基诺三世的华人血统似乎并没有给他打上"亲华"的印记。

阿基诺三世上台不久,8月23日在马尼拉发生香港游客被劫持事件,由于菲律宾警方处置失当造成10名香港游客丧生。阿基诺三世不肯道歉,受到香港市民和菲律宾反对派的强烈指责。阿基诺三世为了转移视线,于2010年9月提前访美。

阿基诺三世在南海问题上同中国抗衡,是为了讨好美国,抱美国大腿。他的行为很像格鲁吉亚的萨卡什维利,美国人扶持其当总统,他就必须牺牲自己国家的根本利益以及同俄罗斯的传统关系,来取悦美国人。阿基诺三世当然明白,激怒和挑衅中国是以卵击石,但他还是义无返顾地实施激怒中国的方针和政策,如把菲律宾西部的南海海域改名为"西菲律宾海",在南海的中业岛和礼乐滩进行国际招标勘探开采油气,派遣军舰入侵黄岩岛企图抓扣中国渔民,等等。

在阿基诺三世看来,中国是可以得罪的。2011年8月30日他对中国进行国事访问,捞到不少经济好处,签了很多投资和贸易大单。而美国是万万不可得罪的,阿罗约夫人为人质事件从伊拉克撤军,得罪了美国,直接后果就是美国策动兵变,导致阿罗约政府陷入困境。

另外,奥巴马政府挑动阿基诺三世政府充当南海问题的"玩火者"。东盟2012年4月4日在柬埔寨首都金边举行第八次首脑会议,菲律宾企图把南海问题之火烧进会场,使其国际化和复杂化,未能得逞。菲律宾外交官最近暗示,菲将在5月20日举行的东盟—美国会议上再提黄岩岛问题。

美国的如意算盘是,只有南海争端升级,美国才好浑水摸鱼,美国军事力量进入南海地区才有"正当理由"。美国借此渲染"中国威胁论",诱使东盟国家在美中之间选边站。

看穿美国的阴谋

一切迹象表明,美国并不希望卷入一场菲律宾同中国的正面战争,而是支撑菲律宾在南海同中国玩"猫抓老鼠"游戏,把黄岩岛对峙拖下去,让南海局势紧张不断升温,破坏中国稳定周边"睦邻、安邻、富邻"政策,增加中国创建"和谐海洋"与"和谐世界"成本,遏制中国的快速和平崛起。

黄岩岛与台湾不同。对于台湾,美国有国会两院通过、总统签署为正式法律的《与台湾关系法》,一旦台海有事,美国有可能"协防"。关于南海海上争议,美国多次宣布,针对南海岛屿领土主权纠纷,美国不选边站。不久前美国与菲律宾在华盛顿举行"2+2"会谈,美方答应对菲援助从1500万美元翻番到3000万美元,年内向菲提供第二艘美国海岸警卫队退役的汉密尔顿级的"达拉斯"号巡逻舰。为了给菲律宾壮胆,美国一艘

"北卡罗来纳"号攻击型核潜艇5月13日进入苏比克湾"补充物资",定于5月19日离开。

笔者认为,对于美国的阴谋我可"将计就计",做好自己的预案。彻底解决黄岩岛事件,要从最坏处准备,向最好处努力。最坏处准备就是海岛自卫反击;最好处努力就是"不战而屈人之兵"。

"不战而屈人之兵"是《孙子兵法》最理想的战略追求。解决黄岩岛事件,我具备"不战而屈人之兵"的条件,一是我有强大的综合国力,二是军事上敌弱我强,三是共产党领导下的全民意志坚定。目前,在解决黄岩岛事件上,我国拥有"天时、地利、人和"的有利条件。《孟子·公孙丑下》说:"天时不如地利,地利不如人和。"捍卫黄岩岛主权得到13亿中国人民和5000万海外华侨华人的支持。有这一强大后盾,中国"有理走遍天下"。

(本文写作于2012年5月。)

伊核六国巴格达会谈体现反对武力解决意愿

伊朗同美、英、法、俄、中、德六国在伊拉克首都巴格达举行的核谈判原定2012年4月23日举行一天，后又延长到24日结束。本轮会谈涉及实质问题，双方提出了各自建议并进行了深入讨论，谈判虽未实现突破，但也未陷于破裂，双方都希望容后再谈。巴格达伊核会谈的举行，体现了国际社会通过谈判而不是诉诸武力解决伊核问题的意愿。

本轮伊核会谈来之不易。自国际原子能机构2011年11月发表关于伊朗在2003年年底前曾研制核武器的报告后，伊朗核问题不断升温。以美国为首的西方国家一片喊打声，以色列甚至扬言要单独对伊朗动武。同时，美国和欧盟对伊朗的经济和政治制裁不断升级。针对西方的战争恫吓，伊朗也不示弱，频繁举行军事演习，并决定使用"石油武器"对欧盟某些国家断油。伊朗还警告说，如果西方先动手，伊朗有可能封锁霍尔木兹海峡国际石油天然气通道。

伊朗核危机及其可能造成的严重后果，引起国际社会的严重关切和不安。伊朗的邻国土耳其及海湾国家公开反对通过武力解决伊核问题。在西方国家内部，也在反思动武是否明智。北约前秘书长索拉纳在法国《费加罗报》上撰文指出："最上乘的解决办法还是谈判，而非诉诸武力。没人能估算出一场战争的结果，所有参与方都有充分理由坐在谈判桌前并参与讨论。"在美国，为五角大楼出谋划策的著名智库兰德公司在《兰德公司评论》上警告以色列和美国"不要袭击伊朗"。凡此种种，都为国际社会推动伊核谈判创造了条件和氛围。包括中国在内的新兴国家为缓和伊朗局势做出了不懈努力，最后促成各方重启伊核问题谈判。

4月14日，伊朗与六国在土耳其的伊斯坦布尔恢复中断一年的谈判。会后双方都表示会谈积极、具有建设性，且同意以《不扩散核武器条约》为合作基础，在巴格达进行本轮第二次谈判。

在巴格达谈判前夕，国际原子能总干事天野之弥实现了自己上任后对伊朗的首次访问。他向媒体透露，国际原子能机构已经就伊朗核设施检查问题达成协议，虽然一些细节问题还需讨论，但文件"将于近日签署"。虽然是两个不同的会谈，但天野之弥与伊朗的成功会谈无疑对巴格达核谈判产生积极影响。

伊朗方面也不断表达善意。伊朗首席核谈判代表贾利利22日提前一天到达巴格达，与伊拉克总理马利基会晤时说，他相信伊朗与六国之间的核谈判将开启双方合作的新篇章。23日，伊朗总统内贾德重申："伊朗从未寻求研制核武器，也永远不会这么做。"

但是，与会谈前的乐观气氛相反，这次巴格达会谈未能达成一致。这并非完全出乎人们的意料。由于伊朗与美国等西方国家长期对抗，双方信任程度很低，而建立信任需要一个比较长的过程，不可能一蹴而就。惟其谈判艰难，更需要双方积极务实对话，努力寻求和扩大共识，妥善处理分歧，逐步建立互信，把眼下的有利气氛化为和平解决的新契机。据悉，俄罗斯外长拉夫罗夫24日表示，希望美国总统奥巴马阻止国会议员提出对伊朗实施新的单边制裁，因为类似举动"无助于六大国的共同努力"，而且这种制裁措施不是旨在防止核武器扩散，而是企图扼杀伊朗经济。

（原载中国国际广播电台《国际在线》专稿，2012年5月。）

伊朗核危机谈判峰回路转

伊朗同美、英、法、俄、中、德六国在伊拉克首都巴格达举行的核谈判于5月24日结束。本轮会谈涉及实质问题，双方提出了各自建议，讨论深入，专业性强，原定23日举行一天，后延长到24日。谈判虽未实现突破，但双方都表现出耐心，决定6月18日在莫斯科举行新一轮会谈。美国白宫发言人卡尼说，从会谈的进展及伊朗的"认真态度"来说，会谈"预期已经达到"。

伊核危机走上和谈之路，体现了国际社会关于通过谈判而不是诉诸武力解决伊核问题的强烈愿望。

美国对伊朗"战争边缘"政策失灵

美国前国务卿杜勒斯曾主张："美国不怕走到战争边缘，但要学会走到战争边缘而又不卷入战争。"这种"战争边缘"政策，为冷战时代各届美国政府所奉行，多次造成世界各地形势危急。冷战结束后的小布什政府和奥巴马政府，在对待美国宿敌伊朗问题上，也因袭了杜勒斯的"战争边缘"政策，但都未能迫使伊朗就范。

二战后，巴列维王朝时期的伊朗一直是美国盟友，1979年霍梅尼发动伊斯兰革命推翻了伊朗君主制，美伊关系发生突变，由盟友变成了敌人。20世纪末期，克林顿政府将伊朗定位为"流氓、无赖国家"。后来上台的小布什政府，更是将伊朗列入"邪恶轴心国"行列。伊朗则谴责美国是"魔鬼""最大的邪恶国家"。

随着伊朗独立自主开发铀浓缩计划不断取得进展，美国对伊朗"拥核"的担心与日俱增。小布什2005年8月11日首次提出不排除武力解决伊朗核问题的可能，强调"所有选择都摆在了桌面上"。

国际原子能机构2011年11月发表关于伊朗在2003年年底前曾研制核武器的报告后，伊朗核问题不断升温，以美国为首的西方国家一片喊打声，美国军方在伊朗周边地区紧锣密鼓进行军事部署，战争有一触即发之势。以色列甚至扬言要单独对伊朗动武。

奥巴马总统2011年12月8日在白宫新闻发布会上宣布，美国将极力阻止伊朗获取核武器，"任何选择都不会拿下桌面，意味着我在考虑所有选择"。奥巴马所说的"所有选择"，不言而喻包括动武。

针对西方的战争恫吓，伊朗针锋相对，不断推出新武器，频繁举行军事演习，并决定使用"石油武器"对欧盟某些国家断油。伊朗还警告说，如果西方先动手，伊朗有可能封锁霍尔木兹海峡国际石油天然气通道。同时，伊朗的核计划也在稳步取得进展和突破，铀浓缩的纯度达到了20%。

和平解决伊核危机呼声增高

伊朗核危机及其可能造成的严重灾难，引起国际社会的严重关切和不安。

在2012年2月5日举行的慕尼黑安全会议上，土耳其外长达武特奥卢和卡塔尔等阿拉伯国家代表都公开表示反对美国和以色列对伊朗动武。土耳其总理埃尔多安2012年3月31日表示，土耳其愿意承办伊朗与六国的核会谈，为通过外交途径解决伊核问题作出贡献。

在西方国家内部，也在反思动武是否明智。北约前秘书长索拉纳4月24日在法国《费加罗报》著文指出，因为2011年1月的谈判没有取得进展，在陷入僵局一年多之后，这一对话或许是为一场长达近年的纠纷找到和平解决办法的最后机会。索拉纳指出："最上乘的解决办法还是谈判，而非诉诸武力。没人能估算出一场战争的结果，所有参与各方都有充分理由坐在谈判桌前并参与讨论。"

据美国国际新闻社报道，5月17日，美国国会众议院中的对伊朗强硬派主张受挫，他们曾希望让国会在下周巴格达伊核谈判之前，对伊朗发出军事袭击威胁，但这种希望似乎出人意料地落空了。众议院以压倒多数通过议案，把对伊朗动武的"门槛"提升到高于政府规定的标准。奥巴马政府把"核武器能力"与实际拥有核武器区分开来。与以色列政府不同，奥巴马政府表示，只有当伊朗真的研制出核弹，它才会考虑动武。

为五角大楼出谋划策的著名智库兰德公司在《兰德公司评论》上警告以色列和美国"不要袭击伊朗"。

凡此种种，都为国际社会推动伊核谈判创造了条件和氛围。包括中国在内的新兴国家为缓和伊朗局势做出了不懈努力，最后促成各方重启伊核问题谈判。

4月14日，伊朗与六国在土耳其的伊斯坦布尔恢复中断一年的谈判。会后双方都表示会谈积极、具有建设性，且同意以《不扩散核武器条约》为合作基础，5月份在巴格达进行本轮第二次谈判。

在巴格达谈判前夕，国际原子能总干事天野之弥实现了自己上任后对伊朗的首次访问。他5月22日向媒体透露，国际原子能机构已经就伊朗核设施检查问题达成协议，虽然一些细节问题还需讨论，但文件"将于近日签署"。虽然是两个不同的会谈，但天野之弥与伊朗的成功会谈无疑对巴格达核谈判产生积极影响。

伊朗方面也不断表达善意。伊朗首席核谈判代表贾利利5月22日提前一天到达巴格达，与伊拉克总理马利基会晤时说，他相信伊朗与六国之间的核谈判将开启双方合作的新篇章。23日，伊朗总统内贾德重申，根据伊斯兰教教义和最高领袖颁布的法令，生产和使用大规模杀伤性武器是被禁止的，"伊朗从未寻求研制核武器，也永远不会这么做"。

但是，与会谈前的乐观气氛相反，这次巴格达会谈未能达成协议。分析人士认为，这并非完全出乎人们的意料。由于伊朗与美国等西方国家长期对抗，双方信任程度很低。而建立信任需要一个比较长的过程，不可能一蹴而就。唯其谈判艰难，更需要双方积极务实对话，努力寻求和扩大共识，妥善处理分歧，逐步建立互信，把眼下的有利气氛化为和平解决的新契机。

伊朗铀浓缩问题解决有回旋余地

据欧盟负责外交和安全政策的高级代表阿什顿透露，巴格达伊核谈判第二天未能最后达成协议，症结还在于双方围绕伊朗铀浓缩问题上卡壳。

美国等西方国家一直要求伊朗停止纯度在20%的铀浓缩活动，伊朗方面则一直不肯退让，坚称"开发核是用于和平途径"。

国际原子能机构2009年10月曾向伊朗提出核燃料交换方案，即伊朗将国内大部分低纯度浓缩铀转移至其他国家，然后由这些国家向它提供所需的研究用核燃料。伊朗要求交换在本国境内进行。双方未达成一致。最近两年，伊朗铀浓缩突飞猛进，自己已经成功提炼20%的浓缩铀。

在巴格达核谈判中，美国等六国提出一揽子建议，包括将浓缩铀控制在5%以下，作为回报，六国将放宽经济制裁和提供小型民用飞机部件等。伊朗方面也提出了自己的"核建议"。双方都显示了一定的"灵活性"。美国从小布什政府时代开始一直反对伊朗进行铀浓缩，伊朗也改变了以前的"铀浓缩问题不能谈判"立场。

俄罗斯作为伊朗信任的友邦，又是"六国"一员，一直坚决反对对伊朗动武，并建议在俄罗斯境内进行铀浓缩。在下月举行新一轮伊核谈判中，俄罗斯作为东道主，很可能重新提出这一建议，不排除美国等西方国家和伊朗双方对这一建议达成某种共识。

俄罗斯外长拉夫罗夫5月24日表示，希望美国总统奥巴马阻止国会议员提出对伊朗实施新的单边制裁，类似举动"无助于六大国的共同努力"，而且这种制裁措施不是旨在防止核武器扩散，而是企图扼杀伊朗经济。

（本文写作于2012年5月。）

美中越在美"重返亚太"后的较量

奥巴马总统2009年上台后,将美国全球战略重心转向亚太,加强对中国的遏制和包围。针对中国稳定周边举措,极力挑拨和离间中国同邻国关系。在东南亚一线,美国拉拢越南剑指中国,中国进行反制。美国、中国和越南之间的三角关系变得十分复杂而微妙。

美国渴望"重返越南"

"越南"这两个字的分量在美国对外关系史中恐怕超过任何国家,包括苏联和中国。在美国首都华盛顿市中心竖立着一座"越战纪念碑",其中的"越战墙"上镌刻着57000多名在越南战死的美国军人的名字。"越战"是美国历史上持续时间最长的战争。十多年的"越战",除了死亡人数外,伤者达30.4万人,另有2000多人失踪。美国共耗资2500多亿美元。"越战"大大削弱了美国在冷战中同苏联对峙的态势。"越战"也加剧了美国国内的种族、民权等问题的矛盾,使美国社会处于极度分裂状态,"越战"成为美国人心中一个永远的痛。"越战"也成为美国文化的一个永恒话题,以"越战"为题材的电影多部荣膺奥斯卡奖。

具有讽刺意味的是,越南这个倒霉的地方,又在美国变得时髦,"重返越南"成为美国"重返亚太"的热门话题。

美国企图"重返越南"的第一个目标是金兰湾。金兰湾位于越南东南部海岸向前突出的岬角处,是由南北两个半岛合抱而成的葫芦形港湾。海湾水深16米至25米,最深处达32米,可同时停泊包括航母在内的大型舰船。金兰湾地势险要,由此可以控制马六甲和新加坡海峡,战略地位十分重要。一个多世纪以来,一直是兵家必争之地,日本、沙俄、法国和美国等列强竞相逐鹿。"越战"期间，美国斥资3亿多美元扩建金兰湾，成为美国轰炸越南北方的重要基地。"越战"结束后，苏联开始租用金兰湾，25年租期期满后，归还越南。

近年来，美国军方觊觎金兰湾的战略地位，从2010年以来，共有5艘军舰来金兰湾维修和保养。今年6月，美国国防部长帕内塔在新加坡第十一届香格里拉对话会上，详细阐述美国所谓亚太"再平衡战略"后，旋即前往越南，专门到金兰湾访问，毫不掩饰美国染指金兰湾的意图。帕内塔直言不讳地表示，金兰湾这样优良的港口对美国新亚太战略非常重要。

美国企图"重返越南"采取的一个重要手段是在南海兴风作浪，为越南侵吞中国南海岛礁撑腰。2010年7月23日，美国国务卿希拉里参加在河内举行的东盟论坛，高调介入南海海上争议，声称南海"涉及美国国家利益"。半个月后，美国派"华盛顿"号航母访越，与之进行联合海上演练。一周后的8月17日，美越在河内举行首次副部长级国防政策对话，美越关系急剧升温，加快共同对付中国的步伐。

中国宣布建立三沙市之后，越南表示坚决反对，美国国务院8月3日专门就中国南海问题发表声明，指责中国加剧南海紧张局势，明显为越南壮胆。美国还极力反对中国同南海声索国分别举行双边谈判，鼓动越南和菲律宾出头，建立对抗中国的"南海同盟"。美国国务院发言人纽兰8月14日在杨洁篪外长访问印尼、马来西亚和文莱后，发表讲话，警告中国勿在南海"各个击破"。

美国企图"重返越南"工作重心在越南南方。二战后，中国和越南等社会主义国家纷纷取得革命胜利，美国为了阻挡共产主义在亚洲传播的多米诺骨牌效应，在1954年关于印支问题的日内瓦会议之后，取代法国在越南南方的地位，从1961年开始在越南南方发动"特种战争"。1964年开始轰炸越南北方。越南人民开始了全民族的抗美救国战争。这期间，美国在南越大力扶持傀儡政权，培植亲美势力，推行美国生活方式，扩大美国影响，建立东南亚反共基地。1975年西贡傀儡政权垮台后，当年伪政权政要和高官阮文绍、陈文香、潘克丑、阮高其等人纷纷逃往美国和法国。据估计，美国现在有100万越侨。美国在他们之间豢养反共亲美势力，利用他们对越南南方进行渗透。

美国同越南建交后，在胡志明市（前南越首都西贡）设立规模庞大、人员众多的总领事馆，负责北纬17度线以南的各项事务，每天有人排长队，有时多达千人办理签证。

越南本是佛教国家，但是，在越南南方，美国利用旧政权时代留下的牧师积极活动，通过慈善机构等在当地居民特别是贫困居民中大肆进行福音教传教活动，有些党员也加入进去，有的党支部甚至全部参加。

越美难结"金兰之好"

越南如何处理同中国和美国两个大国关系，是考验越南执政者治国智慧的试金石。中国同美国争夺越南，显然拥有优势。一是，中国有地缘优势，两国是邻国，交往历史悠久，文化、历史和宗教有许多相通之处；二是，两国政治和社会制度以及意识形态基本相同；三是，经贸关系密切，互补性强，中国连续5年是越南第一大贸易伙伴。

越南与美国在南海问题上有共同语言，在外交上搞"远交近攻"，实际上是实用主义。越南在安全上想依靠美国，实际上也靠不住。

首先，政治制度不同和意识形态对立是影响越美关系发展的主要障碍。美国经常拿民主人权说事，干涉越南内政。在美国看来，越南政府释放被关押的反对社会主义制度和反对共产党政权的"异见人士"就是保障民主，捍卫人权，而这显然不会得到越南党和政府的认同。最近，越南一知名网站披露一份据信是针对越南的绝密报告称，美国正用文化渗透瓦解越南政权，越南将在20年内发生"巨变"。这份报告据称是由美国驻越南使馆官员和其他3名美国人撰写的。

其次，美国侵越战争造成的创伤仍未消除。在越战中，越南正规军和越共游击队有110万人战死，60万人受伤，33万人失踪。2012年8月9日，美国驻越南大使大卫·希尔在岘港一个项目开工仪式上发表讲话称："今天早晨，我们庆祝我们双边关系上的一个里程碑。"希尔的讲话并没有引起共鸣，因为这个项目是要清理越战的有毒遗产——橙剂。40年前，美军为了更容易轰炸热带丛林中的越共游击队，在越南洒下8000万升有毒的落叶剂，致使500万越南人受害，60万人身患绝症，15万婴儿天生残疾。英国

《卫报》称，橙剂是华盛顿与河内的最后一根外交毒刺，因为美国一直不愿承担使用化学武器的道义责任。

（本文写作于2012年8月。）

美国为何不愿军事干预叙利亚

叙利亚自从去年3月发生反政府浪潮以来,已经18个月有余,叙利亚反政府武装迫切希望美国军事干预叙利亚,包括在叙利亚建立"禁飞区",并公开向他们提供重型武器,但华盛顿一再宣称,美国目前没有军事干预叙利亚冲突的打算,也不打算向叙利亚反对派提供致命武器。

奥巴马政府的一系列表态

奥巴马总统7月23日在内华达州参加竞选活动时,警告叙利亚政府不要在同反政府武装冲突中使用化学武器,否则,"美国将让其承担责任"。希拉里国务卿8月11日访问土耳其,在同达武特奥卢外长会谈后,重申对叙利亚采取军事措施是不可行且是目光短浅的。

8月27日,法国总统奥朗德对驻外使节发表讲话,要求巴沙尔下台:"法国希望叙利亚反对派建立临时政府,临时政府一成立,法国就会立即予以承认"。他的话音未落,美国就高调与法国拉开距离。美国务院发言人纽兰对记者说:"他们(叙利亚反对派)是否及何时组建(临时政府),要由自己决定。"美联社称,奥朗德的提议很快被美国"打掉"。美国《外交政策》季刊称,美国政府认为,奥朗德的言论"不代表国际立场","美国近期不会发表这样的声明"。

美国对于军事干涉叙利亚的顾虑

美国为何不愿军事干预叙利亚问题?笔者认为,主要有以下原因:

1. 事实证明,"利比亚模式"行不通。一年多来,西方假手联合国,武力推翻利比亚卡扎菲政权的所谓"利比亚模式"已经声名狼藉。以美国为代表的西方国家提交的"倒巴（沙尔）提案"在联合国安理会无法通过俄罗斯和中国把守的关口。迄今，在叙利亚问题上，俄罗斯和中国已经在联合国3次动用否决权。

美国凯托学会网站2011年10月21日发表美国前总统里根特别助理班多的一篇文章称，中国和俄罗斯"不大可能再被愚弄"，"未来西方的行动得到联合国支持的可能性变小"。梅德韦杰夫2011年6月23日在谈到美国等西方国家企图推动安理会对制裁叙利亚进行表决时说，俄罗斯在联合国通过制裁利比亚的1970号决议时受到了蒙骗。这就是说，俄罗斯承认对安理会1970号决议投赞成票是错误的。

阿拉伯联盟曾经支持美国和西方在利比亚建立"禁飞区"的主张，但安理会通过的1970号和1973号决议，并没有保护利比亚平民，而是要用武力推翻卡扎菲政权，阿盟秘书长穆萨公开表示上当受骗。

《华盛顿邮报》9月3日刊文指出，未来几个月甚至更远的将来，美国或其他外部力量使用武力干预叙利亚的可能性很小。尽管西方有人提出把北约在利比亚的行动作为一个样板，但奥巴马政府官员认为叙利亚和利比亚没有可比性。利比亚的行动是经过联合国、阿拉伯联盟和北约批准的，但这三家都还没有批准叙利亚的干涉行动。

2. 美国全球战略重心转向亚太，逐步收缩在中东的军事安排。美国迄今还没有摆脱2008年开始的金融和经济危机。大选年任何闪失都可能影响巨大，奥巴马政府不想再陷入中东的另一场战争。

法国前总统萨科齐2011年挑头推动在利比亚建立"禁飞区"，对利比亚进行空中打击，把本来犹豫不决的美国拖了进去。奥巴马2011年3月29日在美国国防大学就利比亚局势发表讲话，宣布美国退居"二线"，将领导权移交给了一个更广泛，以北约为基础的联盟。

今年，法国总统奥朗德又挑头呼吁叙利亚反对派建立临时政府，使美国人想起萨科齐去年玩弄的手法，担心再次被法国拖入一场难以胜任的叙利亚战争。

美国著名战略家和前国务卿基辛格今年6月3日在《华盛顿邮报》上发表题为《干预叙利亚的危险》文章，反对美国对叙利亚危机贸然进行军事干涉。

基辛格警告说，叙利亚作为一个国家的崩溃，也可能使其领土成为恐怖分子基地或攻击邻国的武器供应地。

3. 错误的中东政策到头来证明美国是"搬起石头砸自己的脚"。

美国津津乐道的"阿拉伯之春"颠覆了几个世俗的阿拉伯政权，而使这些国家的伊斯兰主义政治势力坐大，甚至执掌国家政权，这是美国始料不及的。9月11日，美国驻利比亚班加西领馆被烧，驻利比亚大使丧生，情报机构断定是利比亚伊斯兰极端分子所为。

美国大使遇害事件以及美国因放映亵渎伊斯兰教先知穆罕默德的影片而引发伊斯兰世界反美浪潮，必将对奥巴马政府的叙利亚政策产生微妙影响。

4. 美国挑动土耳其充当西方"倒巴沙尔"打手的图谋难以得逞。土耳其埃尔多安政府本想借叙利亚危机提升土耳其在中东的影响力，重振奥斯曼帝国雄风，但事与愿违。

第一，土政府援助叙利亚反对派在国内不得人心。据最新民调显示，只有18%的土耳其人支持援助叙利亚反对派，大多数人认为，这导致土耳其国内不稳定，破坏本国经济和安全，要求政府改变对叙政策。

第二，美国放映亵渎伊斯兰教先知穆罕默德的电影后，土耳其也爆发了反美浪潮。在这样的大背景下，土耳其不可能再与西方为伍，一同对叙采取军事行动。

第三，从20世纪80年代以来，土耳其最大的安全威胁一直来自企图通过武装斗争实现民族独立的库尔德工人党。叙利亚危机发生后，库尔德工人党利用土耳其专注叙利亚问题之机，加大对土耳其目标的袭击。土耳其武装部队总参谋部9月10日发表声明说，在今年2月至8月期间，土耳其军队打死330名库尔德工人党武装分子，有88名土耳其军人丧生。9月8日至14日，土安全部队在土东南部哈卡里省同库尔德工人党武装分子激战，打死75名武装分子，4名土士兵身亡，多人受伤。另外，9月初，执政的正义与发展党东南部哈卡里省党部主席塔尔汗遭库尔德工人党武装绑架，至今下落不明。9月22日，两名教师在土东南部遭绑架。

英国《卫报》认为，如果巴沙尔垮台，叙利亚的库尔德人将建立库尔德人国家，这对土耳其是一个最可怕的噩梦。

5. 叙利亚同利比亚不同，在叙利亚难以复制所谓"利比亚模式"。由于叙利亚的戈兰高地被以色列占领，叙利亚一直想收复失地，因此拥有一支强大的国防力量，包括化学武器。这不仅对反对派构成威慑，西方也不敢小觑。无论是阿萨德政府还是巴沙尔政府，都能培育较强的民族凝聚力和爱国主义。美国和西方原来指望巴沙尔政府和军队顶不住西方压力而迅速土崩瓦解，反对派迅速接管政权，结果落空。

在国际上，叙利亚得到俄罗斯和中国的支持，避免了西方的军事打击。今年8月7日，伊朗最高领袖哈梅内伊的特使贾利利访问大马士革，誓言"永远不会让抵抗轴心破裂"。伊朗所说的"抵抗轴心"包括伊朗、叙利亚、黎巴嫩真主党和巴勒斯坦抵抗运动（哈马斯）。

（本文写作于2012年9月。）

大使遇害事件告诉了美国什么？

利比亚当地时间9月11日，数百名武装分子冲进美国驻班加西领事馆，抗议美国在"9·11"纪念日放映亵渎伊斯兰先知穆罕默德的电影。在交火中，领事馆被付之一炬，美国驻利比亚大使史蒂文斯和其他3名外交官当场身亡。这一极端事件极大震动了奥巴马政府。国务卿希拉里在事发第二天讲话中以困惑状发问："今天许多美国人都在问，实际上我也在问自己，这一切是怎么发生的？"

其实，在旁观者看来，事情很简单。这一事件再次告诉美国：美国在阿拉伯和伊斯兰世界遭人恨，仇恨不共戴天。

希拉里作为美国外交部长对美国遭人恨有亲身体验，以最近的遭遇为例：今年7月15日，希拉里访问埃及第二大城市亚历山大，出席美国领事馆重开仪式时，遭到愤怒群众的围攻，示威者朝其车队投掷鞋子、番茄和水瓶，并高呼"希拉里滚蛋！"等口号。虽然在防暴警察护送下，希拉里安然无恙，但也惊出一身冷汗。

美国大使史蒂文斯遇害后，奥巴马总统要求缉拿凶手，并派遣特种部队前往利比亚加强安全保卫。但如果不从这次事件检讨深层次原因，不管下届政府哪个党上台，总统是谁，恐怕都很难避免类似事件再次发生。

"美国遭人恨"——十年前的老话题

美国2001年9月11日遭到伊斯兰极端组织的恐怖袭击，近3000人丧生，极大地震动了美国，痛定思痛，美国上下普遍进行了反思。前总统卡特2002年7月19日接受美联社记者采访时说："冒昧地说，我认为'9·11'恐怖袭击事件使许多人认识到一个事实，即有许多人不喜欢我们……他们惧怕我们、鄙视我们，甚至到了想杀死我们的程度。"

2002年，在"9·11"恐怖袭击事件一周年前夕，美国《新闻周刊》以《为什么恨美国》的专题，刊登了多位世界知名人士对全球特别是中东反美情绪为何日益高涨的看法，探讨了伊斯兰世界"反美主义"盛行的原因。

曾因发表亵渎伊斯兰教的《撒旦诗篇》而遭伊朗追杀多年的英国作家拉什迪，在《纽约时报》上发表文章认为，美国"反恐"战争的胜利并没有为美国赢得更多朋友，相反却带来国际上更多的反美情绪，伊斯兰世界有许多人憎恨美国，他们的反美情绪表现在不喜欢美国的强权地位和美国的傲慢。

美国官方一直关注"反美主义"的影响。国务院2002年秋天召开一个关于世界"反美主义"的研讨会。布什总统2003年1月21日签署行政令，正式成立白宫全球宣传办公室，向世界宣传美国的外交政策，应对"反美主义"，以求改善美国的国际形象。

2011年5月2日，奥巴马宣布，美国特种部队在当天的突袭中击毙"基地"组织首领本·拉登，为前总统布什宣布的为期十年的全球"反恐"战争画上了句号。但是，十年前的"美国遭人恨"的老话题却并没有画上句号。

具有讽刺意味的是，在"9·11"十一周年当天，反美浪潮席卷利比亚、埃及乃至整个阿拉伯和伊斯兰世界。在班加西，堂堂超级大国美国的特命全权大使死于非命，而在埃及首都开罗举行的反美示威中，竟出现"我们都是本·拉登"标语。

"自作孽，不可活"

《尚书·大甲》曰："天作孽，犹可违；自作孽，不可活。"翻成白话就是："上天降下的灾害，还可以逃避；自己造成的罪孽，可就无处可逃。"美国驻利比亚大使史蒂文斯及三名外交官在美国驻班加西领馆葬身火海，成为美国对利比亚错误政策的牺牲品，美国自作自受，也只能无可奈何地吞下这粒苦药丸。

20世纪80年代，在阿富汗，美国为了同苏联争霸世界，积极支持本·拉登1988年创建的"基地"组织训练和指挥阿富汗抵抗力量，同入侵的苏联军队战斗。苏联1989年撤军后，"基地"组织调转枪头，指向美国和伊斯兰世界的"腐败政权"，终于酿成"9·11"大祸。

可悲的是，十年后美国当权者继续推行实用主义，为了推翻利比亚的卡扎菲政权，不惜同利比亚伊斯兰极端势力和"基地"恐怖组织为伍，结果重蹈覆辙，酿成新的"9·11"惨剧。

美国国防部长帕内塔9月27日在五角大楼新闻发布会上说，史蒂文斯大使是遭到恐怖分子袭击身亡的。美军参谋长联席会议主席邓普西透露，有情报显示，利比亚东部与"基地"组织有关联的武装组织正在联合，但美国并没有在领馆遭袭击前接到相关信息。

史蒂文斯系美国职业外交官，在卡扎菲政权时期，于2011年4月5日出任驻的黎波里大使馆高级外交官，经历美国和北约对利比亚的空中打击，对推动美国军事干预利比亚和推翻卡扎菲政权起了相当重要的作用。法新社略带揶揄地评称，史蒂文斯积极支持反卡扎菲政权活动，却在卡扎菲倒台后被反卡扎菲伊斯兰极端分子处死。

在二战后亚非拉轰轰烈烈的民族解放运动高潮中，卡扎菲1969年推翻亲美的伊德里斯封建王朝，在一个伊斯兰国家建立了一个世俗的现代国家，符合时代潮流和民意。卡扎菲执政后把政治中心迁往西部的的黎波里，而东部的班加西一直是封建王朝复辟势力和伊斯兰恐怖势力"利比亚战斗团"的大本营。该组织自2001年以来一直被联合国安理会列入恐怖组织黑名单。"利比亚战斗团"更于2007年加入"基地"组织，更名为"马格里布伊斯兰基地组织"，其宗旨是推翻卡扎菲政权，在北非马格里布地区建立以酋长制为基础的伊斯兰帝国。

据美国《民族》杂志电子版披露，在沙特阿拉伯苏丹亲王号召下，美英两国情报机构从2011年初开始，在阿富汗北部招募1500名武装人员，前往利比亚参加"倒卡（扎菲）"战斗。卡扎菲已于2011年10月20日被打死，一年来这些武装分子在利比亚不断制造动乱。今年9月21日，利比亚数千人举行示威游行，抗议民兵组织胡作非为，游行队伍中有人高呼"滚回阿富汗"等口号。

卡扎菲政权垮台后，伊斯兰政治势力不断增强，虽然在今年7月大选中输给了亲美的自由派"全国力量联盟",但在政坛仍然举足轻重。奥巴马总统在7月8日利比亚大选揭晓后表示,这是利比亚重要里程碑。可是曾几何时,就在班加西发生领馆被烧大使毙命的极端事件。

(本文写作于2012年10月。)

"重要战略机遇期"遭遇美国战略重心东移

人类进入21世纪,中共中央提出关于新世纪头20年是国家发展"重要战略机遇期"的战略判断。实践是检验真理的唯一标准。本世纪刚刚过去的第一个十年,证明确实为我国改革开放和现代化建设提供了一个难得的"重要战略机遇期",中国和平崛起突飞猛进,成为世界第二大经济体,举世瞩目。

但是,对于从2011年到2020年这第二个十年,是否仍将是"重要战略机遇期",学术界出现迥然不同的预言,有学者认为"重要战略机遇期"将不复存在。笔者认为,现在学者们争论这个问题意义并不大,关键是在新的十年如何审时度势、与时俱进,妥善应对国内和国际两个大局出现的预料中和未预料到的重大变化,变挑战为机遇,变不利为有利,变被动为主动,沿着党的十八大设定的目标继续奋勇前进,争取在这个十年结束时实现全面建成小康社会目标,迎接2021年中国共产党建党100周年。

"重要战略机遇期"是全党共识

2002年11月8日,江泽民在党的十六大报告中郑重提出"重要战略机遇期"论断:"纵观全局,21世纪头20年,对我国来说,是一个必须紧紧抓住并且可以大有作为的重要战略机遇期。"

江泽民指出,根据十五大提出的到2020年、建党100年和新中国成立100年的发展目标,我们要在本世纪头20年,集中力量,全面建设惠及十几亿人口的更高水平的小康社会,使经济更加发展、民主更加健全、科学更加进步、文化更加繁荣、社会更加和谐、人民生活更加殷实。

2007年10月15日,胡锦涛在十七大报告中重申十六大"重要战略机遇期"论断。他指出,当今世界正在发生广泛而深刻的变化,当代中国正在发生广泛而深刻的变革。机遇前所未有，挑战也前所未有，机遇大于挑战。"全党必须坚定不移地高举中国特色社会主义伟大旗帜，带领人民从新的历史起点出发，抓住和用好重要战略机遇期，求真务实，锐意进取，继续全面建设小康社会，加快推进社会主义现代化，完成时代赋予的崇高使命。"

2012年11月8日，胡锦涛在党的十八大报告中提出，从2002年党的十六大以来的十年，"我们紧紧抓住和利用好我国发展的重要战略机遇期，战胜一系列重大挑战，奋力把中国特色社会主义推进到新的发展阶段"。

胡锦涛在展望新的十年时说："综观国际国内大势，我国发展仍处于可以大有作为的重要战略机遇期。"

关于提出"重要战略机遇期"的依据，戴秉国国务委员2010年10月发表的《坚持走和平发展道路》一文中做出了解释。他指出，从国际上来看，新世纪头20年我国面临的"重要战略机遇期"，是由"国际形势总体和平、大国关系相对平稳和新技术革命迅猛发展提供的"。

"冷战"结束给中国带来"发展机遇"

1991年12月25日苏联解体，标志二战后绵延近40年的美苏争霸世界的"冷战时代"结束。"冷战"结束后的20年，即上世纪最后十年和本世纪第一个十年，世界局势的整体特征是一个过渡时期，美国由于忙于消化"冷战"结果和全球反恐战争，中国获得了一个空前难得的20年"发展机遇期"。

所谓第一个十年"消化冷战结果"，就是美国拟定"后冷战"时期新的全球战略再平衡，确保美国对世界"一超独霸"格局。

在这个十年，美国和西方大体做了三件大事，一是为北约继续存在正名和向东扩张，压缩苏联继承国俄罗斯的国际空间和势力范围，遏制其重振大国雄风欲望；二是肢解巴尔干"异己"南斯拉夫，1999年发动科索沃战争，对南联盟进行78天的空袭，彻底完成南斯拉夫社会主义共和国联盟从1991年开始的解体进程；三是老布什总统宣布建立"冷战后中东新秩序"。

二战后几十年间，美国的全球战略重心——直摆在欧洲，中东作为欧洲的一翼，其重要的地缘战略地位和丰富的石油资源，一直是美苏争霸世界的重点之一。冷战后，美国为了稳固在中东的霸主地位，在大中东地区推行"西促（巴以）和谈，东遏两伊（伊拉克和伊朗）"方针。1991年10月30日在西班牙首都马德里举行的中东和会，确立了巴以双方"以土地换和平"的原则。在这个背景下，巴以双方在挪威首都奥斯陆秘密谈判达成一致，克林顿总统1993年9月13日在白宫主持巴以双方正式签署《奥斯陆协议》，实现巴以和谈的重大突破。1994年美国又主持以色列同约旦签订和平协议并建交。美国牢牢掌控了中东和平谈判的主动权。

在海湾地区，美国原来在20世纪80年代伊朗与伊拉克战争期间选边站，支持伊拉克。后来伊拉克萨达姆政权地区霸权主义膨胀，公然入侵亲美的科威特，美国及其北约盟友在1991年1月对伊拉克发动局部战争，重创伊拉克萨达姆政权，维护了海湾地区美国主导下的战略平衡，也扩大了美国在海湾的军事存在。

在冷战结束后的第二个十年（2001—2010），美国本土在2001年9月11日遭到恐怖袭击，近三千人死亡，极大震动了美国，导致小布什总统在两个任期内陷入了两场战争，先是在阿富汗发动打击"基地"组织及其庇护者塔利班政权的战争，后是发动入侵伊拉克推翻萨达姆政权的战争。两场战争的"胜利"也使美国付出了沉重代价，共六千多美国军人丧生，经济损失超过万亿美元。这也成为2008年美国金融和经济危机的诱因之一。

邓小平同志早在20世纪80年代末和90年代初，针对世界格局的剧烈变化，高瞻远瞩，利用美国忙于全球事务无暇较多顾及中国的机会，致力于改革开放、发展经济提升综合国力，为中国争取到了宝贵的发展时间和相对良好的外部环境，扭转了90年代初期一度因"北京出现的政治风波"而紧张的中国同美国和西方的关系，快速转向了良性发展趋势。

中国政府按照邓小平提出的"韬光养晦，有所作为"24字方针，把"以经济建设为中心"作为国策，调整国内经济结构，积极融入经济全球化大潮。经过近十年的努力，中国终于在2001年成为世界贸易组织（WTO）成员，自此，中国享受多边、稳定和无条件的最惠国待遇，中国商品开始越来越多地进入国际市场。

21世纪头十年，中国这个古老的东方文明古国快速崛起，跃升为世界第二大经济体，成为世界最引人瞩目的奇迹。因为这一崛起对整个世界形势和国际政治格局产生广泛而深刻的影响,并打破了旧有国际政治和经济体系的平衡,与美欧相继陷入金融和经济危机相比,这种崛起尤显鹤立鸡群。然而,当世界舆论纷纷推想中国会以过去的速率崛起,何时将与美国平起平坐时,中国却越来越遭到奥巴马政府全球战略重心转向亚太战略的挑战。

"重要战略机遇期"遭遇美国战略重心东移

美国战略家早在冷战结束后就开始筹划新的长远战略主攻方向,寻找代替苏联的新对手,特别是着力调整亚太地区的战略部署,并在20年后将全球战略重心从欧洲转向亚太地区。

90年代,美国国防部共起草了四份亚太地区军事战略报告,五角大楼的主要结论是,必须继续介入该地区事务。1992年提交国会的《亚太地区战略目标》中指出:"虽然国际关系发生了变化,但我们必须记住,近两个世纪以来,美国在亚洲的利益一直未变,那就是经济上介入该地区,确保航行自由,不允许在亚洲出现占主导地位的大国或大国联盟。"

美国对亚太地区的政策变化当时就引起中国研究机构和学者们的注意。有学者指出,布什入主白宫后,尤其是90年代以来,逐步对美国的亚太政策进行审议和修订。由于亚太地区政治、经济、文化和历史的差异性比欧洲更为复杂和多样,对亚太政策的调整呈现出渐进的过程,一个突出特点是"对中国压力进一步增大"。

美国战略家、前总统卡特的国家安全顾问布热津斯基1997年出版的《大棋局——美国的首要地位及其地缘战略》勾画了21世纪美国的战略方向,把从里斯本到符拉迪沃斯托克这片欧亚大陆视为一个地缘战略大棋盘,是既决定世界今后的稳定与繁荣,又决定美国保持世界主导地位的中心舞台。他认为美国的欧亚地缘战略目标是要防止在这里出现一个能够主导欧洲或亚洲从而向美国提出挑战的大国,而中国到2020年会成为"地区主导大国",在亚太地区拥有一个势力范围或受别国敬服的范围。

在新千年开始后,小布什政府2001年发表的《四年防务评估报告》已把中国视为美国的潜在对手。该报告指出:"目前存在着在该地区出现一个拥有巨大资源的军事竞争对手的可能性。在这方面,从孟加拉湾到日本海的亚洲东海岸尤为危险。"但是，由于当年发生"9·11"恐怖袭击事件，小布什政府不得不改变对华强硬路线，而专注于全球反恐，这就为我国发展提供了"天赐良机"，在美中发展对比中呈现此消彼长的态势。

奥巴马总统第一个任期（2009—2012）是美国全球战略重心转向亚太的划时代的四年。他2009年上台后决定给美国"失去的十年"画上一个句号，把工作重点转向亚太。奥巴马给自己戴上了"太平洋总统"桂冠。国务卿希拉里在曼谷参加东盟论坛会议时高调宣布"我们（美国）回来了"。2010年是奥巴马政府"战略东移"思想实际起步的一年。希拉里在河内公开宣布南海问题事关"美国利益"。

2011年是美国战略重心向亚太转移标志性的一年，希拉里10月27日接受《时代》周刊访谈时宣称"美国已将重心转移到亚洲"。11月10日，希拉里在夏威夷大学东西方中心发表演讲进一步阐述美国新战略。她说，随着伊拉克战争走向结束，美军在阿富汗开始向阿方转交安全职责，美国的外交重点正在发生变化，而随着亚太地区逐渐成为21世纪全球战略与经济重心，这里也将成为美国外交战略的重心，美国外交在未来十年最重要的任务就是在亚太地区增大投入。

希拉里所说的"亚太地区"概念包括"从印度次大陆一直延伸到美国西海岸，横跨太平洋和印度洋两个大洋"。美国在这片地区十年战略安排恰恰同我国设定的下一个十年"重要战略机遇期"相重叠。

2012年是美国在外交上加速"重返亚太"和在军事上加强对中国进行战略包围军事部署的一年。希拉里国务卿和帕内塔国防部长等奥巴马政府高官频繁在中国周边进行密集访问，强化和拓展与日本、韩国和澳大利亚的军事同盟，并以美日同盟为基础组建美日韩和美日印等多重三角合作；强化在西太平洋的军事存在，加强在澳大利亚的驻军，频繁同亚太国家举行联合军演；在多边领域，利用加入东亚峰会之机，试图将该组织打造成针对中国的地区政治安全机构；在经济领域，大力推动《跨太平洋战略经济伙伴协定》（TPP）谈判进程，企图以此为抓手掌控亚太自贸区建设的主导权。

帕内塔今年6月初在新加坡出席香格里拉论坛时阐述美国的"亚太新战略"和军事"再平衡"安排，宣布在2020年前将把美国60%的战舰部署到太平洋，矛头直指中国。

2012年是美国大选年，共和党总统候选人罗姆尼同民主党候选人奥巴马总统在竞选中争先"敲打"中国，在二人的三次电视辩论中共53次提到中国，表示要在当选后对中国更加"强硬"。

奥巴马11月7日赢得大选连任后，首次出访选择东南亚的缅甸、柬埔寨和泰国。这三国都是中国友好近邻。国际舆论认为，这次出访带有强烈象征意义，明显带有与中国在东南亚竞争的地缘政治考量。而一名美国总统赢得大选后将第一次出访选在东南亚，在美国历史上闻所未闻，凸显美国"重返亚太"再度升温。

（本文写作于2012年11月。）

美俄关系难"乐观"

美国总统奥巴马关于美国同俄罗斯关系问题有句名言，叫"重启"美俄关系。这是奥巴马2009年7月在英国伦敦参加八国峰会同俄罗斯总统梅德韦杰夫会晤时首先使用的。"重启"（Reset）这个英文术语来源于计算机技术词汇，在计算机死机后重新打开叫"重启"。奥巴马借用来表达要重新启动被其前任小布什总统扭曲的美俄关系。美国《基督教科学箴言报》对"重启"的诠释是：由于地缘政治对立的重现以及国际观分歧的加大，"重启"意在"把美俄关系重新引上更具合作性的、注重共同利益的道路"。

2012年11月奥巴马在大选中成功连任，再次呼吁"重启"美俄关系。但是，普京2012年12月20日在莫斯科举行的大型记者招待会上回应说，他根本不清楚"重启什么"，因为这个词是华盛顿想出来的。

冷战时期，美国和苏联关系是世界最重要的双边关系，双方一举一动关系世界全局；苏联解体后的俄罗斯同昔日超级大国苏联不可同日而语，但美国同俄罗斯关系仍然是当今世界最重要的双边关系之一，美俄关系对世界局势仍然影响巨大。美俄关系走向自然成为世界舆论关注的焦点。

普京重返克宫，美俄对立加深

进入21世纪，美国为了独霸世界，不允许有任何力量挑战其世界霸权，为此，美国制订三大防范目标，一是防止俄罗斯大国复兴；二是遏制中国和平崛起；三是"反恐"打击伊斯兰极端势力。当前，能够对美国构成现实致命威胁的只有俄罗斯，因为俄拥有的战略核力量能够毁灭美国而绰绰有余。因此，普京领导的俄罗斯将是美国背上的一根芒刺。

冷战结束以后，叶利钦领导的俄罗斯误以为可以加入西方阵营，摆脱经济困难和国际孤立，然而俄罗斯做出的所有让步，包括销毁核武器和大量常规武器，都未能换取西方的信任，北约最终"东扩"到其边境。莫斯科开始意识到无论怎么做都不会被西方接受。普京2000年担任总统后，美国和西方对俄罗斯的态度更加不友好。普京2012年3月在睽违克里姆林宫四年之后，第三次入主总统宝座，美国备感焦虑和不安。

面对美国不断增大的压力和羞辱，俄罗斯民族主义和沙文主义泛起，复兴和联合自强呼声涌现，希望俄罗斯与周边原苏联加盟共和国实现欧洲联盟那样的政治经济一体化。

普京2011年参选总统时就提出组建"欧亚超国家联盟"倡议。2010年，俄罗斯与白俄罗斯和哈萨克斯坦组建了关税同盟，取消了共同边境的关税管控，到2012年1月形成了"统一经济空间"，最终目标是实现货物、服务和资本在单一市场中的流动，而欧亚经济委员会和欧亚共同体法院这两个超国家机构也已经成立。

针对美国全球战略重心转向亚太，普京2012年9月5日在美国《华尔街日报》著文提出俄罗斯"融入亚太"政策："从历史上、地理上来说，我国都是亚太地区不可分割的一部分。我们把彻底融入亚太空间视为俄罗斯未来取得成功，发展西伯利亚和远东地区的最重要保障。"12月12日，普京发表年度《国情咨文》中重申俄罗斯21世纪的发展方位在东方，"西伯利亚和远东拥有巨大发展潜力，这是俄罗斯在亚太地区占有应有地位的重要机会"。

这些地缘经济和地缘政治新变化刺激了美国，担心再度出现控制欧亚大陆的"大陆强国"，甚至将来再像苏联那样成为强大战略对手。更使美国担心的是普京上台后出台了一系列政策，包括恢复苏联时代的一些东西，如国歌曲调、武装阅兵以及"劳动英雄"称号等，美国国务卿希拉里12月6日在爱尔兰都柏林新闻发布会上说，普京的做法是"再苏联化"，发誓要阻挠俄罗斯"重建苏联"。普京12月10日用"胡说八道"回应希拉里的指责。普京在《国情咨文》中强调发扬俄罗斯民族精神，强硬警告外国势力不要插手俄罗斯政治，不要对俄罗斯民主指手画脚。

战略互疑愈演愈烈

美俄拥有世界上最大的核武库。几十年来，美俄保持着传统的相互核遏制和大体相当的战略均势关系，一直是以"平等和同样安全"及"战略稳定"为原则，作为谈判与达成协议的基础。

不过，最近几年两国之间的不对等现象日益严重，使进一步谈判的难度加大。美国相对降低了对传统核遏制的依赖，并加强了对反导系统和战略高精度常规武器系统的重视。2012年5月，美国不顾俄罗斯的强烈反对，领导北约正式推出第一阶段欧洲反导系统，该系统由部署在土耳其的超级强大雷达，驻扎在地中海的"宙斯盾"驱逐舰上的"标准-3"防空导弹和部署在波兰和罗马尼亚的拦截导弹组成。美国称该系统针对伊朗，俄罗斯认为威胁其安全，要求参加该系统，或至少得保证它不会针对其发挥威慑能力，美国断然拒绝俄方要求。

针对美国欧洲反导系统不断推进，俄罗斯方面采取反制措施，以退为进，不谋求在导弹防御系统上与美国抗衡，而是加强核战略进攻性武器以取得战略优势。俄战略导弹部队司令顾问叶辛透露，俄罗斯正在研制一种新型液体燃料导弹，以便有效突破美国的反导系统。2012年10月19日，俄罗斯举行历史上最大规模的战略核力量演习，普京总统亲自坐镇指挥。这次核军演就是俄罗斯加强新一代战略性进攻武器研究与列装的全面展示，力图通过"进攻是最好的防御"来打破美国追求的"攻防兼备"。

美俄在巩固和改善各自核军备方面也在较劲。奥巴马上台后，美国从2010年9月开始进行了三次"亚临界核试验"。俄罗斯国家原子能公司发言人2012年12月宣布，俄可能将在位于北极新地群岛的核试验场恢复"亚临界核试验"，测试其核武库。俄《独立报》认为，俄政府考虑通过这种"恢复措施"，来提高核威慑力和安全感。

美俄在20世纪90年代初签署的《减少威胁合作计划》将于2013年到期，美国方面提出续签，俄方2012年10月已表示拒绝。奥巴马12月3日又呼吁俄方同意延长该计划。《减少威胁合作计划》又称《纳恩-卢格计划》，内容是由美国出钱帮助俄罗斯退役和处置多余和过时的苏联时代留下的核武器、弹道导弹以及其他战略武器。新加坡《联合早报》认为，俄罗斯的决定是一系列影响俄美关系事件中的最新一起，给两国关系"重启"蒙上了阴影。

经贸关系再生波折

从20世纪七八十年代到现在，几十年以来，美国同苏联（俄罗斯）经贸关系一直很不正常，这是美国采取歧视政策造成的恶果。2012年6月，普京参加墨西哥G20峰会前夕，在一家墨西哥报纸上撰文，强烈批评美国《杰克逊—瓦尼克修正案》损害俄美两国经贸关系，"我们同美国的贸易额只有320亿美元，这么一点，我觉得就跟零一样。我们同中国的贸易额是830亿美元。"

《杰克逊—瓦尼克修正案》是1974年美国国会通过的贸易法案，规定禁止给苏联和东欧社会主义国家以"贸易最惠国待遇"，禁止提供最惠国关税待遇和美国政府贷款。这一冷战时代产物并未随着冷战结束而寿终正寝，仍然在束缚着美国同俄罗斯的贸易关系。2010年6月17日，时任俄罗斯总理的普京，在同美国雪佛龙财团领导人会谈时指出，《杰克逊—瓦尼克修正案》是阻碍俄美关系发展的"历史悠久的绊脚石"。

2012年4月1日，俄罗斯正式成为世界贸易组织成员。希拉里在美国国会作证时表示，如果美国不给予俄罗斯贸易最惠国待遇，将直接影响美国公司在俄罗斯享受贸易优惠。但美国国会节外生枝，用《马格尼茨基法案》置换《杰克逊—瓦尼克修正案》。奥巴马12月15日签署了国会众参两院通过的《马格尼茨基法案》。该法案宣布给予俄罗斯贸易最惠国待遇，同时与俄罗斯人权问题挂钩。

马格尼茨基是俄罗斯一名反政府律师，因受逃税指控于2008年被当局逮捕。羁押期间，因心脏病发作，于2009年11月死于看守所。2011年7月，美国国务院称俄罗斯联邦安全局、警察部队和看守所100名有关人员应当为马格尼茨基之死负责，并将他们列入黑名单，拒绝颁发入境签证，或冻结他们在美国的资产等。

《马格尼茨基法案》引起俄罗斯强烈反弹，俄罗斯外交部12月6日发表声明称美国这一立法如同一出荒唐剧，将被迫进行报复。俄政府宣布，从12月8日开始俄罗斯暂停进口美国牛肉和猪肉。俄罗斯《晨报》8日以《俄美间发起肉类（贸易）大战》为题称，这是俄对美国的首个报复措施，下一步可能暂时冻结2009年建立的双边合作委员会的工作。

12月19日，俄罗斯国家杜马通过关于禁止美国人领养俄罗斯儿童的《季马·雅科夫列夫法案》。普京12月20日在记者招待会上明确表示，俄国家杜马通过的法案是十分必要的。

颠覆与反颠覆硬碰硬

美国外交有三大支柱——安全、经济和价值观。价值观，包括人权、在外交上的应用，说穿了就是要改变美国不喜欢的国家的政治制度，搞"颜色革命"或"政权更迭"。普京决定第三次参加总统选举后，奥巴马政府加大对俄罗斯价值观外交力度，从2011年12月俄罗斯国家杜马选举到2012年3月普京当选，达到登峰造极。

美国通过公共外交、非政府组织和援助机构，搞渗透和间谍活动，培植亲美势力，建立"第五纵队"，鼓动反对派掀起一波又一波"倒普（京）"浪潮。美国国会资助的国家民主基金会2011年8月公布的年报显示，该基金会已渗透到俄罗斯全境，资助了许多青年组织和各种形式的研讨会，用以培养俄罗斯"青年一代领导人"，"帮助青年人提高参政的积极性"。该基金会还在选举前特别资助建立各种"独立民调"和独立观察人士，"揭露选举官方作弊"行为。该基金会在莫斯科建立"国际新闻中心"，80多个跨国非政府组织利用其举行各种专题的新闻发布会，支持俄罗斯反对派举行反普京示威活动。美国国际开发署是另一个干涉俄罗斯政治进程的美国官方派出机构。该机构2012财年针对俄罗斯的预算大约为5000万美元。美国国务院发言人纽兰2012年9月18日公开表示，美国国际开发署"支持俄罗斯民主、人权和更强健的公民社会发展"，积极开展"与俄罗斯的非政府组织进行合作"。

2011年12月俄罗斯国家杜马选举正酣时，为了防止普京胜出，美国官方直接插手俄罗斯大选，一是企图把所谓"阿拉伯之春"引向俄罗斯，变成政权更迭的"俄罗斯之冬"；二是企图制造选举不公在莫斯科重演乌克兰颜色革命。美国资深参议员麦凯恩公开对普京喊话："小心，'阿拉伯之春'已逼近你身边。"国务卿希拉里12月6日在访问德国时声称："俄罗斯国家杜马选举既不自由,也不公正,俄罗斯选民有权利要求对操纵和欺诈进行全面调查。"这是一场惊心动魄的斗争,但最终还是普京笑到了最后。

普京上台后采取针锋相对措施,严厉打击内外敌对势力掀起的"倒普"活动。

——2012年7月,俄罗斯杜马通过《非政府组织法》,将接受海外资助并从事政治活动的非政府组织(NGO)认定为"外国代理人",通过诸多途径加以约束。

——2012年8月,俄罗斯当局不顾西方反对,检察官要求对公开打着反普京旗号的朋克女子摇滚乐队的3名成员处以3年监禁。

——2012年9月19日,俄外交部宣布,俄方要求美国国际开发署关闭在俄机构,从10月1日起停止在俄的活动。

——2012年11月13日,普京签署《叛国罪法》,翌日生效,除了俄罗斯公民外,代表国际机构的俄罗斯人以及受雇于外国机构的俄罗斯人也适用于该法,他们如触犯国家利益,会被认为是叛徒,最高获刑20年。

(本文写作于2013年1月。)